图1-2　股民篇　　　　　　图1-3　度假篇　　　　　　图1-4　CEO篇

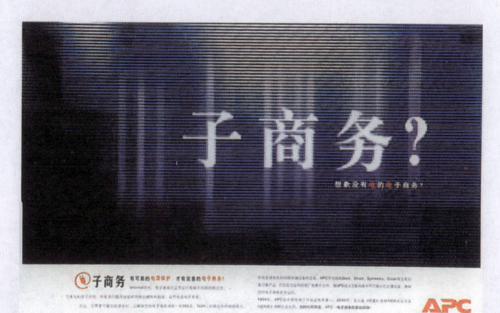

图1-5　子商务篇

图2-1　"小米，为发烧而生"广告　　　　图2-3　"迄今为止最快的小米手机"广告

图2-6 小米Note2手机广告

图2-7 小米Note3手机广告

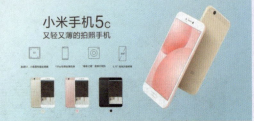

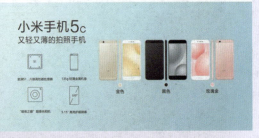

图2-8 小米手机5c手机广告

图2-9 小米5X变焦双摄手机广告　　　　图2-10 小米6手机广告

图2-12 益达口香糖广告"酸甜苦辣篇Ⅱ"

图2-13　新百伦广告之"每一步都算数"

图3-4　保护绿色资源永无止境

图4-1　金士顿U盘之"记忆月台"广告

图4-6　石头记平面广告

图5-6　荣威W5系列广告(1)

图5-7　荣威W5系列广告(2)

图5-8　荣威W5系列广告(3)

图6-10 时代糖果花漾系列地产广告

图6-14 圣力阳光啤酒系列广告

图8-1 农夫山泉电视广告

图8-2　印度旁氏化妆品影视广告《污染篇》

图8-7　雅克维生素糖果影视广告《跑步篇》

图8-9　索尼摄像机电视广告

图9-13　户外楼体广告

图9-14　户外路牌广告

图9-15　户外墙体广告

图11-3 大众甲壳虫汽车广告

图11-4 佳得乐广告

图11-8 潭柘寺景区

图11-9 东鲁农业公园(1)

高等职业教育"广告和艺术设计"专业系列教材
广告企业、艺术设计公司系列培训教材

广告文案
（第2版）

崔晓文 主　编
顾　静　易　琳 副主编

清华大学出版社
北京

内 容 简 介

本书结合广告行业发展的最新动态,介绍了历史上及当代优秀广告文案创作的成功经验,引用了大量较新的广告文案写作实例,对广告文案的结构、内容、表现手法以及不同媒体的特性和不同媒体广告文案的写作要求等多个方面进行了详细阐述,并注重通过强化专业技能训练,提高学生及广告从业者的专业素质、创作与实践应用能力。

本书结构清晰、内容翔实、案例生动、突出实用性,注重广告文案实践技能与应用训练,且采用新颖统一的格式化体例设计。因此,本书既适用于专升本及高职高专院校广告与艺术设计专业的教学,也可以作为广告艺术设计从业者的职业教育与岗位培训教材,对于广大社会自学者来说也是一本非常有益的参考读物。

本书封面贴有清华大学出版社防伪标签,无标签者不得销售。
版权所有,侵权必究。举报: 010-62782989,beiqinquan@tup.tsinghua.edu.cn。

图书在版编目(CIP)数据

广告文案/崔晓文主编. —2版. —北京: 清华大学出版社,2019(2024.2重印)
（高等职业教育"广告和艺术设计"专业系列教材　广告企业、艺术设计公司系列培训教材）
ISBN 978-7-302-52588-2

Ⅰ.①广… Ⅱ.①崔… Ⅲ.①广告—写作—高等职业教育—教材 Ⅳ.①F713.8

中国版本图书馆 CIP 数据核字(2019)第 044605 号

责任编辑: 章忆文　杨作梅
封面设计: 刘孝琼
责任校对: 吴春华
责任印制: 沈　露

出版发行: 清华大学出版社
　　网　　址: https://www.tup.com.cn, https://www.wqxuetang.com
　　地　　址: 北京清华大学学研大厦 A 座　　邮　编: 100084
　　社 总 机: 010-83470000　　邮　购: 010-62786544
　　投稿与读者服务: 010-62776969, c-service@tup.tsinghua.edu.cn
　　质量反馈: 010-62772015, zhiliang@tup.tsinghua.edu.cn
　　课件下载: https://www.tup.com.cn, 010-62791865
印 装 者: 三河市君旺印务有限公司
经　　销: 全国新华书店
开　　本: 190mm×260mm　　印　张: 25　　插　页: 4　　字　数: 614 千字
版　　次: 2011 年 1 月第 1 版　2019 年 5 月第 2 版　　印　次: 2024 年 2 月第 5 次印刷
定　　价: 59.80 元

产品编号: 064775-01

Foreword 丛书序

随着我国改革开放进程的加快和市场经济的快速发展,各类广告经营业也在迅速发展。1979 年中国广告业从零开始,经历了起步、快速发展、高速增长等阶段,2017 年中国广告经营额为 6896.41 亿元,较上一年小幅增长了 6.28%。全年 6896.41 亿元的广告经营额占国内生产总值(GDP)的 0.84%,与同期 GDP 6.9%的增长基本持平。最新数据显示,2017 年,中国广告行业中的经营单位首次突破了百万户关口,达到了史无前例的 112.3059 万户,较上一年增长了 28.33%。这一增长率是近五年来的第二大增幅,仅次于 2016 年的 30.25%。数据还显示,广告行业从业人员的规模达到了 438.1795 万人,较上一年增长了 12.34%。

商品促销离不开广告,企业形象也需要广告宣传,市场经济发展与广告业密不可分;广告不仅是国民经济发展的"晴雨表",也是社会精神文明建设的"风向标",还是构建社会主义和谐社会的"助推器"。广告作为文化创意产业的关键支撑,在国际商务活动交往、丰富社会生活、推动民族品牌创建、促进经济发展、拉动内需、解决就业、构建和谐社会、弘扬古老中华文化等方面发挥着越来越大的作用,已经成为我国服务经济发展的重要的"绿色朝阳"产业,在我国经济发展中占有极其重要的位置。

当前,随着世界经济的高度融合和中国经济国际化的发展趋势,我国广告设计业正面临全球广告市场的激烈竞争,随着发达国家广告设计观念、产品、营销方式、运营方式、管理手段及新媒体和网络广告的出现,我国广告从业者急需更新观念、提高技术应用能力与服务水平、提升业务质量与道德素质,广告行业和企业也在呼唤"有知识、懂管理、会操作、能执行"的专业实用型人才;加强广告经营管理模式的创新、加速广告经营管理专业技能型人才培养已成为当前亟待解决的问题。

我国广告业虽然起步晚,发展却非常快,但是目前在广告行业中受过正规专业教育的人员不足 2%,因此使得中国广告公司及广告实际作品难以在世界上拔得头筹。根据中国广告协会学术委员会对北京、上海、广州三个城市不同类型广告公司的调查表明,在各方面综合指标排行中,缺乏广告专业人才居首位,占 77.9%,人才问题已经成为制约中国广告事业发展的重要瓶颈。

针对我国高等职业教育"广告和艺术设计"专业知识老化、教材陈旧、重理论轻实践、缺乏实际操作技能训练等问题,为适应社会就业急需,为满足日益增长的广告市场需求,我们组织多年在一线从事广告和艺术设计教学与创作实践活动的国内知名专家教授及广告设计公司的业务骨干共同精心编撰本套教材,旨在迅速提高大学生和广告设计从业者的专业素质,更好地服务于我国已经形成规模化发展的广告事业。

本套教材定位于高等职业教育"广告和艺术设计"专业,兼顾"广告设计"企业职业岗位培训,适用于广告、艺术设计、环境艺术设计、会展、市场营销、工商管理等专业。本套教材在第 1 版出版后受到各大专院校、职业培训部门及广告公司的广泛认可与好评,有的教材被评为北京市高等教育精品教材,大部分教材已经多次重印,销售万余册。为了满足市场的需要,我们组织多年从事广告专业研究与教学工作的专家和教师对本套丛书重新修订,不但增补了新的知识,也全面地对案例进行了适当更新与替换。本套教材包括:《广告学概论》《广告策划与实务》《广告文案》《广告心理学》《广告设计》《包装设计》《书籍装帧设计》《广告设计软件综合运用》《字体与版式设计》《企业形象(CI)设计》《广告道德与法规》《广告摄影》《数码摄影》《广告图形创意与表现》《中外美术鉴赏》《色彩》《素描》《色彩构成及应用》

《平面构成及应用》《立体构成及应用》《广告公司工作流程与管理》《动漫基础》等。

本套教材作为高等职业教育"广告和艺术设计"专业的特色教材，力求严谨、注重与时俱进；在吸收国内外广告和艺术设计界权威专家学者最新科研成果的基础上，融入了广告设计运营与管理的最新教学理念；依照广告设计活动的基本过程和规律，根据广告业发展的新形势和新特点，全面贯彻国家新近颁布实施的广告法律法规和广告业管理规定；按照广告企业对用人的需求模式，结合解决学生就业、加强职业教育的实际要求；注重校企结合、贴近行业企业业务实际，强化理论与实践的紧密结合；注重管理方法、运作能力、实践技能与岗位应用的培养和训练，采取通过实证案例解析与知识讲解的写法；严守统一的创新型格式化体例设计，并注重教学内容和教材结构的创新。

本套教材的出版，对帮助学生尽快熟悉广告设计操作规程与业务管理，对帮助学生毕业后能够顺利走上社会就业均具有特殊意义。

编委会

编委会 Editors

主　任：牟惟仲

副主任：

王纪平　吴江江　丁建中　冀俊杰　仲万生　徐培忠　章忆文

李大军　宋承敏　鲁瑞清　赵志远　郝建忠　王茹芹　吕一中

冯玉龙　石宝明　米淑兰　王　松　宁雪娟　王红梅　张建国

委　员：

刘　晨　徐　改　华秋岳　吴香媛　李　洁　崔晓文　周　祥

温　智　王桂霞　张　璇　龚正伟　陈光义　崔德群　李连璧

东海涛　翟绿绮　罗慧武　王晓芳　杨　静　吴晓慧　温丽华

王涛鹏　孟　睿　赵　红　贾晓龙　刘海荣　侯雪艳　罗佩华

孟建华　马继兴　王　霄　周文楷　姚　欣　侯绪恩　刘　庆

汪　悦　唐　鹏　肖金鹏　耿　燕　刘宝明　幺　红　刘红祥

总　编：李大军

副总编：梁　露　车亚军　崔晓文　张　璇　孟建华　石宝明

专家组：徐　改　郎绍君　华秋岳　刘　晨　周　祥　东海涛

Preface 前言

广告作为文化创意产业的核心支柱,在国际商务交往、丰富社会生活、拉动内需、解决就业、促进经济发展、构建和谐社会、弘扬中华文化等方面发挥着越来越大的作用,已经成为我国服务经济发展的重要产业,在我国经济发展中占有极其重要的地位。

近年来,中国的广告业一直保持着强劲的发展态势。2017年中国广告经营额为6896.41亿元,居全球广告业的第二位。在此背景下,广告业的运作越来越国际化、规范化,涌现出一大批优秀的本土广告公司和广告人,其发展势头锐不可当。

广告针对人,主要是宣传产品和服务,成功的广告必须依靠具有创意的广告文案,必须研究市场,把握广告受众的承受能力;广告需要借助媒介,成功的广告必须具有创意并利用好电视、广播等各种传播媒体;成功的广告文案创造既来自灵感,也来自坚实的专业基础,广告文案不仅是广告的基础,更是广告市场营销迈向成功的强大助推力。

面对国际广告业的激烈市场竞争,加强广告文案教学思想观念与表现技法的创新、加速广告文案专业人才培养已成为当前亟待解决的问题;为了满足日益增长的广告市场需求,也为了培养社会急需的广告文案专业技能型应用人才,我们组织多年在一线从事广告文案教学与创作实践活动的专家教授,共同精心编撰了本书,旨在迅速提高学生及广告和艺术设计从业者的专业素质,更好地服务于我国广告事业。

本书作为高等职业教育院校广告与艺术设计专业的特色教材,坚持以科学发展观为统领,根据广告企业服务规范的实际要求,既注重广告文案创作与世界各民族文化的有机结合,又注重与时俱进,将高新科技手段融入广告文案创意之中。本书的出版,对帮助学生尽快熟悉广告公司的广告文案创作与岗位操作规程,对学生毕业后能够顺利就业具有特殊意义。

全书共十二章,依照广告文案创作与写作实践活动的基本过程和规律,根据广告文案发展的新形势和新特点,系统介绍广告文案的类型、构成、诉求方式、表现手法,广告文案的写作,广告文案的语言与修辞,报刊、广播、电视及其他媒体广告文案,广告文案测试等基本理论知识,并通过强化专业技能训练提高应用能力。

本书结构清晰、内容翔实、案例生动、突出实用性,注重广告文案实践技能的训练与应用能力的培养,且采用新颖统一的格式化体例设计。因此本书既可以作为专升本及高职高专院校广告和艺术设计专业的教材,也可以作为广告公司、传播公司、营销企划公司从业者的职业教育与岗位培训教材,对于广大社会自学者来说也是一本非常有益的参考读物。

本书由崔晓文担任主编并负责统稿,顾静、易琳担任副主编,由北京首钢爱思济广告公司总经理孙志国先生审定。编者的具体分工为:崔晓文负责第一、二、三、四、十一章、附录;易琳负责第五、六、十章;顾静负责第七、八、九章;王洋负责第十二章。

本书在编著过程中参考了大量国内外有关广告文案的文献资料,精选并收录了具有典型意义的案例,并得到广告业界专家教授的悉心指导,得到了青岛东鲁生态农业有限公司董事长李建波先生的支持,在此特致以衷心的感谢。为了方便教师教学和学生学习,本书配有教学课件,可以从清华大学出版社网站免费下载使用。

由于编写时间和作者知识能力所限,书中难免存在疏漏和不足,恳请专家和广大读者给予批评指正。

编 者

Contents 目录

第一章 广告文案概述 1

核心概念 2
引导案例 2
第一节 广告文案及其作用 4
　一、广告文案的含义 4
　二、广告文案的地位 5
　三、广告文案的作用 8
第二节 广告文案的分类 9
　一、印刷广告文案 9
　二、广播广告文案 10
　三、电视广告文案 10
　四、其他媒体广告文案 10
第三节 广告文案的特性 12
　一、实用性 12
　二、真实性 15
　三、醒目性 18
　四、简明性 20
本章小结 21
实训案例 21
实训课堂 22

第二章 广告文案与广告运作环节 23

核心概念 24
引导案例 24
第一节 广告文案与广告策划 27
　一、广告策划概述 28
　二、广告策划的程序 29
　三、广告文案与广告策划的关系 30
第二节 广告文案与广告主题 31
　一、什么是广告主题 31
　二、广告主题的类型 31
　三、广告主题在广告文案中的地位 33
　四、广告文案主题的表现手法 34
第三节 广告文案与广告创意 39
　一、关于广告创意 39
　二、广告文案与广告创意的关系 40

第四节 广告文案与广告设计制作 47
　一、广告文案与广告设计制作相辅相成 47
　二、广告文案是广告设计制作的总纲 47
　三、广告设计制作应遵循的原则 48
本章小结 55
实训案例 55
实训课堂 59

第三章 广告文案的构成与写作 61

核心概念 62
引导案例 62
第一节 广告文案的构成 63
　一、标准广告文案结构 63
　二、特殊广告文案结构 66
第二节 广告标题的写作 67
　一、广告标题的类型 67
　二、广告标题的写作原则 71
第三节 广告正文的写作 76
　一、广告正文的结构 77
　二、广告正文的类型 78
　三、广告正文的写作原则 83
第四节 广告口号的写作 87
　一、广告口号的概念及作用 87
　二、广告口号的类型 89
　三、广告口号的创作要求 91
第五节 广告随文的写作 94
　一、广告随文的概念 94
　二、广告随文的作用 94
第六节 撰写更好的广告文案 95
　一、广告文案的写作 95
　二、广告文案写作的特点 95
　三、广告文案写作的源泉与技巧 97
本章小结 100
实训案例 101
实训课堂 102

第四章 广告文案的诉求方式 ... 105

核心概念 ... 106
引导案例 ... 106
第一节 理性诉求文案 ... 109
 一、理性诉求文案的概念 ... 109
 二、理性诉求文案的特点 ... 109
 三、理性诉求文案的写作要点 ... 113
第二节 感性诉求文案 ... 117
 一、感性诉求文案的概念 ... 117
 二、感性诉求文案的特点 ... 118
 三、感性诉求文案的类型 ... 120
 四、感性诉求文案的写作原则 ... 130
第三节 情理结合的诉求文案 ... 131
 一、情理结合的诉求文案的特点 ... 132
 二、情理结合的诉求文案的写作策略 ... 135
本章小结 ... 138
实训案例 ... 138
实训课堂 ... 142

第五章 广告文案的语言与修辞 ... 143

核心概念 ... 144
引导案例 ... 144
第一节 广告文案的语言 ... 146
 一、广告文案语言的基本特征 ... 146
 二、广告文案语言的基本要求 ... 151
 三、广告文案语言的具体应用技巧 ... 155
第二节 广告文案的修辞 ... 156
 一、比喻 ... 157
 二、比拟 ... 157
 三、双关 ... 157
 四、夸张 ... 158
 五、对偶 ... 158
 六、反复 ... 158
 七、借代 ... 158
 八、回环 ... 159
 九、顶针 ... 159
 十、仿拟 ... 159
本章小结 ... 159
实训案例 ... 160
实训课堂 ... 161

第六章 报刊广告文案 ... 163

核心概念 ... 164
引导案例 ... 164
第一节 报纸广告文案 ... 166
 一、报纸广告 ... 166
 二、报纸广告文案的写作 ... 168
 三、报纸广告文案的构思技巧 ... 176
第二节 杂志广告文案 ... 178
 一、杂志广告 ... 178
 二、杂志广告文案的写作 ... 184
本章小结 ... 187
实训案例 1 ... 187
实训案例 2 ... 187
实训案例 3 ... 189
实训课堂 ... 190

第七章 广播广告文案 ... 191

核心概念 ... 192
引导案例 ... 192
第一节 广播广告文案的类型和特点 ... 193
 一、广播广告文案的类型 ... 193
 二、广播广告文案的特点 ... 204
第二节 广播广告文案的撰写原则 ... 208
 一、亲切可人 ... 209
 二、悦耳动听 ... 211
 三、简洁明了 ... 213
第三节 广播广告脚本撰写 ... 215
 一、广播广告脚本的格式 ... 215
 二、广播广告脚本的实例 ... 215
本章小结 ... 216
实训案例 ... 217
实训课堂 ... 218

第八章 电视广告文案 219

核心概念 220
引导案例 220
第一节 电视广告文案的特点和类型 221
    一、电视广告的创作特点 221
    二、电视广告文案的特点 222
    三、电视广告文案的类型 224
第二节 电视广告文案的撰写 232
    一、电视广告文案的撰写原则 232
    二、常规时段对应的文案表现原则 236
    三、电视广告解说语的写作原则 237
第三节 电视广告脚本撰写 242
    一、创意说明 243
    二、文学脚本 243
    三、分镜头脚本 244
    四、故事版 247
本章小结 248
实训案例1 249
实训案例2 250
实训课堂 251

第九章 其他媒体广告文案 253

核心概念 254
引导案例 254
第一节 网络媒体的广告文案 258
    一、网络媒体的优越性 258
    二、网络广告的主要形式 259
    三、网络广告文案的写作要求 263
    四、网络广告文案的写作 264
    五、网络广告文案的写作注意事项 267
第二节 户外媒体的广告文案 267
    一、户外广告的定义及基本特点 268
    二、户外广告的主要优势 268
    三、户外广告文案的写作特点 269
第三节 直邮媒体的广告文案 270
    一、直邮广告的含义 271
    二、直邮广告的优点 271
    三、直邮广告文案的写作要点 271
第四节 新媒体的广告文案 273
    一、手机广告及其优势 273
    二、手机广告文案的写作要点 274
本章小结 278
实训案例 279
实训课堂 280

第十章 长文案和系列文案 283

核心概念 284
引导案例 284
第一节 长文案的写作 285
    一、长文案和短文案 285
    二、长文案的表现手法 286
    三、长文案的写作要求 290
第二节 系列广告文案的写作 294
    一、系列广告的含义 294
    二、系列广告文案的特征 294
    三、系列广告文案的主要类型 295
    四、系列广告文案的表现形式 301
    五、系列广告文案的写作要求 302
本章小结 307
实训案例 307
实训课堂 308

第十一章 不同信息主体的广告文案 311

核心概念 312
引导案例 312
第一节 产品广告文案 314
    一、产品及产品广告的概念 314
    二、产品广告的诉求点 315
    三、产品广告的基本思路 320
    四、常见产品类别广告文案写作 321
第二节 服务广告文案 330
    一、服务广告的概念 330
    二、服务广告的诉求点 330
    三、常见服务类别广告文案写作 334

第三节　企业广告文案 340
　　一、企业广告的概念 340
　　二、不同类别企业广告文案写作 340
第四节　公益广告文案 342
　　一、公益广告的概念 342
　　二、公益广告的特性 342
　　三、公益广告的诉求点 343
　　四、公益广告的诉求方式 345
　　五、公益广告文案写作要点 347
本章小结 349
实训案例 350
实训课堂 353

第十二章　广告文案测试 355

核心概念 356
引导案例 356
第一节　广告文案测试概述 358
　　一、广告文案测试的必要性 358
　　二、广告文案测试的分类 359
　　三、广告文案测试的准确度和
　　　　可信度 361
　　四、广告文案测试的程序 363
第二节　广告文案测试方法 364
　　一、广告文案事前测试的方法 364
　　二、广告文案事中测试方法 368
　　三、广告文案事后测试方法 370
本章小结 373
实训案例 374
实训课堂 378

附　录　广告文案大师简介 379

　　一、大卫·奥格威 380
　　二、威廉·伯恩巴克 381
　　三、李奥·贝纳 382
　　四、罗瑟·瑞夫斯 383
　　五、詹姆斯·韦伯·扬 385
　　六、乔治·戈里宾 385
　　七、吉田秀雄 386

参考文献 388

第一章

广告文案概述

学习要点与目标

- 了解广告文案的分类，掌握广告文案的含义。
- 熟悉广告文案的特性。

广告文案、广告撰稿人、印刷广告文案、广播广告文案、电视广告文案

引导案例

红星二锅头酒的广告文案

（张涵予不同时期的电影角色）

男：

7年配角，25年配音

没有奖杯，也无人喝彩

如果说命运是一场持久战

那我就用信念来证明

时代的豪言壮语

并非只为英雄谱写

坚守一颗执着的心

梦想，终会吹响人生的集结号

红星二锅头，敬，不甘平凡的我们

每个人心中都有一颗红星

红星二锅头"张涵予篇"如图1-1所示。

图1-1 红星二锅头"张涵予篇"

图 1-1　红星二锅头"张涵予篇"(续)

案例解析

对于红星二锅头，相信绝大多数人都不陌生。无论是 20 世纪五六十年代热火朝天的红色岁月，还是现在日新月异、经济腾飞的时代，红星二锅头始终陪伴着一代又一代的中国人，跨越了地域、时间、年龄和身份，坚持做着老百姓餐桌上的当家酒。

作为一个有着特殊历史印记的国有企业，红星品牌天生具备一种积极向上的精神，但如何能够将红星精神和当下社会现状结合起来，起到一种散发正能量与精神领袖的作用是红星企业一直在探索的问题。

2016 年 10 月 1 日，在举国欢度国庆之际，红星二锅头隆重推出新版励志电视广告《每个人心中都有一颗红星之张涵予篇》，一分钟的时间淋漓地展现了张涵予从籍籍无名的配音演员、配角，心怀梦想、默默积累功力，最终成为影帝的追梦史。

奇迹并不是定义在每个人身上，而红星二锅头相信持有梦想的人可以创造奇迹。张涵予，出生于北京，从小在部队大院长大，16 岁开始当配音演员，一路坚持便是 25 年深厚积淀；之后担任配角，默默积累演技功力，针对每一个角色，他都尽其所能，全力以赴，演得生动而真实。在《没完没了》中他饰演一个帮人讨账的社会人；在《大腕》中扮演精神病院里的 IT 专家；在《天下无贼》里，扮演一个化装成"E 时代画家"的卧底干警……直到电影《集结号》的上映，张涵予终于以独角戏式的丰富表演塑造出倔强执着的"谷子地"，一夜间使他成为 2008 年最受关注的影坛"黑马"，多年的付出终于获得观众认可。张涵予对电影的热爱和执着、对梦想的追逐也许并不是个例，以其奋斗经历折射出整个社会对梦想的重新思考，红星二锅头以情感化、共鸣化的沟通方式深入人们内心，旨在诠释梦想和成功的含义。

有人说，白酒10%是物质的，90%是精神的。那么怎么理解这个"精神的"？或许不是李白的"斗酒诗百篇"，也不是高大上的身份象征，而是与消费者价值观的一种默契、认同，是与消费者心智的一种共建、共创。

《每个人心中都有一颗红星之张涵予篇》广告通过著名演员张涵予演绎其坚守心中梦想的非凡人生，深入地刻画了坚持不懈的奋斗精神，传达出红星的品牌精神，这个精神就是"心怀梦想、勇敢前行"的精神。红星二锅头是白酒，但绝对不仅仅是酒。它是一种平凡的人不甘平凡的精神，是一种改变现实、改变自己的力量，是热情的追求，是燃烧的生命。广告的最后以"红星二锅头，敬，不甘平凡的我们"非常到位地点出了主旨，红星二锅头作为一种精神力量的象征陪伴追梦路程，每一句文案都与画面相吻合，不但便于观众理解和消化，更能使观众受到感动和激励。

一个老品牌，在时代更迭中，如何能保持一个得体的身份，是很多本土品牌共同面对的话题。这个广告想到了用名人，一个代表了他(她)那个年龄层会欣赏的名人。用名人本身的真实经历输出了品牌的价值观：不甘平凡。看到名人走过的路，激励自己也可以走出更好的路，的确容易引起共鸣。最重要的是，这种调性也和品牌多年来一贯的气质相匹配。

"每个人心中都有一颗红星"不仅是红星企业对梦想的坚持，更是作为民族工业对国家的忠诚与承诺。它与那些"不甘平凡"的追梦者一样，致敬着梦想道路上每一个崇高的灵魂！

第一节　广告文案及其作用

任何一则广告，都不能没有文案，广告文案是广告作品的重要组成部分。

一、广告文案的含义

广告文案又称广告文稿，人们对它的解释不尽相同，归纳起来分为两种。

一种是广义上的广告文案，指从设计到表现整个过程中能够传递广告信息内容的所有文本，内容包括广告作品的全部，如广告文字、绘画、照片及其布局等。例如，报纸广告的广告文案就不限于文字，还包括色彩、绘画、图片、装饰等。它是广告人撰写的与广告活动有关的文字作品。

另一种是狭义上的广告文案，仅指广告作品中的语言文字部分，不包括绘画、图片、色彩、布局等非文字部分。

对于广告文案的狭义含义，可以从以下几个方面来理解。

1. 广告文案只存在于已经完成的广告作品中

广告文案不等于广告方案，广告方案指的是在策划、创意广告活动中所有的文字蓝本。广告方案是幕后的、隐藏的，往往不被受众所知。广告文案是幕前的、明明白白显示出来的，受众可以一目了然或一听即明。广告文案是广告表现的重要组成部分之一，任何一部广告作品都需要用语言和文字来传达产品或劳务的信息。

2. 广告文案是指广告作品中的语言和符号

广告作品中的语言既指广告中的书面语或其他文字符号，也指体态语言、情景画面和音响效果。

3. 广告文案有规范的格式和结构

广告中表现出来的言语和文字部分，大体指广告的标题、正文、广告语、随文等几项，它体现了一篇广告的整体结构。

二、广告文案的地位

广告文案是广告的核心，是广告信息桥梁功能的主要承担者。

1. 广告文案传达整个广告中的重要信息

无论怎样精彩的创意都是为了传达信息，或者说是服务于信息的传达。而广告文案所传达的信息是整个广告最重要的信息。

【案例 1-1】

南京雷欧广告公司制作的广播广告：《善存片》

标题：善存片

正文：

男：钢琴的每个键都有它特殊的功能，把每一个清亮的音聚在一起才能奏出完美的乐章。健康又何尝不是这样，某一种维生素或矿物质的缺乏，就可能让您的生命乐章青涩喑哑……

这个时候您需要的正是"善存片"。(音乐起)

女：善存片，富含 30 种维生素和矿物质，补充每日膳食无法摄取的营养元素，使您的表现更加出色。

男：善存片，源自美国，全面照顾。

案例解析

这篇广告中有许多信息，然而最重要的信息是什么？不是钢琴曲（"致爱丽丝"），也不是琴键的功能，而是女士说出的"善存片，富含 30 种维生素和矿物质，补充每日膳食无法摄取的营养元素，使您的表现更加出色"和男士对"善存片，源自美国，全面照顾"的强调。广告文案集中传达了"善存片"这一商品核心与灵魂的信息。

2. 广告文案强化广告的主题

如果说任何一个广告作品中的各个组成部分都是为了突出一个主题的话，那么广告文案就是巧妙地强化了这一主题最主要的部分。

【案例 1-2】

灵智大洋广告公司制作的平面广告 AAPC "子商务"形象系列广告

股民篇：他差一点儿在股市上挣到一百万，如图 1-2 所示。
度假篇：又与夏威夷无缘的信息主管，如图 1-3 所示。
CEO 篇：昨天他还是 CEO，如图 1-4 所示。
子商务篇：子商务？想象没有电的电子商务？如图 1-5 所示。

图 1-2　股民篇　　　　　图 1-3　度假篇　　　　　图 1-4　CEO 篇

图 1-5　子商务篇

案例解析

这一组系列广告选取了不同情景来共同表现一个主旨，那就是电子商务缺了电是不行的。因为断电股民遭到损失，因为断电度假成了空想，因为断电昨天的 CEO 被炒了鱿鱼；因为断了电，电子商务也就只能称为根本不存在的"子商务"了。

这一组广告有意隐去一个"电"字。其效应就是调动受众的联想，用经验自觉或不自觉地将"电"字给补上。后面再加上一行小字"想象没有电的电子商务？"用一个"？"号，句中的"电"字用了红色，该文案巧妙地强化了这一主旨的最主要部分。

3．广告文案传达商品的独特信息

在同类商品广告中，广告文案传达着该产品独特的信息，即广告主独特的销售主张——USP。例如，在许多矿泉水都在强调纯净、卫生、含有矿物质等特性时，农夫山泉矿泉水的广告文案独树一帜，推出自己的 USP，讲"农夫山泉，有点甜"，给人一种亲切、温馨的感觉。

【案例 1-3】

总督香烟的广告文案

标题：总督牌给了你而别的过滤嘴香烟没有给你的是什么？

插图：除广告版面的 1/3 被大字标题占据外，中间部分是一幅巨大的香烟过滤嘴照片，下端是一对在亲切交谈的中年男女。

插图说明：只有总督牌香烟在每一支过滤嘴中给你两万颗过滤凝汽瓣。当你吸食的芬芳烟气通过过滤嘴时，它就过滤、过滤再过滤。

男士：有那两万颗过滤凝汽瓣，实在比我过去所吸的没有过滤嘴的香烟味道要好。

女士：对，有过滤嘴的总督牌香烟吸起来要好得多……而且也不会在嘴里留下任何烟丝渣。

烟盒旁说明：只比没过滤嘴香烟贵一两分钱而已。

案例解析

此广告推出时，过滤嘴香烟面世不久，罗瑟·瑞夫斯详细了解到，总督牌香烟具有同类产品所没有的东西，即该香烟的过滤嘴中的过滤凝汽瓣有两万颗，比其他香烟多两倍。广告刊出后，立即引起消费者浓厚的兴趣，销量节节上升。几年后，该香烟的广告费支出超过 1800 万美元，而该公司年销售额则高达数亿美元。

同类产品的竞争，关键在于为消费者提供其他同类产品所不能提供的好处和功效。这种商品独一无二的好处和功效就是对比同类产品后给受众的直观印象，这种独一无二的利益承诺就会成为独一无二的购买理由。

4．广告文案可使受众领会广告的卖点

广告文案是整个广告作品的眼睛。广告文案所挖掘的是商品之眼，服务之眼。通过它能领会广告的卖点。

三、广告文案的作用

广告文案具有以下作用。

1. 表现广告创意的核心

广告文案所表达的是广告创意的核心内容,即广告主题。一则创意十分巧妙的新西兰麦当劳广告,其文案写道"饿了吗?"这个短语出现在一块巨大的红色面板中央,面板的右下角是一个 M 形图案。一条短语诱发了消费者的食欲,M 这个标志突然变成一个被人咬了一口的汉堡,呈现出 M 形,这个广告的核心得到了巧妙、完美的表现。其中广告文案"饿了吗?"起到了一语中的的作用。

2. 传达广告意图、诉求和承诺

广告文案传达的是广告的意图,即目的;诉求,指对象的独特点;承诺,即保证。

【案例 1-4】

南京清水马蹄罐头广告文案

标题:自然与新鲜正是你所需要的清水荸荠罐头

正文:这种食品罐头在国内生产的厂家还有不少,但南京市罐头食品厂生产的产品是你最好的选择。

案例解析

该广告主的目的是销售他的清水马蹄罐头,但其诉求点定位在"自然"和"新鲜"。有了这两点,就是"最好的选择"。广告主的承诺就蕴含其中,不言而喻。此文案的标题醒目、显赫,强调了自然与新鲜,这是食品最宝贵的品质。而正文强调了厂家,这就不仅突出了商品,也突出了企业,两者兼得。

3. 塑造企业形象和品牌形象

优秀的广告和广告文案都起着塑造企业形象和品牌形象的作用。如果创意不当,文案不明,就会有损企业形象。

【案例 1-5】

阿迪达斯公司的一则路牌广告

一名身穿浅黄色职业女性服装的漂亮妇女,正在大街上行走,突然发现左脚皮鞋的鞋带有些松了,这名妇女很敏捷地抬起左腿,斜着放在路旁栏杆上,左右腿呈 120° 角,伸展得犹如一条直线,然后轻松自如地系起鞋带来。不远处的车站上,一名正在候车的穿西装的男士注视着这名系鞋带的妇女。

广告画面上还有两行字:运动、生动、心动,adidas 让女人动。

案例解析

不少来往的行人感到这个广告不雅观,对女性太不礼貌了。还有的人认为把脚踏在护栏上系鞋带不文明;"让女人动"寓意不明,容易让人产生误解。

不管怎样,这样的广告创意和广告文案如何能为这家公司的形象争光呢?

4. 点活广告画面,突出内容主旨

一般来说,除了小招贴广告外,无论是平面广告还是立体广告,总要伴随一定的画面或色彩的搭配。广告文案常常起着画龙点睛的作用。

【案例 1-6】

一则衣物柔顺剂的广告文案

柔丽衣物柔顺剂"绒线铁锤篇"和"毛毛扳手篇",画面上一个是用毛线编织裹成的绒线铁锤,另一个是用毛线编织裹成的绒线扳手。这两个物像图案令人想到的是坚硬的工具,而毛线又会让人感觉柔软、顺和,这两者形成了鲜明的对照。

第一个文案写着"一泡就软了";第二个文案写着"一碰就软了"。再看两幅画面的右下角,都摆放着一瓶柔丽衣物柔顺剂。这里的文案就起到了突出产品主要性能的作用。

第二节 广告文案的分类

对广告文案进行分类,可以让我们更加清晰地认识广告文案。对于同样一则文案,如果选取不同角度,就会把它归入不同的分类。下面以不同媒介为标准对广告文案进行分类。

一、印刷广告文案

印刷广告包括报纸广告、杂志广告和其他印刷广告(如招贴、宣传样本、直接邮寄广告等)。印刷媒体共同的特征是使用视觉传达,图文并茂,可以用来表现比较复杂、深入的内容,便于长期保存和反复阅读。随着印刷技术的不断提高,杂志等印刷品已经可以达到较为逼真的印刷效果,对于广告信息的传达大有裨益。

印刷媒体广告文案的写作,应当符合这种媒体的特点,在语言文字上精雕细琢,要注意文字与画面的匹配,用画面和标题吸引读者的注意力,正文部分要尽可能表达清晰,解答读者的疑惑。

二、广播广告文案

广播是借助于无线电波来传播信息的媒体。广播媒体的特征是使用听觉传达,受众通过对声音的感知来接收广告信息,广播媒体传播的信息有声无形,不够具象。相对于其他传统媒介,广播的覆盖面广,传播速度快,费用低,收听门槛低,无论文化程度如何都可收听。

随着电视的成熟和发达,广播媒体在竞争中处于弱势地位,广告投放费用也与电视媒体无法相比,但并不意味着广播会被其他媒体形式所取代,在司机群体和学生群体中,广播依然保有一定的收听率。

广播广告文案的创作应当充分考虑听觉的特征,注意简单、清晰、连贯,尽量避免可能产生误听的字和词。由于广播信息稍纵即逝,所以对重要的广告信息要适当重复,加深印象。此外,还要注意广告内容与音响效果的和谐。

三、电视广告文案

电视是一种综合的艺术。电视的特征是同时作用于人们的听觉和视觉,是一种音画结合的电子媒体。它不仅拥有印刷媒体可以负载的文字(以字幕形式出现),而且拥有广播媒体所拥有的人声、音乐和音响,同时还拥有富于动感的连续画面,感染力强,并且能够深入家庭,普及率高。

电视综合了各种媒体所具有的优势。当然,电视作为媒体,也有弱点。电视广告在有限的时间内所容纳的信息量有限,因此它无法像印刷媒体一样表现深刻的理念,制作电视节目所需要的设备都比较昂贵,制作比较复杂,制作费用也相对较高。在传统媒体中,电视是最有影响力的,虽然投放费用不低,但依然受到众多商家的青睐。

与电视媒体的特点相联系,电视广告文案的写作有其独特之处:文案的文字不应当局限于字幕和声音,而应当充分利用生动的画面,把活动画面作为叙述语言的一种形式;要有一定的与文字描述有关的场景以及人物的对白和独白;还要有相应的文字对人物动作、外界音响效果做出提示;为了吸引观众,电视广告文案还应有一定的情节。

四、其他媒体广告文案

除上述主流媒体的广告文案外,还有其他一些广告媒体,比如网络广告文案、户外广告文案、直邮广告文案以及近些年来出现的新媒体广告文案。不同媒介的广告文案由于受到媒介条件的制约,在写作上有着不同的要求。

(一)网络广告文案

互联网现如今已经比较普及,用户数量正在以史无前例的速度增长,中国互联网络信息中心(CNNIC)发布的第 41 次《中国互联网络发展状况统计报告》显示,截至 2017 年 12 月,我国网民规模达 7.72 亿,全年共计新增网民 4074 万人。互联网普及率为 55.8%,较 2016 年年底提升 2.6 个百分点。

截至 2017 年 12 月,我国手机网民规模达 7.53 亿,较 2016 年年底增加 5734 万人。网民中使用手机上网人群的占比由 2016 年的 95.1%提升至 97.5%,网民手机上网比例继续攀升。

我国农村网民占比为27.0%，规模为2.09亿，较2016年年底增加793万人，增幅为4.0%；城镇网民占比73.0%，规模为5.63亿，较2016年年底增加3281万人，增幅为6.2%。

2017年，我国个人互联网应用保持快速发展，各类应用用户规模均呈上升趋势，其中网上外卖用户规模增长显著，年增长率达到64.6%；手机应用方面，手机外卖、手机旅行预订用户规模增长明显，年增长率分别达到66.2%和29.7%。

网民在线下消费使用手机网上支付比例由2016年年底的50.3%提升至65.5%，线下手机支付加速向农村地区网民渗透，农村地区网民使用线下手机支付的比例已由2016年年底的31.7%提升至47.1%；我国购买互联网理财产品的网民规模达到1.29亿，同比增长30.2%。

网络娱乐应用中网络直播用户规模年增长率最高，达到22.6%；网络游戏最低，但也达到5.9%。

共享单车成为2017年下半年用户规模增长最为显著的互联网应用类型，国内用户规模已达2.21亿，共享单车业务在国内已完成对各主要城市的覆盖，并渗透到21个海外国家。

网络广告可以通过影像、画面、声音和文字等多种形式传达信息，在文案写作上有很多的发挥空间，既可以运用印刷广告的语言文字表达方式，又可以展现影视广告的动态有声影片，还可以通过单击链接来实现交互性。

(二)户外广告文案

户外广告主要包括招贴广告、路牌广告、橱窗广告、车体广告、霓虹灯广告等，共同特征是受众在移动状态下接收广告信息，信息接触时间短，受众人数的多少取决于放置户外广告地段的人流量或车流量。

户外广告的特性决定了它必须在短时间内吸引人们的注意力，让匆匆行走的人在众多广告中注意到广告的存在，并驻足观赏。户外广告的画面应当有冲击力，语言文字应当简短、精悍，突出标题与广告语，让人一眼就看到最主要的信息。

(三)直邮广告文案

直邮广告是直接邮寄广告(DM)的简称，就是通过邮政系统，以信函的方式直接邮寄给目标消费者的广告。其内容多用来介绍商品性能，劝说受众购买，或解答疑问等。它总是利用较少的文字，传递大量的信息。

直邮广告可以做到信息的定向传播，精确到细分市场的消费者，并向其传达特定的信息。

(四)微信广告文案

微信是腾讯公司于2011年1月21日推出的一个为智能终端提供即时通信服务的免费应用程序。截止到2016年第二季度，微信已经覆盖中国94%以上的智能手机，月活跃用户达到8.06亿，用户覆盖200多个国家、超过20种语言。此外，各品牌的微信公众账号总数已经超过800万个，移动应用对接数量超过85000个，广告收入增至36.79亿元，微信支付用户则达到了4亿左右。

微信提供公众平台、朋友圈、消息推送等功能，用户可以通过"摇一摇""搜索号码""附近的人"、扫二维码方式添加好友和关注公众平台，同时微信将内容分享给好友以及将用户看到的精彩内容分享到微信朋友圈。

2018年2月，微信全球用户月活数首次突破10亿大关。

2018年5月，为保障用户隐私安全，优化微信外部链接体验，微信团队对《微信外部链接内容管理规范》相关规则进行了进一步升级。

随着微信的普及，微信朋友圈广告也应运而生。微信朋友圈广告是基于微信公众号的生态体系，以类似朋友的原创内容形式在用户朋友圈进行展示的原生广告。通过整合亿级优质用户流量，朋友圈广告为广告主提供了一个国内独一无二的互联网社交推广营销平台。

微信朋友圈广告的优势有以下几点。

(1) 朋友圈广告受众人群覆盖多。朋友圈广告是基于腾讯微信朋友圈位置所展示的广告模式，目前微信用户据官方统计已过8亿，如今人人都在微信上交流与获取信息。朋友圈广告能直接出现在用户刷朋友圈时的第五条，大大提高了曝光力度，更有设计感的广告更能吸引眼球引起关注。

(2) 本地朋友圈广告更能精准用户。朋友圈广告是基于腾讯大数据分析出来的标签人群，可以精准覆盖500米到5千米，男女性别，年龄层次，学历，手机系统类别，最近浏览轨迹的兴趣爱好。经过层层筛选粉丝属性更为精准。

(3) 投放费用低至0.05元次曝光。不同城市等级费用不一样，如深圳、广州为100元千次曝光，东莞、惠州本地朋友圈费用为50元千次曝光。

第三节　广告文案的特性

一、实用性

1. 广告文案要传达商品的卖点

广告文案要传达商品的卖点是广告文案创作的最大特点。伯恩巴克对广告文案曾有这样的论述："你一定要有创造力，一定要加以训练。你写出的每一件事情，印在广告上的每一件东西，每一个字，每一个图表符号，每一个阴影，都应该有助于你所要传达的信息。用尽可能低的费用把一则信息灌注到最大多数人的心中，这就是广告最大的艺术。而对于广告制作具有很大作用的文案创作，其最大的特征就是把商品的优点传达给人们，让他们记住，并促使他们去购买，目的很明确。一切违反这一特征的广告，哪怕制作得再精美、再生动，也不是好的广告。"

这段话告诉我们，广告文案无论以何种方式来呈现，其内容必须传达出广告的核心诉求点，有关广告商品的利益和功能必须在文案中与人们有所沟通，这也是广告文案的实用性之所在。

2. 广告文案要符合广告策略要求

广告文案是在广告策略和广告创意指导之下的产物，它必须符合既定的广告策略和创意方向，同时以喜闻乐见的形式与受众沟通，这里就存在一个实用性与艺术性的关系问题。广告在商业社会中应运而生，自始至终都掩盖不了其功利目的，售卖产品是广告的最终目标，也是广告文案的最终目标。

为了完成这一目标，广告文案往往采用艺术的表现手法来吸引受众注意力，艺术性和实用性在广告文案的创作中并不矛盾,两者应该达成一种平衡,让消费者既能对广告信息发生兴趣,又能清晰地识别和记忆广告的核心概念和诉求,这样广告才能有一个完美的呈现。

3. 广告文案是实用性与艺术性的统一

关于广告文案的艺术性和实用性的关系,可以通过一个故事来了解。假设在一个房间内有一个大窗户,从窗户看出去是一片美丽的乡间景色,在窗户对面的墙上装有三面镜子。第一面镜子表面凹凸不平,边角有很多磨损,看起来很脏;第二面镜子清洁、精巧并装饰有雕刻花纹的镜框;第三面镜子既没有镜框也没有装饰,是一面清晰的、完美无瑕的镜子。一位观察者(可以比作客户)被请进了房间。

向导指着第一面镜子问:"你看到了什么?"观察者说:"我看到一面不好的镜子。"向导指向第二面镜子:"你看到了什么?"观察者说:"我看到一面美丽的镜子。"向导指向第三面镜子:"你看到了什么?"观察者说:"我从开着的窗户里看到了一片美丽的景色。"显然,第三面镜子是最有效果的。

同样地,广告文案从最原始的口头大喊大叫、喋喋不休的硬性推销到低嗓门、亲切地对大众讲话,其艺术上的追求是显而易见的,但这种追求不是对艺术美本身的追求,而是工具与目的的关系。实际上,广告的实用功能是极其功利的,是第一位的;它的审美意义是从属的,是第二位的,艺术形式只有与实用性相结合才能发挥作用。要处理好实用性与艺术性的关系,就必须处理好撰写人个人的思想观点和对商品信息传递的关系。

曾有一位广告文案人员对文案写作做出这样的总结:"如果你想成为收入优厚的文案——取悦客户;如果你想成为很会得奖的文案——取悦自己;如果你想成为伟大的文案——取悦读者。"可见衡量一个文案的标准是文案是否达到了与消费者沟通的目的,是否传达了广告的实用性,而不仅仅是使人停留在对广告形式的关注上。

关于这一点,广告发展的历史可作为佐证。早期的广告只有实用成分,不讲究艺术的形式,如直截了当地使用文字,以语言或实物来表现等,基本上不考虑艺术的美的因素。随着社会文明的进步,人们开始了对美的艺术的追求,于是广告文案在实用的基础上,美的艺术逐渐明朗,但实用性还是首要的。

广告是付费的实用艺术。每一位出资做广告的人都希望借助广告制作人员的智慧结晶来推销产品,树立形象。从广告的接收者来看,消费者接触广告的目的主要是了解商品本身。

【案例 1-7】

微信朋友圈广告文案

1. e代驾

你负责开怀畅饮,我负责安心代驾。八月每周三,代驾全免单。

2. 英菲尼迪

"我想带你去个地方""现在吗?"

心魔:"放弃吧,命中注定!"初心:"坚持住,人定胜天!"当理想与现实纠结,你会如何选择?

3. 保时捷

生于赛道,驰于公路,保时捷E驱高效动力

4. 路虎

"我想带你去个地方""现在吗?""是,去冰岛看极光""真极光还是假'极光'?"

5. 梅赛德斯-奔驰

"我想带你去个地方""现在吗?""是,说走就走""3.8秒能到吗?"

6. 东风日产

有颜又有才,擦出火花怎么办?

7. 丸美

Hi,我是梁朝伟。好久不见,最近好吗?我们聊聊?

8. 华为手机

志存高远,似水流年……

案例解析

只有了解什么样的内容才是用户喜欢的,才能撰写出可以成交转化的文案。朋友圈里最受用户喜欢的内容是有趣的、有价值的、简短的,这也是我们创作朋友圈文案的前提。从用户的角度出发,能够帮助用户的,对他们有价值的内容,才能打动用户。

文案要有针对性。要做好客户分组,针对不同的客户组发布不同的文案。一方面,营销只有精准,才能产生触达效果;另一方面,如果将不相关的信息发布给不相关的人,对他们来说就是一种信息骚扰,很容易造成他们的反感。对于朋友圈里的用户,可以根据用户的不同属性进行标签化分组管理。把好的信息送给对的人,就是对他们的一种帮助。

文案要简单、简短,有互动性。因为朋友圈都是在碎片时间阅读的,大家都很忙。文案越长,转化率就越低。平时多增加一些互动性,互动的方式有猜对有奖、点赞有奖等。比如,如果今天我的直播超过100人,我就发红包,点赞的一起见证!

文案长度多长最适合?如果一个文案要点击文字才能打开全部,就是失败的,要用最短的话把产品卖点说出来。一个产品卖点用一句话浓缩出来就可以了,如果你的产品有很多条卖点,建议一个卖点发一条朋友圈。每次发朋友圈,突出一个产品卖点。久而久之,就能影响朋友圈用户。文案不需要文字表达很好,只要通俗易懂就好。

如上述案例,就是通过简练的文字夺人眼球,三行文字,三句话,文字+图片(视频)+详情页。朋友圈属性之一,刷起来够快,朋友圈广告会在你刷朋友圈的第五个位置,这就避免了不会被刷到的弊端。但是能不能让用户停留,那就完全靠文案取胜了。

微信广告文案通常要满足两点:一是文字简练,四行以内;二是图片(视频)配合文字风格,清晰诱人。以上所选择的案例都有这样的特征:文字+图片(视频)+详情页。

微信朋友圈广告的发布时间是有讲究的,不是拍拍脑袋想什么时间发就什么时间发。早上上班时间属于碎片化时间,应赶在上班之前将信息发送出去,以7—9点钟发送最为合适,这个时间段尽量不要发广告,试想早上谁会一打开手机就喜欢看广告呢。这个时间段可以发送一些充满正能量的心理描述、生活照等内容。中午休息时间多集中在11:30—13:30,这个时间段可以重点发送一些广告。16:30—19:00可以发送一些客户使用情况类信息。晚上和中午一样可以重点多发送一些产品广告类信息,但要在其中融入生活场景。

朋友圈作为当下最火热的社交平台,广告必然竭尽全力取得一席之地。然而,除了平台的自动推送功能,想要打败刷屏的微商、漫天的代购和自主经营店主线上销售日常,广告文案就显得尤为重要。

人有爱窥探秘密的天性,用两个字做开头,抓住人的心理吊足胃口,为下面满足好奇心的文字打下良好的基础。纵观朋友圈的这些广告文案,不算华美,甚至有些称不上巧妙,但是它们有个共同的特征:准确、朴实。它们符合朋友圈一刷到底的平台属性。用简练的文字,如何吸引注意力?正如文案撰写原则中所讲过的,要在与"我"相关、制造对比、满足好奇心、启动情感四个方面下功夫,抓住目标人群的心理,夺其眼球。

二、真实性

一则优秀的广告文案创作,其首要条件是具有实用价值,能够给消费者传达一些新的信息,促使他们采取购买行动。与此相关,文案的撰写还要讲究真实性。

在广告与受众沟通的过程中，受众只是通过广告文案中的语言文字以及广告作品中所传达出的其他信息来了解广告内容，这种了解只能是间接的了解，也就是说，受众对于产品的大部分感受来自广告。因此，广告文案代表着广告商品的形象，人们通过它的介绍和推荐来认识企业、产品和服务；通过它的推介，人们会对企业产生肯定或赞许的情绪，对产品的功能有所了解，对是否接受某种服务形成选择意向。

广告文案所传递的信息真实与否，将在很大程度上决定着受众是否能得到真实、准确的信息，能否产生符合真实状态的对应情绪，能否产生正确的消费意向。广告文案人员诚实地表现真实的广告信息，是对受众负责任的表现，也是一种义务。所谓真实性，主要是指以下内容。

1. 事实

广告的表现和所传播的内容必须有大量关于某商品或服务的真实的有案可查的详情实录，陈述的每一点都必须是客观事实。广告所传达的基本事实必须真实，这种真实的判断原则在于来源真实。只有来源于被广告商品的真实，才能达到广告作品中信息内容和消费者之间真实的沟通和引导，使产品真实的利益点被消费者所接收和利用。

【案例 1-8】

带有疤痕的苹果是如何卖出去的

美国新墨西哥州高原地区有一个苹果园，园主名叫杨格。每年，为确保其苹果顺利销往世界各地，他都会发布一个广告，其中必有以下文字："如果你对收到的苹果有不满之处，请函告本人，苹果不必退还，贷款照退不误。"长期以来，其经营状况很好，从未有人提出过退款要求。

有一年，正当苹果收获的季节，一场特大冰雹突袭，致使满园又大又红的苹果都布满了疤痕。见此情形，杨格既伤心，又无奈：一方面，一年的辛苦劳作就这样随冰雹化为乌有；另一方面，当时收到的苹果订单已达9000吨。这满是疤痕的苹果，到底发不发货？9000吨的订单如何处理？在他一筹莫展之际，随手摘了一个苹果咬了一口，分外香甜。于是，他决定将苹果采摘装箱，按照订单发往各地，并在箱子里放入一张说明："这批货个个带伤，但请看好，这是冰雹打出的疤痕，是高原地区出产苹果的特有标记。这种苹果果紧肉实，具有真正的果糖味道。"最后的结果是，所有带疤痕的苹果都卖出去了，没有一个买主提出退款的要求。

案例解析

对于这批苹果而言，疤痕是其最突出的外在表象。按照人们的习惯思维方式，会直接判断：这个苹果有问题，或许是在运输中被挤压磕碰，或许是被虫子叮咬了，无论如何，这批苹果是有问题的，是不合格的苹果。苹果园主杨格的聪明之处在于，他并没有对这些苹果加以修饰，而是真实地告诉顾客：这是冰雹带来的痕迹，这是高原地区出产的具有真正果糖味道苹果的特有标记！

广告文案的撰写不能夸大事实、篡改事实、扭曲事实，广告就建立在真实内容的基础上。但是在现实生活中，各种事物与现象都以其不同的形态与面貌出现在人们面前，有的表里如一，现象反映本质；有的表里不一。好的广告文案应善于透过现象把握事物的本质，提示事物的本质，从而发掘出柳暗花明的产品卖点。

2．信用

每个广告中都包含一个承诺，受众对广告商品的期待就来自广告承诺，承诺兑现与否关系到商品的形象，关系到消费者是否继续信赖这一品牌。大卫·奥格威说："我们喜欢诚实坦率，在争论中诚实，对用户诚实，对供应商诚实，对公司诚实。最重要的是对用户诚实。"的确，诚实守信是每一个商业社会中的人都要遵守的准则，也是广告文案人员应时刻坚守的原则。

广告是具有责任的信息传递，凡文案中的一切许诺，企业或广告主都应落实兑现，否则就构成欺骗。

3．完整

广告文案的内容应该完整。在许多夸大性的广告文案中，不真实还表现为广告内容的不完整，只表现商品好的方面，隐藏商品的不足之处。比如汽车广告中强调省油，但这种汽车可能故障率高并且维修费昂贵，尽管提供的材料是真实的，可是不完整。这种扬长避短的广告文案也是不真实的，在介绍产品特点的时候要做到全面、客观，发挥优势但也不规避产品的劣势。

在产品细分化的今天，每个人都有不同的需求，想要让所有人都购买一种产品是不现实的，在广告文案中只有针对目标受众，用完整的叙述、合理的分析说服消费者才能达到预定的目标。

广告文案既需要介绍产品的优点，也可以根据具体情况向消费者提出必要的劝告。对某些特殊商品(如药物、化妆品等)的使用，应指出可能发生的副作用。只有消费者觉得广告内容是真实的，有了安全感之后，才会做出购买的决定。

【案例 1-9】

关于豌豆罐头的广告文案

标题：月光下的收成

正文：无论日间或夜晚，"绿巨人"豌豆都在转瞬间选妥，风味绝佳，从产地至装罐不超过三小时。

案例解析

这是李奥·贝纳为绿巨人公司写作的豌豆广告文案。在这个广告文案作品中，作者从产品和服务的特点入手，以真实的广告信息为基础，做出精彩的广告创意。这也是李奥·贝纳创作广告的一贯主张。他说："如果用'新鲜罐装'作标题是很容易说的；但是用'月光下的收成'则兼具新闻价值与浪漫气氛，并包含特殊文案的关切。"

真实的广告信息作为广告创意的基本依据，在广告创意的过程中，借助想象和夸张创造一个能吸引人们注意力的氛围,使消费者沉浸在对广告创意和广告文案的审美愉悦之中。人们在获得"新鲜罐装"的广告核心概念的同时,也收获了愉悦。

三、醒目性

广告文案应该夺人耳目,给人留下深刻的印象。广告的目的是推销产品,达到此目的的首要条件是吸引目标消费者,让人们注意到广告。人们生活在广告的海洋里,报纸和杂志广告繁杂密集,户外广告牌缤纷林立,如何让人们在最短的时间内注意到我们的广告呢?

事实证明,广告是否抓住受众完全取决于前几秒钟,如果不能在人们打开电视、翻开报纸、路过路牌的前几秒钟吸引他们的注意力,无论你的广告多么精彩,都没有了继续传播的机会。

调查显示,人眼扫视文案、图案最初引起人们注意的百分比为22%、78%,能唤起人们记忆的,文占65%,图占35%。因此,对广告文案来说,醒目是很重要的。广告文案的醒目主要体现在:广告的主要信息要显著、突出,能使人迅速抓住重点,了解主要内容;广告内容要有奇异性。

目前我们的广告在这一点上做得还很不够,有的虽然已意识到醒目性这一特点,但制作方法过于简单化或不得体,反而造成不好的效果。要让广告信息变得醒目,可以从以下两个方面来加强。

1. 突出主要信息

每则广告都有宣传的重点,即核心诉求,这些重点信息应该放在最醒目的位置,千方百计地加以突出,不断强调。

【案例1-10】

一则奥尔巴克购物中心的广告

正文:
奥尔巴克?
奥尔巴克?
奥尔巴克是什么?
哎呀!谁都知道嘛!不过,为了这位女士的权利着想,让我再解释一次。这位女士!奥尔巴克是有名的购物中心,贩卖世界的高品质饰品。薄利多销是奥尔巴克廉价销售的根据。奥尔巴克所有物品都新颖亮丽,种类繁多,只要是你需要的饰品,我们都有。夫人,奥尔巴克应该能令你满意,也希望你一定要向朋友宣传奥尔巴克到底是什么。

案例解析
这是伯恩巴克为奥尔巴克百货公司所做的报纸广告文案,它在谐趣横生的幽默旋律中反复强调了奥尔巴克薄利多销的主要信息。

还有的广告，宣传中往往把主要信息淹没在大量的废话中。比如最简单的例子：某厂生产的某某牌……做的是商品广告，却将厂名放在更为重要的商标和商品名称前面。电视广告的结尾是一个回应全文、重复重点的关键位置，但很多广告末尾只有厂名、厂址、厂长或经理姓名、电话、电挂、邮政编码等内容，而不再强调主要信息。

另外，我们的广告在介绍商品或企业时，往往套用其他场合惯用的"该商品""此产品""我们公司""本厂"等表述方法，而不直呼其原名。而国外广告所喋喋不休的则正是其商标或企业名称，根本没有人使用"该""此""我""本"之类的代名词。

2. 创造奇特信息

除了突出广告的主要信息以外，广告文案还应强调奇特性。要突破大量平庸的、抹杀商品个性的广告文案现象，力求"出奇制胜"，做到"语不惊人死不休"。

奇异的基础是个性。商品要有个性，广告文案的表现也需要有个性。

【案例 1-11】

贝克啤酒的广告文案

在德国贝克啤酒的报纸系列广告中，广告文案"喝贝克，听自己的"，将贝克啤酒赋予了一定阶层具有个性的绅士气质和绅士性格。

标题：喝贝克，听自己的！

正文：我，德国贝克啤酒，600年来，我就是这样，坚持自己，泡沫一定要洁白，色泽一定要独特，"啤"气一定要清亮，口感一定要爽快。我就爱跟你这样，从不随波逐流的人，交朋友。酒逢知己，干杯！

案例解析

啤酒产品属于无差异性产品，在功能、色泽、包装等方面都具有同型特征。因此，广告人在进行啤酒广告的创意时，大多以一个热烈、欢快的场景进行气氛渲染，表明啤酒在特定场合中的烘云托月之功。而"贝克"则建立了一个独特、鲜明的个性形象：绅士加朋友。

在广告文案中合理地借助悬念，借助适度的夸张、幽默、恐怖等手法，也能使广告文案的表现非同一般。

【案例 1-12】

智子，请照顾好我们的孩子

日航123航次波音747班机，下午6点15分，在东京羽田机场跑道升空，飞往大阪。45分钟后，这架飞机在群马县的偏远山区坠毁，仅有4人生还，其余520人，成为空难记录里的统计数字。

这次空难有个发人深省的地方，那就是飞机先发生爆炸，在空中盘旋5分钟后才坠毁。任何人都可以想见当时飞机上的混乱情形：500多位活生生的人在这最后的5分钟里面，除了自己的安危还会想到些什么？谷口先生给了我们答案。

在空难现场的一个沾有血迹的袋子里，智子女士发现了一张令人心酸的纸条。在别人惊慌失措、呼天抢地的机舱里，为人父、为人夫的谷口先生，写下了给妻子的最后叮咛："智子，请照顾好我们的孩子。"就像他要远行一样。

你为谷口先生难过吗？还是你为人生的无常感喟？免除后顾之忧，坦然地面对人生，享受人生，这就是保德信17年前成立的原因。走在人生曲折的道路上，没有恐惧，永远安心，如果你有保德信与你同行。

案例解析

这样的广告文案具有强烈的冲击力，消费者的反响也相当强烈。作为恐惧广告，它利用人类共性中的躲避伤害需求这一特征，进行合理的诉求，引发潜在消费者逃避灾难的心理反应。此广告获中国台湾第五届时报金像奖的杂志广告金像奖。

中国台湾著名的广告人孙大伟先生说："让客户又爱又怕，让消费者心酸情动。"时报奖评审之一的詹宏志说："以温情代替恐怖，在保险广告中难得一见。"

四、简明性

1. 广告文案的语言要通俗精练

无论借助哪一种媒体来发布广告都需要广告主以付费的形式进行，而广告主的广告费总是有限的。为此，每一个广告主都希望以最少的费用获取最好的效果。广告文案与消费者之间是一种被动的接受关系，大多数消费者注目于广告都是无意识的、不自觉的、带有强制性的。

广告文案应该简明了，绝不能像一般论述文那样尽情尽兴地旁征博引，洋洋洒洒。要使广告文案写得简明，首先要求文案的语言必须通俗精练，保持日常会话的特点。

例如：

味道好极了。

维维豆奶，欢乐开怀。

今天，你喝了没有？

都是极其简练通俗、朗朗上口的广告语，表述准确、简洁，语义容量大。

2. 广告文案的诉求点要单一

每则广告文案中的诉求点都必须单一，即广告文案诉之于读者的内容不能纷繁复杂。有些广告主认为，既然出了广告费，就应该充分利用权力，广告内容多多益善。这是不可取的心理，广告人一定要加以抵制。

很多报刊的版面总是排着密密麻麻、满满当当的文字，字体往往是最小号的。例如，某化妆品广告刊登在《大众电影》上，在16.7cm×7.7cm的面积中，排印了1140个汉字的正文。有些广播广告的语速也快得惊人，语速要胜过宋世雄，在简短的时间里充斥过多的内容。诉求点过多，让人看上几遍也记不住。

本章小结

1. 广告文案是对广告经过策划所形成的广告策略和创意方向具体化的成果，它是广告创意的具体陈述，是所有广告作品的书面表达。

2. 以不同的媒体为标准可把广告文案分为 5 类：印刷广告文案、广播广告文案、电视广告文案、网络广告文案和其他媒体广告文案。

3. 广告文案应具备一些基本的特性，其中实用性是广告文案创作的最大特点，广告上的每一个信息都应该有助于所要传达的功效；其次还应具备真实性，即具有实用价值，能够给消费者传达一些新的信息，促使他们采取购买行动；醒目性，即广告文案应该夺人耳目，给人留下深刻的印象；简明性，即文案的语言必须通俗精练，以最少的费用收到最好的效果。

当整个人类毁灭的时候

大战过后，整个地球覆盖着核灰尘。幸免于难的美国核动力潜艇"自由女神号"的全体官兵成了最后的一部分人类。"自由女神号"的指挥官杰克逊少将向国际大家庭的每一个公民都发出了征询：你是不是愿意回到故乡去？回答是肯定的。于是潜艇穿过漂浮着血肉模糊的尸体、支离破碎的军械的大洋，径直驶向美国的海岸。

战斗警报突然拉响。困惑不解却又习惯于不折不扣地执行命令的水兵们迅速地奔向各自的岗位。杰克逊少将的声音通过话筒传来，他的声音低沉而镇定："我们艇上的报务员收到了无法破译的电台信号，这信号来自我们的祖国。这只能被理解为：自由女神号并非诺亚方舟，在我们的国土上，完全可能有敌军的活动。""自由女神号"重新变成了一座战斗堡垒，水兵们又像战时一样值勤。杰克逊少将命令报务员 24 小时开机，神秘电台的信号必须及时报告并记录在案。

旧金山已经遥遥在望了。神秘电台的信号也随之变得越来越清晰，它老是突然地出现，又突然地消失，叫人怎么也捉摸不透。

潜艇浮上水面，眼前一片废墟。水兵们在甲板上默默地排成横队，向一个毁灭了的城市致哀。杰克逊少将开始组建突击队，隔着防毒面具，他无法看清那些被选中的突击队员的脸，但是，他极其真切地感受到那些虎背熊腰的战士的忠勇。

突击队出发了。杰克逊少将手握瓦尔特手枪走在最前面。跟在身后的是报务员和排成战斗队列的冲锋枪手。

突击队慢慢地接近了一座楼房，所谓楼房，只能说是对于历史的承认，而不是对现实的描述。作为超级市场，那座楼房曾经是惹人注目的，可眼下，整幢楼已经被核冲击波削去了大半，残余的几堵墙也岌岌可危。

杰克逊少将本能地闭上眼睛。他感到恐惧，又感到痛苦。战前他常来这儿，他的女友特别喜欢在这个堂皇却又充满了想象力的超级市场里购买东西。然而，战争毁灭了一切。他是在前往直布罗陀海峡参战时得到女友在突袭中死去的消息的——他的弟弟给他寄了一张照片，照片上的她几近焦炭一截，没有了昔日的风韵，更没有了银铃般的笑声……

少将重新睁开眼睛，他晃晃脑袋，似乎要把痛苦的回忆甩开。然后示意报务员最后确证敌方电台的位置。

敌方电台沉寂了好一阵子，突击队员们警惕地伏在断墙残壁的后面，一个个黑洞洞的枪口指着前面破楼的每扇门窗。

神秘的信号终于又出现了。报务员肯定敌人的电台在超级市场的废墟内。杰克逊果断地命令突击队实施包围，他自己第一个跳跃着跑过一大片开阔地，冲进了破楼的门楣。

楼道已经打断。杰克逊只能踩着一个战士的肩膀，双手拉住二楼的横梁，才纵身翻上去。

眼前是一座紧闭的木门。没有什么可犹豫的了。杰克逊将背在肩上的自动步枪拉到胸前，用力一脚，将门连框一起踢落下来，跟着就是一梭长长的连发。

在杰克逊之后翻上二楼的另外两个突击队员，又向屋里扔进几颗柠檬型手榴弹，顿时，轰响不断，楼道里满是呛人的硝烟味。

硝烟渐渐散尽，杰克逊少将和突击队员们冲进了屋子。他们惊愕万分地发现，屋里既没有敌人的尸体，也没有任何战斗设施。有的只是一架搁在靠窗户桌上的发报机和一个被窗帘下端牵挂住了的罐头盒。每当海风从没有玻璃的窗框外吹进，窗帘扬起，那个罐头盒就被连带着撞向发报机，从而在键钮上完全无意识地敲出了几个断断续续的、无规则的，当然也就因此而无法破译的信号。

枪口一个跟着一个垂下，"自由女神号"的官兵们啼笑皆非，相视无言。

此时，镜头越来越推进罐头盒，最后，整个画面被那个惹是生非的罐头盒所占满，现在，谁都可以看清，那是一个"可口可乐"的罐头盒。于是，两行字幕紧接着出现：

当整个人类毁灭的时候，可口可乐依然存在！

(案例选自：冯章. 新编广告文案写作与赏析[M]. 北京：经济管理出版社，2009.)

案例点评

这是一则轰动全美的广告片，在你没有看到结尾的时候，你绝对不会想到这是一则广告，更难想象得到它所宣传的是什么产品。这就是这篇可口可乐广告文案的独到之处。运用惊险刺激的悬疑手法，吸引人们的眼球，又在人们极为紧张的状态中，将"答案"——可口可乐呈现在人们眼前，可谓精彩绝伦。

讨论题

这篇广告文案的撰写特点有哪些？写好广告文案需要做好哪些方面的准备工作，又需要文案撰写人员具有哪些重要的素质？

1. 广告文案的含义是什么？
2. 广告文案的作用有哪些？
3. 按照不同的媒体，可以把广告文案分为哪些种类？
4. 广告文案应该具备哪些特性？

第二章

广告文案与广告运作环节

学习要点与目标

- 了解广告文案的写作不是孤立的，而是受各个环节约束的。
- 掌握广告文案与广告运作各个环节的关系。
- 学会在策划的指导下，围绕广告主题进行广告文案的创作。
- 能够协调广告文案与广告设计制作的关系。

广告策划、广告主题、广告创意、广告设计制作

不同阶段的小米手机广告文案

1. 小米，为发烧而生(见图2-1)

图2-1 "小米，为发烧而生"广告

案例解析

"小米，为发烧而生"是小米最经典的广告口号，也是手机圈最广为流传的一句广告语。回首2011年小米手机刚发布的时候，那个唯苹果、唯HTC、唯三星马首是瞻的年代，小米这句广告语仿佛一个晴天霹雳在中国的手机界炸开了锅，开启了国产手机高歌逆袭的序幕。这句话不仅仅是一句广告语，更是小米对自己品牌的定位。

小米，为什么提出为发烧而生的主张？因为发烧友追求更好的体验，但又希望通过自己的研究探索与努力，以尽可能低的成本获得尽可能高的品质。小米通过其"高性价比"的手机定位和发烧友对手机科技浓烈的参与情绪的充分挖掘，成功获取了第一批米粉，这批忠实的米粉不仅仅是小米手机、miui的使用者和体验者，更是"小米，为发烧而生"理念的传播者。

2. 就是快，小米手机(见图2-2)

图2-2　小米手机"就是快"广告

案例解析

小米手机"就是快"，这是小米手机2代推出时候的广告语，正值智能手机刚刚攻入手机市场，当时手机市场鱼龙混杂，国产的和进口的、老牌的和新兴的品牌层出不穷，用户对于智能手机的认知不足。小米抓住消费者的心理——运行快。这三个字的文案，简单、易传播、易推广，更重要的是吸引眼球，消费者一目了然，省去了消费者对于广告文案的进一步解码，也避免了因信息储备的差异产生对广告信息的误解，是一个非常有效的USP。

3. 迄今为止最快的小米手机，顶级双平台，全球首发(见图2-3)

图2-3　"迄今为止最快的小米手机"广告

案例解析

小米3，迄今为止最快的小米手机。当时人们刚开始接触智能机，手机不卡顿、运行快是人们对于手机最直接的需求。小米3的文案用了迄今为止和顶级双平台，表明小米充分把握了用户的需求特点，并直接把用户的想法写进文案。在广告法还没有限定广告宣传不能用"最""第一"等词语的时候，小米手机文案用这种直截了当的表达方式，能给消费者以更强的冲击力。

4. 一块钢板的艺术之旅(见图2-4)

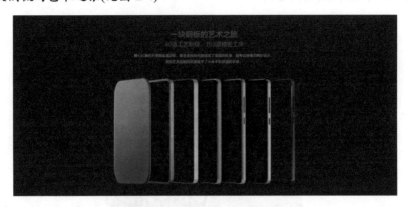

图2-4 小米手机"一块钢板的艺术之旅"广告

案例解析

小米4,一块钢板的艺术之旅。这一广告文案表明了小米手机的一个新转折:提升品牌内涵,提升产品品质,让每个人都能享受科技的乐趣。人们的需求是在不断发展的,对于手机也是这样,一开始要求只是快,当手机综合速度上去了,人们开始关心如何更美。不得不说小米的文案一直走在消费者说出心中所想的前面,一块钢板的艺术之旅,唯美的艺术,唯美的旅行打造出了帅气的小米4。

5. 小米手机5,十余项黑科技,很轻狠快(见图2-5)

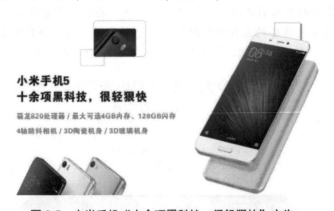

图2-5 小米手机"十余项黑科技、很轻狠快"广告

小米手机5文案发布之后,黑科技就火了。黑科技是在《全金属狂潮》中登场的术语,原意指以人类现有的世界观无法理解的猎奇物。现在指一切"不明觉厉"的新硬件、新软件、新技术。此文案在宣示小米的实力突破的同时,也在告诉消费者小米手机将带来的新性能与利益。

6. 一面科技,一面艺术(见图2-6~图2-10)

小米Note3,自拍美,拍人更美

小米5c,又轻又薄的拍照手机

小米5X 变焦双摄,拍人更美

小米6,变焦双摄,拍人更美

第二章　广告文案与广告运作环节

图 2-6　小米 Note2 手机广告　　　　　　图 2-7　小米 Note3 手机广告

 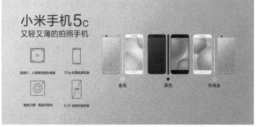

图 2-8　小米手机 5c 手机广告

图 2-9　小米 5X 变焦双摄手机广告　　　　图 2-10　小米 6 手机广告

(案例摘自：https://www.sohu.com/a/211722509_390911，有修改)

案例解析

"一面科技，一面艺术"的广告语，再搭配上梁朝伟的高颜值微笑，让人感到温暖和难忘。随着社会进步，女性购买者增多，人们都希望自己看起来美美的。于是乎，小米手机的定位变成了拍照手机，总结小米 Note3、小米 5X、小米 6 的文案所要传达的就是：我美你更美。这一诉求准确迎合了消费者的追求美，表现美，炫耀美的需求。

成功的产品广告文案和画面表达有两个基本要求：一要直接，讲大白话，让用户一听就明白；二要切中要害，可感知，能打动用户。在这两点上，小米的手机广告都做到了。

第一节　广告文案与广告策划

广告策划在整个广告活动中具有指导性、决定性、提前性，在广告活动中居于核心地位。广告文案是广告策划的一环，优秀的广告文案必然是在策划的指导下进行的。

一、广告策划概述

"策划"一词,在当前工商业发达的社会中,是一个颇为流行的新名词。策划的意义,可理解为根据所希望达到的目标,订立具体可行的计划,谋求使目标成为事实。由此可见,策划是一种计划和谋划,讲求策略性思考。

所谓广告策划,是指广告人通过周密的市场调查和系统的分析,推知和判断市场态势及消费群体的需求,利用已掌握的知识、情报和手段,合理而有效地控制广告活动的进程,以实现广告目标的活动。

广告策划所要解决的任务包括广告对象、广告目标、广告计划、广告策略等,也就是要解决广告"对谁说,说什么,如何说,说的效果如何"等一系列重大问题,使广告能"准确、独特、及时、有效、经济"地传播信息,提高广告活动的效果。

现代广告策划具有以下几个特点。

1. 目的性

广告策划起始于广告目标的选择,落实于广告目标的实现,广告目标统领着广告策划的方向和内容,从而使广告活动能够有的放矢。当然,广告目标的选择也并非随意安排,它也是科学策划的结果,但一经选定,便贯穿于整个广告活动中,指导整个广告运动的过程。从这个意义上而言,现代广告策划具有明确的目的性。

2. 科学性

广告策划是一个创造性的思维活动过程,但它绝不是随心所欲的,而是具有严谨的科学性。这首先表现为广告策划要遵循一定的程序,在采取广告宣传行动之前,必须对市场形势、消费者态度、社会环境、竞争对手的情况进行周密的调查研究;然后根据所掌握的资料和信息进行综合分析,找出问题的关键点,确定广告目标,拟订广告计划及具体实施方案;最后还要对广告效果进行评估,直到实现企业的广告目标和营销目标。

广告策划的科学性还表现在广告策划是一个众多科学知识交叉融合的过程,在充分运用广告学原理、心理学、传播学、营销学、系统论、控制论等多学科的基础上,借助计算机等现代化的先进技术手段,为广告主提供进行广告决策的依据和最优的行动方案,以取得最好的经济效益和社会效益。

3. 灵活性

由于竞争激烈,需求水平和结构不断更新,市场环境变化很快。在这种情况下,即使是一个最适当的广告策划,也会因市场环境、约束条件和影响因素的变化而不得不调整。现代广告策划在一个方面体现出其科学性的同时,还具有相当的灵活性。这主要归结于在现代广告策划流程中要建立起一套良好的信息反馈和监督机制,即它不是一个单向的决策过程,而是一个双向的决策流程。从最开始的广告调研到最后的广告效果评估,针对市场和消费反应的变化,能及时调整和修正其方案,使得整个广告策划活动能保持充分的灵活性。

二、广告策划的程序

广告策划程序是指广告策划工作应遵循的方法和步骤,是为使广告策划顺利进行和保证广告策划的成功而对广告策划工作自身提出的方法和原则要求。

广告公司接到广告策划任务之后,一般按下列步骤进行工作。

1. 组建广告策划小组

组建以广告主或其产品命名的策划小组,负责整体策划工作。广告策划小组一般由以下人员组成。

(1) 业务主管。一般由客户部经理或总经理、副总经理、创作总监、策划部经理等人担任。业务主管的水平是衡量一个广告公司策划能力的标志之一。

(2) 策划人员。策划人员一般由策划部的正、副主管和业务骨干担任,主要负责创意和编制广告计划。

(3) 文案人员。文案人员专门负责广告创意并撰写各种广告文案。

(4) 美术设计人员。美术设计人员负责进行各种视觉形象设计。

(5) 市场调查人员。市场调查人员负责市场调查,具有研究、分析和写作市场报告的能力。

(6) 媒体联络人员。媒体联络人员熟悉每一种媒体的优势、缺陷和价格,与媒体有良好的关系,并能按照广告战略部署获得所需的媒体空间和时间。

(7) 公关人员。公关人员提出公关建议,并进行各种必要的公关活动。

2. 向有关部门下达任务

经过广告策划小组的初步协商,根据企业要求,向市场部、媒体部、策划部、设计制作部等部门下达初步任务。

3. 商讨广告活动的战略战术

讨论和商定本次广告活动的各种具有长远指导意义的决策(战略)和实现这一决策所应采取的手段和方法(战术),具体而言,需要讨论以下广告策略:产品广告策略、广告市场策略、广告时机策略、广告媒体策略、广告表现策略、广告促销策略。

4. 撰写广告策划书

将策划小组的意图归纳整理成书面文件,便于贯彻执行,策划书中要包括广告战略战术的全部内容,给下一步的广告创意和制作提供指导性文件。

5. 向广告主递交广告策划书并由其审核

递交广告策划书也是一种提案,策划书要与广告主反复磋商,根据广告主的反馈意见,再加以修订。

6. 将策划意图交各职能部门实施

最终实施广告策划意图的部门是创作部、设计部和媒体部。

创作部负责按照已定的广告策略方向发展广告创意,撰写广告文案;设计部将广告创意转化为可视性强的广告作品；媒体部按照广告策划书的要求获取媒体的时间和空间，进行媒体选择，制定媒体排期。

三、广告文案与广告策划的关系

广告策划的内容一般说来可以有两种：一种是狭义的广告策划内容，即指制定广告目标，决定广告地区、广告时间、广告对象等几项内容；另一种是广义的广告策划内容，它既包括以上所讲的狭义的广告策划内容，还加上诸如市场调查，广告主题拟定，广告作品的设计、表现、制作，媒体发布的组合，媒体排期，广告预算，广告效果的测定及其方法等，可以说包括了广告全过程活动的全部范围。

无论是狭义还是广义的广告策划，都对广告文案的写作有指导意义。广告文案与广告策划的关系如图2-11所示。

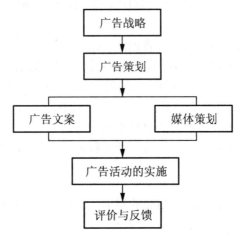

图 2-11　广告文案与广告策划的关系

从图2-11中可以看出，广告文案处于广告策划之后的执行阶段，是对广告策划的具体化。广告策划中对产品的定位、广告目标、广告诉求策略、广告对象等的确定，必然成为广告文案撰写时要考虑的前提，甚至是创意的来源、主题拟定的基础、USP的灵感。

可以说，广告策划是广告文案撰写跨出第一步前的方向，也是可以预示广告文案成功与否的基点。从这个意义上说，有好的广告策划，才有好的广告文案；成功的广告文案，往往出自成功的广告策划。

【案例 2-1】

"开家服装翻新店"的广告文案

韩国技术、原料，精良的设备，是成功的保证。

服装穿一段时间后，会出现褪色、洗花，或颜色不鲜亮，显得过时了，扔了吧可惜，穿出去吧又难看。每个家庭都有好几套这样的衣服。

本公司最新引进韩国技术及全自动化的机械设备，能将旧服装翻新。纯棉、纯毛、纯麻、化纤类的服装，医院、酒店、餐厅的床单被套、浴巾、蚊帐、台布等都可以翻新。一般翻新一件衣服的成本为1.50~2.50元，收费为15~30元不等，店员1~2人，店铺面积15平方米以上，用电220V。这是刚兴起的朝阳产业，它会像干洗店一样很快普及全国。

本公司规划发展1000家加盟店，每县级城市1~2家，免收加盟费，免费培训1~2人，统一使用"太空人"品牌，统一店面形象设计，统一店员服饰，形成全国规模化经营。

提供全套设备：A型8800元；B型12800元。质量三包，长期供应原料。

陆续投入500万元的广告支持，以提高各加盟店在当地的知名度，做到加盟一家成功一家。

案例解析

广告文案的创作可以针对客户的经营情况，以及客户产品的特点，再结合消费者的需求特征，用摆事实、提出问题的方法，对受众进行诉求。该文案一开始就摆出了问题，即衣服穿一段时间后会出现的褪色、洗花或颜色不鲜亮等问题，这是很多消费者都会遇到的问题，也是很多消费者希望解决的问题，文案针对消费的需求提出了解决办法，并介绍了解决这些问题的产品和服务，说明了相关设备的特征、优点、性能和效用等，这种不加修饰、客观陈述的方法，使文案更具有一定的可信性，也有效地传达了广告策略和产品定位。

第二节　广告文案与广告主题

一、什么是广告主题

主题是广告的核心内容，是广告宣传的重点和所要明确表达的中心思想。它贯穿于广告活动之中，使组成广告的各要素有机地组合成一则完整的广告作品。一则广告必须鲜明地、突出地表现广告主题，以使消费者在接触广告之后，能够很容易地理解广告告知他们的是什么。主题不仅支配广告文案的始终，而且是广告创意、设计制作等创作活动的基础，是广告的生命力所在。

一则好的广告作品，必须鲜明地、突出地表现广告的主题，使人们接触广告之后，很容易理解广告告知他们一些什么，要求他们做些什么。在企业形象广告中，主题集中于宣传企业的理念；在品牌形象广告中，主题集中于宣传品牌特性；在产品广告中，主题集中于宣传产品或服务的特性及对消费者的利益承诺；在促销广告中，主题是更具体的优惠、赠品等信息。

二、广告主题的类型

在广告文案中可能有天马行空的想象、绚丽多彩的文字，但无论外表如何，一个优秀的文案一定要有一个确定的主题，也就是通过文字和图像要告诉给消费者的主要信息；一旦主题确定，任何的创意和文案写作都是围绕这一主题。选择一个能打动消费者的、适合产品的主题至关重要。广告文案常用的主题大致可以归入以下几类。

(一)与心理有关的主题

根据消费者心理需求可以确定以下几种广告文案的主题：强力介绍某项产品超越其他品种的新用途；和同类产品比较，显示自己的产品比其他同类产品的功能、质量等方面优越；证实若购买该广告宣传的产品，可解决或避免某种不悦之事；诱使消费者加深对产品商标的记忆，借以提高品牌在消费者心中的知名度；强调产品能美化消费者形象，提高身份地位；用优美的语言并借助影响力大的媒体宣传产品，能给消费者带来精神享受；再三重复广告口号，以加深消费者对企业和产品的印象。

【案例 2-2】

中国台湾某品牌的钢琴广告文案

标题：爸爸、妈妈都希望给孩子最好的

正文：

从孩子呱呱落地起，所有的父母亲就希望孩子是最好的，希望孩子健康快乐地成长。某某钢琴愿和父母亲共同分担这个心愿。学琴的孩子不会变坏！

案例解析

这则文案广告主题就是从心理出发，诉求学习钢琴可以避免某些不愉快的事情发生。文案最核心的一句话是"学琴的孩子不会变坏"，可谓一语中的，点中了家长心中最为担心的事情。难怪这则广告推出以后，赢得了众多消费者的喜爱和信赖。

(二)与企业形象有关的主题

根据企业的战略规划和市场发展目标，确定以宣传企业形象为主题的广告文案，如：树立企业在某个领域内领导潮流的形象；强调企业产品为提高消费者生活水平所做的不可埋没的贡献；突出企业强有力的市场销售地位；宣扬企业一丝不苟、埋头苦干、勇于进取、不甘落后的精神；强化企业良好的国际形象，并为产品打入国际市场铺路；创造温馨亲切、让人留恋的企业家庭氛围。

(三)与购买行动有关的主题

在研究消费者购买行为规律的基础上，广告文案要确定促成消费者产生购买行为的主题，如：以流行时尚引诱消费者效仿；使消费者增加购买商品的次数，而不做过路生意；促使消费者购买刚打入市场的新产品；刺激消费者增加对广告商品的使用量，使消费者相信该产品的质量过硬；突出自家产品独特之处，刺激消费者产生冲动购买；诱使消费者试用自己的商品，从而使竞争对手退出市场。

(四)与市场营销有关的主题

结合企业的营销策略，确定有利于产品营销目标达成的广告文案主题，如：以有奖销售的方式吸引消费者购买；刺激消费者对某种品牌的基本需求；用粘贴防伪标志的形式，加强消费者的辨认度，用正当手段维权；大肆渲染马上入市的新产品，为刺激消费者购买做好心理准备；采用薄利多销的方式争取消费者；强调经营服务给消费者带来的便利；为消费者提供售后服务，免除消费者的后顾之忧；诱惑潜在的目标消费者加入消费行列，扩大产品的销售市场。

三、广告主题在广告文案中的地位

广告文案一定要反映广告的主题，围绕着广告主题进行创作，因为主题是文案的精神内核，是蕴藏于文案中的能量来源。一篇广告文案如果没有主题，就好像一个人没有了灵魂、失去了生命力，离开现实、离开主题、天马行空的创作态度，制作出来的广告将会黯淡失色，索然无味。

由于广告主题在广告文案中起着主导的作用，在动笔之前就要根据广告策略的要求先确定主题，做到"意在笔先"，心中有数，这样才能随心所欲，挥洒自如，创作出打动人心的文案。

一般说来，一篇文案只能有一个主题，即使根据现实的需要，设置了多个主题，也要分清主次、先后，一定要突出基本主题，其他辅助主题紧紧围绕基本主题展开。许多文案就失败在没有基本主题，想说的太多，其结果往往是力量分散，让读者失去阅读焦点，什么也没记住。在写作文案的过程中应时刻注意把文案的主题凝成一点，让最主要的核心信息引人注目、打动人心。

【案例 2-3】

我的朋友乔·霍姆斯他现在是一匹马了

乔常常说，他死后愿意变成一匹马。

有一天，他果然死了。

五月初我看到一匹拉牛奶的马，看起来像乔。

我悄悄地凑上去对他耳语：

"你是乔吗？"

他说："是的，可是我现在很快乐！"

我说："为什么呢？"

他说："我现在穿着一件舒服的衣领，这是我有生以来的第一次。我衬衫的领子经常收缩，简直在谋杀我，事实上有一件把我窒息死了。那就是致死的原因！"

"天哪，乔。"我惊讶失声。

"你为什么不把你衬衫的事早点告诉我，我会告诉你关于箭牌衬衫的事，它们永远合身而不收缩，甚至用深灰色棉布织的也不收缩。"

乔无力地说："深灰色棉布是最会收缩的了。"

我回答说："可能是，但我知道戈登标的箭牌衬衫是不缩的，我正穿着一件。它经过机械防缩处理，收缩率连1%都不到！此外，还有箭牌所独有的迷狐适领！"

"戈登标每件只卖两美元。"乔说，"真棒，我的老板正需要一件那种样子的衬衫。我来告诉他戈登标的事，也许他会多给我一夸脱燕麦！天哪，我真爱吃燕麦呀！"

箭牌——机械防缩处理
　　如果没有箭牌的标签
　　那它就不是箭牌衬衫
　　箭牌衬衫——
　　机械处理防缩——如果收缩不合
　　免费奉送一件作赔！

案例解析

这是广告大师乔治·葛里宾为箭牌衬衫创作的一篇广告文案。该文案运用令人惊奇的，且异乎寻常的手法介绍了箭牌衬衫的优势——不收缩，这正是很多消费者最关注的问题。文案的标题用"我的朋友乔变成一匹马了"吸引了受众，让受众在好奇中读完文案，而文案的最后，没忘让受众吃个定心丸——"如果收缩不合，免费奉送一件作赔！"该文案所讲的故事奇特、生动，但始终没有忽略它的主题：箭牌衬衫不收缩。

四、广告文案主题的表现手法

在根据材料提炼出一个精确的主题之后，文案写作时还应该运用适当的方式和方法把主题表现出来。为了表现广告主题，广告文案可以选择多种角度来进行诉求。对于不同的产品来说，可能选择的角度会有所不同，这取决于产品的个性、目标消费者的特点，也和市场环境、社会文化等大环境有关。以下几个角度可以为我们提供一些参考。

1．快乐

生活得快乐，这是每个人追求的一种趋势，也是现代人类的重要心理现象；快乐，是人类生活发展高层次的必然需求。轿车、旅游等广告文案多以此作为广告题材。

【案例2-4】

英国旅游协会广告文案

标题：轻轻地蹀过历代君主们漫长的沉睡

正文：伦敦威斯敏特大教堂中的亨利七世小教堂里，历代英皇——亨利七世、伊丽莎白一世和苏格兰的玛丽女皇都下葬于此，有22代帝王都曾在这里接受加冕典礼。

在英国，这样著名的大教堂有30个，每座教堂都是一件独树一帜的艺术品。在你访问英国时至少要来参观一所教堂，免得虚此一行。

备有介绍英国教堂的彩色导游册，函索即寄。

案例解析

这则英国旅游协会的广告体现了快乐的人生体验，从文化艺术的角度来阐释出精神享受。这则广告曾被誉为"优秀的企业广告"并获得国际广告奖。

2. 经济

经济实用、价廉物美是大多数人的购物标准。高消费只是一部分人的生活，而对于普通百姓、工薪阶层来说，经常购买的总是中、低档商品。产品在价格上占据明显优势常常可以刺激消费者的购买欲望，家电、食品、经济型汽车等常以此作为广告题材。

但我们不能从单一角度告诉消费者这项商品对其如何有利，而将其他事实弃而不谈，这样会使消费者陷入思考的混乱，做出错误的判断。因为欲望并不是单纯的东西，当消费者决定购买时，他的考虑必定是多方面的，所以我们在以经济做题材来打广告时，也要注重其他方面的辅助。

3. 质量

在广告文案中对商品质量、售后服务等方面向消费者做出承诺和保证可增强消费者的信任感，树立品牌形象。家电、建材、名牌服装等常以此作为广告主题。

【案例 2-5】

浙江好来西服饰有限公司的一则致歉广告文案

我们曾向您承诺："凡购买 Holison 高级衬衣，如因正常穿洗，在领口、袖口洗破前出现起泡现象，可在全国任何城市好来西精品店无偿退换。好来西服饰有限公司同时赠送一件 Holison 服饰精品致歉。"

为了解决衬衣领口、袖口易起泡、易变形的难题，我们竭尽全力，对十几个国家近百个厂家生产的面料、辅料进行反复组合试验，并采用高温处理等特种工艺，终于使衬衣的领口、袖口在正常穿洗的情况下不起泡、不变形，由神话变成了现实。一切努力只是想让穿上好来西衬衣的您真正享受到那一份圆满的自信与舒适。

然而，我们离完美之境依然相距一步之遥。在去年售出的 980000 件衫衣中，有 104 件衬衣的领口或袖口出现了起泡现象。这于我们虽属接近万分之一的疏忽，对您却是百分之百的损失。尽管我们已履行诺言，但对您的愧疚却难以削减。为此，我们再次向呵护好来西成长的您表示深深的歉意。不论何时何地，从您穿上好来西衬衣的那一刻起，我们便与您一同分享忧乐。

案例解析

该致歉广告不仅没有损伤企业的形象，而且因为他们的诚实，反而赢得消费者的普遍好评，从而使好来西服装的销售量明显增加。

4. 爱情

爱情是人类永恒的主题，是人类精神深层次的生命冲动，爱情创造了美，创造了人们对生活的敏感和热爱，它渗透了人们的情趣、理想和生命感受。家庭用具、日常用品以及珠宝首饰的广告文稿宜选择这一题材，它能产生亲切动人、感人心扉的力量。

【案例 2-6】

益达口香糖的广告文案

图 2-12 所示为益达口香糖广告画面。

图 2-12　益达口香糖广告"酸甜苦辣篇Ⅱ"

第一集
客栈
(背景音乐《如果没有你》)
连凯：上菜咯，爆炒饵丝。
桂纶镁：来嘞，爆炒饵丝。
连凯：三号桌。
桂纶镁：你的爆炒饵丝，慢用。(走向另一桌)先生要点什么？今天我们的特色菜是炸酱面。
彭于晏：呃，好久不见。
连凯：(端着一盘菜过来)六号桌，认识的？(对彭于晏)她的朋友就是我的朋友。我帮你准备点特别的啊。餐后嚼益达，对牙齿好，她说的。晚上有地方住吗？那住这吧，我们还有空房间。
桂纶镁：我们没有了！
连凯：当然有，你隔壁那间嘛！还不赶快去帮你朋友打扫一下。
画外音：益达无糖口香糖，关爱你的牙齿，更关心你。吃完喝完嚼益达。

第二集
客栈
(背景音乐《夜来香》)
桂纶镁：啊，你不要过来，走开！
彭于晏：(敲桂纶镁的房间门)开门！你没事吧？
桂纶镁：(开门)干吗？
彭于晏：他在哪？
桂纶镁：床底下。
连凯：嘿，我煮了点汤圆，要不要来点？
彭于晏：那是谁在床底下？

桂纶镁：蟑螂，我把它打死了。
彭于晏：晚安。
桂纶镁：晚安。
(彭于晏吃完一碗汤圆)
连凯：来两粒吧。
彭于晏：谢谢！
连凯：原来你就是传说中的兄弟。
彭于晏：嗯，我跟她一起经历过很多。
连凯：听说她以前伤得很深。兄弟，做男人的不要害怕承担责任。
彭于晏：你听着，我不是害怕，我也不是你的兄弟，大叔！
连凯：你说话小心点啊，大叔？
彭于晏：看谁更男人！
桂纶镁：住手！(抢过益达递给老板连凯)这不再属于你的了，你从来没有珍惜过我们拥有的。
连凯(对桂纶镁)：你还好吗？
画外音：益达无糖口香糖，关爱你的牙齿，更关心你。吃完喝完嚼益达。

第三集
客栈
(背景音乐《情人》)
桂纶镁(递给正在喝早茶的彭于晏一瓶益达)：喝完别忘嚼益达。
彭于晏：我们可以谈一谈吗？
桂纶镁：我好不容易把你忘了，你现在又回来找我，你不觉得你自己很自私吗？
彭于晏：我没想到会再遇见你，是缘分吗。(对老板连凯)我想我还是先走好了。不好意思，给你们添麻烦了。
连凯：兄弟，答应我，要珍惜你拥有的。(对桂纶镁)还等什么？
桂纶镁：那你呢？
连凯：别傻啦，我没事的。保重！
(客栈外，彭于晏发动摩托车，未果)
桂纶镁：让我来吧。我们的益达又满了。我们接下去怎么走？
彭于晏：听你的，兄弟。
画外音：益达无糖口香糖，关爱你的牙齿，更关心你。吃完喝完嚼益达。

案例解析
这个广告文案讲的是彭于晏和桂纶镁由于益达口香糖而开始的一段由相识到分手的爱情故事。若干年后桂纶镁在餐厅打工，巧遇暗恋对象彭于晏，餐厅老板和彭于晏是朋友，一定要叫彭于晏尝尝自己的厨艺，没想到彭于晏和自己的女员工是老相识，心中还有点醋意，但还是成人之美。整个广告风格轻松幽默，节奏跳跃，很适合青年人的活泼情趣与追求美好的生活态度。广告凭借彭于晏与桂纶镁之间五味俱全的爱情故事，使益达的良好形象呈现在消费者面前：益达无糖口香糖，关爱你的牙齿，更关心你。

5. 荣誉

荣誉是一种赞誉性的评价。人们平时在事业上获得成就，对社会做出贡献，总希望得到社会的尊重和赞赏，得到价值上的承认和心理上的满足。这种心理上的满足感，是一种荣誉感。荣誉感是人类道德、文化、名誉上的精神需要。高档商品、时尚流行商品的广告文案适合以此作为题材。

【案例 2-7】

新百伦的广告文案

图 2-13 所示为新百伦广告画面。

图 2-13 新百伦广告之"每一步都算数"

（旁白）

110年，我想作为一个音乐人，我过去半生写的东西，不管多少音符、多少文字，从现在这个时刻去感受，仿佛那些都只是一瞬间的事情，一下子，一瞬间。

那作为一个制琴师，我手上这块面板，一道一道的年轮，其实就是这棵树的一生。而这棵树比我先来这个世界，几十年、上百年，然后孤独，很倔强地生长，然后在这一瞬间，为我准备好了，为我的做琴，为我的志向准备好了。

所以我更愿意比较感性地去说，不管曾经是多长跨度的一个时间段，只要我们回头看，回望它都会留下一个，都只是一瞬间的感受。

我喜欢看人，一样地去看，去感受，去理解一个品牌。我觉得一个品牌就跟一个人一样，他的所作所为，所想所出。

所以我们也不难想象，New Balance 在过去的岁月中，肯定有无数电光火石那样子的意念迸发的瞬间。

而更重要的是这些意念被接受，被聚拢赋予新的价值。

然后有一些人用了110年的时间去实践守护，让这个品牌终于动人。

所以 New Balance 让我想到我刚才前面所说的，造就我制琴面板的那一棵树，生长了几十年、上百年的树，他们相同的是，在时间的长河里。

屹立百年，仍有新枝，我觉得这是最动人的。

New Balance 110 周年，每一步都算数。

案例解析

这是 2016 年新百伦 110 周年时，请李宗盛拍摄的一支微电影广告——《每一步都算数》。李宗盛走过半生，却有不同精彩。而新百伦历经 110 年，却始终生生不息。许多品牌都在用某种故事来诠释品牌的精神和情怀，新百伦作为全球性运动品牌，其英美系列的跑鞋一直坚持手工制作的方式，与李宗盛的情怀十分匹配。110 年的历史也足见新百伦的实力。从 2015 年开始，新百伦就从慢跑延伸到了更广的综合体育领域，并力争进入全球三大运动品牌的行列。

6. 时尚

时尚的东西，总是新潮的，总是领导消费的。在消费品市场中，消费者的购买潮流对人们的心理冲击力很大。人们或多或少地表现出一种追求新颖的需求。消费者在购买商品时十分看重商品的款式和社会流行样式，而对商品本身的实用价值和价格高低，并不过分考虑。时尚，总是让人们欲罢不能，产生冲动性购买。因此，在文稿中，就要突出时尚这一主题。

第三节　广告文案与广告创意

一、关于广告创意

日本著名的广告学者植条则夫指出："在今天的广告界，创意正成为最重要的课题。广告公司的竞争，使创意愈加成为左右学界生存和发展的重要因素。这样的创造性，在企业的研究、调查、生产、流通、广告、销售、推销等领域，已经成为不可或缺的因素。特别是在广告公司中，创意的作用越来越受到重视。"

将创意应用在广告活动中就是广告创意，它是有效而且具有创造性的广告信息传达方式。广告创意建立在市场商品和消费者要求的基础之上，体现向谁说、说什么、怎样说的一种整合行为。

广告创意在广告活动中起着非常重要的作用，它往往需要依据社会文化心理和不同的消费心理，并借助于艺术的手法去叙事；没有创意的广告往往是平淡无奇的，缺乏生命力，不能达到吸引消费者的目的。

在现代激烈竞争的社会中，要达到比较好的广告传播效果，必须注重广告创意的效果，否则只能带来资金、人力的浪费。广告创意是广告策略与广告表现艺术必不可少的桥梁。因此，在达成广告作品的过程中，广告创意是十分重要的程序。

好的创意，创造不朽的品牌

通过广告创意与表现的实施，人们可以从一种商品、一个品牌中领悟和接受一种文化精神或观念(其中包括兴趣和某种启示)，从而更牢、更好地去记住它、喜爱它、接受它。

例如，作为一种香烟品牌，"万宝路"在品牌世界的构造上，通过广告创意者的创意与策划，而把该品牌形象的塑造分为4个阶梯层次：品牌标志与品牌名称；品牌主题与品牌概念；品牌文案与品牌优势；促销主题与品牌价值。

从中，既有使受众借助眼睛可以见到的东西，同时又给受众传达那些通过心理效应可以接收到的东西，让人们可以从中感知除了该品牌的标志和品牌名称外的"万宝路"的整体形象概念。诸如以下几例。

品牌主题：牛仔。
品牌概念：开拓精神。
品牌文案：到万宝路的家乡去。
品牌优势：美国口味。
促销主题：体验万宝路的刺激和冒险经历。
品牌价值：男子汉的气质、风度的体现。

由此我们看到，通过广告创意，往往可以在产品的营销和品牌形象的推广中赢得点石成金和事半功倍的广告方式及效果。

二、广告文案与广告创意的关系

广告文案是广告创意的载体，广告创意是头脑中的一个思维过程，只有通过广告文案才能把它转化为具体作品。广告创意能保证广告文案成为一个使受众欣赏并能激起其阅读兴趣的文学作品，成为一个有助于广告信息传播的广告文案，即所谓"让消费者跟着我们每天从不同的角度来感受不同的万众瞩目的事或物，去猜测、去议论、去期待，从而加强品牌在他们脑海中的印象"。

广告创意往往是新鲜的、醒目的、令人兴奋的，将广告创意落实到文案上，就涉及很多具体工作，如怎样写标题，怎样写正文，怎样写标语，怎样写随文等。广告创意的力量很容易被文案各部分的具体表现所分散和弱化。为此，文案人员必须全面、完整地把握创意概念，深入理解广告创意所包含的各要素，将创意落实为具体的广告文案。但在创意转化为文案的过程中，往往会因表达的错位而使得创意没有得到很好的体现，所以在将创意转化为具体作品时，应该注意以下几个方面。

(一) 广告文案的独特性与广告创意的创造性相配合

创造性被视为广告创意的灵魂，一个优秀的广告创意一定是不墨守成规、不僵化的，能够创造性地传达信息。同时应当看到，广告创意的创造性又必须依靠广告文案、画面等形式的独特性表现出来，这种独特性是指广告文案应该从与众迥然不同的角度传达信息。

【案例 2-8】

江小白白酒表达瓶广告文案

图 2-14～图 2-22 所示为江小白白酒广告。

陪你去走最远的路，是我最深的套路。

我在杯子里看见你的容颜，却已是匆匆那年。

图 2-14 江小白表达瓶广告(1)

最想说的话，在眼睛里，草稿箱里，梦里和酒里。

愿十年后，我还给你倒酒，愿十年后，我们还是老友。

图 2-15 江小白表达瓶广告(2)

一个人的行走范围，就是他的世界。

最怕不甘平庸，却又不愿行动。

图 2-16 江小白表达瓶广告(3)

有些人你明明不愿意忘记，但 TA 却越走越远。
手机里的人已坐在对面，你怎么还盯着手机看？

图 2-17　江小白表达瓶广告(4)

以前我们做什么都不考虑后果，现在我们老在考虑做什么。
不要到处宣扬你的内心，因为不止你一人有故事。

图 2-18　江小白表达瓶广告(5)

跟重要的人才谈人生。
所谓孤独就是，有的人无话可说，有的话无人可说。

图 2-19　江小白表达瓶广告(6)

懂的越多，能懂你的就越少。
我们在同一酒桌，却听对方说着陌生的故事。

图2-20　江小白表达瓶广告(7)

孤独不在山上而在街上，不在房间里而在人群里。
世上最遥远的距离，是碰了杯却碰不到心。

图2-21　江小白表达瓶广告(8)

总觉得没喝够，其实是没聊透。
成长就是将哭声调成静音，约酒就是将情绪调成震动。

图2-22　江小白表达瓶广告(9)

(案例选自：http://app.myzaker.com/news/article.php?pk=59d7b0ea1bc8e0e22400002e)

案例解析

表达瓶就是用户自己在瓶身上创作文案，这种文案给了用户一个输出自己观点的机会。所有表达瓶上的文案都由消费者提供，这样的活动使产品具备了更好地跟消费者沟通的力量。

瓶身设计的精美，简单朴素的文案，两者的完美融合，构成了江小白独特的魅力。

每年，江小白经典的表达瓶文案都层出不穷，可能是年轻人不太懂白酒，而喝江小白的都是年轻人，他们喝的不是酒，是情怀。

广告文案抛开具体商品信息的表达,而传达了一种意识形态,这种意识形态充满了不确定性,有点反叛、异端、散漫,但却以这种独特性的方式让消费者印象深刻。

(二)广告文案的简洁性与广告创意的简明化相配合

一个广告不可能负载多个诉求重点,创意要围绕一个诉求点来开展,文案也要围绕同一诉求点来写作。如果需要做深入说明,文案中可以展开解释或者提供丰富的资料增加可信性。多诉求点只会让广告的表述变得模糊不清。

广告创意的目的就是传达有效信息,无论使用哪种方式,广告想要说什么,必须非常突出、非常清楚。为了明确传达信息,广告文案的用词也应该尽量准确,句式应该尽量简单,不要将关键词语淹没在过多的"因为……所以……""虽然……但是……"之中,要追求写作简洁明确,而不是文采斐然的标题和正文。

【案例 2-9】

一则钟表的系列广告文案

要了解一秒钟的价值,去问奥运会上得银牌的人。
要了解一分钟的价值,去问错过长途公车的人。
要了解一小时的价值,去问等待见面的情侣。
钟表的系列广告如图 2-23~图 2-25 所示。

图 2-23 钟表广告体育比赛篇

图 2-24 钟表广告赶车篇

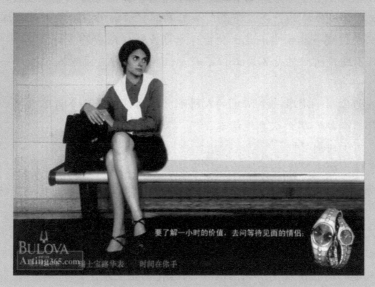

图 2-25 钟表广告等待篇

案例解析

该广告通过 3 个生活片段突出时间的价值及分分秒秒的重要性,创意简洁,但却清楚明确地传达了广告信息。

(三)广告文案的情趣性与广告创意的人性化相配合

无论诉求对象是什么样的年龄,什么样的身份,消费心理如何,只要他或她是心智正常的人,都会有共同的心理,如:希望爱与被爱;向往美好生活;希望被关心、被尊重、被理解;喜欢听到和看到美好的事物,不喜欢看到丑恶和残缺;喜欢趣味,厌恶枯燥乏味;喜欢亲切,趋于欢乐,远离烦恼;喜欢平等地沟通,不喜欢说教、灌输;对正确和错误有自己的判断标准,不喜欢被别人粗暴地左右；女性具有深厚的母爱和母性，男性对漂亮女性感兴趣；关心自己的家人……

这些最基本的人性并不抽象，而是体现在一点一滴的日常生活中。对于广告，消费者自然也会不自觉地以这些基本的好恶来判断。

情趣性强的广告文案，更容易凸显广告创意的人性化。广告文案的情趣性就是要求在广告文案创作过程中注意诉求对象的情感性和趣味性要求，努力发挥语言艺术的魅力，以达到吸引消费者、扩大消费市场的目的。

【案例 2-10】

7-ELEVEN 24小时连锁店广告文案

年轻人：清晨四点，整个城市好像只有那个角落，让人觉得明亮且温暖。

店员：我记得那天冷冷的，还在下雨，他站在那里喝咖啡，心情好像很坏的样子。

年轻人：只不过喝一杯咖啡而已，他就像老朋友一样陪我聊了好久。

店员：我只不过是问问他是不是工作不顺，他就好像好久没跟人说过话一样，一说就说个不停。

年轻人：我好像第一次跟一个陌生的人讲那么多话，也在这个角落里，第一次感觉到许多人竟然可以那么单纯、那么认真地活着。

店员：嘿，胡子刮刮吧！

店员：常来喔，别忘了这个方便的好邻居喔。

年轻人：那个早晨，觉得自己的脸那么清新，那个角落真的特别明亮、特别温暖。

案例解析

这则电视广告是一个工作到深夜的年轻职员和 7-ELEVEN 的一位中年店员之间的故事，文案以两人内心独白的方式传达。广告创意不复杂但充满人情味，通过两个陌生人之间的对话传达出人与人之间的温情以及 7-ELEVEN 人性化的企业理念。

【拓展知识】

广告大师谈广告创意来源

中国台湾著名广告学家杨朝阳博士认为创意的来源只有 30%与创意人的天才有关，而 70%的创意火花，是由科学化的分析、系统化的发散、想象力的引导与刺激所引发出来的。

1950 年，美国的亚历山大·奥斯本博士提出"脑力激荡术"集体创意的思考法。该理论和方法为近代企业界广泛采用，也成为广告界寻求广告创意的一大途径。

> 奥斯本认为，创意是训练出来的，凡经创造性方法训练过的人员在发明创造力方面，要比没有经过训练的人员强。他曾与朋友一起在大学里参加创造性思维训练班，得出很多有说服力的理论数据。他曾提出四大基本原则。
> (1) 摒弃拒绝批评主义——对任何观念的反对性的判断，必须保留至稍后的时期。
> (2) 欢迎"自由运转"，异想天开——必须毫无拘束，广泛想象，观念越奇特越好。
> (3) 观念越多越好——观念呈现得越多，越能获得时间，获取胜利，成功的把握就越大。
> (4) 寻求观念的组合和改进——参加人员除提供本身所构思的观念外，更应建议如何将他人的观念转变为更好的观念。

第四节　广告文案与广告设计制作

一、广告文案与广告设计制作相辅相成

在广告表现中，除了语言文字之外，图案或图像等视觉要素起着相当大的作用。广告文字是用语言文字传达主题思想、说明内容，而图形则是用直观的可视形象传达广告信息，它与广告文字相互配合、相互依赖，实现广告信息的传递。

从事过广告设计的人都知道，广告文案创意本身不是目的，准确地说，它只是整个广告创作活动中的一个环节。任何广告目标的实现，都必须经过创意、设计、制作、发布等环节，各环节既有其自身运作的特点和规律，又同其他环节相互制约、相互联系、相辅相成。

因此，从广告文案创意开始，就应该考虑其与版面编排、各种设计元素(材料)的协调关系和广告发布方法之间的兼容性、合理性、可行性等问题；还必须考虑后续环节如何调动一切可能的因素，将广告文案创意的内在精神因素通过编排设计等方式加以艺术性发展，以可视的、物质的方式表现出来，充分发挥其创意潜力，以获得理想的广告发布效果。

二、广告文案是广告设计制作的总纲

广告文案是广告设计制作的总纲，设计必须以文案的主题为依托，并起到帮助阐述广告主题、说服受众产生购买意愿的作用。从专业角度来说，一个好的广告作品应该是对企业理念、市场动向、经济效益、产品功能、人的需要、广告策划、设计方法等一系列因素的综合性创意和最佳整合。因此，任何创意、设计都要从宏观整体出发，避免主观随意性或者片面追求设计的单一价值，才能将广告作品的设计水平推向一定的高度。

在广告创作中，文案通常会提供大量的原创意念，设计人员在转化为图形的时候，会有自己的二次创作。这时，视觉化能力强的文案撰稿人就可以更好地和设计人员进行沟通，使得两者互补而不是排斥。

长期以来，一些设计人员受传统观念的束缚，缺乏"整体广告"意识，只在"设计"二字上做文章，在形、色等美学问题上下功夫，导致设计在某种程度上与广告文案脱节，降低了版面编排设计的定位，使设计出现词不达意或流于表面形式的现象，这是需要引起设计者警惕的。

从设计专业角度来看，广告文案版面编排也有其自身的艺术法则和美学规律，它制约着文

案编排设计定位的高度、准确性以及最终视觉效果。了解和掌握这些法则和规律，对版面艺术设计工作将会有指导性的意义。

三、广告设计制作应遵循的原则

广告设计制作应遵循以下原则。

1. 思想性与单一性

思想性，是指广告版面设计必须充分表现广告文案的主题思想和创意。版面设计本身不是目的，它只是传播广告文案创意和客户信息的手段。一方面，广告文案的主题思想主导着版面设计构思的方向；另一方面，版面编排也离不开具体的文案内容。

版面编排设计的最终目的，是通过对各类广告元素的完美整合，充分体现广告文案独特的主题思想和创意特色。同时，新颖的广告文案创意加上与创意高度吻合的版面编排，也将使文案形成独特的视觉个性，达到吸引读者注意力与增强阅读欲望的目的。因此，想方设法贴切地表现广告文案的创意主题及其闪光点是版面设计的着重点和成功的关键。

单一性，是要求广告版面设计必须单纯、简洁。广告版面的大小都是固定的，设计只能在极其有限的篇幅内进行，还必须使观众在一瞥之间留下尽可能深刻的视觉印象，这就要求版面表现形式单纯、醒目，文案信息尽量简洁。要达到这个目的，就必须注意：采用的一切设计元素都要经过慎重选择，都应该能为表现广告的文案出力。

选择设计元素宁可删繁就简，也不画蛇添足。设计形式也要尽量做到精美新颖、条理分明、层次清晰。当然，版面编排的单纯、简洁不等于单调、空洞，它是建立在切合广告主题的独特的艺术构思基础上的，是对广告文案创意的浓缩处理、文字内容的精确表达，和设计元素、设计手法的最佳调配。因此，版面的单纯化，既包括对广告文案诉求内容的理解与提炼，也包括对版面设计艺术形式等众多技巧的选择和使用。

2. 艺术性与装饰性

广告文案编排设计的艺术性，是指版面的艺术构成形式具有美的感召力，能引发观众的审美欲望，给予他们一定的美学启迪和美学享受。增强广告版面的艺术性，不但能使广告有如艺术作品般令人赏心悦目，还能使广告以其独特性吸引观众视线，引起注意和阅读兴趣，达到以形传神的效果。

【案例 2-11】

宝路华表广告

如图 2-26 和图 2-27 所示，这两则宝路华表广告较好地体现了思想性与单一性的原则。

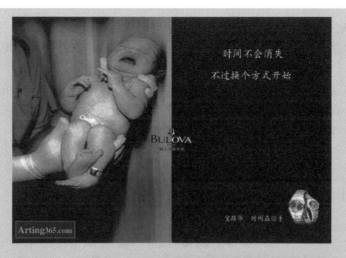

图 2-26　广告作品"时间不会消失，不过换个方式开始"(1)

图 2-27　广告作品"时间不会消失，不过换个方式开始"(2)

案例解析

广告画面和文字都比较简洁，但搭配得比较好，画面以出生的婴儿和生命消逝的墓地表现新的开始，很好地配合了广告文案"时间不会消失，不过换个方式开始"这个概念。

当然，为了使版面编排更好地为广告文案服务，并达到广告创意的理想诉求目的，必须寻求合乎情理的、准确的版面视觉语言，并使其具有独特的艺术性和审美情趣。这是设计者在对广告文案的精辟分析和理解基础上，以自己独特的艺术感觉、深厚的文化涵养、精湛的设计技巧对整体广告形象的再创作。

因此可以说，广告文案创意只是广告前期的思维活动，整合与文案相关的种种广告要素及对其进行艺术性处理，是又一次艰辛的再创作思维过程。此时，对版面构图、布局和表现形式等的艺术性思考将成为工作的核心。

装饰性，是指采用各种装饰性的设计手法处理版面，达到提升广告版面、传播广告文案信息能力的目的。版面编排是由文字、图形、图像、色彩等基本设计元素，通过点、线、面的方式组合与排列构成的。采用不同的艺术装饰手法来创造各种版面视觉效果，既可以美化、梳理版面中各广告元素的条理和主次，营造出不同的气氛和意趣，又可以提高其承载和传达广告文案信息的能力。

装饰设计形式必须与广告文案创意形式紧密结合，两者互相协调、互相联系，共同构建合理的审美特征。不同类型的广告文案创意应该具有不同方式的装饰形式，它不仅起着排除其他干扰、突出自身文字信息的作用，还能使读者从中获得独特的装饰美享受。

【案例 2-12】

中兴百货的平面广告设计

中兴百货的平面广告设计如图 2-28 所示。

图 2-28　中兴百货的平面广告《森林篇/樱花篇》

中兴百货平面广告的广告文案如下。

标题：《森林篇/樱花篇》

正文：

衣服，衣服是这个时代最后的美好环境，

她觉得这个城市比想象中还要粗暴，

她觉得摔飞机的概率远远大于买到一双令人后悔的高跟鞋，

她觉得人生的脆弱不及于一枚 A 型流行感冒病毒，

她觉得爱人比不上一张床来得忠实……

不安的人们居住在各自的衣服里寻求仅存的保护与慰藉，

毕竟在世纪末恶劣的废墟里，

衣服会是这个时代最后的美好环境。

案例解析

如图 2-28 所示，中兴百货的平面广告是艺术性与装饰性的很好结合。广告的版面设计充满美感与意境，樱花树下的衣服让人浮想联翩。广告在构图、色彩、构思以及文案的创作等方面都比较独特，有着很高的审美价值。

3．趣味性与独创性

趣味性，主要是指广告版面设计具有独特的审美情趣和幽默感，它既可以是个性张扬的广告版面所带来的形式美趣味，也可以是具有强烈幽默感的、活泼生动的图形、图像造型艺术趣味。事实上，如果广告文案创意本身并没有多少独特之处和足以吸引人的内容，那么，制作趣味性就可能成为广告版面设计取胜的主要手段。

同时，一份富有创意的广告文案，如果在广告文案内容、表现形式或艺术造型等方面加入趣味性，也可以在很大程度上增加广告的魅力和特色，使广告文案信息传播效果更上一层楼。在广告设计实践中，趣味性可采用寓意、幽默和抒情等表现手法来获得。

独创性，就是在版面编排中强化、突出广告文案创意和版面视觉语言的个性特征。鲜明的视觉个性是版面艺术设计的灵魂，是出奇制胜的法宝。如果众多广告设计都面目雷同、手法相近，可以断言，它们都不可能具有太高的视觉记忆度。

因此，在广告文案编排中，要提倡不断创新，敢于别出心裁、独树一帜和大胆地张扬设计个性。只有多一点个性而少一点共性、多一点独创性而少一点普遍性，广告才有可能力压群雄、脱颖而出，赢得受众的高度关注，进而达到最佳的诉求效果。

【案例 2-13】

麦肯广告公司一则招聘员工的企业事务广告

《妖篇》是蓝色画面上，一个古灵精怪、动作神秘的泰国风格人妖：

——麦肯不要人，专要人妖！

《魔篇》是绿色画面中，一个在时隐时现的形形色色的众生中凸显的另类：

——麦肯不要人，专要色魔！

《鬼篇》是橙色画面中，一个戴着小帽的精于算计的账房先生：

——麦肯不要人，专要吝啬鬼！

《怪篇》是红色画面里，一个不对称的丑八怪：

——麦肯不要人，专要丑八怪！

案例解析

如图 2-29 所示，这则系列广告由 4 则广告组成，分别是"妖""魔""鬼""怪"篇。广告运用一组性格鲜明的反常形象，巧妙地反映了麦肯公司欲招聘的广告人员是具有专业水准和经济头脑，能超负荷进行广告创作，又有与众不同创意的"特殊的、不同凡响的人"。

图 2-29 麦肯广告公司一则招聘员工的企业事务广告

整则广告妙趣横生、幽默大胆,图文配合得精妙准确,发人深省。这一则系列广告获得了《现代广告》2001年"创意无限"大赛金奖。

4. 整体性与协调性

整体性,是指版面设计要尽量做到广告文案与广告艺术设计形式的完美统一。广告艺术设计形式既依赖广告文案的内容而存在,又帮助广告文案达到预期的诉求目的,广告文案是构成艺术设计的一切内在元素的总和,是艺术设计存在和发挥的基础。

设计形式是构成内容诸要素的内部结构或内容的外部表现方式,特别是它的组织结构和设计手法。一个优秀的设计必定是形式和内容的完美统一,为此,在设计整合过程中要提倡整体性思维,要做通盘考虑,而不是走一步算一步。

最终选择的艺术设计形式必须切合广告文案主题,必须能表达特定的内容。只有找准设计形式与广告文案内容的统一点,强化整体布局,才能解决版面设计应该对谁说、说什么和怎样说的问题,才能使版面编排具有独特的社会价值和审美价值。从某种角度上来说,有整体性的广告本身就能够以其自身的艺术风貌来传递特定精神和美感。

版面设计的协调性,是指广告文案和设计所使用的各种元素,无论其内容、形式架构、艺术手法之间具有某种共同点、一致性,或有某种视觉上的、内在的联系,都给人一种非常自然、和谐的感觉。

协调性需要通过寻找和营造获得,可以寻找和强化版面各种编排要素在造型、结构、条理、秩序等方面的内在联系或者人为加入某种共同的形式特征,也可以从版面风格、色彩选择、元素安排等方面入手。通过广告版面的文图之间的整体组合与协调性的安排,使原本互不相干的各设计元素之间协调起来,令版面产生统一的秩序美、条理美。通过营造秩序感给人以和谐统一的整体印象,这也是构建版面协调性的有效途径。

【案例 2-14】

中兴百货广告的平面设计

中兴百货广告如图 2-30~图 2-32 所示。

图 2-30　中兴百货广告《春》

图 2-31　中兴百货广告《秋》

图2-32 中兴百货广告《冬》

广告文案：

春——没有人可以奢侈到浪费青春的地步

秋——收获的季节拥有永远比不拥有更快乐

冬——盘点一年的心情，如果你还有遗憾，现在给你一次机会满足

案例解析

广告设计上，三则广告色彩的运用、画面的搭配以及构图都比较和谐，春天用绿色来表现春机盎然，秋天用金色来表现硕果累累，冬天则用青色来表现冰冷的感觉，体现出了广告文案与艺术设计的完美结合。

广告大师的警示

詹姆士·伍尔夫在《广告时代》的专栏中写道："正确地运用文案和设计，能使创意的传达更具效果。任何一项都不容轻视。能正确地组合这两者，才是优秀的广告人。"

撰文人员应该具有丰富的想象力，写出具有画面感的文案；设计人员也有权对文案和设计的处理提出自己的观点。有时双方会有一些分歧，会各持己见，怎么办呢？哈莫特·克朗很有信心地说："虽然撰文和美术设计之间意见有所分歧，但由于双方都是成年人，都具备足够的辨认能力，所以应该会有令人满意的结果。"

本章小结

1. 广告文案是广告策划中的一环,广告文案的创作要受到广告策划中广告目标、广告对象、广告计划、广告策略等方面的制约,是在其统一指导下进行文案的创作。

2. 广告创意是广告文案的前提,广告创意是思想性的东西,它需要通过文字转化出来面对其目标对象,所以创意转化为文案时不要失去其原则。

3. 广告文案的展开是以广告主题的确立为核心的。广告文案一定要反映广告主题,围绕广告主题进行创作,离开现实、离开主题、天马行空的创作态度,制作出来的广告片将会黯然失色、索然无味。

4. 在广告表现中,除了语言文字之外,图案或图像等视觉要素起着相当大的作用。文字和用来包装文字的视觉表现,可以说是类似骨骼和肌肉的关系。先有骨骼,然后再使和它相配的肌肉长在上面。

5. 在广告创作中,文案通常会提供大量的原创意念,设计人员在将其转化为图形的时候,会有自己的二次创作。这时,视觉化能力强的文案撰稿人就可以更好地和设计人员进行沟通,使得两者互补而不是排斥。

实训案例

麦当劳2016年奥运期间广告文案

一、开幕式

一不小心,和"番茄炒蛋"撞衫了。奥运,没你不行。

火炬和甜筒

两个"火炬",我们有第二个半价。奥运,没你不行。

二、举重

巨无霸

霸气归来,一举治好各种不服。奥运,没你不行。

三、洪荒少女

游得比表情包还要精彩。奥运,没你不行。

洪荒之力美少女套餐。游的 ze 么快,满意的对"腿",毫无保留的"腹肌",清新脱俗的"腿"。

四、飞鱼菲尔普斯

传奇就是传奇,才不是因为拔火罐。奥运,没你不行。

五、女乒决赛

不是决赛,是新一代大魔王选拔赛。奥运,没你不行。

图 2-33 和图 2-34 所示为麦当劳在奥运期间的广告。

图 2-33　麦当劳奥运期间的广告(1)

图 2-34　麦当劳奥运期间的广告(2)

图 2-34　麦当劳奥运期间的广告(2)(续)

六、男乒决赛

两块，都是我们的。奥运，没你不行。

七、女排进决赛

不怕声音大，我们有实力扣杀。奥运，没你不行。

八、跆拳道

这么踢，才有第一块实力派。奥运，没你不行。

九、林李大战

发糖 37 次，胜利同"薯"林和李。奥运，没你不行。

十、女排夺冠

女排姑娘，你就是我的麦满分。奥运，没你不行。

十一、谌龙摘金

霸气，龙又来了。奥运，没你不行。

十二、闭幕式

吃"堡"了，有力气再等你四年。奥运，没你不行。

十三、抽奖活动

一拿奥运奖牌，麦麦就送大奖。

（案例来源：http://www.sj33.cn/article/ggsjll/print/201608/46124.html，有修改）

案例点评

案例中麦当劳的广告在奥运期间每天都不同，且贯穿整个奥运。抓住每一个与众不同的关注热点，及时跟进广告，文案轻松活泼，画风清新明了，还记得中国代表团入场时经典的红黄相配的服装吗？被网友戏称西红柿炒鸡蛋服装，麦当劳利用自身LOGO的色彩风格，推出文案："一不小心，和'番茄炒蛋'撞衫了"，幽默中加深了受众对麦当劳的好感。

当中国举重运动员拿到第一枚金牌后，麦当劳推出汉堡王广告，文案写道"霸气归来，一举治好各种不服"，无论画面，还是文案的语言风格与举重运动员的身材和气场都很搭。

在傅园慧夺得铜牌的那天，在接受记者采访时说道"我已经使出洪荒之力啦"，当天"洪荒之力"成为热词，广告文案被"洪荒之力"刷屏，而麦当劳发了一个可爱的表情，之后推出了美少女套餐，文案中把傅园慧经典之语与产品对应，不能不说恰到好处。

在菲尔普斯继续创造传奇之后，有媒体说，之前菲尔普斯运用中医的"拔火罐"进行治疗，驱除了寒气，为其取得佳绩提供了基础。麦当劳文案说"传奇就是传奇，才不是因为拔火罐"，语气好傲娇，传奇来自实力。广告中的汉堡名字是麦香鱼，真是一个很好的呼应文案。

大家都称张怡宁为"大魔王"，那下一个大魔王是……？麦当劳运用这一说法，将此次女乒赛称为新一代大魔王选拔赛，这一文案不但轻松幽默，也很好地用到了"大魔王"这一热点词语，提高了对赛事以及对麦当劳的关注度。

男乒决赛时，麦当劳广告说道"两块，都是我们的"，语气继续傲娇，对称的画面构图也很舒服。

女排比赛的时候，现场观众有给中国队嘘声，然而中国队没有受到影响。麦当劳的广告文案："不怕声音大，我们有实力扣杀"，广告画面中汉堡也和排球联系起来，表现出要扣杀的架势。当中国女排拿到冠军后，麦当劳的广告文案"女排姑娘，你就是我的麦满分"，满分一语双关。广告图片中的汉堡全名叫猪柳蛋麦满分，响应得可谓给力。

跆拳道夺得第一枚金牌时，麦当劳用菠萝派当了主角，与"实力派"联系。

羽毛球半决赛可谓惊心动魄，在林丹输球后，与李宗伟有一个拥抱，如图2-35所示。观众对这一幕都印象深刻，麦当劳的广告没有就事论事，而是和广大女性站在了一起，把37次对决说成发糖，这一文案可谓聪明、精彩。广告中两个脆薯饼结合成的形状与羽毛球相似，可以说用心感人。

图2-35　林丹与李宗伟

马龙夺得乒乓球男单冠军之后,谌龙摘得羽毛球男单金牌。麦当劳的广告文案说道"霸气,龙又来了",巨无霸也又来了。

奥运结束了,麦当劳没忘了继续笼络食客,尤其是少女的心,广告画面以粉色作为底色,吃饱的谐音和汉堡做的金牌,完美地给麦当劳在里约奥运所有借势宣传画上了句号。麦当劳不发鸡汤,不打情怀牌,却很好地把握受众关注热点,并与不同种类的产品很好地结合起来,加之最后的投资活动,想必麦当劳借势奥运一定赢得了良好的经济效益。

讨论题

1. 麦当劳的这一系列广告文案给了你哪些启发?它通过哪些手法拉近了与消费者的距离?
2. 广告文案的撰写离不开广告策划的总体战略思考,上述案例又是如何体现出麦当劳广告的总体战略的呢?

1. 广告文案与广告策划的关系是什么?
2. 广告文案与广告主题的关系是什么?
3. 广告文案版面编排中有哪些艺术法则和美学规律?
4. 广告策划的程序及其意义是什么?
5. 广告创意的策略有哪些?
6. 广告主题在广告中占据什么样的地位?
7. 找一个平面广告和影视广告,分析广告文案与版面编排及其画面表现有着什么样的关联性。

第三章

广告文案的构成与写作

学习要点与目标

- 了解广告文案的基本结构，理解广告文案写作的特点。
- 了解广告标题、广告正文、广告口号的含义。
- 理解广告标题和广告正文写作的基本原则。
- 掌握广告标题、广告正文、广告口号写作的基本技能。

核心概念

广告标题、广告正文、广告口号、广告随文

引导案例

艾维斯汽车出租公司的广告文案

标题：老二主义 艾维斯宣言

正文：

我们经营的是汽车租赁，在一位巨人后面，扮演的是二等角色。最重要的是，我们必须学着活下去。

在斗争中我们也知道了世界上老大和老二的基本区别。老大的态度是："别做错事，别犯错误，你就没事。"老二的态度是："做正确事，找新办法，我们要再努把力。"老二主义是艾维斯的信条。它很管用。艾维斯的客户从一位笑容满面的艾维斯小姐那里租来一辆清洁的普利茅斯，雨刷子在刷着，烟灰区干干净净，油箱灌得满满的。

艾维斯自身从赤字转为黑字。艾维斯没有发明"老二主义"。人人都可以随意使用它。"起来，全世界的老二们！"

艾维斯汽车出租公司"老二主义"的广告作品如图3-1所示。

图3-1 艾维斯汽车出租公司"老二主义"的广告作品

案例解析

这是20世纪60年代美国艾维斯汽车出租公司的广告策略。在企业的资本后盾和规模不能达到第一时,艾维斯面对处于市场第一的赫斯公司,避免了正面的竞争,选择了独特的角度,对广告信息进行了独特表现。这个独特的信息,使人们从服务的角度理解了艾维斯的苦心。人们虽然能折服于赫斯公司的规模和实力,但人们更愿意在接受服务时被视作上宾。独特的信息传达,是原创的有效表现。

第一节　广告文案的构成

在广告发展史上,最早的广告文案只有一段文字,没有完整的结构,没有广告标题等其他结构因素。广告文案在自身发展中,其基本结构得到了逐步的完善。不过,不同的广告媒体,其文案的结构是不同的。文案撰稿人需在4个基本结构的基础上进行适应性、创意性的操作,以使广告文案体现出各种不同的特点,符合不同的媒体特征。

一、标准广告文案结构

标准的广告文案由标题、正文、广告语、随文(附文)四大部分组成,这4个要素与图案一起构成广告作品。

(一)广告标题

1. 广告标题的含义

广告标题是对广告文案命名或表现广告主题的短文或题目,是广告文案主要内容的高度概括。广告标题一般放在广告的最上方,是整个广告最重要的部分。

广告大师谈广告标题

据美国广告专家统计,广告标题的阅读量是正文的5倍。因此,大卫·奥格威说:"可以说标题一经写成,就等于花去1美元广告费中的80美分。如果你做的标题起不到推销的作用,那就等于浪费了80%的广告费。"

2. 广告标题的作用

广告标题具有以下作用。

(1) 在瞬间激发读者的好奇心。

报刊广告虽然是读者付费购买的媒体,但很少有人会主动寻找广告。如果读者在浏览的瞬间没有被你的广告所吸引,那么你所有的心血就有可能付诸东流。

例如，阿迪达斯篮球鞋的一则广告，标题是"捉老鼠和投篮"。一看到这样的标题，人们会觉得很奇怪，这不是风马牛不相及嘛！但在好奇心的驱使下，就会将正文看完。正文中详细解释了阿迪达斯两色底皮面超级篮球鞋模仿了猫脚掌的构造原理，制造了具有独特工艺的运动鞋。

(2) 诱导读者进一步关心广告正文。

仅靠标题，无法详细介绍有关商品或服务的信息，也无法达到广告的说服效果。因此，好的标题应能把读者的注意力引向正文。

例如，Timberland 运动鞋的一则广告，标题是"我们偷了他们的土地、他们的牲畜、他们的女人，然后又去偷了他们的鞋"。大字标题下面是一张印第安人的照片和一双鞋。读者感到，下面将要讲述一个有趣的故事，因而会继续看下去。

(3) 指出产品或服务的目标消费者。

有效的广告标题应该能让产品或服务的目标消费者觉得，这个广告就是为我而写的。

例如，一则减肥食品的广告标题是："吃喝都一样，为啥偏我胖？"生活中常有胖人抱怨"喝凉水都胖"，并为此而困扰。广告以他们的口吻提出问题，既幽默，又有针对性。

(4) 播下潜在购买意识。

由于人们生活节奏的加快，有相当一部分人不会仔细看完报纸，通常是泛泛地浏览标题。针对这种情况，标题中要含有产品或服务的一些信息，从而播下购买意识。

例如，德国大众汽车公司曾为外观并不出奇的金龟车做过一则广告，标题是"车的样子有点丑，但能载你到达目的地"，旁边是一幅登月的图片。仅看标题，就会知道它是针对那些讲究经济实用的消费者的。如果你是这样的消费者，就会关注广告中的其他信息。

(二)广告正文

广告正文是广告文案的中心部分，它以翔实的内容具体展开标题揭示的主题，传达广告主体信息，涵盖了产品或服务所具有的主要利益点和支持理由。

广告正文承载着广告文案主要内容的传播任务，通过细说详情，论证标题，论证广告语，描述广告内容，向受众解释广告，提供咨询，激发受众兴趣。

广告文案正文能够传达广告主体信息，使受众能以读完全文为目的，不拘泥于构成层次、段落的写作，以有实际内容为准，该长则长，该短则短。

如果说广告标题可以用一种非逻辑的方式吸引消费者，正文则必须回到逻辑上来。

【案例 3-1】

阿迪达斯篮球鞋的广告文案的正文

猫在捉老鼠的时候，奔跑、急行、回转、跃扑，直到捉到老鼠的整个过程，竟是如此灵活敏捷，这与它的内垫脚掌有密切关系。

同样地，一位杰出的篮球运动员，能够美妙地演绎出冲刺、切入、急停、转身、跳投，到进球的连续动作，这除了个人的体力和训练外，一双理想的篮球鞋，是功不可没的。

> 新推出的阿迪达斯两色底皮面超级篮球鞋，即刻就获得了喜爱篮球人士的赞美。
> 因为，它有独创交叉缝式鞋底沟纹，冲刺、急停时不会滑倒。
> 因为，它有七层不同材料砌成的鞋底，弹性好，能缓解与地面的撞击。
> 因为，它有特殊的圆形吸盘，可密切配合急停、转身跳投。
> 因为，它有弯曲自如的鞋头和穿孔透气的鞋面，能避免脚趾摩擦挤压，维护鞋内脚部温度，穿久不会疲劳。

一般来说，正文主要包括以下内容。

(1) 提供产品(或服务)的特色、工艺、荣誉等，以取得消费者的信赖。
(2) 介绍产品(或服务)的特色和效益，以调动消费者的兴趣和欲望。
(3) 介绍该商品的使用方法或售后服务项目，以消除消费者的后顾之忧。
(4) 提出建议，希望消费者能优先考虑购买。

(三)广告语

1. 广告语的含义

广告语也叫广告口号，是为加强受众对广告主体信息的印象，在广告中较长时间段内反复使用的一句简明扼要的口号性语句。

2. 广告语与广告标题的区别

广告语和广告标题有相似之处，都比较简单，在广告编排中较突出，容易引起读者的注意。但它们之间又有一些区别。

(1) 广告语常常是宏观的，可以用于一个企业的系列产品，一般不轻易变更。而标题则是具体的，随产品不同而变化，甚至同一产品不同版本的广告也有不同的广告标题。
(2) 标题有时可以较长，但广告语一般比较简短，大多在10字以内。
(3) 标题和正文相辅相成，是广告文案的重要组成部分。而广告语相对比较自由，还可以脱离具体的广告文案单独使用。

(四)广告随文

随文也叫附文，是广告文案的附属部分。在大多数广告中，随文常常紧排在正文之后，有的则分开编排。它虽然不是文案的主体，但也是广告文案的有机组成部分。

随文一般是提供广告或经销商、零售商以及促销活动的信息，以方便消费者的咨询。随文主要包括品牌名称、商标、店址、电话、传真、网址、活动方式和日期等。随文有助于将读者的兴趣和欲望变成具体的行动。

随文在广告文案写作中比较简单，但如果这些内容写得不周全、不艺术，也会影响广告的效果。因此，随文虽然是广告文案的附属部分，也同样要认真对待、条理清晰。而富有创意的随文照样可以再一次出现闪光点。

有位大学生在自己的求职广告的最后写道：

只要3毛钱，随时可以找到我。电话呼：×××××-××××××。

这位大学生与众不同的广告随文，吸引了用人单位的注意，约他面谈后安排到广告公司试用。

二、特殊广告文案结构

特殊广告文案结构主要表现为标准文案结构中的一种或几种要素的省略。

(一)没有标题

没有标题的广告，正文一般比较简短，没有太多复杂的信息。如案例 3-2，惠普打印机的一则广告文案就没有标题。

【案例 3-2】

惠普打印机的一则广告文案

正文：老妈一直催我结婚，可我连女朋友都没有。一天晚上，我家的"万能打印机"帮我清晰扫描了一个可爱女孩的照片，然后打印出一张我们俩的亲密合影，还彩色复印了很多份，让我送给亲朋好友欣赏，大家看后都赞不绝口。这不是太容易搞定了吗？以后再也听不到老妈唠叨了。

广告语：超乎你想象的打印机。

随文：hp officejet6110 平板式彩色办公一体机：彩色打印、彩色传真、彩色扫描、彩色复印，敬请垂询 800-820-2255 www.hp.com.cn/hpstyle。

(二)没有正文

没有正文的广告一般是企业或品牌形象广告，强调的是附加价值。除了标题以外，图片占有显著位置，一般在杂志广告中比较常见。

【案例 3-3】

芝华士十二年苏格兰威士忌的广告文案

图 3-2 所示的这则广告就没有正文。

标题：不得不承认，人生实在不公平

随文：芝华士十二年苏格兰威士忌 www.chivas.com.cn

口号：心领神会

图 3-2　芝华士十二年威士忌广告

(三)没有广告语

一些文案创作人员认为，如果广告已经做到了它该做的事，就不需要广告语了。如果广告没能达到预期效果，那么加上广告语也没用。如中国台湾地区的左岸咖啡馆的一则广告，虚构了巴黎的这家咖啡馆，并通过一个到法国旅行的女孩的视角，营造出了一个带有浓郁文化气息和人文色彩的生活片段，以这样的情境来影响人、打动人。

第二节　广告标题的写作

广告标题就是广告的题目，它标明了整篇广告的宗旨。在广告的表现形式中，标题是第一位的。广告标题，在不同的媒体广告中有着不同的表现形式。一般说来，印刷广告中的标题都用文字来直接表达，往往占据着首要位置，突出而明确地显示出来；广播广告中的标题则用言语来表达，并且与电视广告用言语文字一样，往往放在广告的末尾，以"蒙太奇"的手段特别推出。

一、广告标题的类型

在广告的实际创作中，广告文案的撰写者似乎并不太考虑写出一个什么类型的标题，他们往往根据广告主的要求以及商品的特点去构思广告标题。但事实上，几乎所有的广告标题都有其类型。广告标题的类型可以从不同角度进行划分，概括起来，可以按结构和诉求方式来划分。

(一)按结构划分

1．单一式

单一式标题就是只有一句话或一个词的标题。这是最普遍使用的标题形式。如精工表的一则标题：

"120年来，我们走在时代之先，从没有浪费一分一秒。"

有的标题非常简短，只有一个词。如通用汽车公司的一款高档轿车的广告标题：

"荣御。"

2．复合式

复合式标题一般是由几个标题组成的标题群，也常常是在一个大标题下分成几个小标题。典型的复合式标题是由引题、正题和副题3个标题组成的。引题交代背景，烘托气氛；正题概括广告的中心信息；副题对正题进行补充说明。

【案例3-4】

天府花生的广告标题

天府花生的广告标题是典型的含有引题、正题和副题的例子。

四川物产　口味一流(引题)

天府花生(正题)

越剥越开心(副题)

有时引题和正题并不在一起，而是出现在图片中，通过与图片的结合来引出正题。例如，IBM一款Aptiva多媒体电脑的广告标题是：

别动手！(引题，背景是一个电脑键盘)

有话好好说(正题)

无须拼音，无须拆字，Aptiva带您步入中文语音输入新时代(副题)

比较常见的是正题和副题的组合。例如，九华痔疮栓的广告标题：

上厕所？去受刑！(正题)

疼痛、出血、不畅，有痔疮如同受刑。(副题)

(二)按诉求方式划分

1．直白式

所谓直白式广告标题，就是除了厂家和公司的名称、商品的品牌和品名以及项目的名称外，不加任何修饰性词语，不使用任何修辞手段。例如：通络开痹片、春兰空调、益肾丸、内蒙古鹿王集团。

这种直白式的广告标题直截了当,没有虚饰,却十分简单实用,有针对性和信息性,可以产生直接的广告效果,所以被大量地使用于各类媒体,尤其是报纸和杂志媒体上。但这类标题的缺点也是它的直白,如果没有诱人的利益点,难以引起读者的好奇心。

2．提问式

提问式标题是抓住人们的思维习惯和寻求答案的心理,以提问的形式写成的标题。这类标题容易引起读者的好奇心,调动他们的参与感。例如以下几例。

Timberland野外休闲鞋的广告标题:

"鞋上有342个洞,为什么还能防水？"

可丽柔染发产品的广告标题,强调染发后的自然效果:

"染了？没染？"

TCL王牌曾在《南方周末》刊登了一则广告,2/3版面全白的背景上写道:

关掉画面,彩电还能做什么？？？

相信每位读者看过这条广告标题后都会被其新奇的提问所吸引,一定要继续读下去,弄个明白。这种方式是只问不答,让消费者自己回答,或者到广告正文中去寻找。

3．祈使式

祈使式是一种表示请求(要求)或希望(期待)消费者购买什么(做什么)或不购买什么(不做什么)的广告标题。这种标题有时会用感叹号来加重语气。

【案例3-5】

虫草益气血冲剂的广告文案

广告标题为:

虫草益气血冲剂(引题)

让女人不虚此生(正题)

案例解析

这里引题用药品名称,正题用请求的口吻来表达,希望女人健康,其中"不虚此生"用得好,尤其是"虚"用得精妙,只一字便将药品的功能、适用的范围,对患者的希望、提醒和关爱,对广告正文的提炼和概括突出出来了。

【案例 3-6】

实达电脑的一则广告文案

广告标题为:
别成网虫!(正题)
轻松上网,畅游世界(副题)
案例解析
这也是一条祈使式的广告标题,正题是请求受众不要成为"网虫",一方面可以看作这是善意的提醒;另一方面,却是希望受众成为"网虫"。而无论"成"与不"成"为"网虫",消费者都在标题的"希望"中,留下了"实达"电脑的印象。

【案例 3-7】

贵州青酒的广告文案

广告标题为:
请喝青酒,交个朋友
案例解析
这是直接向受众发出"请求",用以酒会友、以酒交友来表达广告主对受众的真情实意。

4. 抒情式

抒情式是抒发强烈情感的广告标题。当然任何一个广告标题的样式都会表达某种情感,但并非诉求的直接对象,也并非情感的直接抒发。抒情式的标题突出的是一个"情"字,表现的也是一个"情"字。

例如,前面列举的"虫草益气冲剂",曾在《北京青年报》刊出的一幅广告,其标题简直就是直抒胸臆:

"怎一个虚字了得!"

这句话里套用了中国古代女词人李清照著名《声声慢》一词中的一句"怎一个愁字了得",因而带着很深的文化底蕴。

又如,江西卫视播出的"太太口服液"广告,标题为"太太口服液/十足女人味"。在这条广告之前,"太太口服液"用的同样是情感诉求的标题广告:

"做女人真好!"

这里抒发了一个女人享用了"太太口服液"后的一种自我满足、一种愉悦幸福的情感。这一情感诉求,曾打动了许多女人,使"太太口服液"在短期内就取得了巨大的经济效益。

5. 叙述式

叙述式是一种以叙事的方式写成的广告标题。这种方式着重交代一些过程，以"娓娓道来"的风格和较多的信息写成。广告教皇大卫·奥格威告诉我们："以事实所做的广告比过度虚张声势的广告更能助长销售，你告诉消费者的愈多，你就销售得愈多。"

【案例 3-8】

雷达表的一则广告文案

广告标题为：

晚上十点，她过来一起喝杯酒。凌晨零点一分，他丢失了隐形眼镜。(引题)

时间改变一切，唯独雷达表……(正题)

案例解析

这条标题先用引题叙述了两个确切的时点发生的两件具体的事；然后是正题，仍以叙述的口吻，用时间的哲理引人深思，让消费者自己得出雷达表的"永恒"与"精确"，从而完成了整个叙事过程。

叙述式广告标题不是"高声大气"地喊叫，而是"冷静"地讲述一个有关的"细节"或一个有关的"事实"。

广告标题的类别大致如此，划分并不十分严格，在实际应用中可以结合起来使用。

二、广告标题的写作原则

(一)衡量有效广告标题的标准

衡量广告标题是否有效有两个标准。一是把广告卖出去。就是要让受众读过标题后，能够有兴趣继续读下去，要能引起读者的好奇心。二是把产品卖出去。就是在广告标题的影响下，消费者认为没有必要再将正文读下去的时候，直接产生销售效果。

要达到这两个标准，要求文案人员一定要彻底了解广告的商品和劳务；了解广告主的要求、产品的特点、市场的定位、媒体的特点、语言问题等；还要彻底思索，集思广益。好的广告标题都是"彻底思索"出来的。要在真正认识广告商品和劳务的基础上，绞尽脑汁写出几十甚至上百个标题，并经过多人的反复研讨筛选，从中确定一个。文案人员不能自作主张、自以为是。

(二)广告标题写作应遵循的基本原则

广告标题写作应遵循以下基本原则。

1. 用词最精练

广告标题的写作一定要让受众一目了然，用最少、最精练明白的词语告诉受众你卖的是什么。在实际中，企业的形象、产品、项目等可能千头万绪，但作为一则广告的一条标题，只能突出一个销售主题,用极简单明确的词语,突出强调一个诉求点就够了。在广告标题的写作中,遣词造句不能啰唆累赘,以免让受众一头雾水,不知所云。

【案例 3-9】

中国建设银行经典广告标题

中国建设银行曾在电台、电视台、报纸、杂志、车体和路牌上推出相同的"一句话"广告:"要买房,到建行"

案例解析

办理个人购房贷款无论从哪个角度来说,都是相当复杂的事情。而要想把条件、要求、手续、程序,以及意义、特点等都说出来,即使强调一个重点,表达一个主题,也需要很大的版面、很长的时间。作为有实力的国有银行,完全可以长篇大论,但恰恰相反,这则广告却惜墨如金,将千言万语浓缩成再简明不过的6个字,给人以深刻的印象,甚至让人过目不忘。

一个广告如果想要说的话太多,想要诉求的太多,其含义即使不混乱也会过于复杂,因而很容易使其标题的遣词造句变得不流畅,不易被受众接受。

【案例 3-10】

日立空调一则经典的广告文案

日立空调在北京公交车上曾做了一则空调的车牌广告:

日立空调 静净空间 舒适如春

案例解析

这条标题就是文案的撰写者想要表达的意思太多了,又要强调"静",又要强调"净",又要强调"春",以引起对此季节"舒适"感的联想。标题看起来虽然用词不多,也比较整齐,但却给人感觉要卖很多东西,反而使得这条标题读起来非常别扭。而且,"静"和"净"的感觉与"春"的躁动、萌生和风沙,或者"春光明媚"等还有一定的距离,因而其所要表达的东西是普通受众难以领悟的。

相比,科龙空调在中央电视台做的广告标题则显得更为恰当:

科龙空调 听不到声 感觉到风

此标题也是四字句组合,但在销售点的表达上,却用人的听觉和感觉突出强调了一个"静"字,没有拼凑的东西,同时使人感到具体真切,语义简明流畅。

2. 用事实和形象说话

广告标题要有说服力,一定要言之有物,就是要用"看得见""摸得着"的具体事实和形象说话。例如,前面提到科龙空调的广告标题要比日立空调的广告标题"言之有物",因为"感觉到风"却"听不到声"比"静"的空间具体实在得多，对受众来说更有可信性。

再如，大卫·奥格威为劳斯莱斯写的广告标题："这辆新型劳斯莱斯，在时速60英里时，最大的闹声来自电钟。"标题具体细致，才能让受众不仅"听得到""感觉得到"，还能"看得到""触摸得到"这种具体的形象和事实。

事实胜于雄辩，形象胜于抽象。在广告发展史上的许多经典之作的标题，都是按照"用事实和形象说话"的原则写成的。

【案例 3-11】

以色列一家航空公司的广告文案

该广告是以色列一家航空公司即将采用喷气式飞机的航班广告，背景是一幅波涛汹涌的大西洋图片，图片的一边被撕去了20%，而在撕掉的空白处，有一条标题写道：

从12月23日起，大西洋将缩短20%

这是运用具体明确的时间来确定一个事实，并用"大西洋"的图形和20%的数字，以及可见的"缩短"动作，形象地说明了一个事实。

在表现"事实"和"形象"的技巧问题上，广告学家强调，广告标题的每一行文字都应该是一个完整的句子。这样容易使受众读完一行，便可得到一个完整的概念，如果不能提供一个完整的事实，受众一开始就不知所云，就会丧失继续读下去的兴趣。"农夫山泉有点甜"这个广告给厂家带来了巨大的经济效益，这其中的重要原因就是这个广告标题是一个完整的句子，并说出了一个有趣的、吸引人的事实。

3．力争新颖有趣

标题的生命力在于它与众不同，否则就会埋没在众多广告和其他文案之中。成功的广告标题一定是新鲜的、有创意的、不同凡响的和富于独创性的。

【案例 3-12】

北京金泉钱币文化有限公司的一则广告文案

该广告是2000年岁末，北京金泉钱币文化有限公司在《北京青年报》推出的一则销售"世界硬币真品实物"的广告。其标题如下。

主标题：用全世界的钱压岁

副标题：世界硬币真品实物大全，有意义的"压岁钱"

案例解析

这是一个非常巧妙、有创意的标题。将其销售的一套世界各国硬币同中国人过年给"压岁钱"习俗联系起来，特别新颖，使人们看过"正题"后，非要看"副题"不可，看过"副题"后，非要看"正文"不可。

标题的语言风趣一点，可以吸引更多的读者。但仅仅是风趣还不能算上乘之作，还应将风趣的语言与相应的思想内容结合起来，使标题所表达的思想深化和加强。

【案例 3-13】

溶栓胶囊的一则广告文案

这是一则电视广告，其标题为：
溶栓胶囊，血管里的疏通机
案例解析
血栓是凝结的血块堵塞血管的一种非常危险的病症，轻则中风，重则死亡。溶栓胶囊的功能就是化解血管的血块，那么，把它比作"血管里的疏通机"，不仅非常贴切、生动，而且形象鲜明具体，确实有别具一格的创意。

新鲜离不开巧妙的构想，离不开对市场的把握，离不开对前人广告作品的深入研究，通过阅读或浏览前人的广告，可以启发灵感，创作出新的东西。

4．力求声韵和谐

汉语是非常讲究声韵和节奏的，中国古代的诗歌尤其突出体现了这一点。广告文案的写作，特别要考虑广告标题的功能和作用，写作时要尽量合辙押韵，节奏鲜明。例如，"大宝"美容护肤品长期在中央电视台和北京电视台做的一则广告，运用了不变的标题：

要想皮肤好，早晚用大宝

这条标题用的是传统五言句式，虽无严格的"对仗"和"平仄"，但是，ao 韵押得好，词语通俗简明，朗朗上口，前后句之间有内在的逻辑联系，产生了很好的销售效果。

又如，治疗头痛感冒的药品百服宁广告标题为：

日夜百服宁，日夜照顾您

这样的标题读起来声调和谐，很容易口头传播，也很容易记忆。

声调和谐不仅是合辙押韵，其节奏的把握也是非常重要的。

【案例 3-14】

阿迪达斯一则路牌广告文案

2001 年春，阿迪达斯在北京街头推出多幅路牌广告。广告设计一致，一律用"一句话"的标题广告：

运动 生动 心动 adidas 让女人动

案例解析

这条标题从概念的整体表达上看是明确的。从一般的广告文案写作原则来看，将最重要的概念"运动"放在前面，也无可厚非。但是其中"生动"的概念却有些模糊，不知是形容"生动"，还是活用为"产生""动"，因而造成意韵的阻隔、内在逻辑的"夹生"。再看其音韵节奏，整个句子"韵脚"倒是押上了，节奏却被破坏了。结尾用的是"单音词"，给人以戛然而止、上下不接气的感觉。这条标题可改为：

心动 情动 adidas 让女人运动

这一改，意韵就流畅了，内在逻辑关系也清楚了。重要的概论放在最后强调，也更有力量。句尾用双音词押韵，节奏也顺畅了，容易上口。而且还增添了"煽情"的内涵。

当然并不是所有的广告标题都必须合辙押韵，只有合辙押韵才是能够流传的标题。富有节奏的标题同样可以适应大多数受众的语言习惯，产生良好的视听效果。

例如，2000年12月19日《北京晚报》刊登的"排毒养颜胶囊"广告，稍后该广告又在中央电视台播出，其标题为：

排毒养颜胶囊　排除毒素　一身轻松

这里采用的还是中国传统双音词组的"四六句"格式，虽不押韵，但声调跌宕起伏，节奏鲜明，朗朗上口，轻松自然。

5．善于借势

所谓借势就是要借古今中外名诗、名言、名句之势，表达广告的商业内涵，扩大影响力，强化记忆。从修辞学上说，借势就是"仿拟"和"引用"之类的修辞手法。

【**案例 3-15**】

广东电信一则下调电话资费的广告文案

广东电信从2001年1月1日开始下调电话资费，这对广大消费者来说无疑是一个福音，于是有关广告的标题如下。

主标题：好雨知时节，广东电信资费大幅调整，真的好滋润

副标题：2001年1月1日起，广东电信陆续调整部分电信资费(副题)

案例解析

"好雨知时节"是我国唐代诗人杜甫所作《春夜喜雨》中的名句，用在此处表现电信资费调整"真的好滋润"。

【案例 3-16】

北京八达岭酒业集团公司一则路牌广告文案

北京八达岭酒业集团公司，曾在北京宣武门内大街打出了多幅同一设计的路牌广告，其文案如下。

标题：朋友来了有好酒——老猎头

案例解析

这是借用了我国经典电影《上甘岭》的著名插曲《一条大河》中人人皆知的一句歌词，因而使"老猎头"这种酒的知名度大大提高。整句歌词是："朋友来了有好酒，要是那豺狼来了，迎接它的有猎枪。"其正题用的是歌词的前半句，歌词的后半句似乎不切题，改用"老猎头"化出，真是恰到好处。

6. 善于鼓动煽情

广告标题要注意修饰，以吸引消费者。但吸引的目的是要让消费者产生购买欲望，这就需要在标题中加入鼓动和煽情的因素，在标题中强调情感的诉求和运动的诉求。

【案例 3-17】

英国一则乳罩的广告文案

该广告的画面是一个穿着T恤和牛仔裤的女子，文案如下。

主标题：如果我想让一个男人看我的乳罩，我就把他带回家

副标题：胜利国际公司浑然一体的乳罩

广告口号：Bijou乳罩从不自吹自擂

案例解析

这是非常典型的既"煽情"又"鼓动"的标题。其中男女情愫足以让人"想入非非"，而"我就把他带回家"，更是一种运动的提示、购买的"鼓动"，因为只有把乳罩带回家，才能"把他带回家"。该广告曾获得第44届戛纳国际广告节铜奖。

第三节 广告正文的写作

广告正文是广告文案的中心，它以翔实的内容具体展开标题，揭示主题，传达广告主体信息。一篇文案完整的广告，标题和广告口号虽然醒目突出，但是广告的主要内容还是要靠正文来表达。所以广告正文在广告文案中大多占有较大的篇幅，以突出其主体和中心的位置。

一、广告正文的结构

与所有的文章一样,广告正文基本上可以分成开头、中间和结尾三个部分。这是一个有机的整体。

(一)开头部分

开头部分一般是承接标题而来的,在标题和广告文案的主要内容之间作一个过渡,因此,与标题之间的衔接就非常重要。开头部分写得如何,是决定读者能否继续看下去的关键。

开头部分要支持和解释标题,一般是采取开门见山的方式,以便无意中阅读广告的读者只在几秒钟之内就能得到完整的信息。但是,这不等于说要重复标题中说过的话,而是要迅速地切入正题。

例如,德国奔驰卡车的一则广告,标题是"一个饥饿的 18 磅婴儿哭起来比一辆行驶着的 18 吨卡车还响"。

在标题中提到了婴儿的哭声、卡车这两个关键词,正文的开头部分就要进行解释和说明。

在您的耳朵里,这听起来令人诧异,但却是事实:一个哭闹的婴儿声音能盖过一辆载重大货车。其前提是,它是梅塞德斯-奔驰公司生产的 LEV 货车。

(二)中间部分

正文的中间部分是广告文案的核心阶段,信息含量最大,也是发挥广告文案说服力的关键因素。一般包括商品服务的特色和支持理由两部分。如上文提到的德国奔驰卡车的广告文案的中间部分这样写道:

LEV 是 Low Emission Vehicle (低排放货车)的缩写,表示我们降低了(功率以外)所有消耗:首先是油耗及其废气排放,其次是噪声。至于我们怎样才如愿以偿,这里当然不打算三缄其口,即便现在得使用一些技术术语。

首先我们从源头减少了噪声的产生:在发动机内,一种新式燃烧过程控制着气体膨胀的声音。其次是装有涡轮发动机制动器,它不仅提高了发动机制动的效能,还明显减少了声音强度。此外,我们把发动机和传动装置"包裹"起来,用我们工程师的话说,叫"噪声隔离"。所有这些措施导致一个结果:现在最大的噪声来自轮胎与地面的摩擦。

有些广告,根据情况在中间部分介绍企业的规模、历史、荣誉、技术水平等。

【案例 3-18】

派克笔的一则广告文案

该广告文案的中间部分写道:

19 世纪末,柯南道尔爵士以他心爱的派克笔塑造了闻名世界的神探福尔摩斯,编写出不少引人入胜的侦探小说。

> 大文豪萧伯纳于 1912 年写下舞台名剧《窈窕淑女》。
> 1945 年，盟军总司令艾森豪威尔将军在法国以派克笔签署条约，结束在欧洲的第二次世界大战。
> 1954 年，富豪亨利嘉以派克笔签约，买下当时世界最高的帝国大厦。
> 1972 年，美国总统尼克松历史性访华，将两支加入月球尘土制成的派克 75 型墨水笔馈赠当时中国领导人。
> 1984 年，美国太空穿梭机"发现号"特别把雕刻过的派克古典笔送上太空以作测试。
> 1992 年 6 月，美国总统布什和俄罗斯总统叶利钦签署多项限武及合作协议，同样选用派克"世纪"笔。
> 1993 年 11 月，曼德拉亦以派克"卓尔"笔签署南非和平宪章。
> 1994 年，美国世界杯赛事指定用派克笔。

中间部分的写作，一定要条理清楚，要写具体可信的事，以支持自己的承诺。

(三)结尾部分

结尾部分一般具有总结性和建议性，以促使消费者购买。例如，前例奔驰卡车的广告结尾这样写道：

在梅塞德斯-奔驰公司，我们不会坐等立法机关采取行动收紧排放标准，而宁愿做出表率先行一步。这一点可以用听觉感受到。

结尾不仅要承接中间部分，还要呼应标题。例如雀巢一则企业形象广告，标题是"我们认为我们的成功应该归功于许多小事情"，结尾是：

每一项成功事例都印着雀巢只做最好的事情的承诺。并且每一项都证明了，有时，多想些事情是获得成功的最好办法。

结尾部分一般采取一些诱导式手法以促使消费者购买，如带有鼓励性的话。同时可以说明产品价格、优惠办法、订购方法、维修及服务的承诺等。

二、广告正文的类型

对广告正文的类型可以有许多种分类方法，按广告表现内容划分，有经济型、文化型、业绩型、科研型、功能型等；按广告的表现形式划分，有叙述型、描写型、论说型、诗歌型、故事型、卡通型、新闻型等。这两种划分方法对广告文案的写作都有一定的帮助。这里我们按照广告诉求方式来划分广告正文，具体可以分成以下几种类型。

(一)形态型

形态型是对受众知觉的诉求，即用直接或间接的事物形态来诉求。

第三章 广告文案的构成与写作

【案例 3-19】

ULTRA SENSE 牌丝袜广告

该广告诉求重点是薄而柔韧、不变形。广告画面的视觉焦点为一只手在拉起丝袜,力度很大,而且从拉起部分的形状看,丝袜质地确实薄如蝉翼,耐拉耐穿,这足以说明此品牌丝袜质地优良。画面很有视觉冲击力。

优美的腿部特写占据了画面的极大空间,给人以直觉的感受。而手拉丝袜和着袜女士感觉到了拉袜力度后忙用手阻止的动作,很快将受众的视线吸引过去。

ULTRA SENSE 牌丝袜广告如图 3-3 所示。

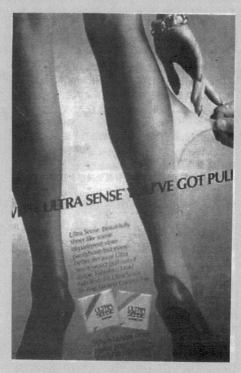

图 3-3 ULTRA SENSE 牌丝袜广告

该广告文案如下。

标题:ULTRA SENSE 牌丝袜

正文:ULTRA SENSE 牌丝袜像商店其他紧身丝袜一样薄,而且更好。这是因为它被拉开后不会变形,这似乎看上去难以置信,而难以置信对它才是最适宜的!ULTRA SENSE,一流的织法。

广告口号:时代感才是最美好的感觉,这绝不是无稽之谈。

广告文案配合画面言简意赅地说明薄而耐拉这一与众不同的特点;广告口号将诉求点薄而

不变形归纳为时代感，这就更加对消费者产生了巨大的诱惑力。

【案例 3-20】

NBA 芝加哥公牛队体育用品的广告文案

广告标题告诉消费者："这里只有一头牛是真的"；然后是三排几乎一模一样的"NBA 芝加哥公牛队"的商标图形；紧接着是正文：

牛角或长或短，额纹或正或斜……哪一只才是称王三载的公牛？意图蒙混的仿冒商实在太猖獗了，使得真正来自 NBA 的公牛队，难以被辨别。尽管如此，威猛连霸的公牛气势，还是无法被仿冒，只要你稍加留意，有 NBA 镭射卡，才是 NBA 的三连霸公牛队。

PS·第三横排的最右边那一只，才是真正来自 NBA 三连霸的公牛。

现在你懂了，不是每只公牛都值得骄傲！

案例解析

这就是用事物形态来诉求、用消费者的知觉去建立"NBA 芝加哥公牛队"的商标形象，突出强调了品牌的"形态"。由于一个时期以来，"NBA 芝加哥公牛队"的商标屡遭仿冒，针对这一市场状况，及时推出以辨别真伪为销售主题的广告，可谓切中要害。而且在寻找真正的 NBA 芝加哥公牛的过程中，其诉求也十分鲜明地显示出来。

(二)感化型

感化型是对受众情感的诉求，即着重调动人们的情感，诱发人们的购买行为。在具体手法上，多采用温情暖语间接地交代主题，令人在不知不觉中信服并产生好感。

【案例 3-21】

MARTELL 的广告文案

正文：
凝视斜斜的又一瞥
你与我擦身而行
但我知道从第一眼开始
你已无法忘记
我们内心的约定
我是
MARTELL

今晚我等着你

19:30 北京电视台一套

案例解析

这则广告正文没有热烈的言词，却蕴含着浓浓的深情。第一人称"我"作为广告的本体形象，向消费者的形象"你"倾诉衷肠："你已无法忘记/我们内心的约定""今晚我等着你"。这情真意切的"邀约"，有谁不被打动，又有谁会拒绝呢？

(三) 论说型

论说型是对受众的理性诉求，即用说理的方式，激发受众的理性思考，从而做出购买决定。特点是冷静客观，有理有据地说明受众将获得的益处。

【案例 3-22】

凯迪拉克轿车的一则广告文案

1915年1月2日，凯迪拉克轿车在美国《星期六晚邮报》上刊登了一则广告。广告一共只刊登了一次，也没有图案，全篇正文绝口未提汽车。

凯迪拉克曾凭借其可靠的四汽缸名牌车确立起在行业的地位。但是其主要竞争对手帕克德制造出六汽缸发动机。为了不被超越，凯迪拉克推出了八汽缸发动机的车，但在使用中被证实易短路起火。帕克德抓住机会公布V-8的缺点。

鉴于凯迪拉克的车主是在精心盘算之后才购买这款昂贵的汽车的，所以广告力求传达凯迪拉克凭借其他汽车所无法比拟的优越性，已经克服了自身的问题这一信息，树立起凯迪拉克的质量和可靠的持久形象。我们来看它的广告文案。

标题：出人头地的代价

正文：在人类活动的每一个领域，得到第一的人必须长期生活在世人公正无私的裁判之中。无论是一个人还是一种产品，当它被授予了先进称号之后，赶超和妒忌便会接踵而来。在艺术界、文学界、音乐界和工业界，酬劳与惩罚总是一样的。报酬就是得到公认；而惩罚则是遭到反对和疯狂诋毁。当一个人的工作得到世人的一致公认时，他也同时成了个别妒忌者攻击的目标。……杰出人物遭到非议，就是因为他是杰出者，你要力图赶上他，只能再次证明他是出色的；由于未能赶上或超过他，那些人就设法贬低和损害他，但只能又一次证实他所努力想取代的事物的优越性。

这一切都没有什么新鲜，如同世界和人类的感情——嫉妒、恐惧、贪婪、野心以及赶超的欲望一样，历来就是如此，一切都是徒劳无益。如果杰出人物确实有其先进之处，他终究是一个杰出者。杰出的诗人、著名的画家、优秀的工作者，每个人都会遭到攻击，但每个人最终也会拥有荣誉。不论反对的叫喊声多响，美好的或伟大的，总会流传于世，该存在的总是存在的。

案例解析

文案显出理性的魅力。想得到出人头地位置的人们对此文案的深刻和独到会发出由衷的认同和赞叹。而他们恰恰是凯迪拉克的潜在消费者。事实上,广告发布后,读者们表现出对文章的欣赏,并且和文章中批判性的观点产生了情感上的共鸣。自那以后的许多年中,凯迪拉克和它的广告代理公司应许多人的要求多次重印这一广告。

还有一些论说型的正文,通过提供名人或权威人士对产品的"证言",来帮助消费者做出"判断",得出"结论"。

【案例 3-23】

纽崔莱营养品的广告文案

广告标题是:"相信纽崔莱/有健康,才有将来!/伏明霞和爸爸伏宜君",这是用体育明星与其父亲的证言来强调该营养品的功效。其正文是:

有健康,才有将来,是伏明霞和爸爸伏宜君的切身体会,是每个家族的美好心愿,更是安利纽崔莱的健康事业孜孜以求的长远目标。

60多年来,纽崔莱严格遵循美国食物及药物管理局的"优质生产标准"自行种植天然植物,提取独特的植物浓缩素,以先进的产品配方及生产技术,为消费者提供一系列维生素、矿物质等营养补充食品。纽崔莱以其纯正的品质被定为第27届奥运会中国体育代表团唯一专用营养品。

纽崔莱营养补充食品由安利店铺和安利营销人员专售。

案例解析

有资格的名人和权威人士的"身份""行动""言论"都是作为"论述"中的"论据"出现的。像伏明霞体育明星的"身份"和"成功",以及"爸爸伏宜君"的"地位"和"成功",都是作为"论据"来证明纽崔莱这种营养品的功效的。

论说型的正文一般在新产品上市或者开拓陌生的市场时使用。如果消费者对某一产品已有认识,再"论说"就多余了。

(四)观念型

观念型是对受众的意识诉求,即帮助人们建立新的消费观念和消费意识,改变旧的消费观念和消费意识。

【案例 3-24】

广东今日集团一则关于"生命核能"的系列广告

标题：新悬梁刺股

正文：

古人刻苦求学，悬梁刺股，

以求强制精力透支。

如此愚奋，虽精神可嘉，但方式近乎自残，实不可取。

勤奋，固然是治学之本，

但勤之得法，更需有充沛精力。

令马家军一天一个马拉松而

毫无疲倦之感的营养汤，

如今非只限于在田径跑道上创造奇迹。

尽得此真传的生命核能营养液，

能不断补充人体精力，

迅速消除疲劳，使体能养息充盈，

时刻保持最佳竞技状态。其神奇功效

将在您的人生跑道上再创辉煌。

案例解析

这是借古代悬梁刺股的寓言讲当代"今日集团"的意念。虽然其中"马家军"故事的"引证"带有不成熟的消费时代的明显印记，但是，广告中运用新消费意识取代旧消费意识的"观念导向"特征，却完全可以作为"观念型"的典范。

正文类型的划分还有很多种，而每一种都不能穷尽，也不可能那么严格。以上几种类型，在现实应用中可能还会相互交叉和相互渗透。

三、广告正文的写作原则

伯恩巴克曾这样提醒文案写作人员："直到人们信任你，事实才能成为事实，如果他们不明白你说的是什么，他们也不可能相信你；如果他们不听你说，他们也不可能明白你说了什么；如果你说的不让人感兴趣，他们肯定不会听你说，你也不会让人感兴趣，除非你说的富有想象力、有创造性和带有新鲜感。"

广告正文的写作是一种受到颇多限制的写作，写作方式可以多种多样，但应基本符合以下几个基本原则。

1. 要有说服力

无论广告正文采用什么样的修辞手法，都必须有一定的说服力。一般来说，条理清晰、有理有据的行文方式都是很有说服力的。

【案例 3-25】

开米斯坦德公司一则领带广告文案

标题：现在有了为老婆们设计的领带/它们是"班·伦"的，但是可以洗涤

正文：

太好了！你再不用小口小口地吃东西，可以放心地大吃大嚼了。如果你和我们大多数人一样把喜欢的领带一直戴到脏得变了颜色，这种领带也是为你准备的。它们可以快速地做局部清洗。更棒的是，它们可以洗涤而且干得很快。因为它们是尼龙质地的，所以，干后依然可以保持原来的鲜亮，不会褪色。

它们可以让领带摆脱褶皱，即使戴上几个月，它们看起来也不会像系在脖子上的绞索。它被做成运动型领带和正装领带，还有一千种花色，非常充分地利用了今天更优质的尼龙产品。这种产品由独一无二的成套设备生产，有最先进的研制设备做后盾，而且包含了工业界一个最激动人心的名字——开米斯坦德公司。

案例解析

这篇不足300字的正文，几乎没有使用什么"修辞方式"，而且也没有使用那些定型的体裁，最多只是使用了"叙述"和"描写"的表述，但是却针对受众日常使用该产品时出现的"不便"，一条一条、清清楚楚地予以说明和"解决"，既合情又合理，因而，具有说服力。该广告是第44届戛纳国际广告获奖作品。

2．要有创造性

创造性就是要新颖独特，与众不同。但这种独特性是要立足市场的独特性。广告文案的写作不是艺术家的"奇妙幻想"，也不是儿童的"天真遐想"。它必须是在市场、商品和服务的基础上的"突发奇想"。

【案例 3-26】

北京三人行设计策划有限公司的一则招聘广告

该广告体现了文案的创造性。

标题：成绩斐然，没文哪成？

正文：

非然非斐然，三人行深知其中奥妙。为此，三人行诚邀文笔出众、才智过人的文案大师加盟，共创成绩斐然的灿烂前程。三人行将给兼职业务员以高额回报！同行非冤家，请多

交流。

案例解析

一般的招聘广告大都是单位简介、空缺职位、招聘条件等三段式。但北京三人行设计策划公司的招聘广告却避免了一般化、公式化的陈词滥调，在文字上来了点"奇想"，又来了点"游戏"，令人耳目一新。

3．要主题明确

主题明确，就是要切中要害，不能含糊其辞。一般认为，标题越"简明"越好，正文越"丰富"越好。但这里所说的丰富不应是大拼盘和大杂烩，丰富也必须主题鲜明，重点突出。

【案例 3-27】

雷诺汽车的一则广告

广告标题："雷诺转的圈比其他的轿车都小"。其正文如下：

轿车的转弯周长是以前保险杠上的一个点为基准测量的。

例如，一辆"雷诺"王妃车可以在一个直径 32 英尺的圈里转弯。（"雷诺"4VS 只需要 30 英尺，真是小甲壳虫。）它可以做非常小角度的掉头，在狭窄的私人车道上进退自如，可以穿过拥挤的车流，可以在其他车子的转圈圆周里转圈。

我们不知道有哪种车比它更容易操纵。后轮的驱动力将重量由前轮分散到后轮。停车时，只用一根手指就能转动方向盘。只用非常自然的力量就能轻松驾驶。

你的汽车销售商会证明给你看。他可能还会提到"雷诺"的其他天才之处：在冰面和雪面上不可思议的驱动力，使用普通汽油每加仑行驶多达 40 英里。想想看吧。

案例解析

广告正文的写作最忌讳泛泛而谈，缺乏客观实证的吹嘘之词，以及一些套话、老话、空话、大话等。这些是完全要不得的。此广告正文，采用了客观而亲切的态度、具体可靠的事实材料，主题明确而且可信性强。

4．要有风格

任何广告都要进行市场定位、目标受众定位。由于受众的年龄、身份、社会和文化背景不同，语言使用习惯各异，这就需要根据不同受众特点确定正文写作的语言风格。也就是说，要用恰当的、地道的语言来接近受众。

【案例 3-28】

"Yeslte 中文热讯"一则车体广告文案

该广告曾在北京特 5 路旅游专线上登出，其正文为：

华人超级网络社区

林子大了……

当然鸟更多！

傻鸟？

大虾鸟？

菜鸟先飞！

老鸟益壮！

案例解析

网络时代是年轻人的时代，即使是老年人上网也大都具有年轻人的心态。这则广告的受众定位，无疑是那些上网的年轻人，所以其语言的使用也颇为活泼可爱，并伴有几分幽默。

5．要简单易懂

学术论文可以写得艰涩深奥，文学创作也可以写得玄妙无比，但是广告正文却一定要写得简单易懂。因为它需要让那些稍有文化和稍有识字能力的人也看得明、读得懂。尽管有些广告的市场定位是高文化或高科技层次，受众人员也定位在高学历或高职位的人群，但又有谁会花时间去琢磨一篇广告的文字意思和深奥的内涵呢？

口语化的文字、谈天似的口吻往往会把复杂深奥的事物说得浅显明白。

例如，世界魔术大师大卫·科柏菲尔做的牛奶广告，就采用了口语讲述的方式：

我的手弄一下，脱脂牛奶就会变成无脂牛奶。这可不是错觉啊，脱脂牛奶从来都是不含脂肪的……哦，对了，这提醒了我，现在我该表演我的拿手戏——让它消失。

这则由名人推销脱脂牛奶的广告，采取的是第一人称的手法，完全口语化了。为了使普通人更容易接受，文案的撰写者还在惜墨如金的行文中夹带了"啊""哦"这样的口语词，真可谓用心良苦。

【案例 3-29】

EPSON 打印机的广告文案

该广告采用非常形象化的方式，将 1440dpi 的概念表现出来。

在 360dpi 分辨率下，你可看到一个穿泳衣的女人。

在 720dpi 分辨率下，你可看到她的泳衣是湿的。

在 1440dpi 分辨率下，你可看到她的泳衣是画上去的。

案例解析

由 dpi 代表的分辨率的"单位"或"指标"是衡量和判断打印机的功能，以及打印机打印质量的关键词，普通人一看就发蒙，要用术语化的语言来解释，恐怕也没必要。这则广告将其淡化，对分辨率的概念，用看得到、摸得着的形象来表达，让人一目了然。

第四节　广告口号的写作

一、广告口号的概念及作用

(一)广告口号的定义

广告口号，是为加强受众对广告主体信息的印象，在广告中较长一段时间反复使用的一句简明扼要的警句或短语。

广告口号的反复使用，使消费者加深了对该企业的经营特点，或商品及服务的独特优良个性的理解与记忆，形成强烈的印象。所以广告口号是现代广告的要素之一。广告主通过广告口号反复持久地提醒、影响和引导受众，形成受众对社会时尚的确认、品牌形象的积累和相对的消费定式，从而促使受众成为消费者，产生购买行为。

多年来，许多杰出的广告口号，成了经久不衰的名句。例如，"滴滴香浓，意犹未尽"(麦克斯韦尔咖啡)、"味道好极了"(雀巢咖啡)、"只溶在口，不溶在手"(M&M 巧克力)、"钻石恒久远，一颗永流传"德比尔斯等。

有些广告口号，不仅反映了当时的社会文化，甚至成为人们生活的座右铭。如瑞士雷达表的广告口号是："不在乎天长地久，只在乎曾经拥有"，就成为许多年轻人的爱情表白。

(二)广告口号的特点

广告口号应具有以下特点。

1. 简短、扼要、易于视听表达和记忆

广告受众往往难以记住广告的主体内容，但会由于记住了个性鲜明的广告口号而记住了一个品牌、企业的文化理念和生活主张。例如，我们可能记不住诺基亚企业生产的所有产品，更记不住诺基亚企业生产的产品的各种型号、功能和特色等，但我们可能会记住它的那句著名的广告口号："科技以人为本！"它不仅告诉我们诺基亚企业是以生产科技产品为主的企业，而且使我们接受了一种主张，那就是任何科技的发展都离不开人，都是为人服务的。

2. 在一定时期内反复使用

广告口号与广告标题和广告正文相比，具有在一定时期内被反复使用，并担当某一商品品牌象征性口号的特点。例如：

味道好极了！——雀巢咖啡

挡不住的感觉!——可口可乐
维维豆奶,欢乐开怀!——维维豆奶
四海一家的解决之道!——IBM公司

3．不能独立发挥效用

广告口号大都不是在单一媒体上独立发挥效用的,而是与广告作品中的图形、色彩、整体文案的内容和广告的所有组成部分共同产生作用。众多广告媒体承载的信息,是在不同的广告环境下作用于广告受众的,具有较强的依赖性。例如,"农夫山泉有点甜",如果不是放在一段山清水秀的广告片中,如果不是配以优美动人的民族乐曲,如果不是用一个女性甜美的声音娓娓道来,其效果一定相去甚远。

(三)广告口号的作用

广告口号的作用在于,通过反复使用,可以提高受众的记忆度,协助广告为某一个品牌或组织树立形象,创造识别标志或明确定位。

1．企业品牌形象和个性的组成部分

广告口号是对广告主或品牌的一句意味深长的描述,它可以成为企业品牌形象和个性的组成部分。例如,"最高级的驾驶机器"(宝马汽车)就在建立和维护品牌形象和个性中发挥了很大的作用。一些经久不衰的广告口号,就像经常和人们打招呼,可以使人们保持对广告主或品牌的熟悉感,提升品牌的价值。

2．充当品牌标识

广告口号的连续使用,可以表明与品牌利益点相关的重要信息。例如,耐克的Just do it(只管去做)口号就为耐克的众多广告战役以及其他促销活动提供了一个基本的主题。在这种情况下,广告口号就可以充当品牌的简略标识,在企业实施整合营销传播的过程中发挥有利的作用。

3．加深对广告主体信息的印象

广告口号的目的是在广告最后再向消费者说一句有说服力的话,有助于紧扣广告主题,使受众加深对广告主体信息的印象。例如:

大宝SOD蜜的口号是:"要想皮肤好,早晚用大宝。"
北京切诺基汽车的广告口号是:"成为最佳,我们全力以赴。"
日本丰田汽车的广告口号是:"车到山前必有路,有路必有丰田车。"
宝马汽车的广告口号是:"登峰造极,宝马当先。"
长期、反复使用这些广告口号的广告产品能在受众心中留下较深的印象。

4．广告口号可以传达广告主不变的经营理念

例如,海尔电器的总广告口号是:"真诚到永远"和"你的难题,我们的课题"。飞利浦电器的广告口号是:"让我们做得更好。"这些广告口号将企业的经营理念定在一定的高度,向受众表明接受受众的检验和督促,使企业的影响越来越大,经济效益也越来越好。

二、广告口号的类型

(一)功能类别

1. 企业形象的广告口号

企业形象的广告口号通常以宣传企业形象为主,把企业的精神和文化贯穿其中。例如:

"让我们做得更好!"(飞利浦)

"真诚到永远!"(海尔电器)

"科技让你更轻松!"(商务通)

2. 商品的广告口号

商品的广告口号主要是宣传所推销的商品,其重点是宣传商品的功效、性能以及商品给人带来的利益。例如:

"金利来,男人的世界!"(金利来领带)

"穿上双星鞋,潇洒走世界!"(青岛双星鞋)

"粉刷人的科学。"(资生堂化妆品)

"运动就在家门口。"(广州奥林匹克花园)

3. 促销活动的广告口号

促销活动的广告口号主要是针对广告主的销售运动而设的,因此其重点是利用人们的心理促销。例如:

"星期六是吃手卷寿司的日子。"(日本寿司店)

"记住,每天喝瓶太子奶!"(湖南太子奶)

"这里明天的啤酒不要钱!"(美国星期五餐厅)

"一个鸡蛋可换两袋。"(海鸥洗头膏)

(二)诉求类别

1. 彰显优势的广告口号

彰显优势的广告口号主要是宣传企业或产品的优势,并将这些优势提炼升华成一个令人心悦诚服的道理。例如:

"康师傅方便面,好吃看得见!"(康师傅方便面)

"摩托罗拉寻呼机,随时随地传信息。"(摩托罗拉寻呼机)

"活着的蔬菜,活着的味道。"(日本味之素)

2. 承诺利益的广告口号

承诺利益的广告口号主要是向受众承诺使用商品和选择服务所能得到的利益,包括受众得到利益的程度和广告主承诺的程度。例如:

"更干、更爽、更安心。"(护舒宝卫生巾)

"钻石恒久远,一颗永流传。"(德比尔斯)

"牙好，胃口就好，吃嘛嘛香，身体倍儿棒！"(蓝天六必治牙膏)

"喝汇源果汁，走健康之路。"(汇源果汁)

3．调动情感的广告口号

调动情感的广告口号主要是运用情感的作用，激发受众内心的真情实感，受众因此而感动，产生对广告信息的共鸣。例如：

"孔府家酒，叫人想家。"(孔府家酒)

"当太阳升起的时候，我们的爱天长地久！"(太阳神口服液)

"爱是正大无私的奉献！"(正大集团)

(三)结构类别

1．单句型的广告口号

单句型的广告口号全句是一个独立的句式，没有任何前后附带着的语句，显得干脆精练，铿锵有力。例如：

"男子汉就喝男子汉茶。"(宁红男子汉茶)

"浓缩人生精华。"(东方时空生活空间)

"穿在华联。"(华联商厦)

"请大家告诉大家。"(台湾皮鞋)

2．双句型的广告口号

双句型的广告口号全句是由两个互相关联的句式组成的，在语意上前后呼应搭配，在语感上具有节奏和韵律之美。例如：

"输入千言万语，打出一片深情。"(四通打字机)

"晶晶亮，透心凉。"(雪碧汽水)

"喝孔府宴酒，做天下文章。"(孔府宴酒)

"宝马本色，成功标志。"(宝马汽车)

3．前(后)缀句型的广告口号

前(后)缀句型的广告口号全句由两个相关句子组成，其中一个是简短的缀句，一个是独立的单句，缀句部分通常是企业名称或商品、服务项目名称。例如：

"立邦漆，永远放光彩。"(立邦漆)

"美的空调，美的享受。"(美的空调)

"永久，骑士的风采。"(永久自行车)

"健力宝，止渴又逍遥。"(健力宝饮料)

(四)风格类别

1．比拟化的广告口号

比拟化的广告口号是把物当作人来写(拟人)，或把甲物当作乙物来写。拟人就是把人的感情、动作、状态和语言赋予被描写的对象，增强广告的感染力。拟物就是指把此物当作彼物来

写,借以深化感情,造成别致的异趣,使广告口号显得活泼生动。例如:

"永远不会向你请假的动力助手。"(佳能电脑)

"猫狗会把感受告诉你。"(宠物食品)

"幸运牌对你的咽喉最仁慈。"(幸运牌香烟)

"我们持续性健康!"(水果批发)

2. 口语化的广告口号

口语化的广告口号运用日常生活中常见的语言和叙述方式,体现了一种大众风格,给人以自然、亲切的感受。例如:

"请喝可口可乐。"(可口可乐)

"不打不相识。"(打字机)

"今天你喝了吗?"(乐百氏奶)

"一磕就开心。"(傻子瓜子)

3. 诗歌化的广告口号

诗歌化的广告口号运用诗化的意象、纯美的语言,加上注意节奏和韵律,使受众产生一种回味无穷的感受。例如:

"宁可食无肉,不可居无竹。"(深圳竹园宾馆)

"新事业从头做起,旧现象一手推半。"(理发店)

4. 成语化的广告口号

成语化的广告口号运用中国文化中的汉语成语作为创作的材料,加以发挥和合理改动,产生出一种新的美感,让受众既能依据成语加深记忆,又能根据新意获得信息。例如:

"踏上轻骑,马到成功。"(轻骑摩托车)

"臭名远扬,香飘万里。"(臭豆腐)

5. 谐音化的广告口号

谐音化的广告口号是对人们世代沿用的某些语言习惯的改变。它是将人们熟知的诗文名句、格言俗语加以某些改动,利用音同和音近的词语,构成语义的变异,仿造出一个与产品有关的新词语或新句子。由于仿拟的广告语言突破了常规思维方法,常常出人意料,给人以新鲜感、幽默感。例如:

"中国电信,千里'音'缘一线牵。"(国际长途电话)

"趁早下'斑',不要'痘'留。"(营养化妆品)

三、广告口号的创作要求

广告口号的创作要求如下。

1. 富有内涵

有效的广告口号,应该能够引起人们的情感参与和回味。

"热气腾腾,蒸蒸日上"(三角牌电饭锅)。此广告口号一方面形象地概括了煮饭的情景,另一方面也有一种积极向上的双关含义。

"男人是沉默的札幌啤酒。"札幌啤酒由于口味较清淡,曾被认为是女性喝的啤酒。后来,该啤酒以充满男子汉气概的三船敏郎担任广告代言人,将日本传统男性坚毅的心声掌握得恰到好处。

2．突出特点

必须结合广告主题,突出商品、服务或企业理念的独特之处。

"把营养和美味卷起来。"(康师傅蛋酥卷)。此广告口号利用一个"卷"字,产生了一种动感。

"丝丝入扣。"(皮尔·卡丹)。此广告口号既展示了服装的制作精细,也暗示了生产和服务环节的紧密衔接。

3．新颖独特

广告口号最忌模仿,雷同的广告口号不仅损害企业形象,还等于给别的品牌做广告。

"喝孔府宴酒,做天下文章。"(孔府宴酒)。此广告口号利用"李白斗酒诗百篇"等古代文人饮酒而激发灵感的传说,同时"天下"二字又暗含"修身齐家治国平天下"的人生追求。

有一个四川的饲料厂家,做了一个类似的口号,"喂川东饲料,养天下大猪"。这一口号虽然也能表现企业的志向,但模仿痕迹太浓,读后不禁让人发笑。

4．通俗易懂

广告口号是宣传性的话语,针对的是一般大众,不能太深奥费解,要口语化。为此可借用成语、俗语、歇后语。

"车到山前必有路,有路必有丰田车"。中国有句谚语"车到山前必有路,船到桥头自然直"。这一广告口号保留了前半句,又改造了后半句。前半句是众所周知的,而且非常切题,后半句采用顶针手法,并引出"丰田"汽车的牌子。表现出丰田汽车无处不在的实力,给人的印象相当深刻。

5．简洁凝练

广告口号一般在10字以内,并且要朗朗上口,才容易记忆。例如:

"滴滴香浓,意犹未尽!"

"味道好极了!"

这些人们熟知的广告口号都很简短。如果需要涵盖复杂的内容,那么每句要短并形成节奏。例如:

"学英语,用词霸,走遍天下都不怕。"(小霸王学习机)。此广告口号用了20世纪我国改革开放之初的"学好数理化,走遍天下都不怕"的流行语,进行改造后收到了较好的效果。

6．号召性强

广告口号要有煽动性、感染力,以刺激人们的消费欲望。例如:

"人头马一开,好事自然来!"其内容充满了吉祥,言辞包含着喜庆,受众看了愿意接受,在平时的人际交往中也愿意传播。

"喝贝克啤酒,听自己的!"强调自己的独特个性。

7. 适应需求

广告口号虽然可以长期使用,但它毕竟是为市场营销服务的。随着市场环境的变化、消费者心理和营销策略等因素的变化,广告口号也要适时进行更新。

例如,博士伦隐形眼镜刚进入中国市场的时候,主要针对眼睛近视,但又觉得戴眼镜影响美观的那些人。当时的广告口号是:

"博士伦美化您的眼睛,美化您的生活。"

后来,当其他一些厂家的隐形眼镜出现磨眼睛、伤害眼角膜等情况后,针对人们的顾虑,博士伦的广告口号改为:

"博士伦,舒服极了!"

这是在强调品牌的质量。

【案例 3-30】

可口可乐广告口号的变化

可口可乐作为一种饮料问世后,一百多年来,广告口号更是变了多次。

1886年 美味可口,提神爽气
1922年 口渴不分季节
1925年 质量好才有今天
1927年 宾至如归
1936年 要提神就得喝可口可乐
1944年 全球著名商标
1957年 美味的标志
1959年 真会使你神清气爽
1963年 喝杯可乐,万事如意
20世纪60年代末 这才是真东西
70年代 心旷神怡,万事如意,请喝可口可乐
80年代初 微笑的可口可乐
80年代中期 就是可口可乐
90年代初 如此感觉无与伦比

第五节　广告随文的写作

一、广告随文的概念

广告随文是广告文案的有机组成部分，主要是交代公司或商品的名称，销售的地址、网址、电话、传真、电子邮件、邮政编码、银行账号、销售日期、销售价格、联系人等有关事项，还包括商标、品牌标志等事项以备查备用。常见的平面广告的随文大都放在正文之后，还有的用很小的字体以显示其"次要"地位。

【案例 3-31】

CAV 丽声音响的广告文案

标题：音响写实主义

正文：家庭环境工程，环境学测试方式，音响艺术品与居家环境的协调，就注定获得音乐之美、名贵之美，实现家庭生活与环境新的结合。

HI-END 级定位的效果享受，无可置疑的价格，不仅是来自 CAV 世界名牌的效应，而且是因为您直接就能够对它的每一块含金量听得清清楚楚，看得明明白白，这就是 MD 价格与期望值新的结合。

自然音的亲和力拉近了人与音乐的距离，为高尚人群提供了视、听、唱全面 HI-F1 的家庭音乐新环境，所以 MD 是音响消费与高尚生活新的组合。

随文：

CAV(中国)汉洋丽声音响有限公司

CAV(AHINA)HAN YANG AUDIO EQIPMENT CO., LTD

HYPERLINK： "http//www.cn-cav.com"

E-mail:cav@cn-cav.com

CAV (中国)热线：020-87516698

案例解析

这篇广告随文就是放在全文的最后，并将公司名称用中英文表示出来，以方便联系。

二、广告随文的作用

广告随文虽然相对于广告文案的其他部分内容来说处于附属地位，但其重要性并不亚于其他部分。广告随文的重要性完全在于它的实用价值和使用价值。因为受众决定购买，或者准备采取进一步行动，最终都必须弄清楚公司的准确名称、商品品牌以及商品销售的具体地点。如果没有随文的这些内容，受众就无法前往或联系厂家购买或进一步咨询。从这个意义上说，没有随文的广告，作用几乎等于零。

如果说广告标题在于"吸引"，广告正文在于"说服"，那么广告随文就在于"交易"。一旦涉及具体的交易，就必须有明确的"方式"和"办法"，而广告随文就是交易的一方事先把自己的"交易方式"和"交易办法"用广告的文字告诉对方。

广告随文的写作如果没有特殊的原因，不应加任何修饰。一些促销活动的广告宣传，可以对语言文字和行文方式进行一定的雕琢，但必须写得准确和明确。

第六节 撰写更好的广告文案

一、广告文案的写作

广告文案的写作是广告文案创作的过程，是对创意和表现创意方法的永无止境的追求过程。在广告公司内部，广告文案写作人员一般属于创意部门。创意部门的人员分工为创意指导、艺术指导、文案撰稿人。文案撰稿人就是文案的写作人员，有时称为"文案"或"撰文"。

在广告创作流程中，文案写作人员主要承担的任务是"说什么"与"怎么说"，也就是创意策略的制定和广告表现。通常一个广告活动开始之前，要召开确定广告活动宗旨和方向的"定向说明会"，"文案"和艺术指导、广播电视广告策划人员从这时就开始介入了。

在定向会议结束后，广告公司就要组成工作小组，把任务分派下去。其中，创意小组必不可少。创意小组一般是 3~4 人。最精干的创意小组，一般由文案撰稿人和艺术指导两个人组成。

创意小组首先要决定广告将要"说什么"，然后进行创意构想。最初的点子可能产生于撰稿人，也可能产生于艺术指导。大家共同使创意成型，并由撰稿人写出广告词。艺术指导画出样稿或创意脚本，样稿或创意脚本经过提案，获得客户的认可后，就可以进行实际制作或拍摄了。

可见，文案写作人员并不是消极等待创意成型，再由自己添上几句广告词，而是要参加创意过程。在这个过程中，文案经常会在图像方面提出一些有效的、高水平的建议。同样，艺术指导也经常会想出一些很有价值的标题。一个优秀的文案应既能想出好的点子，又能把它用生动的文案体现出来，还会指导设计人员配上适当的插图，以提高广告的吸引力和说服力。

在整合营销传播时代，文案写作人员还常常承担为商品或服务命名、写商品上的说明文字、撰写客户网页上的文本等工作。

二、广告文案写作的特点

(一)文案的品位

1. 文案需要激情

文案写作需要激情，没有激情的文案无法感染别人。文案写作更要有理智，自己不明白的道理很难让别人明白。

激情可遇而不可求，有些想法也是时过境迁，永不再来。最好、最激动人心的诉求点需要去深入地发掘，有时找不到这样的诉求点时，文案人员如何让自己兴奋起来，这是一个需要解决的问题。广告创意小组可以向客户建议做一些让人兴奋的活动。像海尔的"五星级服务"，就是一个可以让文案兴奋的亮点。

2．文案需要创意

文案人员常常以为写到纸上的所有东西当然就是广告文案，其实不然。文案写作如果只是停留在事物的表面，就不能进入创意境界。有时对文案进行词语上的调整就可以表现出一定的创意。将"妙脆薄荷饼干上有气孔"改为"薄荷气孔围着妙脆饼干"，文案的意味就加强了许多，气孔与饼干的关系也就有了戏剧化的提升。

3．文案需要风格

凡是优秀的广告文案，读起来总能朗朗上口，其奥妙在于广告使用了我们日常生活中的语言，而不是只有少数人能听懂的专业抽象语言。广告文案表达中的虚、专、拗是需要尽力避免的。虚即抽象，没有可感受性。专即专业化，将一些还没有普及的专业术语或表达用于面向大众的广告文案中，造成文案的晦涩难懂。拗即表达不流畅，脱离日常语言的表达习惯。

使用日常语言写文案需要相当的功力。用平凡的语言说不平凡的事情，表达不平凡的观念与思想，这是一个飞跃。风格从某种意义上说是对语言的深度把握，语言是文案写作人员最重要的工具。文案人员只有不断地推敲、琢磨才能磨砺自己的语言敏感性，进而形成自己的语言风格。

（二）文案的创意过程

1．化一般为具体

抽象思维是人类思维的本性，人们习惯于抽象思维。但广告不仅是一种抽象，抽象的广告文案确实很常见。例如，"制造流行，因为有思科""踏上新途，因为有思科"这样的标题就比较抽象，但同系列的"去看金字塔，因为有思科"却用了具体形象的内容。

虽然人们惯于抽象思维，但要产生印象、形成记忆，却需要形象具体的表达。文艺作品之所以有魅力，主要来源于其形象思维所形成的吸引力。抽象的道理常常会让人昏昏欲睡，而具体形象的讲述却让人津津有味。

2．变无聊为戏剧

生活中的平淡无奇通过广告文案的表达、创作过程使其具有难得的魅力。保时捷汽车的一个广告标题："想象一下，要是它是赛车种马，我们可以获得多少配种费。"这个标题在用一个出人意料、匪夷所思的比喻，来传播保时捷911轿车已经广泛被仿制的事实。这个比喻是一个全新的视角，给一个原本大家司空见惯的现象注入了戏剧性的活化成分，使其具有一定的新闻传播性。

李奥·贝纳说："每一件商品都有与生俱来的戏剧性。"什么是戏剧性？就是广告元素间巧妙组合、广告对象发展的出人意料的变化、文案或画面的冲突性表现等，这些具有戏剧性的广告元素通过感情渠道，使受众发生兴趣，并对他们产生影响。

广告中的戏剧性一般表现为故事性、爆发性。例如，古琦领带的印刷广告：一个戴丝巾的女人一手操着剪刀，一手攥着半截领带，一个男人，表情惊恐，好好的领带只剩了半截，画面艳丽而滑稽。广告标题："戴丝巾的女人绝不允许自己受伤。"文案与画面清晰地表明：领带是丝巾的仇敌，丝巾拥有者必置领带于死地而后快。广告诙谐，富有戏剧性。

3．化冗长为简短

优秀的创意需要简明，能被受众记住的广告文案是简明的句子。简明的广告文案不仅可以节约广告传播成本，更可以提高广告传播效果。

广告传播的实践证明，简单使信息突出、可信，少就意味着多。例如，在广播广告文案中只让一个人说话，而且只说40个字；在印刷广告中只用一种颜色；把相机固定在一个位置上，在桌面上完成所有的电视镜头，或者拍一只蝎子在婴儿的胳膊上爬行。就是爬行这样简单的场景，但闭上眼睛体味一下这单纯的效果，这些简单的镜头却孕育着宏大。

法国画家塞尚说："用一个苹果我会震惊整个巴黎。"

简单的广告效果更好，是因为它留给读者可反对、可挑剔的地方少。表现简单的广告也不容易让读者发现其中的诡计和手脚，就像魔术师站在空旷的舞台上没有道具，没有遮布，直接在你眼前表演神奇的魔术一样。

三、广告文案写作的源泉与技巧

(一)广告文案写作的源泉

1．创意的基础是生活

毛泽东早在1942年延安文艺座谈会上就说过：人类社会生活是文学艺术的唯一源泉。作为商品推广艺术的广告，特别是其中的文案创作的源泉也应是老百姓的生活，特别是目标消费者的生活。

【案例 3-32】

三联家电商场的生动广告文案

山东港城日照市郊区的墙体上有很多商场广告，其中一则写道：

买家电，到三联，比找熟人还省钱！

案例解析

网上有人评论说：从诸多的墙体广告中脱颖而出——这是一句杀伤力非常强的广告。三联家电是全国家电流通业的三大巨头之一，以借壳郑百文上市而名声大噪。其实，从济南到山东全省连锁店的扩张，"买家电，到三联"的广告语随之在山东家喻户晓。

日照三联的广告语则是在原有基础上的一种创新，既保留了多年来传播的核心精神，又给出了符合社情民意的理由：比找熟人还省钱。越是在经济欠发达的地区，齐鲁传统文化中，"熟人文化、面子文化"也越发生生不息——办事找熟人，这一方面是为了省钱、省时、省力！更为重要的是更有面子：有熟人昭示着他在这个生活环境中的身份、地位、能力、本事！尤其是在小县城，办任何事都讲究找熟人。

三联家电商场的家电价格之便宜，比找熟人还省钱，并且，还省了找熟人的麻烦，还有什么理由不去三联买家电呢？关键在于，找熟人，办完事后有还不完的人情债，冷暖心自知。

【案例 3-33】

本田摩托车的广告文案

山东沂蒙山区，在一县城载客的机动三轮车车棚两侧发布的本田摩托车的广告：

存钱不容易，买车别大意！

本田车就是本田车，骑了就知道！

案例解析

网上评论道：在一个偏僻贫困的小县城，一辆摩托车几千块钱，绝对是大件商品，不亚于大城市里的工薪家庭买一辆小轿车，而且，买摩托车的主要用途是做生意赚钱，不是作为代步工具。是否好使关乎生意，关乎家庭生活的改善。

广告主显然对其顾客知根知底，做出了很善意的提醒："存钱不容易，买车别大意！"这句话说到了老百姓的心坎里，让老百姓看了顺眼，听着舒坦，即使不买，也觉得这个牌子好，从此在心里留下好印象。"本田车就是本田车，骑了就知道"，本田是大牌，但没有大牌的脾气，只是告诉你，"骑了就知道"，相信亲身体验是最有说服力的。

这两则广告，如果没有对消费者心理的认真探究和体察，单凭冥思苦想是无论如何也创造不出来的。这些来自生活的广告文案，如果没有对目标消费者比较透彻的了解，就不太可能获得消费者的认同。文案需要语言表达能力，也需要商品与市场知识，更重要的是了解消费者，文案创作的源泉是生活。

2. 创意的原则是坚守与突破

坚守，指的是坚守广告主的利益、社会的利益，坚守的是对营销的帮助。文案还需要突破，要排除一切干扰，包括规则的、权威的、大众的、传统的影响。只有不断突破，才能保持创意的新鲜。突破的方法有很多，根本点是树立客户第一的理念，从消费者的需求与利益、产品的特征、包装的特点等方面进行个性化的文案发掘。

(二)广告文案的写作技巧

广告文案的写作者需要以富于创造性的写作技巧征服广告受众。广告文案的写作技巧是难以穷尽的，不论是理性诉求，还是感性诉求，都要讲究技巧。下面从几个主要方面来谈谈广告诉求中广告文案的写作技巧。

1. 虚实

图、文是广告的基本元素，虚、实变幻是艺术的基本特质，也是广告艺术的基本特质。《第七届全国广告优秀作品展获奖作品集》有如图3-4所示的一部作品。

全黑的底色上写着的文案由"保护绿色资源永无止境"和一个显著的大逗号组成，而空灵的逗号中圈入的是一片葱郁的树林。这一环保广告文案，实中有虚，虚实结合，十分奇妙。特别是巨大的逗号，引起人们的认知失谐，而逗号中别出心裁地放进了茂盛树林的照片，从而诱发出人们对绿色的美好向往和企盼。

图3-4　保护绿色资源永无止境

2. 抑扬

抑扬，即抑扬顿挫。说的是曲折波澜，起伏跌宕。创意有了抑扬顿挫，也就有了情节，有了节奏，有了趣味。广告文案有了抑扬顿挫，就可以起到引人注意并产生兴趣的积极作用。

3. 象征

象征是用对具体事物的描绘表示某种抽象概念或思想情感的一种艺术表现手法。这种手法着眼于整体而不是局部。运用象征的表现手法，应力争避免晦涩难懂，当然也不能过于浅露。最典型的是"人头马"的广告文案："人头马一开，好事自然来。"开启"人头马"酒象征着运气好，多吉利。

4. 夸张

夸张是一种主观夸大的写作技法。它不拘泥于准确如实地描绘客观事物与主观情感，而是有意识地违背事理，对某一方面的特征进行扩大或缩小。夸张可以增强广告的活力，激发广告受众的想象力。广告中时常要用夸张，但必须注意的是夸张要有"度"，不能误导、损害消费者。夸张不等于一味地夸大。

5. 幽默

幽默是借助多种修辞手法，运用机智、风趣、凝练的语言所进行的一种艺术表达。幽默的主要特征是机敏诙谐、巧用修辞、温和亲切、含蓄深刻。

幽默广告，可以起到突出主旨、高雅风趣、通俗顺畅、留有余韵的效果，并给人以愉悦的情绪体验。这种情绪体验会加深对广告的记忆，提高品牌的认知度。

创造有幽默感的广告文案，要求文案人员不仅要学识广博，还要睿智机敏，城府要深，气度宽广。

6. 正话反说

正话反说是指把正面的内容、优异的特点，当作反面的缺陷或缺点来说，以取得较之正面夸饰更好的效果。正话反说，不仅能有效地突出产品的特点，而且还能引起广告受众的好奇心，其表达效果往往更好。

最后要强调，广告文案的写作技巧有很多，但不要为技巧而运用技巧，无技巧是最高技巧，无技巧才是驾驭语言的最高境界。这主要表现为把技巧运用得了无痕迹，返璞归真。

本章小结

1. 广告标题是对广告文案命名或表现广告主题的短文或题目，是广告文案主要内容的高度概括。广告标题一般放在广告的最上方，是整个广告最重要的部分。

2. 广告正文是广告文案的中心部分，它以翔实的内容具体展开标题揭示的主题，传达广告主体信息，涵盖产品或服务所具有的主要利益点和支持理由。

3. 广告口号是为加强受众对广告主体信息的印象，在广告中较长时间段内反复使用的一句简明扼要的口号性语句。

4. 广告随文一般是提供广告或经销商、零售商以及促销活动的信息，以方便消费者的咨询。随文主要包括品牌名称、商标、店址、电话、传真、网址、活动方式和日期等。随文有助于将读者的兴趣和欲望变成具体行动。

5. 广告标题写作应遵循的基本原则：用最少的词语说出你卖的是什么，用事实和形象说话；力争新颖有趣，力求声韵和谐；善于借势，善于鼓动煽情。

6. 广告正文的写作原则：要有说服力，要有创造性，要主题明确，要有风格，要简单易懂。

7. 广告口号的创作要求：富有内涵、突出特点、新颖独特、通俗易懂、简洁凝练、号召性强、适应需求。

8. 广告文案写作的技巧：虚实、抑扬、象征、夸张、幽默、正话反说。

实训案例

穿"海特威"衬衫的男人

美国人最后终于开始体会到买一套西装而被一件大量生产的廉价衬衫毁坏了整个效果,实在是一件愚蠢的事,因此在这个阶层的人群中,"海特威"衬衫就日渐流行了。

首先,"海特威"衬衫耐穿性极强——这是多年的事。其次,因为"海特威"的剪裁(低斜度)及为顾客定制的(衣领),使得您看起来更年轻、更高贵。整件衬衣不惜工本的剪裁,因而使您更为"舒适"。

下摆很长,可深入你的裤腰。纽扣用珍珠母作成——非常大,也非常有男子气。甚至缝纫上也存在着一种南北战争前的高雅。

最重要的是"海特威"使用从世界各角落进口的最著名的布匹来缝制他们的衬衫——从英国来的棉毛混纺的斜纹布,从苏格兰奥斯特拉德来的毛织波纹绸,从英属西印度群岛来的海岛棉,从印度来的手织绸,从苏格兰曼彻斯特来的宽幅细毛布,从巴黎来的亚麻细布。穿了这么完美风格的衬衫,会使您得到众多的内心满足。

"海特威"衬衫是由缅因州的小城渥特威的一个小公司虔诚的手艺人所缝制的,他们老老小小的在那里已工作了整整114年。

您如果想在离您最近的店家买到"海特威"衬衫,请写张明信片到"C.F.海特威"缅因州•渥特威城,即复。

海特威衬衫广告作品如图3-5所示。

图3-5 海特威衬衫广告作品

(资料来源:李宝元.广告学教程[M].北京:人民邮电出版社,2003.)

案例点评

该案例是广告大师大卫·奥格威为海特威衬衫所写的广告文案。广告标题："穿'海特威'衬衫的男人"，平淡无奇，语气平和，朴实无华，单刀直入地告诉人们一个信息了事。文案介绍说明中肯、具体、实在、令人信赖。

文案一开始，就很能打动男士们的心，引起人们的阅读兴趣。几乎所有的男士都知道，西装再好，衬衫较差，便会黯然失色，甚至会反美为丑。而一件高档的好衬衫，会使西装气度不凡。海特威衬衫正是具有这样的效果，男士穿上海特威衬衫会如戴眼罩的模特儿一样帅气。

接着文案分段论证了海特威衬衫的一系列特点：耐久，切身；用料考究，做工地道；皆为上乘优良面料，历史悠久等。用事实说话，说服力强。整个文案诉说的利益点和承诺都十分具体、明确。

直述式广告最易流于一般化，缺乏新意。但奥格威化腐朽为神奇，广告形象设计别出心裁。仅用了一个小技巧：给模特戴上眼罩，一来使人们的视线在接触形象时自然从模特儿的脸部转移到广告诉求重心——衬衫上；二来使文案的平直说明不显呆板，让人们在生机盎然、新奇有趣的心态中接收全部的广告信息。衬衫穿在身材俊美的模特儿身上，配以协调的领带、皮带，右手下垂，左臂弯曲握拳叉腰，这样就将衬衫的优美、高档、潇洒风格表现得淋漓尽致。

讨论题

大卫·奥格威的这则广告文案堪称经典之作，其成功的关键是什么？一个好的广告文案应做的前提工作是什么？怎样才能使文案打动消费者的心？

实训课堂

1. 下面是一些经过测试的广告标题。每个产品或服务都有两个标题，哪个标题更有效？
(1) 家庭商务自修课程的广告(服务项目：免费宣传手册《决策人须知》)：_____。
　　A. "适合那些收入 25000 元希望增加到 50000 元的人"
　　B. "事实证明参加过这项课程后财政收入的确是非同凡响"
(2) 生发药物的广告(服务项目：免费宣传手册《最新生发捷径》)：_____。
　　A. "60 天以前他们叫我'秃头鬼'"
　　B. "30 天内你的头发不能再生，请拿回这张支票！"
(3) 保险广告(服务项目：免费宣传手册《如何实现你的所求》)：_____。
　　A. "有一个问题你不该问你的妻子！"
　　B. "永远不必为钱发愁！"
(4) 《华尔街日报》的广告(服务项目：来信及 27 美元可订一份该报)：_____。
　　A. "怎样从 27 元起步一年内达到 75000 元"
　　B. "薪水 75000 元的工作寻求报名者"
(5) 每周论坛杂志广告(服务项目：寄信免费索取一期杂志)：_____。
　　A. "多彩的文化圈欢迎你的加盟"

B. "你能和他们中的其他人'读书论战'吗?"

2. 什么是广告口号?广告口号与广告标题的区别是什么?

3. 奇强洗衣粉的广告口号从"干干净净做人,中国人,奇强",改为"干干净净,中国人,奇强",再改为"干干净净,中国,奇强"。结合本章所讲内容对这几个广告口号进行比较和分析。

第四章

广告文案的诉求方式

学习要点与目标

- 掌握理性诉求文案的概念和特点，了解其写作要点。
- 重点掌握感性诉求的概念和类型，了解感性诉求文案的写作原则。
- 了解情理结合诉求文案的特点和应用范围。

核心概念

诉求点、诉求方式、理性诉求、感性诉求、情理结合诉求

引导案例

金士顿U盘广告文案

《记忆月台》(见图4-1)

字幕：真实故事改编

(某地铁车站，一位男性工作人员正在值班，一位老年女士坐在长椅上，一趟车正驶进站台)

"Mind the gap"（广播里响起提示音，女声）

"Mind the gap"

"Mind the gap"

男声旁白：我不认识这位女士，但这几年，我总是看到她坐在月台的同一个座位，并不搭车，就只是坐着。你知道，这个城市里什么怪人怪事都有。她确实很怪，但我并不在意，因为她是个优雅的女士。

女："先生，"Mind the gap"。

男：你需要帮助吗？

女：这是我丈夫对我说的第一句话。

男：你要不要坐一下？

女：谢谢！不好意思。你知道……四十多年前，我的丈夫和我在这个车站相遇，我们约会，谈恋爱。我们有个小孩，他是个好爸爸。他唱歌很好听，幸好，星探没有发掘他的好嗓音，我独享他的歌声。不过，这个城市的所有人都能听见他，虽然他已经在三年前过世。你听……

"Mind the gap"（广播提示音，女声）

"Mind the gap"

"Mind the gap"

男：之前的广播是你丈夫的声音？

女：是的，但……你们把他换掉了。我知道我没有权利要求什么，我只能请求你，能不能把他的录音带送给我？

男：他的录音也陪伴我几十年了，但我实在帮不上忙，因为今天他们刚把整个系统换掉了。

女：没关系，我了解。

男：我很抱歉。

男声旁白：那天之后，我再也没有见到那位女士了。的确，她没有必要再来这里了。时间让所有事物悄悄流逝，直到什么都不剩。

歌声：星期二的早晨，那是五月，当我醒来，我看见阳光照着你的脸，那是整年最动人的笑容。微风轻拂，院子里，玫瑰香气弥漫。我无法忘记，那年五月风们一起唱着那首歌，"时光犹逝，记忆犹新，空气如斯清新，曲调无比甜蜜"。那年五月，你唱着"我的挚爱，你将远行，离我而去。倒数着你的归期，何时回来呢？"颌首，我说"玫瑰再度绽放时，即是重逢之日"。我唱着我的挚爱，你将远行，离我而去，倒数着你的归期，何时回来呢？而你说"当我再度听见你的声音，即是重逢之时"。玫瑰再度绽放之时，如我所诺，即是重逢之日。（录这首歌时，他被请求帮忙，录下了"Mind the gap"）

字幕：一个月后

（女士推着行李进入地铁车站，车进站，提示音响起）

"Mind the gap"（男声）

"Mind the gap"

"Mind the gap"

男：女士，我们找回你丈夫的声音了。虽然不是整个城市，但至少这一站是。这个……（递给女士一个金士顿U盘）他的声音是我们共同的回忆。

女：谢谢！

男：你仍然要离开吗？

女：是呀，是往前走吧！回忆会陪伴我。

男：太好了，让我帮你吧！

女：谢谢！

"Mind the gap"（男声）

字幕：记忆是趟旅行，同时间，我们一起上了列车，却在不同时间下车。然而，记忆不曾下车，A Memory to Remember，记忆，永远都在。

图4-1 金士顿U盘之"记忆月台"广告

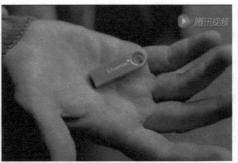

图4-1 金士顿U盘之"记忆月台"广告(续)

案例解析

这部真挚动人的金士顿(Kingston)广告《记忆月台》改编自英国一个真实感人故事。一句"Mind the gap"(小心月台间隙)的地铁广播,让一位老妇人守候月台数年。原来这是女主人公在地铁与她的爱人第一次相识时,他对她说的第一句话。后来两人恋爱、交往、结婚生子,牵手走过40个年头。她的爱人录制的"Mind the gap"从20世纪50年代后就开始在伦敦地铁北线播放,2007年她的爱人因心血管疾病过世。"我知道就算他走了,只要我想他,我随时可以走去听他的声音。"她说。但是地铁新的PA数位系统装设后,她爱人的声音消失了。她很失望。当伦敦交通局接到通报,听到了这则故事,相当感动的交通局决定在堤岸站换回女主人公的爱人版本的"Mind the gap"。伦敦交通局也录了一张光盘让女主人公收藏。而在广告中光盘则变成了金士顿U盘。

这部广告由中国台湾灵智广告策划制作,广告中产品镜头只出现不到两秒,却将金士顿所要求的品牌价值深深地刻画于观众心中。正如片中的文案所述,"记忆是趟旅程,我们同时间一起上了列车,却在不同时间下车。然而,记忆不曾下车。A Memory to Remember——记忆,永远都在"。这个故事的重点不在于U盘存储量多大、速度多快,而在于U盘里有多少珍贵的、值得感动的东西。故事本身的纯粹真实让人觉得要好好地保护它。

广告是一门说服的艺术,它的最终目的是促进产品或服务的销售。为了达到这一目的,广告传播者需要运用视觉、听觉等多种手段,选择有效的诉求点传递给目标消费者,使消费者的态度向着有利于产品的方向发生变化,最终产生购买行为。

第四章　广告文案的诉求方式

　　所谓诉求点是指在广告中企图说服或打动广告对象的传达重点。诉求点的选择关系到广告的核心概念传达，也关系到广告方向是否正确。

　　广告中的沟通方式体现为广告诉求方式。诉求方式的选择关系到广告的诉求点以什么样的面貌呈现在受众面前，关系到广告能否与消费者产生充分有效的沟通。根据诉求方式的不同，可以把广告文案分成三个基本类型，即理性诉求文案、感性诉求文案和情理结合的诉求文案。产品不同、环境不同、所要传达的信息不同，选择的诉求方式也会有所不同，受众的体验和感受也不同，广告文案的写作特点和写作方法也各有不同。

第一节　理性诉求文案

　　理性诉求的广告文案作用于消费者的理性思维，通过对产品具体功能和利益的陈述，使消费者做出理性判断，接受广告所传达的信息。理性诉求广告文案的关键在"以理服人"，文案中要提供真实准确的信息，语言文字平实可信，不能做过度的夸张和渲染；理性诉求所依据的事实和数据要能有效地支撑广告的观点，具有说服力。

一、理性诉求文案的概念

　　理性诉求文案是指诉诸消费者的理性，通过对企业、产品和服务等客观情况的传达，使消费者理智地做出符合广告传播者意图的决定。

　　理性诉求文案说理性较强，常常利用可靠的论证数据揭示商品的特点，以获得消费者理性的认同。它既能给消费者传授一定的商品知识，提高其判断商品的能力，又会激起消费者对产品的兴趣，从而提高广告活动的经济效益。

　　一般情况下，消费者做出一个购买决定时都是经过了思考和反复比较的，尤其是在选择价格较高的产品或服务时更会深思熟虑。此外，消费者个性特征中理性和感性倾向也会影响对广告信息的接受程度，理性的消费者更愿意看到和听到有关产品质量、功能、价格、售后服务等具体的、可比较的信息，并以此作为购买依据。

　　所以，产品和消费者两个方面都会制约诉求方式的选择。消费者的购买行为背后都有一定的需求和动机，广告所要做的就是满足消费者的需求，激发他的购买动机，或者说给他一个充足的购买理由，而理性诉求文案就旨在为消费者提供判断的依据和理由。

二、理性诉求文案的特点

　　理性诉求文案具有以下特点。

(一)以功能为主要诉求点

理性诉求广告文案主要以企业、产品和服务本身具有的功能性信息为主要传播内容，如企业的经营范围、经营理念、历史沿革；产品的价格、性能、功效、适用范围；服务项目、质量等。因为，这些内容直接关系到消费者对产品的了解程度、信任程度以及消费者的利益能否得到保障，是消费者权衡利弊时必须考虑的因素，是消费者进行理性分析必须依赖的材料，也是他们决定是否采取消费行为的主要依据。所以这些信息是理性诉求广告文案的主要内容。

对产品功能的诉求可以体现在理性诉求文案的各个部分，广告标题是对产品最能打动消费者的核心功能和利益的表达，或是提出与消费者切身利益相关的问题吸引其注意力；广告正文则有重点地介绍有关产品的功能性信息，或解答标题提出的问题。

【案例 4-1】

途锐汽车的系列广告文案

系列一

标题：极速 225 公里/小时，0~100 公里加速 8.1 秒，只让尾灯作为别人的谈资

内文：没有人要求 SUV 该达到什么样的速度，但豪华运动型全能途锐却是绝对以跑车的标准来要求自己。极具魅力的 4.2 升 V8 发动机，最大功率 310 马力，配合罕有的六速手动/自动一体变速箱，还有根据行驶速度可将车身最低降至 180 毫米的底盘调节，将途锐的速度发挥到极致。如果不满足只看到背影，可以要求它停下来。

系列二

标题：前后扭矩分配自动可调，不用让绞盘再占用空间

内文：会聪明地分配力量，就不怕身陷泥潭。豪华运动型全能车途锐将动力平均分配，并可根据路况自动调节，甚至将 100%的动力输出单独传送给前轴和后轴，电子差速锁还可有效辅助分配动力，泥泞也只是乐趣之一而已。绞盘？或许可以帮助其他人。

系列三

标题：最大爬坡度 100%/45 度，比任何人都更接近天空

内文：有了豪华运动型全能车途锐，就有机会从完全不同的角度看世界。途锐的 4Motion 全时四驱、中央差速器锁和后差速锁装置可辅助车辆轻松攀爬高达 45 度的斜坡，爬坡能力达到了 100%。途锐看到的那片天，肯定与别人不同。

系列四

标题：最大涉水深度 580 毫米，近距离听听水声

内文：不用再怕会不会进水。因为足够密封，豪华运动型全能车途锐可以涉水深达 580 毫米而安然无恙。包括专门设计的密封防水车门、防水前大灯和电器插座，以及发动机特有的进气和通风管道，还有密封万向节等在内的全面密封技术，加上防锈蚀全镀锌车身，途锐当然可以放心且开心地戏水。

第四章 广告文案的诉求方式

案例解析

这一系列文案是典型的理性诉求，文案中运用大量事实和数据，采用系列的方式把途锐汽车的性能和特色一一展现在读者面前，直观而形象；数字的运用恰到好处，给人以信服感；语言平实、自信，为途锐汽车塑造了一个质量优秀、性能卓越的形象。

汽车是一种价格较高的产品，消费者在购买过程中要综合考量各种因素，对市场行情做长期的观察和调研，其中理性成分占主要地位。因此，在汽车广告中运用理性诉求文案更能持久地打动消费者。这一系列文案展现了产品的特色，同时也回答了消费者关心的问题，给消费者的购买提供了参考依据和购买理由。

(二)信息翔实精确

理性诉求广告文案靠具体的事实来打动消费者，因此在广告文案中应该提供大量的事实，如果广告信息既能体现产品独有的特性又能满足消费者一定的需求，就能够区别于其他产品，同时打动消费者的内心。大卫·奥格威曾说过："像这种以事实所做的广告比过度虚张声势的广告更能助长销售。你告诉消费者的越多，你就销售的越多。"

信息详尽的同时还要注意信息的准确性。对于某一产品或服务来说，特点和优势可能有很多，但在信息选择上不能事无巨细地一一列举。因为广告的篇幅所限，只能传达有限的信息；受众的注意力和精力也决定他只能接收有限的信息。

过犹不及，信息量过大的广告反倒会让受众印象不深刻，直接而简单的文案往往会产生一针见血的效果。因此，在理性诉求的广告文案中，诉求应有重点，信息应有主次，在创意和构思过程中选择最有效的信息为诉求重点，辅以其他有价值的功能性信息构成广告文案的主体内容，发挥文案的最大效力。

【案例 4-2】

大卫·奥格威为劳斯莱斯汽车创作的广告文案

主标题：在时速 60 英里的时候，劳斯莱斯新车中最大的噪声来自电子钟

副标题：什么原因使得劳斯莱斯成为世界上最好的车子？一位知名的劳斯莱斯工程师说："说穿了，根本没有什么真正的戏法——不过是耐心地注意到细节。"

正文：

1. 行车技术数据报告："在时速 60 英里时，最大闹声是来自电子钟。引擎出奇地宁静。三个消音装置把声音的频率从听觉中拔掉。"
2. 每个劳斯莱斯的引擎在安装前都要先以最大气门开足 7 小时，而每辆车子都在各种不同的路面试车数百英里。
3. 这款劳斯莱斯是为车主自己驾驶而设计的，它比国内制造的最大型车小 18 英寸。
4. 本车有机动方向盘、机动刹车及自动排挡，容易驾驶与停车，不需司机。

5. 除驾驶速度计之外，在车身与底盘之间，互相无金属衔接。整个车身都加以封闭绝缘。

6. 完成的车子最后要在测验室经过一个星期的精密调整，在这里要经受98种严酷的考验。例如，工程师们要用听诊器来注意听轮轴所发出的微弱声音。

7. 劳斯莱斯保用三年。已有了从东岸到西岸的经销网及零件站，在服务上不再有任何麻烦了。

8. 著名的劳斯莱斯引擎冷却器，除了亨利·莱斯在1933年死时，把红色的姓名第一个字母R改为黑色外，从来没更改过。

9. 汽车车身之设计制造，在全部14层油漆完成之前，先涂5层底漆，然后每次都用人工磨光。

10. 移动在方向盘柱上的开关，你就能够调整减震器以适应道路状况。（驾驶不觉疲劳，是本车显著的特点）

11. 另外，后车窗除霜开关，控制着玻璃中由1360条看不见的热线构成的热线网。备有两套通风系统，因而你坐在车内也可以随意关闭全部车窗调节空气以求舒适。

12. 座位垫面由8张英国牛皮所制——足够制作128双软皮鞋。

13. 镶贴胡桃木的野餐桌可从仪表板下拉出。另外有两个可以从前座后面旋转出来。

案例解析

这则广告文案借解说员之口将广告内容逐一展开，很自然地将"劳斯莱斯"的各个"细节"非常翔实地展示给受众。让受众在解惑的同时了解了该车的特征、技术参数、功能、优点和价格，这些翔实的数字信息使广告内容更令人感到真实可信，更能让人认同劳斯莱斯汽车的品质，从而接受"劳斯莱斯是世界上最好的汽车"的概念。

(三)语言文字平实可信

理性诉求广告诉诸人的理性，摆事实、讲道理是最重要的，语言的修饰和润色则要适当运用，用不好会适得其反，使人对产品和广告产生浮夸和不信任的感觉。相比语言技巧，可信度更加重要。平实朴素的语言在理性诉求广告中比较适用，运用事实有效支撑广告所传达的理念和观点，并让消费者心悦诚服地接受。

【拓展知识】

理性诉求广告文案创作警示

在理性诉求广告文案中应尽量少用形容词，尤其是最高级形容词，避免使用一般化字眼和陈词滥调，多用数据和事实，用平实的语言凸显产品个性，增加可信度。

三、理性诉求文案的写作要点

理性诉求广告文案以理服人的特点，使其在传达信息时主要采取直接陈述、论证和比较等几种形式。

(一)直接陈述式

直接陈述式理性诉求广告文案，就是把要传达的信息正面地、准确地、精练地陈述出来。在陈述过程中可以利用精确的数据和可信的证言，让论据更加充分。直接陈述的表达方式可以准确传达广告的基本信息，使消费者建立起对企业和产品的准确认知。

【案例 4-3】

怎样做番茄豆酱

我们并不保密，夫人。如果你有条件的话，我们将教给您如何烹制番茄豆酱，就像尼康公司的罐头豆酱一样可口。做法：取密执安州特产的精选黄豆，再用手工选出饱满、白色的，要颗粒均匀。

这样选出的精豆，要比普通豆的价格高出6~8倍，但它们的确是优质的。

然后把精豆泡一夜，再煮至半熟。

下一步您就难以做到了：这些豆要用流动蒸汽煮——这个条件您就不具备了，因为蒸汽温度要高达245℃。

不能用干燥的气烘烤，因为这样一来豆子就变脆了。

另外，豆子加热时应该按小批量进行，我们就是装在小罐里加热的。这样才能保证炉子的最高温度到达每一颗豆粒，不然的话，有的生豆料就不易消化。它们还容易发酵并产生气体，自己家里煮的豆子就有这种问题。

然后将番茄汁加豆里同煮，我厂的可口豆酱就是这样制成的。

需要注意的是，要把豆子煮成豆沙但外形又不变。这时把加热的罐头浸在冷水里，豆酱突然遇冷就会连同调料一起凝固。

这样烹制出的豆酱才是完全容易消化的。每一颗豆料都经过同样的蒸煮，但连豆皮也不能蹭破一丁点。这样的豆子又烂又结实，因为它们仍旧完整成型。

加进的番茄汁对您来说也是难得的。它是采用熟透而完整的鲜番茄制成的。如果是用青番茄做的，就缺少滋味；如果是罐头厂用下脚料做的，那么里面的好东西全失掉了。所以一般市场上出售的番茄酱，其价格通常是我们所用番茄酱的1/5。

我们的看法是：您自己家里煮的豆子往往成了一锅烂粥——上面硬，中间生，底下烂——既不完整也不松软，甚至难以消化，您做的豆酱很容易发酵并产生气味。这一切其实并不是您的错，不过是因为您的家里并不具备我厂的烹制条件而已。

看来，最好的办法还是让我们为您烹制。我们这里提供的这道菜——新鲜又可口，马上就能吃。

想一想吧！既然能从尼康公司买到现成的番茄豆酱，那又何必自己动手呢？尼康豆酱是大自然为人类提供的最佳食品——其养分高达48%。作为食品，其价值比肉类还要高，但价格仅为肉食的1/3。您每星期至少应该食用三次尼康豆酱。

假如您自己把好端端的一锅豆酱做砸了，这对您自己、对全家人将会是多大的损失啊！

不信就把您自己做的和尼康豆酱一起让全家人尝尝，问问他们哪个好，任凭他们选择。如果他们都选用尼康豆酱，那您可就省大事了。再计算一下您每月的菜金，也会节约不少。

（案例来源：冯章. 新编广告文案写作与赏析[M]. 北京：经济管理出版社，2009.）

案例解析

刚一看到这个广告文案，人们可能真的以为它是讲解如何做番茄豆酱的。但随着内容的深入方才明白，这是在宣传该企业的产品优点：原料上乘，价格也高于普通黄豆6~8倍；工艺要求苛刻，过程复杂，别人无法达到；营养易消化，新鲜可口；价格便宜，也使消费者省时省钱。广告较为详细地介绍了产品的制作过程及工艺要求，并说明只有通过这样的工艺才能得到理想的、可口的番茄豆酱，这是在家里自己动手做不可能达到的效果。该文案这种客观翔实的介绍方式，不仅更吸引受众，也让受众更容易接受和信服。

在产品生命周期进入成熟期后，同类产品的营销和广告竞争十分激烈，理性诉求广告文案也可以采用直接陈述的方式，给消费者更多的服务、承诺和信心，以引导、稳定消费市场。

(二)论证式

论证式理性诉求广告文案，就是旗帜鲜明地提出某种观点，并且运用事实依据和合乎逻辑的因果关系，对所提出的观点进行充分论证，从而说服消费者接受或改变某种观念。

【案例 4-4】

康柏电脑的一则广告文案
以台式机的价钱获得真正服务器的功能

一般中小型公司，为节省开支，以台式电脑作为服务器，但使用后发现诸多不便，后悔莫及。现在康柏为体恤客户、解决这项难题，特别推出低价位的ProSigrniaVS，让你以台式机的价钱，轻易购得真正的服务器。

超强的效率：顾名思义，个人电脑只供个人使用，速度慢且扩展能力有限，但ProSigrniaVS是特别为提供网络服务而设计的，它的32bitEISA扩展总线及Aast-SCSI2局部总线在数据传达上要比一般台式电脑的16bitISA总线及IDE控制器更加快速敏捷，难怪一般台式电脑要俯首称臣。

超级智慧型容错及防错处理：一般台式电脑若出现故障，只能束手待毙、坐等外援，但ProSigrniaVS特有内置运行记录及ASR自动快速复原功能，就是在电脑出现故障后，将服务器自动启动，找寻记录档案，分析问题所在，然后做出修正。ProSigrniaVS还具有一般台式电脑没有的防错功能，秘密在于特选的 Insigh Manager21 网络管理软件，Proliant 储存系统及能支持 RAID Levels0，1，4，5 的 SMART SCSI 阵列控制器。

聪明简单的安装程序：特级 Smart 智能型安装程序，让您轻易地设置硬件及安装网络操作系统，使您在网络管理中轻松踏出成功的第一步。

超强记忆容量：ProSigrniaVS 还配备高达 128MB 的内存量。更可选配 256KB 的高速缓冲，应付任何复杂软件都绰绰有余。

案例解析

这篇文案先向受众提出一个论点，即康柏 ProSigrniaVS 电脑相当于台式机的价格，但却有高档服务器的功能。之后从 4 个方面进行论证。由于论据翔实、条理清楚，尤其是一些专业术语的使用，使受众在合乎逻辑的因果推导下，一步一步地接受了广告所提出的观念。

(三) 比较式

比较式理性诉求广告文案就是拿自己的产品或服务与别的产品或服务做比较，以此来突出自己产品或服务的优势和特色。优势品牌通过比较可以显示自己的优势，劣势品牌也可以通过比较来提升自己的地位或显示自己的特别之处。

比较可以有 3 种：第一种是和竞争对手做比较，让消费者在货比三家后做出自己的选择；第二种是与诉求对象熟悉且跟产品有相似或相反特性的事物做类比，生动形象而且准确地点出产品最重要的事实；第三种是产品使用前后的比较，使消费者对产品效果一目了然。

【案例 4-5】

美国两大出租汽车公司的比较式广告文案

长期以来，在美国租车业中高居榜首的是赫兹公司(Hertz)，占第二位的是埃维斯公司(Avis)。1962 年，濒临破产的埃维斯公司选择伯恩巴克的 DDB 公司作为自己公司的广告代理商。而这也让埃维斯公司成为广告史上利用比较广告获得成功的经典例子，如图 4-2 所示。

伯恩巴克为埃维斯所策划的广告标题是："埃维斯在出租车业只是第二位，那为何与我们同行？"广告正文是："因为我们更努力(如果你不是最大的，你就必须这么做)，我们不会把脏乎乎的、烟灰缸里堆满烟头的、油箱半空的车租给顾客，也不会租出雨刷坏了、轮胎气压不足的车。甚至小到座椅调节器、加热和除霜装置，我们也一定让它保持正常。显然，我们的一切努力都是为了追求完美，为了让你笑着开走一辆崭新的车，比如驾驶轻便、动力强劲的福特，并且指导当你开车旅行时，知道在德卢斯的哪家店铺可以买到烟熏牛肉三明治。为什么要这么做？因为我们从不把你选择我们视为理所当然。下一次租车时就来找我们，我们这儿手续非常简单，我们不会让你久等。

这是美国历史上第一个将自己置于领先者之下的广告。而正是敢于公开承认埃维斯公司所处的地位，埃维斯公司赢得了顾客的理解与同情，从而使其争取了大量的顾客，对赫兹公司的业务造成了较大冲击。

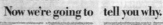

图 4-2　美国埃维斯公司与赫兹公司的比较式广告

　　面对埃维斯公司的广告攻势及竞争压力，赫兹公司做出回应，并做出一系列广告与埃维斯公司抗衡。1966 年，赫兹公司在其刊登的一则广告中写道："一直以来，埃维斯公司都说我们是第一，那么这究竟是为何？""埃维斯说他们是第二，这是无须争辩的，因为我们就是第一，他们再努力也只能是第二。"

（案例来源：http://www.odaad.com/share/Journal/584.html，有修改）

案例解析

　　这是广告史上最为经典的比较式广告文案。先是埃维斯公司运用比较手法，表面上是甘当老二，实则是以弱抗强，赢得机会，获得发展。之后是赫兹公司运用比较手法强化自身的品质优势及市场地位。正是通过比较式广告，两个公司都引起了顾客的关注，并在不同程度上显示了自己的独特性，提升了自己的地位。

　　又如，家护牙刷的一则平面广告，以其弹性弯头与日本人喜欢弯腰鞠躬的特点做类比。文案标题是：日本人很会弯腰，家护牙刷独特的弹性按摩弯颈比日本人更会弯腰。类比，使产品最重要的事实、最突出的特点得到生动准确的体现，道理也就不言而喻了。

　　除了以上两种比较方法之外，还有第三种较常用的比较方法，就是产品使用前后的比较，这种比较能较有效地显示产品的效能和使用效果，如一些减肥产品、美容产品、洗发水、沐浴露等常常采用这种形式的广告。

【拓展知识】

关于比较式广告的法律规定

　　我国《广告法》除了对药品、医疗器械之外并没有对比较广告做出明令的禁止或规制，只是规定了"广告不得含有虚假的内容，不得欺骗和误导消费者"的原则性条款。《广告审查标准》第四章专门对比较广告做了规定，明确地排除了直接比较方式，规定"广告中的比较性内容，不得涉及具体的产品或服务，或采用其他直接的比较方式。对一般性同类产品或服务进行间接比较的广告，必须有科学的依据和证明。"《反不正当竞争法》第九条则规定了"经营者不得利用广告或者其他方法，对商品的质量、制作成分、性能、用途、生产者、有效期限、产地等做引人误解的虚假宣传。"

　　从上述规定可知，我国法律对比较广告基本持否定态度，除禁止直接比较广告外，对间接比较也采取严格标准，只要可能有误导性，无论是否真实均认定为侵权。

相比较而言，其他国家对比较广告持有更宽容的态度。美国联邦贸易委员会认为比较广告既能鼓励竞争又能给消费者提供更多的信息，因此鼓励企业使用比较广告；欧盟认为经过恰当管制的比较广告，是刺激竞争和改善消费者信息的特别有用的手段；中国台湾、香港地区的法律也基本采取了有限制的允许规定。一般对比较广告的限制性要求主要是：比较应真实、全面，有比较的必要并可验证等。

第二节 感性诉求文案

一、感性诉求文案的概念

感性诉求广告文案，就是诉诸消费者的感性认知，通过表现与企业、产品、服务相关的情绪与情感因素，唤醒消费者内心的情感，使其与广告形成共鸣，最终达到心理上的某种满足和认同，从而影响其价值判断和行为方式。

人的情感是最丰富的，也是最容易激发的，商业广告的最终目的是要诱发人们的购买行为，而人们购买行为的发生往往是和情感活动联系在一起的。一般来说，情感活动越强烈，购买行为就越容易产生，甚至可以说在一些购买过程中，行动的产生就是取决于个人的情感，感性诉求广告就是在这样的条件下产生的。

感性诉求广告并不完全从商品本身固有的特点出发，而是更多地研究消费者的心理需求，运用合理的艺术表现手法进行广告创作，寻求最能够引发消费者情感共鸣的出发点，从而促使消费者在动情之中接受广告，激发购买。

感性诉求策略注重人的接受心理中的情感历程，强化广告材料中具有人的情感因素的成分，注意开发广告创意里的人性化的构想，以达到与目标受众的心灵和生命相沟通，从而使消费者被愉悦地传导甚至被说服。当人处于某种情绪状态之下时，感性的力量要大于理性，行为表现为"跟着感觉走"。

【案例 4-6】

中华汽车的广告文案

图 4-3 所示为中华汽车广告。

图 4-3 中华汽车广告

如果你问我，这世界上最重要的一部车是什么？那绝不是你在路上能看到的。

30年前，我5岁，那一夜我发高烧，村里没有医院。爸爸背着我，走过山，越过水，从村里到医院。爸爸的汗水，湿透了整个肩膀。我觉得，这世界上最重要的一部车是爸爸的肩膀。

今天，我买了一部车，我第一句话想说的就是：

"阿爸，我载你来走走，好吗？"

广告语：中华汽车，永远向爸爸的肩膀看齐。

(案例来源：鹏程. 文案力[M]. 北京：机械工业出版社，2007.)

案例解析

一般而言，像汽车等高科技产品不宜用情感诉求的广告方式，因为消费者购买这类产品时，更看重的是其技术层面的指标，决策往往比较理性。因而汽车业产品的广告大多用理性诉求方式，介绍产品的性能、品质等。而中华汽车的这个广告文案则将人与车联系起来，运用很传统的亲情诉求方式，使受众被感动。因而这部"永远向爸爸的肩膀看齐"的车子就不是一般的车子了，它是任劳任怨、经历风霜而仍然强健的，是"这世界上最重要的一部车"。

二、感性诉求文案的特点

感性诉求文案具有以下特点。

(一)满足人的心理需求

感性诉求广告文案的目的，是使消费者在情感上接受或认同广告中的企业、产品和服务，它针对消费者的情绪和感情因素进行诉求，因此在内容上，产品的质量、数量、性能、用途、价格等客观的功能性、实用性的信息显得并不重要，重要的是从产品中挖掘出最能引起人们共鸣的人情因素，并把它表现出来。

情感诉求从消费者的心理着手，抓住消费者的情感需要，诉求产品能满足其需要，从而影响消费者对该产品的印象，产生巨大的感染力与影响力。因此，广告情感诉求应采用一些策略，以激发消费者的心理，实现购买行为。

【案例 4-7】

杭州万科"老友新邻"系列广告文案
昨日旧知己，今天新邻居

图4-4和图4-5所示为杭州万科广告。

曾经发小，曾经同桌，曾经共事，而今几近相忘于江湖，想念不如相聚，相闻不如相邻。

圈子更近一些，走动更勤一些，友情更老一些。

想起了你，想起了我们对话的语录体。想起了你，想起了筒子楼里的没距离。想起了你，想起了那辆永久自行车。想起了你，想起了雷锋曾和我们在一起。

图 4-4　杭州万科"老友新邻"广告(1)

图 4-5　杭州万科"老友新邻"广告(2)

案例解析

广告文案并没有涉及产品和服务的功能性信息,而是通过旧时的生活场景和语言,迎合了人们的一种怀旧情结,引起了消费者对往事的回忆,想起老朋友的情谊,实现了产品与消费者的情感联系。

(二)文字表达生动形象

感性诉求广告文案讲求以情动人,以情感人,要通过文字这种抽象的符号传达情感,必须使文字变成一种生动的、情绪化的符号,这样人们才能通过阅读文字生发丰富的联想,感受文字带来的情感。刻板的表达是无法传递丰富的情感的。

【案例 4-8】

999 皮炎平软膏的广告文案

男抓挠:"我是不求人。"
女抓挠:"我是老头乐。"
男抓挠:"你怎么了?"
女抓挠(愁眉苦脸地):"我,没有人找我了!"
画面:一支皮炎平软膏横扫过来,女抓挠带着男抓挠赶紧逃跑。
画外音:999 皮炎平软膏,万事不求人。
案例解析
该广告用拟人的手法表现皮炎平软膏的功效,生动、有趣,在这种轻松、风趣的氛围中,产品的功效也就很快被消费者记住了。

三、感性诉求文案的类型

感性诉求广告文案是以情感为内容,以满足消费者的心理需求为目的的。由于人的心理需求各有不同,多种多样,广告要满足大多数人而不是一两个人的需要,所以广告只表现人们共同具有的心理需要。

根据美国心理学家马斯洛的需要层次理论,人的需要有 5 个层次,依次是生理需要、安全需要、爱和归属需要、尊重需要和自我实现的需要,它们是社会上正常人必然产生的心理,也是必然要寻求满足的需要。感性诉求文案就是从情感上打动消费者,满足消费者各个层次的需要。

(一)以生理需求和本能欲望为主题

人都有生理需求,这种必然存在的生理上的满足,如吃、喝、玩等都是一种难以抑制的本能欲望,满足这种正常需求的许诺,广告就能得到受众的注意和接受。

【案例 4-9】

黑松天霖水广告文案

挑逗的水(画面为香水),
游戏的水(画面为游泳池中的水),
补充的水(画面为输液的药水),
冒险的水(画面为托起小船的海水),

享乐的水(画面为酒),

成长的水(画面为奶瓶中的奶水),

发现一瓶好水——黑松天霖水。

案例解析

六种水铺排开来,每一种水都是人们的生活离不开的水,可游戏、可迷人、可治病、可娱乐、可享受、可成长,水的意象柔美绵长,直到最后说出来的仍是水,而且是一瓶好水——黑松天霖水。由以上诸多水的意境衬托出结尾高潮处的这种水,把受众余味未尽的美感结结实实地刻在了最后一种"好水"上。美感有了,好感也有了,这水究竟好在哪里,受众一定会带着好奇心付诸购买行动。

(二)以安全为主题

在文案中要展现接受产品或服务的利益和不接受产品或服务的危害时,往往可以利用恐惧主题,通过描述某些使人不安的事件或数据,让诉求对象受到感染而产生安全需求,从而使诉求对象对产品或服务产生关注。

【案例 4-10】

白兰氏鸡精杂志广告文案

标题:再怎样工作也死不了人?

副标题:不要心存侥幸,拼命工作,真的会拼掉你的命

正文:据日本统计,死于心脏病者,超过20%是过劳死,而且多半是年轻力壮的上班族。每天喝白兰氏鸡精,可促进新陈代谢16%,还能松弛压力,跟健康搞好关系。

不想在成功前倒下?记得……每天存一点健康。

白兰氏鸡精

例如:英国"脑膜炎信任"机构广告文案。

标题:脑膜炎不只会影响孩子

正文:成年人也一样受影响。警惕病状,保持活力。

如有以下病症:头痛、斜颈、呕吐、腹泻、皮疹、倦息、精力减弱、头脑不清、关节痛、发热等症状,请致电"脑膜炎信任"机构。

(三)以爱和归属感为主题

1. 以爱为主题

爱的范围包括爱情、亲情、友情,它是人类高层次的情感。每个人都有朋友、亲人和爱人,每个人都希望朋友之间、同事之间的关系融洽或保持友谊和忠诚,渴望得到完美的爱情,每个人都希望爱别人,也渴望得到别人的爱。表现这一主题,最能引起大众的共鸣。

1) 爱情主题

爱情主题是指在广告文案中满足人们对爱情的纯洁、真挚、永恒的渴望和向往，表现爱情带给人们的幸福、满足、思念等感受。

【案例 4-11】

石头记饰品的广告文案

石头记饰品的广告语："世上只此一件，今生与你结缘""唯一的你，真实的心"。石头记主要销售玉石饰品，玉本身就是纯洁的象征，广告语精妙地写出了石头记的特色，同时也暗示了爱情的唯一和永恒。

文字采用对仗，富有意境，笔法精妙，如图4-6所示。

图4-6 石头记平面广告

2) 亲情主题

亲情主题是指广告中表现父爱、母爱，表现家庭观念、家庭成员之间的爱和关怀。亲情主题的广告文案可以唤起人们对亲人的感情，广告内容易与人产生共鸣。

【案例 4-12】

万科棠樾——游子归系列

我的心先于我的人回来，它的心先于它的形来回。因为去美国读书，走的时候大哥给金毛取名小布什。几年一晃而过，那边的小布什下台了，我家的小布什却大得不敢认了。原以为，它会冲我汪汪，没想到它不吭声。我才站稳，它就围着我绕。蹭得我满身都是激动的雨水。可那眼神，亲切得还和以前一模一样。小布什——你不是在流泪吧？

多少人看到了父母的童真，几个人看明了爸妈的情真。妈妈一直都爱美，一年里有好多日子都会制新装。可能，穿什么衣服做什么，就是她的一种仪式。我这出去几年回来，肯定也成了她的又一个节日。当然，MSN里妈妈告诉我，一大家子刚刚搬进了棠樾国宅。大哥、二哥和我们，各得其所的户型，回家岂止是双喜啊。妈妈，我懂你的心思，房子不同了——心还是一样的，对吗？

你在的时候你就是一切，你不在的时候一切就是你。她在我们家了。大家都认了她。虽然她爸妈离异，一份文员的工作做得好勤力。知道我今天到，她特意在家。不同的姿势，同一种心情。我们自己的房子就在上面，她昨天跟我说，住什么样的房子是视野的高低，在什么样的房子里牵挂谁是我的高低。呵——你要不要那么纯情啊，小琼？

妈妈在意的永远是儿子的变化，儿子在乎的永远是爸爸的距离。爸爸你一定是又落在后面吧，我知道。你的心情一点不比妈妈淡，我也知道。小时候我就不大记得了，长大后你是再没拥抱过我。我一直都好敬畏你、怕你。记忆中差不多都是你的教训和责骂。你那么有追求，你已经很对得起你那个时代，我都理解和知道。你不说什么，可无论多远，我都感知到你的存在。只是——爸爸，你老了哦。如图4-7所示为万科棠樾广告。

图4-7　万科棠樾"游子归"系列广告

图 4-7　万科棠樾"游子归"系列广告(续)

案例解析

亲情诉求的广告被企业越来越多地运用,亲情诉求的表达内容越来越丰富,水平也越来越高。亲情诉求广告与其他类型的广告相比,其独特的优势在于:亲情对于每个人来说,是都有过的情感的体验。因而更能感动消费者。在房地产市场竞争激烈的今天,房地产广告的手法也日益多样,使用亲情诉求手法,激发消费者对家的想象与归属感,是一种很有效的广告策略。该文案运用个人独白的手法,让主人公讲出自己的内心感受与设想,更让人感到真实与亲切。

3) 友情主题

友情主题用以表现朋友之间的友谊,人与人之间互相关心、相互扶持的情感。

2. 以归属感为主题

归属感主题体现并满足人们需要归属于一个集团或群体,希望成为其中一员并得到关心和照顾的情感。

【案例 4-13】

江小白白酒的广告文案

图 4-8~图 4-10 所示为江小白白酒广告。

2018 年回家,把时间留给最珍贵的人。

以前二十岁出头,喜欢过年。白天睡到自然醒,除夕爸妈准备好一桌团圆饭,你只贡献一道味道欠佳的菜。

到亲戚家串门给长辈拜年,侥幸能收到几个大红包。那几年无忧无虑,花掉大把时间约酒见朋友。

后来,二十五六岁时,逃避过年。一个人漂泊"闯"生活,初来乍到诸事不顺。

图 4-8　江小白白酒广告(1)

图 4-9　江小白白酒广告(2)

不想让爸妈再为自己操心，还想坚守自己的选择。见识了更多生活方式，厌倦群发的问候和无聊的年俗。

想远离爸妈的叮嘱与唠叨，想逃避亲戚的过度"关心"。来不及应对"大人"的烦恼，那几年你没回家过年。

三十岁左右时，转眼就是一年。不再逃避那些应处理的问题，从收红包的人，变成发红包的人。

图4-10　江小白白酒广告(3)

从回不回家过年，到先回谁家过年。与家人一起吃顿简单的年夜饭，那些工作不顺心的事情，与老爸小酌就释怀了。

探亲访友遇到尴尬的询问，都一笑带过。只与最珍惜的老友相聚，不再与所谓的"朋友"见面。

时间让爸妈的头发染了些白色，你才后知后觉，说要带他们出去看外面的世界。过年不过是一场团聚，把时间留给最珍贵的人。

（案例来源：http://www.siilu.com/20180226/265580.shtml，有修改）

案例解析

江小白广告的诉求对象是"80后"和"90后"，年龄为18~35岁的新青年群体，主要生活于一二三线城市，文化程度较高，属于中上等阶层消费者群体。这一群体向往简单生活，做人做事追求纯粹，热爱生活，充满文艺气息，有梦想有追求，表达肆意青春、真我性情。"我是江小白，生活很简单"，表达了这一群体所追求的一种生活态度。

江小白的广告是靠一句句直达人心的文案打动消费者，在对消费者的心理及社会需求充分分析的基础上，每一句文案，都是消费者心底最想说的话，每一句都是消费者心底最真挚的情感，文案简单又真实，道出了消费者的心灵感受，极易引起消费者共鸣。

这个平面广告的文案采用心灵独白式，内容生活化，反映出生活中的点点滴滴，大家都很熟悉，接地气，没有距离感，文案最忌讳的就是晦涩难懂，最好的文案就是通俗易懂，不用动脑子就能看懂。文案中的事物意象都是人们熟悉的，既能读懂又能想象到熟悉的画面场景，就很有感觉，而人们往往是凭感觉决定买东西，感觉对了就买了。

文案的精彩之处在于让人感觉就是在说我，懂我！人喜欢被认可，被懂，被理解，所以江小白是一款懂年轻人的酒，这也是广告诉求的秘诀——对人性的精准把控！

(四)以社会认同感为主题

每个人都希望自己的能力和成就得到社会的承认，希望自己名利双收，有稳定的社会地位，有自尊，同时也能得到别人的尊重。因此，广告文案可以在这个方面大做文章，以求引起诉求对象的共鸣。一般奢侈品或高档消费品采用这种主题形式比较普遍。

【案例 4-14】

"把乐带回家之猴王世家"广告文案

图 4-11 所示为百事可乐广告。

字幕：一家猴戏，千家乐；四代猴王，百年传

本片根据六小龄童真实故事改编。

(1972 年，上海，某旧厂房，童年时的六小龄童挥舞着木棒，进行练习，"俺老孙来也。")

男：我父亲曾说过"有的人一上台就下不来了"。我们章家四代都是演美猴王，我曾祖父最早在农田里演美猴王，人称"活猴章"。可到了我祖父那儿，他把绍剧猴戏发扬光大，成为"赛活猴"。

我的父亲 6 岁学艺，得名六龄童，后来又自成一派，被封为"南猴王"。

到了我这一代，家里有 11 个孩子，我是最小。我二哥自小就有天赋，继承了父亲的艺名，被称为小六龄童。

图 4-11 百事可乐"把乐带回家之猴王世家"广告

图4-11 百事可乐"把乐带回家之猴王世家"广告(续)

(不幸的是,六小龄童二哥小六龄童得了白血病,童年时的六小龄童坐在床边询问二哥一些不解的问题)

六小龄童:"哥哥你要去哪里呀?"

小六龄童:"我要去一个你见不到我的地方。"

六小龄童:"那么,我们怎么样才能见到你?"

小六龄童:"当你当上美猴王的那一天,你就能见到我了。"

六小龄童:"嗯!"

男:我没有想过有一天会从二哥的手里接过金箍棒,继续走完没有走完的西天取经路。

(1982年上海,《西游记》导演拜望南猴王六龄童)

女:"六小龄童,爸爸找你。"

导演:"六龄童老师,您知道,您小儿子没有什么表演经验,我们这个电视剧版《西游记》……那"

六龄童:"导演,这个你放心,他是我的儿子,我来亲自教他。"

男：苦练七十二变，方能笑对八十一难；演戏如此，人生也亦然。

(1984年除夕，贵州。《西游记》拍摄外景地)

剧务："六小龄童，爸爸来信了？"
六龄童："儿子，家里人都挺牵挂你的，我看了导演寄来的样片，觉得你的动作都做得不错，就是眼神还差那么一点美猴王的神韵。你真的需要找一个方法苦练一下，让眼睛更加有神。"

男：这西天取经路，我一走就走了17年，但又何止呢！

字幕：1986年春节，六小龄童主演的《西游记》在央视一经播出，轰动全国，造成万人空巷的收视神话，至今仍被公认为一部无法超越的经典之作。

男：有的人一上台就下不来了，我们家就是这样。有人称我们是猴王世家，但猴戏不姓章，猴戏属于全中国。金箍棒交接了一代又一代，把快乐带去每一户人家。

(某旧厂房童年时的六小龄童练习猴戏)
六小龄童："怎么样，练得还不错吧？孩儿们，我们回花果山""嘿，我像不像美猴王？"

主持人："感谢大家今晚出席"把乐带回家之猴王世家"点映礼，有请导演六小龄童老师。"
六小龄童："谢谢，谢谢大家。"
场内观众(李易峰饰)："六小龄童老师，您是我们永远的美猴王，祝您百事可乐！"
六小龄童："谢谢大家，谢谢！下一个时代就看你们了。"

男：每一个人心中都有一个美猴王，当时代造就了你的同时，你也能创造一个时代。
字幕：我们把快乐一代一代传下去，是为了让更多人把乐带回家。
把乐带回家

案例解析

2016年是中国的猴年，百事可乐应景请到了六小龄童。这一次，六小龄童不是美猴王，而是章家的传人，讲述章家四代人坚持用猴戏把快乐带给千家万户的故事。不得不说，百事可乐与六小龄童这个故事的品牌关联度也许并不大，将品牌融进故事的手法也略显生硬。但广告做到了"以情动人"。《西游记》本就是一代中国人的集体记忆，广告中男主角拿着金箍棒从小耍到大，《西游记》的经典镜头和配乐无疑勾起了无数网友童年的回忆。而章家百年来对传统戏曲艺术的代代坚守更是赚足了泪点，加上六小龄童老师本人倾情出镜，当西游记主题曲响起的那一刻,又有谁不会为之动容呢?!

对于有着猴王情怀的这几代人来说,广告为他们呈现的不仅仅是回忆,更多的是儿时的梦,那个梦一直引领他们长大,因为那个梦中有他们心中的美猴王。广告又将美猴王所带给人们的快乐与百事可乐的乐结合起来,六小龄童无疑就是每个人心中的乐猴王!他也曾说过:"我想,每个年轻人内心深处都有一个美猴王,而乐猴王更是快乐的化身,把它带回家就是把快乐带回家。"

"苦练七十二变,方能笑对八十一难",这一非常具有励志效果的肺腑之言,在感动了观众的同时,并没忘它的广告诉求,"把快乐一代一代传递下去,是为了让更多人把乐带回家",百事可乐把乐带回家!

"一家猴戏千家乐,四代猴王百家传。这个猴年让我们一起把乐带回家!"

(五)以自我实现为主题

现代生活中,人们特别是青年人都比较重视个性,向往个性的充分展现和自由张扬,并且以此为骄傲。因此,在广告文案中以诉求对象的自我观念和期许为主题,可以引起诉求对象的认同和共鸣。

【案例 4-15】

欧米茄女表杂志广告文案

标题:茱·麦克弗森的选择

正文:现今时代女性的典范茱·麦克弗森,不单是国际超级模特儿,更是出色女演员及著名商业奇才。她在多方面表现成就非凡,全凭她聪慧机敏的个性、绰约迷人的美态与天赋的吸引力。无论在任何场合,她都选戴欧米茄,展现成功女士的风采!茱·麦克弗森说:"信任你的选择,信任欧米茄。"

广告语:欧米茄——卓越的标志

四、感性诉求文案的写作原则

感性诉求文案的写作应遵循以下原则。

(一)抓住消费者的情感需要

情感诉求要从消费者的心理需要出发,紧紧围绕消费者的情感需要进行诉求,才能产生巨大的感染力和影响力。需要是情绪情感产生的直接基础,若消费者没有类似的需要,任何刺激也无法激发起他的这种情感,在感情广告中,广告刺激必须以消费者的需要为中介才能发挥作用。

要想让广告打动消费者,必须针对消费者的需要进行诉求,同时,把产品与消费者的需要紧密联系,使消费者一出现类似需要就联想到该产品,这样才能取得良好的促销效果。情感诉求正是诉求产品能够满足消费者的某种需要，以达到使消费者产生共鸣的目的。

(二) 增加产品的心理附加值

人类的需要具有多重性，就像上文所分析的，既有物质性需要，也有精神性需要，并且这两类需要常处于交融状态。一方面，物质需要的满足可以带来精神上的愉悦；另一方面，精神上的满足又可以强化物质需要的满足，甚至会代替物质需要的满足。

从这种意义上说，产品的质量是基础，附加值是超值。作为物质形态的产品或服务，本来并不具备心理附加值的功能，但适当的广告宣传，会给产品人为地赋予这种附加值，甚至使该产品成为某种意义或形象的象征——购买这类商品可以获得双重的满足，一是物质上的，二是精神上的，这对于有条件购买该产品的消费者会产生极大的吸引力。

例如，"派克钢笔"是身份的象征，"金利来"代表的是成功男人的形象，而"万宝路"则是独立、自由、粗犷、豪放的男子汉的象征。

(三) 利用暗示倡导流行

消费者的购买动机是多种多样的，有时购买者并不一定是使用者，许多产品是用来馈赠亲友的，通过馈赠礼品，表达某种情感，如果某产品正好符合这种愿望，他们就会主动去购买，而较少考虑产品的质量、功效等具体属性。当厂商通过广告传播把购买这种产品变为一种时尚或风气后，消费者就会被这种时尚所牵引，从而去购买这种产品。

例如，"脑白金"广告被称为一种广告现象，"今年过节不收礼，收礼只收脑白金"的广告语被高频度播放后，几乎妇孺皆知，但该广告并没有引起人们的积极情感，甚至引起很多消费者的反感，2002年被评为中国十大恶俗广告之首。但不可否认，通过暗示，引导消费，该广告在促进销售方面还是比较成功的。

第三节　情理结合的诉求文案

情理结合诉求的广告文案，就是将感性诉求和理性诉求有机地融合在一起的广告文案。情理结合诉求手法的基本思路是：采用理性诉求传达客观信息，又用感性诉求引发诉求对象的情感共鸣。

在情理结合诉求文案中，有的是以理性诉求为主，感性诉求为辅；有的是以感性诉求为主，理性诉求为辅。可以灵活运用理性诉求的各种手法，也可以加入感性诉求的各种情感内容。

情理结合诉求的广告文案既采用理性诉求的方式传达客观的信息，又使用感性诉求的方式引发受众的情感共鸣，将两者的优势结合起来，最大限度地增强广告信息的趣味性和说服力。

情理结合手法在广告文案的写作以及广告运作中更为常用，但前提是产品或服务的特性、功能、实际利益与情感内容有合理的关联。在选择广告诉求手法时，不必追求当前流行何种诉求方法，选择适合产品自身特点的最重要。

【案例 4-16】

益达口香糖的广告文案

图 4-12 所示为益达口香糖广告。

(一个下班晚了的女孩来到一个小超市,年轻的男店员热情地服务。)

男店员:嗨!这么晚才下班啊!

(女孩拿了一盒快餐)

男店员:我帮你加热。

(女孩又拿了两瓶益达口香糖)

女孩:还有这个。

男店员:这个对牙齿好哦。

男店员:(一边结账)好了,好好照顾自己!

女孩:你也是。

男店员:(发现女孩忘拿了一瓶)嗨,你的益达!

女孩:是你的益达。

画外音:益达无糖口香糖,关护牙齿,更关心你。

男店员:(一边吃口香糖)她明天会来,她明天不会来……

图 4-12　益达口香糖广告

案例解析

这是一则电视广告文案。广告以两个人物的对话,以及表情、眼神传达出爱的情愫,也通过两个人的对话,传达出益达无糖口香糖的功效——保护牙齿。情理结合得可谓恰到好处。

一、情理结合的诉求文案的特点

情理结合的诉求文案具有以下特点。

(一)诉求内容全面

情理结合诉求广告文案既有人们进行理性分析所需要的有关企业、产品和服务的实用性、功能性的信息内容,又有能满足人们心理需求的情感内容,这就使人们在精神上和物质上都能得到满足。

【案例 4-17】

阳光金手链报纸广告文案

标题：足金阳光手链

副标题：足金闪耀恰如阳光笑意

正文：我喜欢"阳光之歌"手链，因为它凝聚了大自然的灵慧优美。我是一个不甘受束缚的人。我爱自由自在，我爱呼吸大自然的气息。我最爱阳光下的大自然，那份生机盎然的感受，那种金光闪耀的魅力，就如我手中的足金"阳光手链"，叫我一见倾心、难以抗拒，流露盈盈笑意。阳光里的天与地，万物纵横交错，全部镀上美丽的金色。

以此为灵感的"阳光之歌"手链，运用简单的线条、清新的设计，以闪烁黄金真情演绎，表现出大自然的纯真个性，配合足金光面、磨砂面的不同处理，尽显精细工艺之余，更充分地流露出阳光下大自然的独特美态；全身投入阳光里的大自然，天地间最完美的事情莫过于此。

此刻，我感到格外自在与满足。佩戴着足金"阳光之歌"手链，令我充满自信，笑容也分外灿烂……

案例解析

在这则广告文案给消费者的信息中，既有手链的设计及工艺方面的理性诉求内容，也有佩戴手链所带来的心理满足的感性诉求内容。

(二)诉求表现情理并举

情理结合诉求广告文案在诉求表现上，既通过陈述、论证、比较等理性诉求的方式，把企业、产品和服务的信息尽可能清晰而详尽地给予消费者，也通过煽情的感性诉求的方式，调动消费者的情绪，激发他们的购买欲望。

【案例 4-18】

孔凤春珍珠霜的广告文案

解说：狂风巨浪……(音乐)

伯克：船要翻了，加伦，你看怎么办？

加伦：快！扣紧救生衣，快跳海。

(狂风巨浪声、跳海声、游水声)

解说：(直升机声)这是一个真实的故事。1983年2月3日，国家海洋局第二海洋研究所助理研究员蒋加伦和澳大利亚生物学家伯克，驾驶一艘小艇，在南极爱丽丝海峡考察，不幸落水。

(混播：飞机飞行员的呼号：戴维斯站，发现伯克和蒋加伦先生！发现伯克和蒋加伦先生，请指示，请指示！)

地面：马上救人！马上救人！他们冒着狂风在-15℃的水中搏斗了半个小时才爬上岸，他们在冰天雪地中等候了5个小时，才被直升机搭救到戴维斯站医务室。

加伦：(声音微弱)我的手和脚都没有知觉了。

医生：你的手和脚全发黑了！严重冻伤。要做好截肢的思想准备！

加伦：(自语)怎么办？难道只有截去手指和脚趾这一条路吗？不！不！不能！我不能将我的手指和脚趾留在南极！哎，我出国前在杭州买了一瓶"孔凤春"珍珠霜。它说明书上写着：能生肌润肤，促进皮肤的新陈代谢！

解说：蒋加伦每天坚持三次涂搽孔凤春珍珠霜。不久，他的手和脚有知觉了，皮肤也红润起来了。严重冻伤的手脚奇迹般地得到了恢复，这真乐坏了这些在冰雪世界上孜孜追求事业的人们！

医生：奇迹！奇迹！没有想到杭州孔凤春珍珠霜有这么大的作用！

加伦：我也没想到孔凤春珍珠霜能使我的脚起死回生。以后我们再来南极，要多带些杭州孔凤春珍珠霜！

案例解析

广告制造了一种非常紧张而又惊险的场景，吸引了消费者的高度关注。文案的精彩之处在于，恰到好处地运用旁白补充了情节中不易表达的重要信息——孔凤春珍珠霜的功能与功效，蒋加伦的脚起死回生了。剧中的情节与广告文案的主题高度结合，却没让人感到生硬和牵强。

(三)诉求语言庄谐并用

情理结合诉求广告文案的语言，既有理性诉求广告文案对企业、产品、服务实用性、功能性信息的严谨而平实的介绍，又采用感性诉求广告文案中形象生动、幽默风趣、富于情绪化的语言，让消费者感受到丰富的情感信息。

【案例4-19】

杜老爷雪糕电视广告文案

最新鲜的水果在果园，好吃的雪糕在Here。Look！100%的果汁和浓浓的ice cream，还有新鲜的水果在里面。哇！这是哪一国的雪糕啊！

杜老爷果园心情雪糕，好吃的雪糕在果园里。

案例解析

这则广告文案既用了诸如"100%的果汁……还有新鲜的水果在里面"等较为平实的语言介绍杜老爷雪糕的配料特色，又以中英文混杂使用的形式，用夸张的语气来迎合时下青少年消费者的语言特点，引起他们的情感共鸣。

二、情理结合的诉求文案的写作策略

（一）理性为主、感性为辅的策略

用较多的篇幅叙述理性的部分，同时也包含感性诉求的元素。

【案例 4-20】

> **俄罗斯《消息报》的广告文案**
>
> 亲爱的读者：
>
> 从 9 月 1 日起开始征订《消息报》。
>
> 遗憾的是，2003 年的订户将不得不增加负担，全年订费为 22 卢布 56 戈比。订费是涨了。在纸张涨价、销售劳务费提高的新形势下，我们的报纸要生存下去，我们别无出路。
>
> 而你们有办法。你们完全有权拒绝订阅《消息报》，将 22 卢布 56 戈比的订费用在急需的地方。
>
> 《消息报》一年的订费可以用来：在莫斯科的市场上购买 924 克猪肉；或在圣彼得堡购买 1102 克牛肉；或在车里雅宾斯克购买 1500 克蜂蜜；或在各地购买一包美国香烟；或购买一瓶好的白兰地酒(五星牌)。这样的"或者"还可以写上许多，但任何一种"或者"只有一次享用。而您选择《消息报》——将全年享用。事情就是这样，亲爱的读者。
>
> **案例解析**
>
> 这是俄罗斯《消息报》的征订广告。文案以理性诉求为主，通过列举同等支出可以购买的其他商品的数量来说明《消息报》的确贵了，但它是让人们全年持续享用的精神食粮。该文案的这种表达方式让人感到诚恳，而所采用的给读者写信的形式，更让人感到亲切，涨价自然也就能够理解了。

（二）感性为主、理性为辅的诉求策略

用较重的篇幅或色彩描述感性的部分，同时也不放弃对理性的诉求。往往感性的东西容易吸引人，可以使广告更受人注意；理性的东西则更能说服人，可以使广告更令人信服。广告诉求应该动之以情，晓之以理，双管齐下。广告诉求离不开朋友式的交谈，或以理服人，或以情动人，或情理齐用，以求获得最好的说服效果。

【案例4-21】

超能洗衣液"超能女人用超能"的广告文案

图4-13～图4-17所示为超能洗衣液广告。

能隐忍,能绽放,能繁花似锦,能纯净如一,能超乎所能,我是超能女人孙俪。

图4-13　超能洗衣液之"超能女人用超能"广告(1)

能传统,能新锐,能妙笔生花,能浑然天成,能超乎所能,我是超能女人蒋方舟。

图4-14　超能洗衣液之"超能女人用超能"广告(2)

能妙曼,能极致,能让世界看东方,能让完美看自己,能超乎所能,我是超能女人邱思婷。

图4-15　超能洗衣液之"超能女人用超能"广告(3)

能攻，能守，能屈，能伸，能超乎所能，我是超能女人许安琪。

图4-16 超能洗衣液之"超能女人用超能"广告(4)

能简单，能丰富，能温婉，能张扬，能超乎所能，我是超能女人于娜。

图4-17 超能洗衣液之"超能女人用超能"广告(5)

(案例来源：阮卫. 广告文案案例评析[M]. 武汉：武汉大学出版社，2015.)

案例解释

2013年10月，超能洗衣液在中央电视台各频道，以及湖南、江苏、浙江、安徽等一线卫视黄金时段刊播了一则长达90秒的连播广告，著名演员孙俪、作家蒋方舟、芭蕾艺术家邱思婷、奥运冠军许安琪、超模影星于娜集体变身"超能女人"，向全社会宣告"超能女人"时代的到来，引起广泛关注。

"超能"是纳爱斯集团继"纳爱斯"之后推出的第二个高端品牌。超能洗衣液推出"超能女人"系列广告，主要是针对产品的主要消费者、使用者——现代女性，基于他们的现实生活状况，并结合产品自身的特点，挖掘、提炼、传播一种"超能"的价值取向。

文案中的5段文字犹如5个成功女人的人生宣言，是对超能女人极富个性化的具体阐释。5则文案最后都归结于"超能女人用超能"，恰到好处地将代言人与商品关联在一起，5个自信、出色、成功的超能女人有力地支撑、辉映了超能洗衣液的品牌形象。不但暗示出产品超能的洗净能力，也传达出独特的品牌理念：所有的女性都应该相信，每个人都远比自己想象中的更加强大，只要努力、坚持，就能做成自己想做的事，就能成为他人瞩目的"超能女人"。

本章小结

1. 广告文案从诉求方式上来看可以分成三个基本类型，即理性诉求文案、感性诉求文案和情理结合的诉求文案。

2. 理性诉求文案是指诉诸消费者的理性，通过对企业、产品和服务等客观情况的传达，使消费者理智地做出符合广告传播者意图的决定。理性诉求文案以功能为主要诉求点，信息翔实精确，语言文字平实、可信。理性诉求广告文案以理服人的特点，使其在传达信息时主要采取直接陈述、论证和比较等几种形式。

3. 感性诉求广告文案，就是诉诸消费者的感性认知，通过表现与企业、产品、服务相关的情绪与情感因素，唤醒消费者内心的情感，使其与广告形成共鸣，最终达到心理上的某种满足和认同，从而影响其价值判断和行为方式。感性诉求文案满足人的心理需求，激发情感共鸣，文字表达生动、形象、情绪丰富。

感性诉求文案满足消费者各个层次的需要，表现主题也分多个层次，如以生理需求和本能欲望为主题、以安全为主题、以爱和归属感为主题、以社会认同感为主题、以自我实现为主题等。感性诉求文案的写作要抓住消费者的情感需要，增加产品的心理附加值，还可以利用暗示，倡导流行。

4. 情理结合诉求的广告文案，就是将感性诉求和理性诉求两者有机地融合在一起的广告文案，它是广告中最常用的一种诉求手法。情理结合的诉求文案有诉求内容全面、诉求表现情理并举、诉求语言庄谐并用的特点。情理结合的诉求文案的写作策略共有两种，分别为理性为主、感性为辅的策略和感性为主、理性为辅的诉求策略。

"RIO 微醺恋爱物语"的广告文案

图 4-18～图 4-22 所示为"RIO 微醺恋爱物语"广告。

第一话 秘密

(喜欢上一个人就会天天把他挂在嘴边，虽然他很烦，但是一想到他还是会心动。)

女：(打电话)我跟你说啊，我们公司那么多人，就他事多，天天趾高气扬的，他以为他是谁啊！他以为他是谁啊？

(闺蜜发来信息)"你是不是喜欢他啊？典型的狗血爱情前奏啊！念念不忘，非奸即盗！"

女：(回复信息)滚！

字幕：酸甜里，一丝丝朦胧。乳酸菌伏特加

图4-18 "RIO微醺恋爱物语"广告(1)

女：不要想太多，不要想太多。

男：(发来信息)我要的文件呢？

第二话 侦查

(心里的那点小心思被发现后，开始时刻关注着他，社交软件上的每一条动态都要仔细观察，看到他身边有别的女生，心里也会有点酸。)

女：(看着他的微博)看不出来，还挺狂野！(笑)傻，傻样，嘻。(看到他与别的女生的合影，有点酸)晚安！

字幕：酸。柠檬朗姆

图4-19 "RIO微醺恋爱物语"广告(2)

男：(看到微博上自己与一女生的合影)无聊！(删掉照片)

第三话 幻想

(不知道什么时候心里多了一个人，脑子里全是他的身影，光是想着他就已经很开心，要是他也真的喜欢自己就更好了。)

女：(学着他的语调)周冬雨，东西什么时候发我邮箱啊？请问，文件什么时候给我看呀？还有啊，怎么你每天穿得跟男孩儿似的……

周冬雨，你属猪吗？

哎，周冬雨，我……喜欢……嘻……

字幕：幻想的味道，原来如此……馥郁。葡萄白兰地

图4-20 "RIO微醺恋爱物语"广告(3)

第四话 试探

(每天都想着他，却不能确定对方的心意，于是心血来潮，鼓起勇气打了电话，结果关键时刻还是怂得一败涂地。)

女：(对着一听RIO)里面有伏特加，对吧？很好！(将一听RIO一饮而尽，之后鼓起勇气给他打电话)

男：喂，哪位？

女：林先生您好！我是平发银行的理财顾问，我的工号是520520，想知道，您对区块链比特币方面的股本有没(电话断了，出现忙音)……有兴趣？

酒壮怂人胆，可惜你是微醺，只能壮一点点，壮一点点啊。

字幕：想说又不敢说，是……酸苦的。西柚伏特加

图4-21 "RIO微醺恋爱物语"广告(4)

第五话 灵犀

(有一种快乐就是，当你想给某人发信息时，忽然发现"对方正在输入"，也就是所谓的心有灵犀，空气中弥漫着一股甜蜜的味道。)

(手机特写，上面显示他发来的信息)

男：后来的我……还是很可爱……哈哈哈……

女：(喜悦并快速输入信息)"你在吗？"(自言自语)不行，不行，不合适，不合适。(将信息删掉)，(再次输入信息)晚上好吗？(自言自语)不行，太奇怪了(又将信息删掉)，(再次输入信息)你干吗呢？(此时看到手机上方显示"对方正在输入")

女：(暗喜，停止发送信息，并看着手机，等待……)

字幕：甜蜜……到……飘飘然了。白桃白兰地

图4-22 "RIO微醺恋爱物语"广告(5)

字幕：只有在微醺时，你才敢放任去想的人，是……谁？
RIO微醺，一个人的小酒

案例点评

RIO锐澳鸡尾酒的起源要追溯到20世纪90年代中期。专注酒业多年的RIO创始人在新加坡喝到了一款著名的预调酒。经过8年精心研发，成功配制出果汁类预调鸡尾酒原始配方，打破单一酒基的品种束缚，将世界各地的高品质洋酒作为酒基，包括干邑白兰地、伏特加以及朗姆酒等，和各种果汁搭配出更丰富有层次的口感。这次大胆的尝试引领了一个全新品类的诞生——RIO预调鸡尾酒，它于2003年正式诞生！如今，RIO锐澳鸡尾酒产品在中国预调酒市场中已占据半壁江山，并正在持续不断引领市场格局。

2018年RIO锐澳了解到现代都市年轻人独处的时间越来越多，也更容易接受低酒精度的日常饮酒方式，推出RIO微醺系列——3.8度和3度缤纷预调鸡尾酒，为年轻消费者独处生活提供了一种更加日常、轻松的饮酒选择。

RIO鸡尾酒签约了周冬雨作为RIO微醺系列代言人。RIO微醺包括白桃、葡萄、乳酸菌、柠檬、西柚五款口味，可以让你一周的小酒时光充满新鲜的感觉，陪伴你每个小情绪，不论你是什么样的心情：开心的、纠结的、无聊的、甜蜜的、兴奋的还是其他，都能够在RIO微醺淡淡酒精的作用下得到一种释放，感受到一种愉悦和放松。

"RIO微醺恋爱物语"这一视频广告，总共分为"秘密""侦查""幻想""试探""灵犀"五话，每一话都代表着暗恋的一个阶段，从春心萌动的秘密被解开到仔细观察和小心试探，最后心有灵犀。这些全是女生喜欢上一个人的表现，而周冬雨的演绎也可以说是活灵活现。通过五话把RIO微醺的五款口味悉数展示出来。

在白酒市场上，不同的品牌都有着相应的定位，也提出了不同的概念。如庆功酒、祝福酒、聚会酒、男人的酒等，现实中，人们喝酒总是要配合着场景。那么一个人独处，又该喝什么酒呢？

为了与其他品牌的白酒区别开，RIO锐澳还将此系列命名为"微醺，一个人的小酒"，光听名字就很有意境。试想，都市的年轻人结束了一天忙碌的工作，下班回到家后能有这样一瓶小酒陪伴，也算是一种惬意享受。

RIO微醺广告加上暗恋元素，使广告更具有戏剧性，更吸引人，而周冬雨身上的邻家女孩

的气质，和这款主打清新自然的产品也十分贴合，将暗恋女生的那些小心思表现得淋漓尽致，再加上周冬雨良好的人气，这对RIO品牌来说确实是一个明智之举。

讨论题

1. 情感诉求的广告文案撰写成功的前提是能够做好市场调研和目标消费者的心理分析，你认为RIO微醺的目标消费者是哪个群体？这个群体的特点是什么？请对其进行描绘。
2. 如果运用理性诉求的手法，这个广告文案应如何写？

实训课堂

1. 什么是理性诉求文案？
2. 什么是感性诉求文案？
3. 什么是情理结合诉求文案？
4. 简述理性诉求文案的特点。
5. 简述感性诉求文案的类型。
6. 感性诉求文案的写作原则有哪些？
7. 情理结合的诉求文案有什么特点？
8. 情理结合的诉求文案有哪些写作策略？
9. 选择一个自己比较熟悉的品牌，撰写三则平面广告文案，分别采用理性诉求、感性诉求、情理结合三种诉求方式。

第五章

广告文案的语言与修辞

学习要点与目标

- 了解广告文案写作中语言的基本特征和要求。
- 掌握广告文案中语言技巧的运用，掌握广告文案写作中的修辞技巧。

核心概念

广告语言、修辞方式

引导案例

白酒品牌江小白的广告文案

白酒品牌江小白的广告如图 5-1 所示。

图 5-1　白酒品牌江小白广告(1)

标题：我是江小白，生活很简单
内文：儿时你把我举高，现在我陪你登高。让酒杯满一点，让时间慢一点。

白酒品牌江小白的广告如图 5-2 所示。

图 5-2　白酒品牌江小白广告(2)

标题：我是江小白，生活很简单
内文："人们常说坚持是一种难能可贵的品质，用半生时光酿酒的师傅一定受得起这句话。"

案例解析

精美设计的瓶身，简单朴素的文案，两者的完美融合，构成了江小白独特的魅力。因为走心催泪的文案让江小白这个重庆白酒品牌家喻户晓。然而当你深入了解之后会发现，原来江小白的成功是在无数个平凡的日子里用创意一点一滴积累起来的。

江小白就是这样一个深深热爱着生活的白酒品牌，用"细微之处见真情"来概括再恰当不过了。我是江小白，生活很简单——江小白写的不是文案，是情绪、是故事，字字句句都是想约你的理由。

广告文案是以语言进行广告信息内容表现的形式。修辞，不仅是一种语言技巧，也是一种创意性的思维方式。只有掌握广告文案写作的语言要求和修辞的技巧，才能使广告文案写作更加生动、形象、丰富多彩。

第一节 广告文案的语言

广告是科学和艺术的结晶，但从广告语言的层面看，更多地体现为广告是一种以劝服为主要方式的语言艺术。即广告文案通过对文字的艺术化处理，使得广告文案所蕴含的信息能以一种诉求对象容易接受的方式传达，而且通过某种艺术化的创造，可以有效达到对广告对象的说服效果。可以说，广告与语言有着密不可分的关系，语言在广告中应用得如何决定了广告的成败。

一、广告文案语言的基本特征

广告文案语言具有以下基本特征。

(一)广告语言的简明性

"简洁是才能的姊妹"，这句名言不仅适用于文学创作，也适用于广告文案的写作。任何多余的词语、啰唆拖沓的表述，都是不能容许的广告文案语言。正如美国广告专家马克斯·萨克所说："广告文案要简洁，要尽可能使你的句子缩短，千万不要用长句或复杂的句子。"

要做到简洁而又能突出主旨，就必须确定语言的指向。因此，广告文案中的每一句话、每一个词语都要有重点的方向，都要直接或间接地指向文案的主旨。广告语言的简洁性可以从以下两个方面来理解。

1．从传播媒介的特征看

广告要在有限的时间内或有限的版面上传达出特定的信息，从而在有限的空间和时间内达到最大的传播效果。所以广告传播需要单一主题、创意构想单纯等，其实就是指广告语言的简明性。

2．从受众的特征看

现今人们生活的快节奏，致使人们通常没有耐心看冗长的广告信息，从而更加倾向于对画面、视频等视觉形式的注目。因此，广告语言需要简洁凝练、直奔主题，使受众不经思考一看就懂，尽量消除受众在接收广告信息过程中的障碍。

【案例 5-1】

乐高系列广告的文案

乐高系列广告如图 5-3～图 5-5 所示。

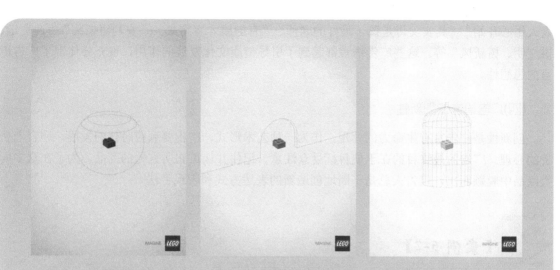

图 5-3　乐高系列广告(1)　　图 5-4　乐高系列广告(2)　　图 5-5　乐高系列广告(3)

文案：Imagine(想象一下)

案例解析

乐高这组平面广告的文案只有一个词：Imagine(想象一下)。

主视觉更是精简，画个鱼缸，丢一小块上去：嘿，这是鱼，你想象一下。再画只笼子，丢一小块上去：嘿，这是鸟，你想象一下。

但是创意着实一目了然，文案堪称点睛之笔。爱玩，爱想象，这不正是乐高想让小朋友们做到的吗？

广告大师的创作箴言

广告是词语的生涯。——大卫·奥格威

文字是我们这行的利器，文字在意念表达中注入热情和灵魂。——李奥·贝纳

(二)广告语言的人性化

广告最终是给特定目标受众看的，要让他(她)们看懂，并记住以及产生购买欲望。与人沟通的广告自然要在广告语言上注重人性化，在进行广告创作的过程中，必须从消费者出发，关注消费者的真实感受。例如，自然堂化妆品的广告语为"其实你本来就很美！"，一语切中女性消费者的心声，可见广告语言的人性化魅力之所在。

(三)广告语言的思想性

广告创作者总是潜移默化地将自己的创作意图通过丰富的语言表达出来。好的广告语言要褒扬优秀的社会风气，提倡优良的文化传统，引导消费者产生积极健康的社会意识。例如，"敬

老人用心开始""其实父母是孩子最好的老师""有健康才有将来——安利纽崔莱""迎奥运、讲文明、树新风"等。这些广告语言都起到了引导健康文化发展的作用，也充分体现了广告语言的思想性。

(四)广告语言的创新性

创新性是广告富有生命力的体现，作为一种艺术形式，广告要顺应时代的发展，迎合消费者的心理。广告的最终目的在于使目标受众注意、记住并认可它所宣传的商品，为了在众多同类商品中脱颖而出，广告人总是不断地创造新的表达方式和表现手法。

【案例 5-2】

荣威 W5：用铁血文案一呼百应

荣威 W5 系列广告如图 5-6～图 5-8 所示。

图 5-6　荣威 W5 系列广告(1)

图 5-7　荣威 W5 系列广告(2)

第五章 广告文案的语言与修辞

图 5-8 荣威 W5 系列广告(3)

标题：荣威 W5

内文：有一种决心叫作决不退让。

什么都可以跨越，除了底线。

不必拥有一辆中国车，但必须有一颗中国心。

案例解析

随着保卫钓鱼岛爱国情绪的一路高涨，所谓"时势造英雄"，一些态度鲜明的好作品总会随之涌现，荣威 W5 网络平面广告无疑在这场领土捍卫之争中打了一场漂亮的文字胜仗。

作为 2012 年荣威 W5 的宣传口号，"丈量边关，致敬英雄"成为这一系列网络平面广告的座右铭。抢眼的标题，大气的排版构图，把"绝不退让"的铁血豪情发挥得淋漓尽致，不但和产品定位衔接得恰到好处，更传达出一份忠贞赤胆的爱国信仰，看在眼里的字字铿锵，加深了国人对它的认同和接受度。

(五)广告语言的沟通性

广告强调从消费者出发，注重与消费者的沟通，广告创作者总是希望能够在消费者心底某个角落产生触动，乃至共鸣，从而实现良好的广告传播效果。这就要求广告文案写作过程中所运用的语言能使受众听得懂，具有效沟通性。

一般来说，人在瞬间能够看到和理解的字是 10 个。因此，语言必须有力度。

日本的山本良二在《大阪的文案》一文中说："我在大阪写了 13 年文案。我认为最重要的就是广告首先要好懂。也就是说，要看受众能不能明白商品具体好在哪里。而且，不只是用大脑明白，要用心明白，用皮肤明白，用身体感受。其次是明白的速度，也就是说广告必须让受众能够马上明白。"

文中还讲道："在处处可见的无数广告中，如何突出自己是关键。""形式化的东西不容易深入人心。让人吓一跳也行，让人喉头哽噎也行。听了一次不会忘记，不愿意接受也堵在心头，我所追求的就是这种文案。"当然，通俗又能具有民族特色的语言最适合作为文案的语言。

【案例 5-3】

无印良品的广告文案

标题一：把背心、衬衫、毛衣，穿在脚上

正文：以制衣剩余线纱织成残系袜

织背心遗留的红色纱线，织衬衫剩余的蓝色纱线，织毛衣残余的绿色纱线……这些，我们将之收集起来织成色彩丰富、舒爽好穿的袜子，每一种颜色的组合都是独一无二，把环保美意落实成实用美学。纯棉纱线让袜子更强韧、不易变形。这款舒爽坚韧的残系袜，只是无印良品坚持"所有设计与机能，都要对生活表达善意"的证明之一。

标题二：是封面，也是封底

正文：自由加工　再生纸笔记本

你可以左翻，你可以右翻，你可以打横，哪一面是封面，哪一面是封底，请随心所欲。你还能自由设计封面，用你喜欢的方式将它重制，成为你的独家制造。采用不同比例的古纸制成，每本笔记本交到你手里前都有各自的前世。这款不干扰环境、不干扰你落笔思绪的再生纸笔记本，只是无印良品坚持"所有设计与机能，都要对生活表达善意"的证明之一。

标题三：不让风，把衣服偷走

正文：自由加工　再生纸笔记本

直横两用铝制防风晾衣架。在阳台，它是防风晾衣架。独特角形挂钩不会让风偷走你的衬衫，不会让你的T恤躺在围墙变成招领失物。在衣柜，它是轻巧六连式衣架，直式横式都能便利收纳，适当的间隔让每件衣服井然有序，而且不会拉扯衣领。这款六连式铝制防风晾衣架，只是无印良品坚持"所有设计与机能，都要对生活表达善意"的证明之一。

案例解析

无印良品倡导自然、简约、质朴的生活方式。无印良品的最大特点就是简洁、干净但也有生活气息。以上三则文案分别宣传的是袜子、本子和晾衣架。语言朴实，与品牌形象契合，勾勒出极简生活的画面。广告创意恰到好处，文案语言平实可信，与读者达成了良好的沟通。

无论广告采用何种创意，让人看懂都是首要要求。如果一则广告让人看了难以理解，不知所云，那么这个广告就基本上失去了与消费者继续沟通的机会。因为消费者不同于广告人，他们不可能花大把时间捧着广告一遍又一遍地琢磨其深意，消费者接受广告信息往往是被动的、随机的，留住他们的最好手段就是在短暂的接触时间内给他们最需要的信息。

二、广告文案语言的基本要求

广告文案语言的基本要求如下。

1. 准确规范

准确，就是广告中用词、表达要准确，没有歧义；词语组合合乎逻辑，符合客观存在；避免不良的引申义；语句要围绕信息内容来准确无误地展开。出现歧义、不良引申义和远离广告信息本身的广告文案不仅不能准确地传达广告信息，而且会产生一些消极后果。准确规范是广告文案中最基本的要求。

(1) 广告文案中语言表达要规范完整，避免语法错误或表达残缺。
(2) 广告文案中所使用的语言要准确无误，避免产生歧义或误解。
(3) 广告文案中的语言要符合语言表达习惯，不可生搬硬套，自己创造众所不知的词汇。
(4) 广告文案中的语言要尽量通俗化、大众化，避免使用冷僻及过于专业化的词语。

【案例 5-4】

贝克啤酒的广告文案

标题： 禁酒令

正文： 查生啤之新鲜，乃我酒民头等大事，新上市之贝克生啤，为确保酒民利益，严禁各经销商销售超过七日之贝克生啤，违者严惩，重罚十万元人民币。

案例解析

此广告文案借用了公文中"令"的写作形式和语言风格特点，将广告信息用规范的公文形式表现出来，产生了一种独特的说服力。整个广告文案句子结构简要、语言表达严正，使人感受到贝克生啤制造商对推出这一营销新举措的严肃、认真、深究的态度。同时，用如此严正的形式来表达，令受众领悟到创意者所提供的幽默玄机。会心一笑间，印象深刻。

2. 简明精练

广告文案在文字语言的使用上，要简明扼要、精练概括、言简意赅。要以尽可能少的语言和文字表达广告产品的精髓，实现有效的广告信息传播。简明精练的广告文案有助于吸引广告受众的注意力和迅速记忆下广告内容。要尽量使用简短的句子，以防止受众因繁长语句所带来的反感。精练，要求语言运用简洁、语义含量大，而不是啰唆、累赘。

【案例 5-5】

保时捷：一辆让你父亲嫉妒的车

保时捷广告如图 5-9 所示。

图 5-9　保时捷广告

标题：你母亲会为你骄傲。至于你父亲，他会嫉妒你的。
正文：新款 Panamera Turbo，三月上市。
案例解析
保时捷的平面广告就像其车一样，长久如一，始终经典。文案也总是一种于低调中尽显高调的简洁利落，娓娓道来。

3．生动形象

广告文案要求用生动的、具体的、形象性强的语言进行表现。因为富于这个特征的语言对应了受众的形象直觉感知的接受、接收特点，便于受众理解，便于受众记忆。受众不是有意识地阅读和观看广告作品，受众也不会有意识地去记忆和回忆广告文案，但如果在文案的语言特征中体现了使受众在最短的时间里就能理解及记忆和回忆的特性，就能使文案达到广告的传播和说服的目的。

广告文案中的生动形象能够吸引受众的注意，激发他们的兴趣。这就要求在进行文案创作时，采用生动活泼、新颖独特的语言的同时辅以一定的图像来配合。

遣词造句要做到含义隽永，新颖奇特、鲜明生动地突出该广告的主旨。比较好的方法就是形象化地强调，力求使每一句都自成一个意象，化神为形，以形传神，既突出产品的性能特点，也让受众真切地感受到该产品的形美与质美。

将广告信息进行诗意的表达，会产生深深的情感和平添更多的韵味，由此激发购买欲望。好诗不仅能增加广告的情韵，而且可以更真实地传达出商品的特点。

【案例 5-6】

2013戛纳文案类银奖：一瓶椰子汁的独白

如果一瓶椰汁会说话，它会说什么？获 2013 戛纳文案类银奖的这个椰子汁系列广告如图 5-10 和图 5-11 所示。

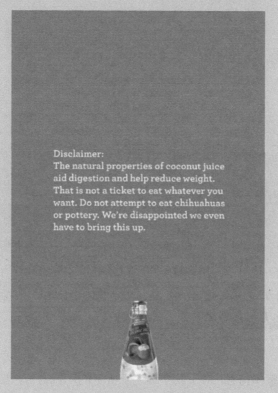

图 5-10　椰子汁系列广告(1)

文案：我们椰汁所含的天然营养能帮助消化，进而降低体重。但这不意味着你可以随心所欲地吃。举个例子，吉娃娃狗和陶器就不可以。噢，我们竟然还需要做这样的警告，真令人失望。

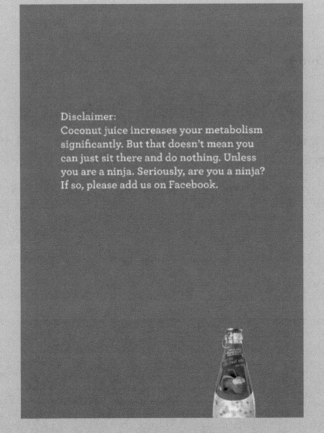

图 5-11 椰子汁系列广告(2)

文案：我们的椰汁能显著提升你的代谢。当然前提是你不是坐在那儿一动不动。除非你是个忍者。说真的，你真的是忍者？快，关注我们的 Facebook。

4．动听流畅

广告文案是广告的整体构思，对于其中诉之于听觉的广告语言，要注意优美、流畅和动听，使其易识别、易记忆和易传播，从而突出广告定位，很好地表现出广告主题和广告创意，产生良好的广告效果。同时，也要避免过分追求语言和音韵美，而忽视广告主题，生搬硬套，牵强附会，因文害意。低声细语、自言自语、大声叫喊、引发共鸣等表现形式，在广告中都能获得明显的表达效果。有时柔美的语言，也能深入人心。

用新奇优美的语言对应受众阅读和观看中的特殊心理，用符合受众习惯的语言方式来对应受众的语言运用习惯，用针对不同媒体的不同传播方式的语言构造和语言特色来有效地运用媒介的承载，这样才能写出有效的文案。因为柔美伴随着从容、伴随着缓缓流动、伴随着潇洒和宁静，所以更具渗透力、更能打动受众。为了使文案的语言柔美，文案作者应尽量避免使用拗口、难懂的词语，特别是那些容易引起误会的同音字。

【案例 5-7】

苹果 iPad Air 的广告文案

标题：更薄，更轻，更为强大的 iPad Air

正文：这件工具极其简单，却也极其强大。它被用来写一首诗，或者完成一段乐章。它改变了我们工作、学习、创造与分享的方式。它被用来描绘事物、解决问题、发现新玩意。它的使用者包括科学家、艺术家、学者和学生；它出现在教室、会议室、探险途中，甚至是外太空。当然，我们迫不及待地想要看到你将把它用在何处。它就是：更薄，更轻，更为强大的 iPad Air。

案例解析

句句都像在说铅笔，却在结尾真相大白。说是兜圈子，却也合情合理。谁让 iPad Air 恰恰和铅笔一样轻薄，又蕴藏无限可能呢？

苹果的长文案已经形成一种风格，而且不难发现，无论产品为何，都会强调同一个点：Transform——改变。颠覆、创新，就是苹果之于这个世界最大的竞争力。

三、广告文案语言的具体应用技巧

广告文案语言的具体应用技巧如下。

1．综合型

所谓综合型就是"同一化"，概括地表现企业。例如，××服务公司以"您的需求就是我们的追求"为广告词。

2．暗示型

所谓暗示型即不直接陈述，用间接语暗示。例如，吉列刀片："赠给你爽快的早晨。"

3．双关型

所谓双关型即一语双关，既道出产品，又别有深意。例如，一家钟表店以"一表人才，一见钟情"为广告词，深得情侣喜爱。

4．警告型

所谓警告型即以"横断性"词语警告消费者，使其产生意想不到的惊讶。有一则护肤霜的广告词是"20 岁以后一定需要"；某奶粉的广告词是"不要让你的孩子输在起跑线上"。

5．比喻型

所谓比喻型即以某种情趣为比喻，产生亲切感。例如，牙膏广告词："每天两次，外加约会前一次。"

6. 反语型

所谓反语型即利用反语，巧妙地道出产品特色，这样往往给人印象更加深刻。例如，口腔诊所广告词——"以牙还牙，以假乱真"；打字广告——"不打不相识"。

7. 经济型

所谓经济型即强调在时间或金钱的耗用方面较经济。"飞机的速度，卡车的价格。"如果你要乘飞机，当然会选择这家航空公司。"一倍的效果，一半的价格。"这样的清洁剂当然也会大受欢迎。

8. 感情型

所谓感情型即以缠绵轻松的词语，向消费者倾诉。例如，"关爱老人用心开始。""明天的明天你还会送我水晶之恋吗？"切中消费者心理，道出消费者的心声。

9. 韵律型

所谓韵律型即如诗歌一般的韵律，易读好记。例如，古井贡酒的广告词："高朋满座喜相逢，酒逢知己古井贡。"

10. 幽默型

所谓幽默型即用诙谐、幽默的句子做广告，使人们开心地接受产品。例如，杀虫剂广告——"真正的谋杀者"；脚气药水广告——"使双脚不再'气'"；电风扇广告——"我的名声是吹出来的"。

上述10种方式囊括了汉语全部有意识的言语行为。实际上，这些有意识的言语行为方式体现在各种不同语体风格的作品和日常的人际交往之中，广告文案的语言行为结构系统当然也不例外。灵活地运用这些方式，无疑对广告文案的语言行为方式起着十分重要的作用。

广告文案的语体表现形式十分多样，可以是诗歌体、对联体、曲艺体，也可以是故事体和影剧体。但从表达方式来说，无外乎叙述、描写、说明和议论。这4种基本表达方式，也正是以上10种语言技巧在具体表达中的运用。

第二节　广告文案的修辞

修辞是为了获得语言的修饰效果、更好地完成表达任务而调动语言的诸因素的种种手段。修辞，不仅是一种语言技巧，也是一种创意性的思维方式。只有掌握广告文案写作的语言要求和修辞技巧，才能使广告文案写作更加生动、形象、丰富多彩。修辞的范畴比较广泛，从大的方面可以将其分为选择词语、句式，调配韵律，运用修辞方法，以及合理创新等。

修辞可以分为消极修辞和积极修辞两类，这里主要指的是积极修辞，即积极地随情应景地运用各种表现方法，极尽语言的一切可能性，使所说所写呈现出形象性、具体性和体验性，呈现出新鲜活泼的动人力量。

下面介绍几种广告文案写作中常用的修辞方式。

一、比喻

比喻就是指通过某种相似点，把原来没有联系的事物联系在一起。在广告创作过程中要把复杂的产品或服务的特点直接表达清楚，会受到多方面因素的制约。通过比喻，可以使产品或服务的特点及所要表达的意思更加浅显化，使受众更易于理解。

比喻通常有3种类型。

1．明喻

明喻是将本体、喻体用比喻词明显地连接在一起的句式，将比喻化抽象为形象的表达功能表现得较为突出。例如：

"鸽子牌香皂令你的肌肤如奶油般细腻。"(鸽子牌香皂)

"温暖如阳光，轻柔似浮云。"(托茨克床上用品)

"小心，它是活泼而调皮的小精灵！"(亚德里安香水)

2．暗喻

暗喻是指在本体和喻体之间，不出现比喻词的比喻句式。例如：

"跟着领袖走吧！他的名字叫本田。"(本田公司)

3．借喻

借喻是本体和比喻词都不出现，直接用喻体代替本体的比喻方式。例如：

"盒中自有花满谷，停不了的感动。"(富士彩色胶卷)

"一个面对世界的窗口。"(美国电视机制造公司)

"洒落在你双脚上的皎洁月光。"(铁衣牌长筒袜)

"美的使者。"(拉克地毯)

二、比拟

比拟是指用他物来比此物。通常有两种类型。

1．拟人

拟人是指将物比成人。例如：

"舞步超越语言　跳出世界万千"(劳力士女表)

"维维豆奶　欢乐开怀"(维维豆奶)

"会呼吸的纸尿裤。"(帮宝适)

2．拟物

拟物是指将人比成物。例如：

"有点野哦！"(生力啤酒)

三、双关

双关是指利用语言具有多种含义的特点，故意使一个词在文案中有两种不同的含义，给人以丰富的联想空间的修辞方式。例如：

"款款'神州'，万家追求。"(神州热水器)

"平时注入一滴水，难时拥有太平洋。"(太平洋保险)

"中华在我心中。"(中华牙膏)

"大众提供给你的是最纯洁的驾驶环境。"(大众汽车)

四、夸张

夸张修辞方式用于广告文案写作中主要是指把产品或服务的特性进行夸大或缩小，从而形成视觉或听觉上的冲击力。例如：

"隔壁千家醉，开坛十里香。"(濉溪口子酒)

"一机牵动万人心。"(飞鹰收音机)

"这是从天堂借来的钢琴。"(卡瓦伊牌钢琴)

"每一位拿笔的人都认识我们。"(标准制品公司)

五、对偶

所谓对偶，是指把字数相等、结构相同或相近的两个句子并列地排在一起。通过句式的对称、音韵的和谐、意义的相关，达到一种特殊的语言效果，从而增强感染力。这是广告文案写作过程中常用的一种修辞方式。例如：

"窗外地冻天寒，窗内春意盎然。"(全美取暖器)

"茅台一开，满室生香；茅台入口，全身舒畅。"(茅台酒)

"繁星般璀璨，星云般流动。"(德里恩洗发香波)

"古有千里马，今有日产车。"(日产车)

六、反复

在广告文案写作过程中，反复是指一个词语在文案中反复地出现，以突出其重要的程度，从而增强受众的记忆。例如：

"今年过年不收礼，不收礼，收礼只收脑白金。"(脑白金)

"黄金搭档送老人，腰好腿好精神好；黄金搭档送女士，细腻红润有光泽；黄金搭档送孩子，个子长高不感冒。"(黄金搭档)

"山，因势而动；水，因形而动；人，因您而动。"(江西电视台形象广告)

七、借代

借代是指借用与事物有密切关系的名称去代替该事物的修辞方式。例如：

"让芳香渗透你的全部生活。"(玛丽·切丝化妆品)

"佳洁士，健康自信，笑容传中国。"(佳洁士牙膏)

"一个球队，一个国家，十一头狮子。"(英格兰足球队)

八、回环

回环是指一个词语或句子逆向重复。在广告文案写作中，就是对广告信息进行有变化的重复。例如：

"中国平安，平安中国。"(平安保险)

"万家乐，乐万家。"(万家乐热水器)

九、顶针

广告文案中的顶针修辞方式，是指将前句中的最末一词或短语作为后一句的开头部分。例如：

"车到山前必有路，有路必有丰田车。"(丰田汽车)

"人生得意须饮酒，饮酒请用绍兴酒。"(浙江绍兴酒)

十、仿拟

仿拟是指创作主体仿照现成的歌词、诗词、谚语、成语等语句，创造出一种与原词句有关联的新句子的一种有趣的修辞方式。例如：

"众里寻她千百度，蓦然惊醒，杉杉却在，我心灵深处。"(杉杉西服)

"此景只应天上有，人间难得几回闻。"(某旅游景点)

"'闲'妻良母。"(某洗衣机)

"特别的美属于特别的你。"(某化妆品)

广告面向受众，立足传播，因此广告文案的语言应注意规范。语言和文字是一个民族、一个国家的文明和进步程度的标志之一，广告语言的运用要反映先进的文明程度。从某种意义上说，广告文案就是驾驭语言的艺术，因此对以下问题应格外注意。

(1) 用语不可有霸气。

(2) 成语的仿拟不可太随意。

(3) 国产商品的品牌不可太洋化。

(4) 同音字不得乱用。

另外，在广告中要避免出现使用错别字、不规范的简化字、繁体字、已经弃用的旧体字，滥用外来语及使用一些低俗词语的现象；广播、影视广告中的不标准读音、南腔北调，都需要注意和纠正。广告文案作者应该为祖国语言的规范化和纯洁性做出自己的努力。

本章小结

1. 广告与语言有着密切的关系，语言在广告中应用得如何决定着广告的成败。广告中的语言具有简明性、人性化、思想性、创新性、沟通性等特征。

2. 对广告语言的撰写提出了相应的要求：准确规范、简明精练、生动形象、动听流畅。而且不同的要求，对广告语言的具体应用也提出了相应的限制，故广告语言在实际应用中应注意一些词语表达技巧。

3. 在广告语言的创作中，创作者广泛地运用修辞方式。广告语言中常用的修辞方式包括比喻、比拟、双关、借代、夸张、仿拟、顶针、回环、反复、对偶等。当然在实际广告语言的创作过程中，修辞方式还有很多，创作者须通过更多的案例去开发并加以利用。

那些出现在地铁上的话，你记住了哪一句

在钢筋水泥的城市里，有一个包罗万象的空间。它承载了奋斗的梦想、忙碌间隙的偷闲和披星戴月的疲惫……它就是地铁。

从早到晚，从春到冬，明星的八卦、每天的新闻、拥挤的人群，有许多事情在地铁车厢里让你铭记，有时甚至只是几行简短的文字。

地铁车厢广告成为品牌传播热趋，而在所有形式中，文案展示的形式最受品牌青睐，网易、天猫等大品牌都纷纷投入其中。文案过眼云烟，哪些你记到了今天？

1. 未来语文作文的"名人名言"制造机——网易云音乐

"你别皱眉，我走就好。"

"哭着吃过饭的人，是能够走下去的。"

"祝你们幸福是假的，祝你幸福是真的。"

2. 回首15年，每一场陪伴都是一首抒情诗——北京现代

"我妈特别爱吃，就给自己取了个微信名叫'贪吃的国宝'。一天，有个叫'养熊猫的'加我好友，备注：我是你爸。"

"想起小学时独自去上学，爸爸嘴上说着不送，但直到我走远了，一回头，还能看见他站在家门口的身影。"

"我是她的专职司机，她是我的活地图。用现在的话说就是，我的副驾永远属于你。"

3. 爱不止一个字，我想多说几次——珍爱网

"好想回到古代，可以指腹为婚。"

"太久没有对象牵手，拿个泡椒凤爪心都在颤抖。"

"害怕感情结束，避免了所有开始"

4. 关于梦想的58个问题，你的回答是？——58同城

"曾经吹过的牛，哪一个实现了？"

"数钱数到手抽筋，毕竟我是一个柜员。"

"尴尬，当年吹得太大，一个也没实现。"

"当面对爱豆说我喜欢他，上个月的歌迷会上实现了。"

案例点评

所谓地铁广告文案，是以文案为引爆点，以地铁传媒为关键接触点，靠文案的力量打动地铁通勤人群，再凭借整合营销引发线上线下全方位传播。即使你原本压根不关心地铁广告，但仍然挡不住被很多现象级地铁广告刷屏。

文案的力量来自深入人心的洞察。无洞察，文案无魂。文案的核心是找到用户真正的关心

点。这才是开启人心的钥匙。由于地铁场景的特殊性，地铁场景和地面商区环境有着天然联系，这些因素都使优秀文案能快速抓住眼球脱颖而出。

讨论题

1. 当地铁成为下一个兵家必争之地，作为广告者，你又能为客户想出什么别出心裁的形式呢？期待你的创意。
2. 语言和修辞的运用在广告中有何重要意义？

1. 广告语言的基本特征是什么？
2. 广告语言的基本要求有哪些？
3. 广告文案写作中有哪些修辞技巧，请具体说明。
4. 除了文中列举的修辞技巧外，你还能列举出其他的修辞方式吗？
5. 分析以下中国移动广告语言的运用特征及其中运用的修辞方式。

中国移动广告文案

(1)

广告标题：聆听，未来并不遥远，我们用心创造

广告正文：新世纪，新观念，新技术，我们面临前所未有的挑战。我们相信，只要用心，就能做好一切。为您提供最优质的个人通信服务。

广告口号："天涯若比邻"的梦想不再遥远。

(2)

广告标题：眼观，未来并不遥远，我们用心创造

广告正文：新世纪，新观念，新技术，我们面临前所未有的挑战。我们相信，只要用心，就能做好一切。为您提供最优质的个人通信服务。

广告口号："天涯若比邻"的梦想不再遥远。

(3)

广告标题：放声，未来并不遥远，我们用心创造

广告正文：新世纪，新观念，新技术，我们面临前所未有的挑战。我们相信，只要用心，就能做好一切。为您提供最优质的个人通信服务。

广告口号："天涯若比邻"的梦想不再遥远。

(4)

广告标题：心系，未来并不遥远，我们用心创造

广告正文：新的一年，会有新的希望，我们相信只要用心去开创，梦想才能成真。从今天到明天，从明天到未来。

广告口号：我们都会沟通从心开始……

第六章

报刊广告文案

学习要点与目标

- 报纸广告、杂志广告的媒介特点。
- 掌握报纸、杂志广告的构思技巧，深谙如何发挥广告的销售力。
- 结合报纸、杂志广告的设计规则掌握报纸、杂志广告的写作原则。

报纸广告、杂志广告、软广告

引导案例

万科·兰乔圣菲报纸系列广告的文案

万科·兰乔圣菲报纸系列广告如图6-1～图6-4所示。

系列一

标题：没有一定高度，不适合如此低调

内文：低坡屋顶下，那种平和淡泊的心境氛围，只有真正的名仕巨富才能心领神会、视为知己。由南加州 RANCHO SANTA FE 建筑风格演绎而来的兰乔圣菲别墅，不像古典式豪宅那样富于张扬，没有任何刻意与炫耀的形式，唯有质朴纯粹、充满手工与时间痕迹的建筑语汇，仿佛在平静中述说一段悠长久远的历史，一个意味深长的传奇、一种阅尽辉煌的人生。

图6-1　万科·兰乔圣菲报纸系列广告一

系列二

标题：踩惯了红地毯，会梦见石板路

内文：还没进门，就是石板路，黄昏时刻，落日的余晖在林荫路上泛着金黄的光，再狂野的心也会随之安静下来。车子走在上面会有沙沙的声响，提醒你到家了。后庭的南面以手工打磨过的花岗岩、板岩等天然石材拼就，供你闲暇之余赤脚与之厮磨。屋檐下搁着石臼与粗瓷坛，仿佛在静静等待着雨水滴落，追忆似水的年华。

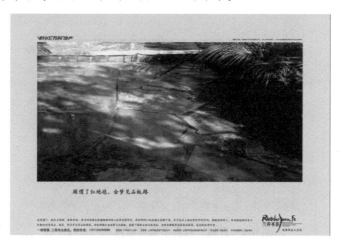

图6-2　万科·兰乔圣菲报纸系列广告二

系列三

　　标题：一生领导潮流，难得随波逐流

　　内文：风云间隙，何妨放下一切，让思想尽情随波逐流。这里珍藏着两条原生河道，它们经历着这块土地百年的风雨和阳光，沉淀着醇厚的人文意蕴，就连上方缥缈的空气都充满时间的味道。经过系统整治的河道，生态恢复良好，绝非人工的景观河可以相提并论。草坡堤岸自然延伸入水，有摇动的水草、浮游的小生物，大大小小的卵石，更不缺少流淌荡漾的情趣。

图6-3　万科·兰乔圣菲报纸系列广告三

系列四

　　标题：没有 CEO，只有邻居

内文：放下名利与地位，忘掉尊贵与虚荣。兰乔圣菲的会所是原味精神的延伸，当然也是家的延伸。沿着河边道路踱过石桥，就是三面环水的会所。这是由多重院落组成，内含大草坪及无边界泳池的围合式建筑。没有任何金碧辉煌，只有阳光。

图6-4　万科·兰乔圣菲报纸系列广告四

案例解析

万科·兰乔圣菲这套文案意境优美，行文非常有深度，从大都市的喧哗回归乡间小道的宁静，并没有降级楼盘的档次，反而得到进一步升华。到位地理解了楼盘定位的宁静致远的感觉。

报纸是历史上最悠久的大众传媒，目前是仅次于电视的第二大广告媒介。杂志的历史同样悠久，目前也是广告的四大传媒之一。报纸和杂志都是空间传播、供阅读的媒介，而且在内容、风格、读者对象等方面都具有细分化的特征。本章主要结合报纸和杂志的媒介特性来总结报纸广告和杂志广告文案的构思技巧及写作特点。

第一节　报纸广告文案

一、报纸广告

报纸是人们每日阅读的"热销印刷品"，事实上，许多读者把报纸当作获取各种促销信息的渠道，这使报纸成为一种行动型媒体。

(一)报纸广告的特点

报纸广告具有以下特点。

1. 覆盖面广

报纸是人们了解社会、接收信息的主要渠道之一。报纸能在非常短的时间内迅速覆盖其全体受众，因此报纸广告与消费者接触面较大。

2. 传播信息时效性强

报纸周期短，便于及时传达广告信息。当广告主想快捷地、直接地传达广告信息，以收到短期促销作用时，报纸这种时效特性就显得特别重要。从反面说，其劣势就是信息可保存性较差，影响时间短。

3. 较强的读者选择性

报纸读者群较为稳定，在地域范围和阶层分化上有较灵活的选择空间，广告主可以有针对性地选择不同的报纸媒体，以实现相应的广告目标。但是一些综合性的、全国性的报纸，由于读者群体多样，其广告受众的选择缺乏针对性。

4. 信息量较大

报纸版幅较大，印刷技术简易，较适合刊载信息容量较大、倾向理性诉求的广告，特别是随着报纸扩版、专业板块增多和印刷技术水平的提高，报纸在相当长的时间内仍是大量传播广告信息的强势媒体。

5. 真实性和可信度较高

报纸在老百姓的心目中很有权威性，人们认为报纸上刊载的信息可信度是较高的，这就使报纸广告相对来说具有很强的信誉度和说服力。

6. 费用低廉，制作简便

报纸的价格比较低，对于那些规模不大、资金不足的广告主最富吸引力。另外，在制作方面，报纸广告比较简单灵活，不需要复杂的工序和大量的人力、财力投入，与电视、杂志广告比较起来，其成本要低得多。但是，报纸广告印刷质量低、内容庞杂，使读者对广告注意度有很大影响。

(二)报纸广告的类型

报纸广告可分为以下类型。

1. 公告/声明/启事

公告/声明/启事用于发布各类不以销售为目的的、商业或非商业的告知性信息，主要有公告、法律权利声明、个人启事等。

2. 文章或故事型广告

实际上，文章或故事型广告可以称为"软广告"，一方面，其内容与风格看上去类似普通的报纸新闻，引导读者阅读；另一方面，为了避免误导消费者，这类广告往往要在显要位置注明"广告"的字样。目前这类广告应用比较普遍，尤其是大型企业或医疗保健类产品多采用此类型广告。

3. 分类广告

分类广告是报纸广告中常见的一种形式，通常采用以文字为主的小版面广告，用于发布简短的房屋租赁、求职、便利服务、征婚等信息；一般分栏刊登，按字计费，有的报纸也提供固定规格和固定费用的小版面。

4. 插页广告

插页广告是随报发行的、独立印刷的"宣传单"；可以是单张，也可以是一本小册子。插页广告的文案创作可以按照一般商业广告来创作，不过因为插页广告要插入报纸版面之间，广告的画面比较醒目，制作比较精美，能够把读者的注意力从报纸转移到插页广告上。

5. 其他一般商业广告

一般商业广告是报纸广告的主要类型，表现形式最具多样，创意十足，对于文案创作的要求也最高，不但要能够准确传达广告信息，还要具有强大的吸引力。

(三)如何选择报纸类型

在现实生活中，报纸从高端到低端，从专业性到生活化，种类繁多。这就要针对报纸的销售效益、销售对象进行调查，以进行有的放矢的广告投入。

1. 选择覆盖目标市场的报纸

在选择何种报纸做广告之前，必须对消费者和市场做大量的调查和研究，对市场位置做出精确分析。分析要宣传的商品属于哪种类型、哪个行业，分析该商品消费者的所在地区、性别、年龄、兴趣和爱好情况，看商品是属于生产资料市场还是生活资料市场，是青年市场还是童年市场，是季节市场还是时令市场等；进而找出商品应该在哪种报纸、对哪个市场、向哪类消费者宣传。

2. 比较发行量、受欢迎程度和广告费用

做报纸广告应选择发行量大的报纸。往往在同一专业中有许多报纸，要选择那些质量高、目标消费群体喜欢的报纸。

3. 选择合适的报纸版面

按常规，报纸广告的版面大致可分为以下几类：跨版、整版、半版、双通栏、单通栏、半通栏、报眼、报花等。究竟选择哪种版面做广告，要根据企业的经济实力、产品生命周期和广告宣传情况而定。一般来说，首次登广告，新闻式、告知式宜选用较大版面，以引起读者注意；而后续广告，可选择提醒式、日常式，逐渐缩小版面，以强化消费者记忆。

二、报纸广告文案的写作

报纸是当今社会最广泛的大众媒体之一。在我国，报纸是仅次于电视的第二大广告媒体。报纸广告适宜于诉求指称对象的最新信息，以及许多构造和使用复杂、信息量大的产品，或者具有新闻价值的企业理念。

报纸广告可以充分运用语言文字来对指称对象进行说明和描述，通过艺术化的广告标题(包括正题、引题)，突出说明商品或服务的最新功能和其他新闻性特点，引起受众注目。但报纸广告文字也要注意言简意赅。撰写报纸广告文案要注意以下一些具体要求。

(一)标题——吸引力和冲击力

在现代报纸中,标题对于报纸广告来说,无疑是最重要的部分,因为它决定着读者读还是不读广告的正文部分。由于报纸广告的标题位置特殊,往往成为对广告受众影响最大、最为深刻的部分。所以报纸的标题要想吸引人,一定要有吸引力和冲击力。

大多数人阅读报纸是浏览式的阅读,碰到自己感兴趣的内容才会详细读下去。报纸广告的标题要做到在读者对版面的匆匆一瞥中引起他们的关注,就必须更有吸引力和冲击力。当广告中的故事非常有趣而且确信消费者会喜欢去读的时候,广告中可以使用"长文案"。在以文案为主的广告中,创意点或是巧妙之处主要体现在标题中。

一般说来下列几种类型的标题更能引起读者的关注。

1. 与读者利益密切相关的标题

与读者利益密切相关的标题即把产品所能给消费者带来的利益点放在标题中,或是以一个与消费者利益相联系的问题作为标题,使消费者感觉这个广告与自己的切身利益相关,从而产生阅读正文的欲望。

【案例 6-1】

生命阳光牛初乳报纸系列广告的文案

生命阳光牛初乳报纸系列广告如图 6-5~图 6-7 所示。

图 6-5 生命阳光牛初乳报纸系列广告 亚洲妈妈篇

图6-6　生命阳光牛初乳报纸系列广告　欧洲妈妈篇

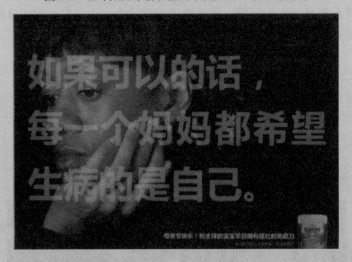

图6-7　生命阳光牛初乳报纸系列广告　非洲妈妈篇

标题：母亲节快乐！祝全球的宝宝早日拥有强壮的免疫力。

内文：如果可以的话，每一个妈妈都希望生病的是自己。

案例解析

好的文案一定是换位思考的结果。标题和内文都很平淡，平淡得就像是你自己的心声。于是，平淡转化成强大的共鸣，平淡变成了独到的发现。独到的平淡会有一种真正的力量。

2．能挑起人自负心理的标题

能挑起人自负心理的标题是广告文案中的"激将法"。有时四平八稳、平平淡淡的标题很容易"逃过"消费者的眼睛；如果能以一种居高临下的自负姿态刺激消费者，反而会引起他们的注意。

【案例 6-2】

谢裕大茶行道人生篇系列广告的文案

谢裕大茶行道人生篇广告如图 6-8 所示。

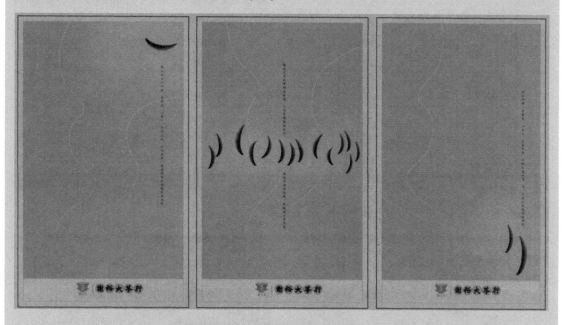

图 6-8　谢裕大茶行道人生篇系列广告

文案

"茶入水如人入世，身在上，心在下，须臾之间，超越得意比超越失意更难。"

"眼见太多世事烟云穿掠，人间贵贱转眼异位，缠绕间微妙深藏，有起伏才有清香。"

"叶沉杯底，身在底，心在上，生息参透，而知大道至简。淡，才是人生最深的滋味。"

案例解析

好文案是与目标人群的心灵对话与沟通，是目标受众的眼睛在阅读，心中在共鸣——对品牌的主张、产品的主张、生活的主张的共鸣。谢裕大茶行系列广告文案的确有此效果。把茶与人、茶在水中的状态与人在世中状态，很有禅意地关联起来。行文叙事间，诉说了茶之道，也诉说了人之道，娓娓道来，如诉心语，读之颇易共鸣，为之称道，读者就能认同这一品牌主张的价值观和人生观。

3．能引起读者好奇心的标题

好奇心是人类心理的一种共性，每个人都会受到"好奇心"的驱使来关注一些生活常规之外的事情。那么，在广告文案标题的创作中，文案人员就可以采用一些新奇的手法来吸引消费者的注意，引发他们对产品的兴趣。如万科V公益天坛篇广告，涉及面广，且为了提高企业形象而做的公益性广告，适用于综合性杂志。

【案例 6-3】

雪佛兰"热爱我的热爱"系列广告的文案

雪佛兰"热爱我的热爱"系列广告如图 6-9 所示。

图 6-9　雪佛兰"热爱我的热爱"系列广告

标题：雪佛兰，热爱我的热爱
内文：我的热爱能走多远？直到最初的梦想，变成一生的坚持。
　　　我的热爱能走多远？直到向往的风景，变成走过的地方。
　　　我的热爱能走多远？直到喜欢，变成爱。
　　　我的热爱能走多远？直到走别人的路，变成走自己的路。
　　　我的热爱能走多远？直到所到之处，变成我的舞台。
　　　我的热爱能走多远？直到异乡，变成故乡。

案例解析
　　雪佛兰，一辆小车而已。但是创意者把它看成人性的组成部分——"我的热爱能走多远"。标题也如这个广告的和谐风格。创意的语言协调融合于广告画面中。新意又贴切，如同"第二眼美人"，也许更美。

4．富有新闻性的标题

所谓新闻式标题是指能够提供有关商品或服务的新信息。新信息包括新产品的推出、旧产品的改进、旧产品的新用途，以及产品的各种特点、产品的销售量、市场占有率等。由于这种标题给人们提供了更新的信息，所以潜在的顾客更容易接受。

广告大师的名言

大卫·奥格威说，具有新闻性的标题比没有新闻性的标题，会有多出22%的人记住它。

新闻式标题常用的词语多是形容词、副词，如令人惊奇的、即将推出的、现在、突然、最新消息、隆重推出、先驱、再也不、第一、首次、最先、创新等。

新闻式标题的特点就是以新闻语言来达到令人惊奇、产生好奇的效果。例如，"有一种格调将冲击你的瞳孔，有一种力量将直达你的血脉，有一种精神将护卫你的身心，满载全球193个国家的荣耀，12月10日瞩目登场，恭请期待。"这是一则汽车广告的标题，其所富含的新信息更容易唤起读者的注意，传达了新的信息内容，富有新闻价值。

(二)正文——趣味性和可读性

可读性的提法源于西方新闻理论，是对新闻表述形式的要求，我们把它作为广告正文形式上的要求；趣味性则是对广告正文内容上的要求。

趣味性要求文案写得生动、形象、可感、灵活多样，而并非只有干巴巴的介绍和说明；可读性要求文案的语言要多用短句，少用长句；多用单句，少用复句；要勤于分段，每段只表达一个中心意思。

例如，下列这则耐克运动鞋的系列广告文案就充分体现了趣味性和可读性的统一。

【案例 6-4】

时代糖果花漾系列地产广告的文案

时代糖果花漾系列地产广告如图 6-10 所示。

图 6-10　时代糖果花漾系列地产广告

标题：在花漾，生活有模有样，幸福就像花儿一样

内文 1：心情练习走快乐，随时受益。成熟白领，小户型生活社区，非我莫属。邻居，对位不如对味，懂事不如不懂世。

内文 2：快乐，不是拥有多大，而是计较多小。宁愿计较得精致，也不愿将就得雷同。空间大小，斤斤计较，懂事不如不懂世。

内文 3：只有节目表，没有时间表，不慌特忙。生命不息，活力不止。旧爱不死，新欢不断，没空玩寂寞。不慌特忙，懂事不如不懂世。

内文 4：上一刻钟时髦，下一刻钟过气，喜欢就好。喝咖啡不是为了提神，是为了出神。满树花开只单恋一枝花。生活配套，喜欢就好，懂事不如不懂世。

案例解析

糖果花漾系列文案，针对 20 世纪 70—80 年代的目标人群，表达他们的追求与自我定位，注重感受与享受的价值观，用他们自己的语言与语调去谈话、去对话，这种语言、这种语调才能为他们所接受。

"不懂世"的核心诉求概念，表达对世俗的否定，对自我的肯定。全篇围绕这一中心诉求："只有节目表，没有时间表""不是拥有多大，而是计较多小""对邻居，对位不如对味""喝咖啡不是为了提神，而是为了出神"……都是很有才华的表达与演绎。结论是"懂事不如不懂世，在花漾，生活有模有样，幸福就像花儿一样"，结论是水到渠成的收尾，也很有说服力。

有沟通力、对话力，又有说服力，是一种难得的好文案。

(三)随文——驱动力

报纸广告的随文切忌被动地列出电话、地址等信息，而应主动强调产品的标志特点，告诉读者怎样行动。例如，"凡需要以上产品的用户，请您认准××商标""我们还竭诚为您代为邮购业务，邮购地址：××××，联系人：×××"。

(四)正确处理篇幅和版面的关系

文案撰写者要善于根据版面的大小"量体裁衣"。版面大的广告，其文案篇幅可长一点；版面小的广告，其文案篇幅可短一些。但也有例外，有些整版的广告文案只有一两段或只有几行，但也能引起读者的注意。

报纸广告所占版面的大小，是广告主实力的体现，直接关系到广告的传播效果。实践证明，广告的版面越大，读者注意率越高，广告效果也就越好(当然不是绝对的)。

(五)要研究广告位置的排放

所谓研究广告位置，就是研究报纸广告放在哪一版，什么位置效果最好。除专页广告(整版全登广告)没有位置问题外，其他版面形式广告均有位置的排放问题。同一则广告，放在同一版面的不同位置，广告效果是大不一样的，原因在于广告版面的注意值不同。经科学研究验证，根据读者视线移动规律，报纸版面的注意值是左面比右面高，上面比下面高，中间比上下高；中缝广告处于两个版面之间，不易引起读者的注意。

(六)要讲究情境配合

报纸的每个版面，都有不同的内容和报道重点，如新闻版、经济版、法制版、文化教育版等。报纸广告应根据广告产品内容的不同，放在相应的版面中。比如各种企业或产品广告放于经济版；影视、图书、音像广告可放于文化教育版；同类产品广告应排在一起，便于消费者选择；各种分类小广告可放于经济版下方。

广告内容不同、版面不同、注意值不同、情境不同，广告文案撰写的角度、方式和手段均应做出适当的对应，力求扬长避短。

【案例 6-5】

恒福茶业形象系列广告的文案

恒福茶业形象系列广告如图 6-11 所示。

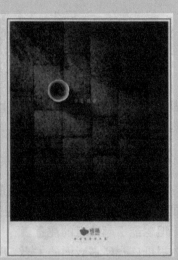

图 6-11　恒福茶业形象系列广告

文案：古树·陈香
　　　古仓·陈香
　　　古道·陈香

案例解析

条索清晰、净爽紧压的熟茶饼构成扩散的年轮、堆成层叠的底层、铺成漫长的石板路，配合简洁明了的文案，传递普洱茶古树采集、古仓陈化、古道运送中的厚重传统与悠悠情怀。

三、报纸广告文案的构思技巧

报纸广告文案应注意以下构思技巧。

(一)让消费者自己得出结论

在广告说服传播中，广告主应该对产品做出正面评价。这种评价一般由广告主直接表明，包括通过他人之口进行宣传；另外也可以让消费者根据广告内容做出推论。

心理学研究表明，由被试者自己分析得出结论与由别人给出结论相比较，前者更为被试者所相信，并且记忆更为持久。这就启发广告主，在做广告时应多去调动消费者的思维，不要一味地对自己的产品加以赞誉，而要多提供一些与产品有关的信息，让消费者分析这些信息，自己得出结论。

【案例 6-6】

瑞士欧米茄手表报纸广告文案

标题：见证历史 把握未来

正文：全新欧米茄碟飞手动上链机械表，备有 18K 金或不锈钢型号。瑞士生产，始于 1848 年。对少数人而言，时间不只是分秒的记录，亦是个人成就的佐证。全新欧米茄碟飞手表系列，将传统装饰手表的神韵重新展现，正是显赫成就的象征。碟飞手表于 1967 年首度面世，其优美典雅的造型与精密科技设计尽显贵气派，成为殿堂级的名表典范。时至今日，全新碟飞系列更把这份经典魅力一再提升。流行的圆形外壳，同时流露古典美态；金属表圈设计简洁、高雅大方，灯光映照下，绽放耀目光芒。在转动机件上，碟飞更显工艺精湛。机芯仅 2.5 毫米薄，内里镶有 17 颗宝石，配上比黄金罕贵 20 倍的铑金属，价值非凡，经典时计，浑然天成。全新欧米茄碟飞手表系列，价格由八万至二十余万元不等，不仅为您展示时间，同时见证您的杰出风范。备有纯白金、18K 金镶钻石、18K 金，以及上乘不锈钢款式，并有相配衬的金属或鳄鱼皮表带以供选择。

广告语：欧米茄——卓越的标志。

案例解析

整个文案结构严谨，始终围绕"豪阔大气"的主旨进行渲染，抓住了受众接受广告信息的规律，从消费者心理角度出发，传播效果明显。文案真实，行文流畅不做作，将产品信息娓娓道来，不急不缓，却彰显出品牌的厚重感。

(二) 对消费者施以小惠

消费者也是人，大多数人有爱贪小便宜的心理，如果消费者能从厂商那里获得免费赠送的商品，会欣然领用。针对这一心理状况，可以在广告中采用一些促销手段和方式来告知消费者可以获得哪些优惠，比如折扣、赠送之类，这样消费者就会对这类广告比较感兴趣。

(三) 针对销售难题作诉求

销售难题指产品在销售过程中所遇到的阻力。有时候，厂商对产品设想得很好，预期能够畅销，但消费者却并不买账。例如，美国当年生产一次性尿布，用后即丢，免除了年轻妈妈们洗尿布之苦。厂商料想，此项产品是传统婴儿抚养方式的一次革命，定会赢得消费者的热烈欢迎。然而事与愿违，那些年轻妈妈们购买一次性尿布的积极性却并不高。

原因何在？销售人员去做市场调查，结果发现年轻妈妈们觉得，购买一次性尿布会被人看作"偷懒""对婴儿不负责任"。了解到此销售难题之后，厂商在广告中强调一次性尿布能使婴儿"更干爽、更舒适"，才逐步打开销路。

(四)设置疑问以吸引消费者

从某种意义上讲,广告说服传播是一种语言表达的艺术。事实上,有些广告正是凭借其高超的语言表达技巧,从而说服消费者的。修辞学上有一种所谓"设问"的表达方式,指说话人明知事情缘故,却不先说出来,而是先向对方提问,待对方注意力被吸引过来之后,再道出事实,从而达到比较好的传播效果。

广告说服传播亦可采取此种方式,即先就商品某方面情况设置疑问,使消费者产生兴趣,引起一种探求问题答案的欲望。这时候,广告中最关键的信息就包含在答案之中,自然给消费者留下深刻印象。

(五)与消费者作精神沟通

现在越来越多的企业在广告中与消费者作精神方面的沟通,与消费者共同探讨一些精神层面上的问题,这在企业形象广告中比较常见。有的商品广告也采取此种方式。例如,美国万宝路香烟的广告,所传达的就是一种男子汉气概,而可口可乐广告则宣传的是追求快乐的美国精神(其广告语为"挡不住的诱惑")。这两种产品凭借其在精神上与消费者的沟通,在美国市场上产生了永久的魅力。

第二节 杂志广告文案

一、杂志广告

做广告的企业往往从传播范围大小的角度来选择广告媒介,把巨额的广告费诉诸电视、广播、报纸,但时常收效甚微。

美国学者玛嘉丽特·赖尔对杂志、电视、广播、报纸、户外5种广告媒介在各种情况下的不同效果做了比较。

在目标传达方面,杂志优于报纸、户外,与电视、广播相同;

在创造情绪能力方面,杂志优于广播、报纸、户外,逊于电视;

在支配感觉方面,杂志逊于电视,与广播、报纸、户外相同;

在季节弹性方面,杂志优于电视,与广播、报纸、户外相同。

可见,杂志广告虽算不上广告之王,但在广告家族中却称得上是一个大家闺秀。

(一)杂志广告的特点

杂志与报纸一样,有普及性的,也有专业性的。但就整体而言,它比报纸的针对性要强。它具有社会科学、自然科学、历史、地理、医疗卫生、农业、机械、文化教育等种类,还有针对不同年龄、不同性别的杂志,可以说是分门别类,非常丰富。杂志广告没有报纸那样的快速性、广泛性、经济性等优点,然而它有着自己的特点。

1. 选择性

各类杂志不同的办刊宗旨和内容,使其拥有不同的读者群。通过杂志发布广告,能够有目的地针对市场目标和消费阶层,减少无目的性的浪费。

2. 优质性

杂志广告可以刊登在封面、封底、封二、封三、中页版以及内文插页。以彩色画页为主,印刷和纸张都很精美,能最大限度地发挥彩色效果,具有很高的欣赏价值。杂志广告面积较大,可以独居一面,甚至可以连登几页,形式上不受其他内容的影响。尽情发挥,能够比较详细地做商品的内容介绍。

3. 多样性

杂志广告在设计上的制约较少,表现形式多种多样,有的直接利用封面形象以及标题、广告语、目录为杂志自身做广告;有的独居一页、跨页或采用半页做广告;可连续登载;还可附上艺术欣赏性高的插页、明信片、贺年片、年历,甚至小唱片。

当读者接受这份情意,在领略艺术魅力的同时,潜移默化地接受了广告信息;并通过杂志的相互传阅,压在台板下、贴在墙上的插页经常被观摩,不断发挥广告的作用。图6-12所示为杂志的插页广告。

图6-12　杂志插页广告

4. 宣传效率高

杂志不像电视、广播、报纸对象那样杂而广,大抵是对某一专业、某一专门领域感兴趣的读者,在杂志上做广告要有的放矢。可将广告同杂志读者的特定目的、意识和爱好、兴趣紧密联系起来,产生优于其他广告媒介的宣传效果。与报纸相比,杂志的保存时间更长,因为一本杂志经常会传阅到许多读者手中,这意味着同一则广告的读者也会加倍。

5. 广告有效期长

杂志不像电视、广播那样瞬间即逝，也不像报纸那样隔日作废，杂志广告有效期短则半个月，长则可达半年和一年；而且订阅杂志的读者一般文化水平较高，对杂志的内容有专门研究，若是私人订阅，则这个家庭还比较富裕，他们的消费潜力、识别能力都较强，对确有特色的商品，他们的反应是敏感和实在的。

6. 可印彩色广告

杂志是最棒的图片再现媒体，尤其是色彩方面，能调动人的多种感情，吸引读者，较之黑白图片要强许多倍。此外，杂志广告能将产品的外观形象比较直接地表现出来，让读者对产品有直观的了解，这有利于直接刺激消费者的购买欲。

7. 引人注目

杂志广告一般被安排在杂志的封面或中间插页，如图6-13所示，并且以突出的精美印刷区别于其他内容，因而易于吸引消费者的注意力。正因为杂志广告表现力丰富，读者阅读视觉距离短，可以长时间静心地阅读。所以杂志广告，无论其形式和内容上都要仔细推敲，以求获得艺术性较高、内容较为具体的画面，让读者能够被深入吸引到广告中去。

杂志内容有助于加强广告产品的销售，可以通过带有广告性质的编辑内容——在杂志的某篇文章中直接或间接地提到需要宣传的产品来达到这种效果。

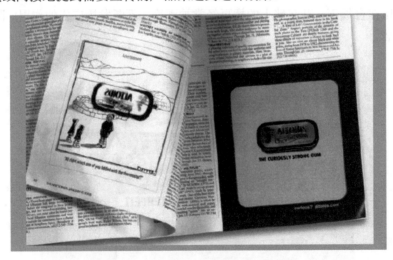

图6-13　精美印刷的杂志广告作品

杂志广告可以做得非常细致，因为读者会花很多时间浏览杂志。杂志还是夹带优惠券和样品试用装的最佳媒体。杂志最大的问题是它需要较长的"前置时间"，即通常在杂志正式出版前好几个月就需要事先预订广告版面。另外，杂志若达到它的全部受众，会需要更长的时间，因为大家翻阅一本杂志会花好几天的时间。

(二)杂志广告的类型

杂志广告可分为以下几类。

1. 图片式广告

报纸的印刷效果限制了它对精美图片的表现力，而杂志一般采用铜版纸等高级纸张来表现富于色彩变化的高精度图片，直接造就了杂志广告的一个重要类别——图片广告。

【案例 6-7】

圣力阳光啤酒系列广告的文案

圣力阳光啤酒系列广告如图 6-14 所示。

图 6-14 圣力阳光啤酒系列广告

标题：圣力阳光，杯喜人生
内文 1：要个大杯具。这么久没见，大家还是老味道，换个大杯具，这一晚的喜剧，才刚刚开始……

内文2：就是喜欢吹。还没说两句，已吹了好几瓶，总说我爱吹，这么多年的朋友，可不是吹的！

内文3：老爱发啤气。房价涨了，工作忙了，挣得少了，自己丢了……平时活得没脾气。见面就要撒撒气，有啤气，才对味。

内文4：总是想犯醉。朋友在一起，不醉？这真是一种罪！

案例解析

该广告运用图片色彩表现优势，达到了较好的效果。酒是朋友之间的润滑剂，这组广告的标题利用网络传播常见的"杯具""犯醉""吹"等谐音语言风格，让品牌与年轻人生动地形成有效沟通。

2．图文式广告

当需要传达更多的有关产品或服务的信息时，通常采用图文式杂志广告；与图片式广告相比较，图文式广告有机会对产品进一步地解释，更加适合产品属性比较复杂的产品，如汽车、电脑、化妆品、酒店、航空服务等。

图片和文字的混合排列，要求图文式广告更加强调创意性，不仅画面和文字需要突出创意，图片和文字的排版更要相得益彰，从而达到和谐统一的广告效果。

【案例 6-8】

回忆父亲公益系列广告的文案

回忆父亲公益系列广告如图6-15所示。

图6-15　回忆父亲公益系列广告

标题1：笔迹浸入血液，父爱融入心里
内文1：去牵牵，父亲的手表还在不在

标题1：唠叨持续永远，父爱融入心里
内文1：去想想，还愿不愿意听父亲的声音

标题1：时光改变韧度，父爱融入心里
内文1：去掂掂，我今天能不能撑起父亲

案例解析

"去牵牵""去想想""去掂掂"，三幅作品的三个提示，带出了对父亲的回忆和情感。该系列画面和文案准确地合为一体，作品完整性强，包括文字的排放和照片中父女间的感人配合，用创意打动人心，展现了公益传达的力量。

3．软性广告

杂志的软性广告应用比较普遍，特别是一些时尚类杂志，整个杂志或栏目都是在介绍某类产品的使用方法甚至渲染产品的使用感受。和报纸的软性广告相比，杂志的软性广告更为精致，不但画面精美，而且文字更加精雕细刻，与画面配合得天衣无缝。

这类广告虽然也是图文混排，但其最大的特点在于这类图文混排的版面既是杂志的内容，又是产品或服务的广告，二者合而为一。

软性广告概念

软性广告是一种基于委婉诉求的广告手段，它不是对产品利益点进行直接诉求，而是让品牌或者商品在媒体中的非广告时段、版面、镜头、画面上出现。

例如，以新闻报道的方式告知新商品上市、新楼宇封顶；以学术讨论、研究的方式让公众注意某个产品；在电影、电视剧里的某些镜头场面出现产品、商标等画面；以专家身份接受媒体采访，出现在媒体上面对公众发表自己的观点；以名人身份参加娱乐节目、活动；承包期刊，在期刊上传播商品或者公司；利用赞助晚会和在电视晚会上露面；利用热点事件，如诉讼、反应比较激烈的话题等使品牌、公司或者个人在媒体上出现等。

这些广告手段能够比较有效地避开受众对广告的抵触心理，使受众在潜移默化中接受宣传的信息。对于软性广告是否符合道德规范，营销界和学术界仍然有很大的争议。

4．其他类型

在各种类型的杂志上，根据杂志本身情况的异同，广告的样式也日趋繁多。除了上面提到的主要类型以外，还有很多花样翻新的杂志广告形式。

例如，邮寄广告，这种类型通常将产品图片、产品卖点以及邮购方式作为广告的主要元素，其中尤其是文案对产品卖点的描述，往往采取夸大其词的方法，诱骗消费者上当。这不是我们所鼓励的，也是违反《广告法》有关规定的。

(三) 如何选择杂志类型

我国的杂志出版发行工作近年来发展很快。全国平均每百人拥有的杂志数已由 1978 年的 79 册增加到 173 册。企业在这浩瀚的杂志海洋中应选择哪一种做广告呢?

1. 结合商品种类选择覆盖目标市场的杂志

在选择何种杂志做广告之前，必须对消费者和市场做大量的调查和研究，对市场位置做出精确分析。分析要宣传的商品属于哪种类型、哪个行业，分析该商品的消费者所在地区、性别、年龄、兴趣和爱好情况，看商品是属于生产资料市场还是生活资料市场，是青年市场还是童年市场，是季节市场还是时令市场等；进而找出商品应该在哪种杂志、针对哪个市场、面向哪类消费者宣传。

2. 比较杂志的发行量、读者喜爱程度和广告费用

我国杂志有 3415 种之多，既有全国性的和世界性的，也有地区性的，发行量悬殊，做广告应选择发行量大的杂志。往往在同一专业内有许多种杂志，就要选择那些质量高、群众喜爱、有独到之处的杂志。杂志上的封面和封底广告效果大，封二、封三和插图的广告效果次之，但前者的费用要比后者多一半。印彩色广告很醒目，费用当然要高些。

3. 规避杂志时效性不强的弱点

由于杂志不像电视、广播、报纸那样传播及时、反应迅速，对那些需要立即推销，时间性较强的商品不宜做杂志广告。由于杂志广告大量针对某一专门领域的消费者，除了对那些要在全社会普及的商品除做杂志广告外，还应大做其他传播面广、生动的广告。

由于杂志广告制作期长，在读者手中保存期也长，又可用彩色印刷，因此，杂志广告应宣传产品的商标、招牌，提高企业形象，以期永久占领市场。随着商品生产的发展，杂志广告日益成为市场竞争中的重要角色。

二、杂志广告文案的写作

杂志广告具有针对性强、精读率高、传阅率高、保存时间长等特点。正因为杂志广告具有这种得天独厚的条件，所以杂志广告越来越受到广告主和广告公司的重视。杂志广告文案写作要充分利用杂志的上述特点。

(一) 语言要符合杂志读者的品位和文化素养

目前我国杂志可分为 3 种类型，即休闲性杂志、综合性杂志和专业性杂志。休闲性杂志的阅读面较广，这类杂志或以热门话题吸引人，或以独特风格吸引人；在这类杂志上做广告语言要平易近人、通俗易懂。综合性杂志，涉及面较广，读者成分复杂；在这类杂志上做广告要考虑让不同层次的读者读懂文案，并善于把握不同读者的共同利益点。专业性杂志读者的知识水

平和文化素养较高；在这类杂志上做广告，语言要典雅、庄重，具有一定的专业性，切忌庸俗、花哨、无文化品位。如 PC Home 的两则杂志广告文案都是专业性的。

【案例 6-9】

万科 V 公益天坛篇广告文案

万科 V 公益天坛篇广告如图 6-16 所示。

图 6-16　万科 V 公益天坛篇广告

标题：世上没有一幢摩天大楼，比天坛更高

正文：摩天大楼的纪录可以不断刷新，但在我们内心的位置，永远无法和先辈的建筑文化遗产比高。故宫博物院、颐和园、天坛、雍和宫……还有纵横交错的老北京胡同，都是这座古城留给我们的永远财富，也是我们心中恒久景仰的不老风景。

案例解析

这是万科推出的 V 公益天坛篇广告。该广告文案标题简短有力，又富有悬疑感，能够引发读者兴趣。正文简洁通俗，朗朗上口，也回答了标题埋下的悬疑。虽然是公益性广告，但整体很好地提升了万科的品牌形象。

(二) 内容详尽具体，讲求实效

由于杂志这一媒体与报纸相比，具有更高的精读率和传阅率，因此，一般而言，杂志广告在内容上比报纸广告更加详尽具体。但详尽具体不等于啰唆，要摒弃空话、废话和套话，把话说到点子上，最优化地传达广告信息。

【案例 6-10】

富士胶卷的广告文案

文案：
北方有好景色
南方有好景色
西方有好景色
东方有好景色
绿就是绿，红就是红，蓝就是蓝
所有的色彩，都在富士彩色胶卷中大彻大悟

案例解析

富士胶卷的广告文案显得小巧玲珑。但在写作特点上，却相当一致。诉求点单一，强调的是富士胶卷对景物色彩的逼真再现。文字简单通俗，表现力强。但它最大的个性在于对中国古代民谣手法的借鉴。文案的前四句似乎就脱胎于"鱼戏莲叶东，鱼戏莲叶西，鱼戏莲叶南，鱼戏莲叶北"，利用反复的修辞手法，通俗有趣地表达了生活中处处有美景的愉悦心态。

如果说报纸广告文案更强调语言的新颖独特和冲击力的话，那么杂志广告文案则更强调语言的实在、具体。

(三) 将理性诉求和感性诉求推向极致

杂志广告的文案有两种重要的策略，一是利用其精读率高、容易保存的特点，进行详尽的叙述和论证，将理性诉求推向极致；二是利用其印刷精美的特点，以优美精致的画面抓住读者的眼球，并配以情绪化、个性化的文案，将感性诉求推向极致。

杂志广告文案的写作一般会根据位置的不同有着不同的撰写规则。总体而言，要注意以下几点：首先广告文案的结构不必拘泥于四要素(标题、正文、标语、随文)的固定结构，可以考虑用最简练的语言来表现丰富的广告内涵；其次，文案部分简明扼要，将吸引读者的任务交给图片去完成；再者，文案的版面布置也应该做适当的调整，配合画面吸引读者的阅读兴趣。

1. 报刊是印刷媒介的主流，其首要特点是通过平面语言进行广告文案的传播。在传统的大众传播媒介中，报纸杂志的历史最为悠久，其所发布的广告也同样如此。即使在今天，作为广告媒体的报刊仍然保持着旺盛的活力，表现出经久不衰的强势劲头。因此报刊广告应当引起我们的高度重视。

2. 在报刊广告中，文案的功能和效果大于图形，报刊广告效果的获得，更多地倚重于文案部分。本章对报刊广告文案进行深入的研究，努力发现它们的创作规律和传播规律，无论是对于广告文案创作水平的提高，还是对于强化报刊广告效果，无疑有着十分重要的意义。

DOW公司企业形象广告文案正文

亲爱的爸爸：我刚刚从 DOW 公司面试回来，
这次面试使我觉得我好像适合我的研究工作。
我的工作是寻求新的提高食品质量的办法，
寻求帮助病人的方法，
我打算去应聘，爸爸，我一定会尽量让您满意的。
爱你的戴维

案例点评

用写信的方式来夸耀产品，DOW 公司的这一短文案可谓别出心裁。表面上，正文是在描述一个为了理想能够实现而感到兴奋的年轻人，但事实上却是在阐述DOW的经营理念。这一精巧构思和聪慧的表达方式，刺激了受众的情感，使得DOW公司树立了口碑良好的企业形象。

尽管正文是用来传递大部分广告信息的，但评价一则正文是否精彩的标准，不是长和短，而是看其能否准确体现广告策略的意图，能否通过独特的创意让信息易于为受众所接受。

东芝洗衣机的广告文案

(标题)他本来只想买洗衣机
不小心买了一家洗衣店
(正文)媲美专业洗衣店的洗衣品质

Toshiba 洗脱烘三合一洗衣机，
在 Toshiba 洗脱烘三合一洗衣机出现之前，
大家以为世界上的洗衣机都差不多，
没想到有的洗衣机不只洗衣服，
还能让生活更自由。
例如：只要把脏衣服丢进洗衣机后，
就能安心看连续剧或逛街，
因为省去晾衣的麻烦。
如果第二天就要穿的衣服脏了，
半夜洗也不担心噪音影响邻居安宁。
即使梅雨季节，
即使家里没有晾衣空间，
还是能每天穿到干爽洁净的衣服。
早上多睡半个小时美容觉，
因为洗完的衣服不会皱巴巴，
不烫也很美观。
当然了！
人都好逸恶劳，
自己不想做的事最好别人都帮你代劳，
因为这样，
原本只想买部洗衣机，
却买了一间高品质的洗衣店，
只要把脏衣服丢进去，
就能独立自主洗脱烘三合一的 Toshiba 洗衣机。

案例点评

　　这一文案将洗衣机的独特品质：洗、脱、烘三合一进行了重点推介，其他功能一概没有涉及，诉求集中有力。

　　——标题中设置悬念，引起受众的好奇心。"本来只想买洗衣机，结果却买了一家洗衣店"，这样不符合生活逻辑的故事情节，最容易让人产生疑问。标题不仅很好地起到了吸引眼球的作用，而且能够把受众带进正文中再去寻个究竟。为正文复杂信息的传递做好了铺垫。

　　——标题正文相互配合，文案风格统一。正文在回答标题带给人们的疑问时，将洗衣机能够承诺的利益点做了详细的介绍。

　　——正文叙事紧紧扣住了消费者的心理。正文没有从正面直接描述洗衣机洗衣清洁、脱水干净、烘干彻底的功能，而是不断地站在消费者的角度，把日常洗衣过程中经常会遇到的麻烦一一列出，在最大限度地求得消费者的认同感。此时再把洗衣机的功能推出，可谓水到渠成，自然又不露痕迹。

实训案例3

耐克(NIKE)公司企业形象广告文案正文

我，不要一刻钟的名声，
我要一种生活。
我不愿成为摄像镜头中引人注目的焦点，
我要一种事业。
我不想抓住所有我能拥有的，
我想挑选出最好的。
我不想出售一个公司，
我想创建一个。
我不想和一个模特儿去约会，
OK，我确实想和一个模特去约会。
控告我吗！
但是我剩余的目标是长期的，
那是一天天做出决定的结果，
我要保持稳定，
我持续不断地重新解释诺言。
沿着这条路一定会有
瞬间的辉煌。
总之，我就是我，
但这一刻，
还有更伟大的
杰出的记录
厅里的装饰。
我的名字在三明治上
一个家庭就是一个队。
我将不再遗憾地回顾，
我会始终信奉理想。
我希望被记住，
不是被回忆，
并且我希望与众不同，
只要行动起来。

案例点评

耐克的广告一直以其强调的生活理念而著称。这一则杂志广告文案也不例外。与文案相匹配的，是耐克鞋选择的形象代言人卡尔顿——颇有影响力的体育明星。

文案的正文以这位明星的自白形式出现，虽然长但并不乏味，相反，还颇为引人入胜。

诉求单一。这一例正文虽然很长，但主题非常明确：追求个性张扬，为实现理想而坚定不移。不要名声，不要聚光灯，要的是生活方式和事业，始终信奉理想，要行动起来。主人公的心志事实上就是文案的诉求点：耐克企业所倡导的文化和精神。

——口语化、文字跳跃与形象代言人的身份极为吻合。正文采取的全部是短句，节奏铿锵短促。选词上口语化倾向明显，包括 OK 这样随意的口头禅都出现得恰到好处。这些都很符合一个追求个性的体育明星的话语风格。

——条理清晰。正文中呈现出多个逻辑关联严密的句群。开头的"要"与"不要"表明了主人公追求的理想究竟是什么。接下来是追求理想所需要付出的恒心和努力。最后强调自己的决心。句群之间表意各有重点，相互承接，逻辑性强。

——号召力强，文字煽情，极富表现力。"我希望与众不同""只要行动起来""起诉我吗""总之我就是我"，这些语句态度极端，但就是这些语句才能够在年轻的渴望我行我素的消费者群体中产生强烈的共鸣。

1. 报纸广告文案的构思技巧有哪些？
2. 简述报纸广告文案的写作原则。
3. 简述杂志广告文案的写作原则。
4. 谈谈报纸媒介和杂志媒介的区别，二者在文案撰写方面有什么区别？
5. 选择一日常用品，模拟撰写一则报纸软文广告，注意文体、产品利益的诉求方式以及其他写作要点。
6. 以一本杂志为例，搜集该杂志内的广告文案，分析其表现手法的优劣，提出自己的观点。

第七章

广播广告文案

学习要点与目标

- 掌握广播广告文案的特点，掌握广播广告文案的写作要求。
- 掌握并熟练运用广播广告文案的文体形式进行写作。

核心概念

广播、广播广告、广播广告脚本

引导案例

DHL 亚太地区广播广告文案

客户：全球著名邮递和物流集团 DHL

时长：15 秒

内文：(声音：吸溜声)旁白：这是东京人在彬彬有礼吃拉面的声音。

(声音：鸟鸣声)旁白：这是澳大利亚内陆的笑翠鸟正在求偶。

(声音：自行车铃声，早点的叫卖声)旁白：这是清晨的北京金鱼胡同。

(声音：汽车刹车，开车门的声音)旁白：这是 DHL 的快递准时到了。

旁白：谁更了解亚太地区——DHL。

案例解析

这是曾经在北京电台播出的一则广播广告。用声音简单地勾勒并列举出了四种场景，初听者往往会被毫不相关的几种声音所吸引，对节目产生心理期待，听到最后才恍然大悟，这种"耳边一亮"的感觉不只令人们记住了广告所宣传的产品，也对这则广告本身留下了深刻的印象。

不同音响和解说词构建出的四个不同场景，并非并列关系。前三个场景可以说是快递产品使用的典型环境中的典型音响，正是因其"典型"才使人们更容易联想起广告所设定的地点。三种声音听下来仿佛在亚太地区进行了一次神游，创作者用声音巧妙地转换空间，而到了第四种声音构筑的场景中，产品被推到听众"面前"，原来这都是快递在短时间中走过的地方。与很多"直来直往"的广播广告相比，这里用过的描述产品本身性能的词不过是一个"准时"，对快递来讲这当然是最核心的利益点。

近些年，音响的作用越来越被广播人看重，确实一个好的音响运用可以替代大量的文字表述，起到事半功倍的效果。DHL 广告就巧妙地用音响突出了画面感，不失为"耳孔里"的好创意。

第一节 广播广告文案的类型和特点

广播广告是以广播为传播媒介,以语言、音乐及音响作为基本构成要素,诉诸受众听觉系统的广告传播形式。

广播广告文案是广播广告制作的依据。狭义的广播广告文案指广播广告中的语言文字部分,即人的语言,不包括音乐与其他音响音效。而广义的广播广告文案则指广播广告的"脚本",是一则广播广告作品完整的文本描述(本书中除特别说明外,所提到的广播广告文案皆为广义的广播广告文案)。由于广播广告具有独特的传播特点,因此广播广告文案也有不同于报刊广告文案、电视广告文案的基本特征。

一、广播广告文案的类型

广播广告文案的表现形态多种多样,从不同的角度可以做出不同的分类。一般可以分为以下两大类。

(一)直陈式

直陈式广播广告文案是一种最为常见与基本的类别,它由播音员用直接陈述的方式朗读出来,没有任何太过夸张做作的语气语调,也没有任何特别的情境设置,唯一可能有的修饰就是简单的背景音乐与音效,非常类似于新闻播报。

因此,这类广播广告文案通常不采用特别的诉求技巧,总是将广告信息直接传达出来。它的优点是直截了当、简洁明了、诉求清晰,制作起来也较为容易,但缺点则是比较单调,不够活泼,不容易吸引听众注意。

【案例 7-1】

安徽省芜湖肥皂厂广播广告文案

安徽省芜湖肥皂厂是有 50 多年历史的老厂,产品有各种洗衣粉、肥皂、浆状洗涤剂、日用化妆品等近百个品种。其中神鱼牌洗衣粉、净灵牌加香酶洗衣粉、A 字洗衣粉在全国质量评比中均超过一类产品指标,神鱼牌洗衣粉居全国第二,获省优质产品称号。该厂产品质量优良,品种齐全,包装新颖,价廉物美,畅销全国 19 个省、市,深受用户好评。

案例解析

直陈式的广播广告对听众而言往往会成为广播节目的"闯入者",令听众感到厌恶。虽然直陈式的广告信息传递简明扼要,但广告痕迹太重,如果不是受众有直接需求,很难吸引受众的主动关注。所以我们需要通过更加有创意的文字安排来增强语言的感染力,或者恰当地运用背景音乐与音响,直陈式的广播广告也会创造出好的广告效果,带给听众美的感受。

【案例 7-2】

谷歌广播广告文案

"天阶小雨润如酥,草色遥看近却无"。今天,就是这样一个日子,春意盎然、生机勃勃。在这个耕耘季节,搜索引擎 Google 扎根中国,取名"谷歌"。以谷为歌,是播种与期待之歌,也是收获与欢娱之歌。我们希望,"谷歌"能深深植根在这片土地上,为每一个人整合全球信息,让人人能获取,使人人都受益。一条条信息,就像一株株小草,鲜活而充满生命力,汇聚起来成一片星雨,无边无际。欢迎你到 Google(谷歌)来,让我们为你搜索,给你收获!

案例解析

这是 Google(谷歌)进入中国的一则品牌推广的广播广告文案,这则广播广告被评为 2006 年北京电台优秀广告商业类一等奖。广告以优美抒情的语言将广告信息直接传达出来,配以深沉舒缓的男声及沉静而充满生机的背景音乐,形式虽然简单,但给人以春天到来、万物复苏、欣欣向荣的情绪感染,有效地传达了服务信息与品牌内涵,可谓直陈式广播广告中较为优秀的作品。

由此可以看出,直陈式的广播广告要想取得"先声夺人"的效果,广告语言写作中的凝练与修饰是关键。当然,广告录制时播音员对广告词的表现方式及背景音乐与音效的运用也是应该重点把握的要素。

根据直陈式广播广告中出现的人声数量,直陈式广播广告文案还可以分为单人播送式、双人播送式和多人播送式。一般来说,无论多少人播送,播音员通常为成年人,很少选取孩子或老人,这是由于直陈式广告很少设置特定的情境,因此不需要有明显身份特征的人声出现。

1. 单人播送式

单人播送式即由一个播音员完成广告信息的播送,男女皆可,由广告制作本身的需要来决定,其表述方式多为叙述、抒情,也有一些作品采用议论的方式,例如"舒尔麦克风"的广播广告文案。

【案例 7-3】

美丽健牛奶的广播广告文案

(音响:唰——)

女:气温上升,病从口入,早晨刚取的新鲜牛奶,请及时饮用,或放入冰箱冷藏。美丽健袋装牛奶,冷藏保质 24 小时,喝之前,请留意,牛奶是否超过保质时间。

中美合资，杭州美丽健，关心您的健康。美——丽——健，健康爱心充分体现。
案例解析
这则广播广告充分利用了广播媒介诉诸听觉的特点，采用叙述的表述方式，巧妙地传达了产品的精神价值和实用价值。

2．双人播送式

双人播送式即由两位播音员来播送广告，通常为一男一女。在直陈式的广播广告中，双人播送的信息并不形成对话，其关系或并列或递进，在内容上互相呼应。相对于单人播送式，双人播送式的优点是可以通过男女声变化减弱直陈式广告的单调性，增强节奏感与层次感。

【案例 7-4】

7-11 便利店广播广告文案

音效：刮风声
男：寒冷的冬夜加班终于结束了，街上没有行人，只有我孤独一人。拖着疲惫的身躯，回独居的家。我又看到街口 7-11 便利店，彻夜不眠的灯光。
女：欢迎光临 7-11！
男：我最爱走进 7-11 便利店，喝一杯咖啡。醉人的咖啡香，店员亲切的笑容，都可以让我疲劳尽消，倍感温暖。
女：这位男客人每天都会带着疲惫的神色进来喝一杯咖啡。我们从不交谈，只是相视一笑。但是我知道他需要什么。
男：7-11 便利店，总在我身边。

3．多人播送式

多人播送式的广播广告即由两位以上的播音员来播送的广告信息。这一类的直陈式的广播广告很少使用，只有在为了表现品牌磅礴的文化内涵、烘托一种宏大的氛围与气势或者有其他特殊需要时才会使用。

(二)文艺式

广播广告文案除了最为基本的直陈式广告之外，还经常采用各种各样的文学艺术形式来传达广告信息，形成了体例丰富多彩、诉求技巧新颖独特、感染鲜明强烈的广播广告文案写作方式。按照不同的文学艺术形式，文艺式广播广告文案可以分为以下几种。

1．剧情式

剧情式广播广告文案是指在广告中创造出一个特定的故事情境，通过剧中角色的对话与表演宣传产品、服务、品牌及观念。它的优点是能够通过叙事来吸引听众，同时提高广告的可记忆度，并形成较为良好的品牌印象。它的缺点是故事情境较难以被听众接受并认可，往往演员不够成熟的表演、叙事方面细节上的失误都会造成整体广告的失败，使得广告信息难以被听众信服，并让听众产生厌恶感。因此，写作一个好的故事内核及圆满的故事表现是剧情式广播广告文案成功的关键。具体来说，剧情式广告还可以分为两种。

1) 生活片段式

生活片段式的剧情式广播广告通过几个人的对话来展现一个故事片段，并通过这个故事片段来传播广告信息。这个故事片段多为日常生活的描写，广告一般由两个或两个以上人物采用一问一答或一唱一和的方式，或由一男一女各饰一个相关角色，形成象征性的买卖关系、同伴关系、邻居关系、同事关系等。总体来说，生活片段式广播广告文案由于贴近消费者生活，运用起来较为灵活，因此是最为常见的剧情式广播广告文案。

【案例 7-5】

> "珍惜资源从点滴做起"公益广播广告文案
>
> 妻子：哎呀，行李我都准备好了，你怎么又把行李箱打开了？
> 丈夫：我这不是往里放牙刷、牙膏吗？唉，我的饭盒呢……
> 妻子：你看你，这都什么年代了？你这次出去不是订的四星级酒店吗？那儿牙刷、牙膏、餐具都是一次性的，还有洗发露、洗澡液，每天都免费提供，你还……
> 丈夫：停停停！我的好太太，我再重申一遍好不好，一次性的玩意儿不环保，来来来，你看看今天的报纸：光牙刷一项，我们国家每年因为旅客的一次性消耗就将近1个亿！要是再加上别的一次性用具，这笔账……
> 妻子：想不到，小小的一次性这么浪费啊。好，以后出门，我一定记得给行李带齐装备！
> 解说：少一点一次性，多一份可持续，珍惜资源从点滴做起。

在生活片段式的广播广告中，还有一种较为常见的广告是套用小品的形式来传播广告信息。小品是这些年来逐渐兴起并广受大众欢迎的一种艺术形式，有很多经典小品都给受众留下了深刻的印象，无论是人物、语言还是剧情，听众都耳熟能详，一听，就会唤起对那个小品的记忆。于是，很多广播广告就将经典小品中的经典情节或者台词套用在广告中，以吸引听众的注意，同时进行诉求。

2) 故事叙述式

故事叙述式广告是由一个人以第一人称或第三人称的口吻来讲述故事，通过故事情节来传播广告信息。

【案例 7-6】

星巴克咖啡广播广告文案

一个鸟笼在寻找一只鸟
一个杯子在等待一个人
一想起沙漠就想到水
一想起爱情就想到你
一想起咖啡就想到星巴克
——星巴克
——享受这一刻

案例解析
该广告以第三人称的口吻讲述故事、描述场景，表达消费者在生活中使用产品的情景和心理状态。

有的广告以第三人称口吻讲述，但采用了新闻播报的方式，同时广告中表明了这是对未来的一种遐想，创造出了一种独特的真实感，从而让听众认可广告的诉求理念。

【案例 7-7】

一则关于交通安全的广播广告文案

"今晨，9点以前，有两名儿童被汽车撞倒。车主是一位驾车谨慎的人，他在市内的车速为每小时50公里，自认为已相当小心，不会发生任何意外。不过现在，在孩子们正走在上学路上的时候，每小时50公里的车速依然很快。市内行车，减速可减少危险。掌握车速，就能够让所有的孩子有幸继续走在上学的路上"。
以上是公路安全组织的信息。

在故事叙述式的广告中，还有一类较为常见的广告，即广播剧式的广告，或者也可以称为戏剧式的广播广告文案。

广播剧式的广告由于只诉诸受众的听觉，因此不宜设定过于复杂的故事情节，不宜表现人物众多的场面，要求故事线索清晰、人物集中、内容精练。

剧情式广告文案撰写应注意以下问题。

(1) 文案中的故事情节必须和商品或服务特色紧密结合在一起，不能给人一点儿牵强附会的感觉，否则广告效果将大打折扣。

(2) 广告导演必须成功引导演员把握故事中的人物个性与语言特色，务必完美地执行广告创意脚本。

(3) 音效与音乐的运用是创造故事情境、渲染情绪的有效手段，一定要合理加以利用。

2．歌曲式

歌曲式的广播广告即将广告信息写成歌词，配上乐谱，由演员演唱出来的广告形式，也就是经常说的"广告歌"。"广告歌"不仅应用于广播广告，也可以用于电视广告。它的优点在于感染性强，流行度高，便于广告信息的广泛传播和记忆，有助于树立品牌与企业形象。

但歌曲式的广播广告常常不大容易听清歌词，易造成信息的误读，也难以充分地展开销售信息的宣传。因此，歌曲式广播广告文案在写作时要注意选用简洁明了的语言、朗朗上口的词句、充满韵律的节奏，突出主要信息，有效地利用反复吟唱来增加品牌传播频率，同时要求演员的演唱要做到字正腔圆。

【案例 7-8】

百合花电视机的广告文案

百合花，美丽的花，
百合花电视机贡献大。
草原上，高山下，
在城市，在农家。
接收灵敏音色好，
图像清晰美如画。
百合花，百合花，
愿为您增添一朵幸福花。

案例解析

这则歌曲式的广播广告充分体现了"广告歌"应该具备的特点。

除纯粹以歌曲来传播广告信息之外，还有一些广告是将歌曲与直陈式的人物对话相结合。

【案例 7-9】

和谐社会（医保篇）公益广播广告文案

男声：你拍一
童声：我拍一
男声：大病医保合心意
童声：你拍二
男声：我拍二
童声：政府补贴一大半儿

男声：你拍三
童声：我拍三
男声：五十能报十多万
童声：你拍四
男声：我拍四
童声：低费高赔真合适
男声：你拍五
童声：我拍五
合：爸妈(儿女)再也不辛苦
男声：一老
童声：一小
合：参医保
合：幸福少不了
浑厚男声：建立全民医保体系共创健康和谐社会

案例解析

这是套用大家都很熟悉的《拍手歌》儿歌歌曲式的广播广告文案，并采用双人播送的方式进行表现，通俗易懂，便于记忆。

3．诗歌散文式

诗歌与散文是最为传统的文学艺术形式，广播广告也可以将文案写成诗歌或者散文，创造优美含蓄的情绪氛围，带给听众以美的感受，有利于树立良好的品牌与企业形象。但是，诗歌散文式的广告文案在写作上具有一定难度，稍有不慎，就容易产生矫情、虚浮之感，有为文而文、堆砌辞藻之嫌。因而，在写作此类广告文案的时候一定要注入真情实感，切不可牵强附会、生拉硬扯。

【案例 7-10】

海尔冰箱广播广告文案

恋爱的季节我牵过妻子的手
走向红地毯
我吻过妻子的手
好些时候我丢了妻子的手
直到有一天
客人走了以后
杯盘狼藉中我才注意到妻子的手
酸楚于心底油然滋生

眼泪在妻子握刀的印痕里
慢慢渗透
而今我握紧了妻子的手
注定今生今世走到头——
海尔，无须解冻及时切
让妻子的手轻松起来

案例解析

该广告采用散文诗的体例，通过优美的语言，创造出了一种意境，调动听众的情感参与，加深了对产品的情感关联度，突出产品功能的同时，强化了对该品牌产品的记忆度。

【案例 7-11】

祁门红茶广播广告文案

一八七五年远渡英伦，现已回来

祁门红茶

十九世纪的伦敦，一个接一个的下午茶会

来自中国的祁门红茶，总是扮演着优雅自在的主角

在英国人眼里，这种下午茶文化足以与沙翁比肩

在祁门红茶的时间里

总是有想见的人，总是有想起的事

是不是，有些人已经被遗忘了很久

是不是，有一天突然想起了他(她)

是不是，有些事已经被忘记了很久

是不是在某一刻它又发生在你的眼前

记忆让时间变得更美妙

在生命不经意中一点一滴地浮现

茶给了时间味道

转动手中的红茶，寂寞失去支点

生活把情趣罐装了起来慢慢品尝

沿逆时针转三圈，时间并没能回去原点

只剩下记忆在红茶里踱步

心情的长句，在红茶的逗点下，生动起来

走到尽头的休息间，通往上上世纪的闲情

浅啜红色经典

案例解析

这则广告恰当地运用诗的浪漫与唯美,巧妙地传达了产品的特点与品牌形象,让听者心生涟漪。

4. 广播节目式

广播媒体有符合媒体自身特点的一些独特的节目样式,例如新闻节目、体育节目、音乐节目、评书节目等,故广播节目式的广播广告是以广播媒体某一节目形式出现。其中最为常见的就是现场报道式的广播广告。

【案例 7-12】

SMG广告经营中心广播广告文案

男声:各位观众,各位听众,今天开幕式的天气非常晴朗,全场的气氛也非常热烈,正向我们走来的是 SMG 广告经营中心代表团,他们准备了丰富的电视、广播广告营销方案,等待您的挑选。他们面带微笑,精神抖擞,现代运动会已经不仅仅是体育的盛会,更是经济商业的一次角逐。我们听,他们正在呼喊他们的口号:"更快,更高,更强,更好。"让我们祝愿他们在2018年能够取得好成绩。

2018年广告也运动,加油!

音乐节目是广播媒体中最为常见也是最受欢迎的一种节目样式,因此,很多广播广告也以音乐会的样式宣传产品、服务及企业形象。

【案例 7-13】

旅游广播广告文案

(出本溪水洞赞歌——压混)

滴水叮咚奏仙乐,云雾缭绕舞彩带;

若在人间寻仙境,请到本溪水洞来。

裴晓云这优美动听的歌声,把我们带进了人间仙境——我省著名的游览胜地本溪水洞。我们在银河码头登上游船。

(歌曲隐没,出实况汽船声)导游员解说:我们九曲银河洞的自然情况,分为五宫、三峡、九曲、二门等七十多景……现在游船进入银河宫……现在游船进入如容峡……

在将近五十分钟里,我们饱览了九曲银河的七十多个景点。这里微风拂面,四季如春,泛舟其中,真有梦幻仙境之感。游船回码头,我才如梦初醒。啊!真是"钟乳奇峰景万千,轻舟碧水诗画间。此景只应仙界有,人间独此一洞天。"

案例解析
这则广播广告采用游记的形式呈现广告信息，该旅游胜地优美的景色感觉就在听众眼前。

广播节目式的广告在制作的时候要拿捏好火候，要把自己想象成听众，感受一下听到这则广告时候的情绪是什么样的，要让听众觉得合情合理，能够接受，一定要防止文案给听众造成一种受欺骗而产生厌弃的心理。

5．曲艺式

曲艺式广播广告文案即采用相声、评书、快板书、大鼓书等为人们所喜闻乐见的民间艺术形式来传播广告信息的广告形式。这类广播广告充分利用了广播媒体诉诸听觉的媒体特性，运用各种擅长听觉表现的曲艺说唱形式来表现产品功能、服务特性及企业形象，使听众在欣赏的同时不知不觉地接受广告所传递的信息。

在曲艺式的广播广告文案中，最为听众所熟悉的艺术形式是相声与快板，因此，采用这两种形式创作广告的作品也最多。

1）相声

相声体广告文案写作的关键在于如何抖亮"包袱"，并将"包袱"与产品联系起来。这篇文案利用"吹"字的歧义性，有意诱导听众产生误会和悬念，通过大量的铺垫后再猛然抖开"包袱"——黑劲风牌电吹风，让人在意外中接受产品的信息。当人们的思维兴奋点集中于品牌名称时，其效果强于多次单调地重复。

【案例 7-14】

黑劲风牌电吹风广播广告

甲：问您一个问题，您喜欢"吹"吗？
乙：您才喜欢吹呢！
甲：您算说对了，我的名气就是"吹"出来的。我能横着吹、竖着吹、正着吹、反着吹，能把直的吹成弯的，能把丑的吹成美的，能把老头吹成小伙，能把老太太吹成大姑娘。
乙：嚯，都吹玄了！
甲：我从广东开吹，吹过了大江南北，吹遍了长城内外。我不但在国内吹，我还要吹出亚洲，吹向世界！
乙：呵！您这么吹，人们烦不烦哪？
甲：不但不烦，还特别喜欢我，尤其是大姑娘、小媳妇抓住我就不撒手。
乙：好嘛，还是大众情人儿。请问您尊姓大名？
甲：我呀，黑劲风牌电吹风！
乙：嘿，绝了！
（掌声，拉下）

2）快板

快板是典型的民间艺术形式，节奏感强，朗朗上口。用这种形式制作广播广告也很奏效。

【案例 7-15】

啖啖正豆的广播广告

凉通天，新朋友，
带给你，新享受，
粒粒凉粉好爽口，
添牛奶又加豆豆，
红豆绿豆香味够，
清热降火好顺喉，
睇到之后难忍口，
开罐即食最顺手，
天然方便又潮流，
包你食罢返转头，
放入冰箱更可口，
透心感受从未有，
今个夏天食个够。
泰奇豆拌凉粉，
清凉爽口，啖啖正豆！

案例解析

这则广播广告采用快板的民间艺术形式，节奏明快、轻松。语言上采用广东方言，虽是叫卖式的播讲，但颇为得意，动了感情，把豆拌凉粉描述得令人流口水，具有一定的煽动作用。

写作快板广播广告，要注意以下两个方面的问题。

(1) 语句要合辙押韵。文案可以是偶韵，即逢双句押韵，首句可入韵也可不入韵；也可以采用排韵，即句句押韵；还可以采用随韵，即几句换一韵。句子可采用三言句和五言句。三言句、五言句最好能成双成对出现，才易朗读。有时也可根据需要加注旁白。

(2) 要牢牢把握住广告的核心内容。文案写作切忌信马由缰、不得要领，要善于抓住实质性问题加以发挥和演绎。

关于快板的知识

快板艺术灵活多样，丰富多彩。从表现形式看，有一个人说的快板书、两个人说的"数来宝"和三个人以上的"快板群"(也叫作"群口快板")；从篇幅看，有只有几句的小快板，也有能说十几分钟的短段，还有像评书那样的可以连续说许多天的"蔓子活"；从方言看，有用普通话说的快板"数来宝"，也有用天津方言演唱的天津快板。

此外，一些地方还用当地方言演唱类似快板的说唱艺术形式，如陕西快板、四川金钱板、绍兴莲花落等；从内容看，既有以故事情节取胜的，也有一条线索贯穿若干小故事的所谓"多段叙事"的，还有完全没有故事的；从韵辙看，既有一韵到底的快板、快板书，也有经常变换韵辙的"数来宝"。

二、广播广告文案的特点

广播广告文案本身作为广告文本，应具备广告文本既有的根本性特点。同时，广播广告文案还要符合广播的媒体特性，按照广播媒体的传播规律进行写作，彰显不同于报刊广告、电视广告文案的独特性，才能获得好的广告效果。因此，在学习如何写作广播广告文案的时候，要首先掌握广播广告文案所具有的特点。

(一)通俗易懂

"通俗易懂"往往是我们对各种类型广告文案的总体要求，但对于广播广告文案，则是最为根本性的要求。因为广播作为听觉媒体，它所传达的信息不能形成视觉化的印象，很容易让人一听而过，转瞬即忘，有时候还会造成听觉上的误读，因此，广播文本的写作必须做到口语化、生活化，让人一听就明白。广播广告要做到通俗易懂，在写作文案的时候要把握以下几点。

1. 多用口语词

在写作的时候要将已经习惯使用的书面语改为口头语。

【案例7-16】

招商银行广播广告文案

男：坏了！坏了！忘交电话费，停机了！
女：你有招商银行一卡通吗？
男：有啊！
女：马上拨打电话银行95555，申请开通自助缴费，即缴即通。
男：我马上申请。
女2(电话中的声音)：欢迎使用招商银行电话银行系统……
男：通了！招商银行一卡通自助缴话费，真方便！

案例解析
这则广告就使用了大量的口语，使得整个广告贴近生活。

2. 多用双音节词

在汉语中，有很多意义既可以用单字来表示，也可以用双音节词来表示，为了让听众听懂，在广告中要尽量使用双音节词，以免造成误读，同时在听觉上也给人以匀称顺口的感觉。例如，"数"可以改成"数字"，"为"可以用"为了"。

3. 少用术语

广告写作最忌讳在面向没有专业背景的消费者进行推销时使用专业术语,这样不但不能有效传达信息,有时还会给受众留下乱用"概念"、欺骗消费者的不良印象。因此,在广播广告中,更不应使用过于专业、生僻的术语,使得听众一头雾水。但在有些广告中,当我们不得不使用专业词汇的时候,可以通过上下文的联系来解释术语,帮助听众理解。

【案例 7-17】

金羚洗衣机的广播广告

主持人:"各位听众,请留意我们的问答游戏。中国第一个拿到美国 UL 认证的洗衣机是……"

听众:"金羚洗衣机。"

主持人:"好极了。美国 UL 认证连续无故障实验究竟做了多少次?"

听众:"5000 次。"

主持人:"5000 次,这是中国最高标准,金羚已经通过。我问的是美国 UL 认证标准。"

听众:"6000 次。"

主持人:"回答正确。请为金羚成功地通过 6000 次,再一次鼓掌。"

金羚洗衣机,中国第一个获得美国 UL 认证的洗衣机。

案例解析

这则广播广告就使用了美国 UL 认证这个行业术语,并且也没有对该术语进行阐释,听完广告后听众或许能记住该品牌产品是中国第一个获得美国 UL 认证的产品,但对于此认证没有清晰的认识。

4. 少用代词

在语音信息传播中,我们常用的代词"你、我、他、她、它、这、那"等很难被区别和分辨,容易造成指代不明,因此在广播广告文案中,尽量不要使用代词,而要用事物名称的全称。这样做既可以避免文案指代不明,又可以多次重复产品、品牌及企业名称,提高其传播概率。

【案例 7-18】

仙曲 707 组合式双卡收录机广播广告文案

甲:欢迎选用××国营厂从日本引进的先进流水生产线为您提供的……

乙:仙曲 707 组合式双卡收录机。

甲:仙曲 707 组合式双卡收录机。

> 乙：小型便携式。
> 甲：仙曲 707 组合式双卡收录机。
> 乙：用发光二极管显示放电平。
> 甲：具有调频、调幅、立体声耳机插孔、转录五芯插座、睡眠定时、自动电平控制等功能。
>
> **案例解析**
> 这则广告反复强调了广告产品的型号和名称，重复出现了 3 遍而没有使用代词代替，很好地强化了听众的记忆。

5．不用同音不同义的词

汉语中有很多同音却不同义的词，因此为了避免同音误听，在写作广播广告文案的时候，一定要注意回避这些词汇。例如，"全部合格"与"全不合格"，"致癌"与"治癌"，"切记"与"切忌"等。

6．多用简单句，不用倒装句

在日常的口语表达中，我们很少使用复合句与倒装句，而是多用简单句表达，因为简单句更符合口语化的表达，更容易被听众理解。

(二)新颖生动

一则广告只有新颖生动，才能在瞬息万变的声音世界给听众留下印象，才能产生好的广告效果，因此，有效地利用声音表现技巧、构造精彩的故事情境、创造新颖生动的诉求方式是广播广告文案成功的关键。具体而言，可以通过以下两种方式来做到这一点。

1．营造情境

广播广告文案要通过内容上的联系及生动的语言营造出立体化的情境，突出情绪氛围，将听众从日常的生活情境中拉出来，引入到传播者的叙事中来。广播广告营造情境，通常通过以下几种方式。

1) 运用修辞方式，使文案的语言生动

通过运用比喻、拟人、排比、对偶、夸张、仿词等常用的修辞方式，使文案更具表现力，更为生动。

【案例 7-19】

> **滇池卫城广播广告(度假篇)文案**
>
> 男声：(优雅而从容)
> 　　每年度假 7 天，是小资生活；
> 　　每年度假 30 天，是中产生活；
> 　　一年 365 天，天天度假，是滇池卫城生活！

第七章　广播广告文案

> 旁白(大气)：
> 滇池卫城，国际化生态度假之城，万达集团倾力奉献！
> 滇池卫城现房呈现，恭请社会各界人士亲临品鉴。
> 滇池卫城，生活就是度假。
> (0871)********
> **案例解析**
> 这则广播广告开头就运用了3个排比句，层层递进交代出广告主题，传达了该楼盘项目的产品定位。

2) 注意语气词、象声词、叠音词的使用，增强广告的感染力

语气词可以表现人物的感情状态，同时使文案更具口语化的特点，比较常见的包括"呀、吧、哇、呢、啦、噢、唉"等。象声词可以使事物更形象化，在一定程度上弥补广播只诉诸听觉的不足。叠音词是一种非常简单的文辞修饰方式，既能够让语句变得生动活泼，同时也可避免文句过于复杂而听不懂。

3) 注意音乐、音效的配合运用，创造剧情效果

通过音乐和音效的使用，可使听众进入一个特定的故事情境中。

【案例 7-20】

> **猎犬牌防盗报警器的广播广告文案**
>
> (音乐渲染出惊恐的气氛)
> (沉缓地)一个寂静的深夜
> (音乐继续，低沉的脚步声)
> 一个窃贼的身影
> (音乐继续，突然响起警铃声)
> 一鸣惊人的警铃
> (音乐继续，急促有力的脚步声)
> 一声威严的喝令："住手！"
> 一名落网的惯犯。
> "带走！"(一阵远去的脚步声)
> 一场落空的美梦。
> 防盗保险，请用猎犬牌防盗报警器。
> 文件、财产防盗有我——猎犬牌防盗报警器。
> **案例解析**
> 这则广播广告综合运用了语言、音乐和音响，各种音效融入其中，低沉的脚步声、响亮的警铃声、远去的脚步声……成功营造了一个偷盗和抓贼的特定情境，让听众置身其中。

2. 创造吸引人的"开头"

电子媒体的信息传播有一个被普遍认可的规律：信息如果不能在开头 5 秒钟内吸引受众注意，那么受众就会放弃对这个信息的关注。广播作为电子媒体，其信息传播也符合这个规律，而广播广告作为正常内容的"闯入者"则更是如此。因此，广播广告要想新颖生动，能被听众关注并接受，必须有一个能吸引人的"开头"。

【案例 7-21】

中国台湾地区 PUMA（彪马）运动鞋广播广告文案

(男声)我是庸庸碌碌的上班族，不过在平淡的生活中，我倒有一样法宝。

星期一，我喜欢走仁爱林荫道来公司，借以平和我的"星期一忧郁症"。

星期二，故意挑公司后的小巷道，多绕些路，只为了听听附近住家起床号的声音。

星期三，我会从小学旁经过，看看年轻的生命活力，顺便感怀一下我自己消逝的天真童年。

星期四，我索性来一段慢跑。

(口白渐弱)

广告语：快乐的走路族——PUMA——彪马运动鞋。

案例解析

广告一开头就通过演员的声音将听众带入情境，好奇究竟是什么法宝。这一悬念紧紧抓住听众的注意力。接下来则慢慢揭开谜底，让听众在期待中接收了广告所传播的信息，感受到主人公生活中使用该产品产生的美好体验。

新颖生动，是我们对所有类型广告作品的总体要求。广播广告要做到这一点，在制作观念上必须深入地理解听觉媒体的特性与构成要素，并在具体的制作中完美自如地利用它的特点与所具备的要素。因此，如何做到新颖生动，并没有一定之规，我们在这里也只是提供一些常见的手段与方式，在实际的广告创作中，还是要通过天马行空的精彩创意来满足这一要求。

第二节　广播广告文案的撰写原则

广播广告文案的撰写要把握两个最根本的原则：一是我们在写"广告"，也就是说我们所写的文案必须达到一则广告所要达到的目的；二是我们所写的文案必须符合广播的媒体特点，在广播中播出不会造成任何传播的障碍与困难。如果能严格地遵守以上两个根本性原则，那么在广播广告文案的具体创作中就可以把握住以下几点。

一、亲切可人

有人曾经说过，广播是最平民化、最贴近受众的一种大众媒体，它不要求受众具备较高的文化水平，也不需要受众为收听广播而付出昂贵的物质代价，它是真正属于老百姓的一种传播方式。因此，面向普通消费者的日常产品及服务在选择广播广告的时候应该充分地利用这一点，拉近同消费者之间的关系，并塑造平易近人的品牌形象。所以在写作广播广告文案的时候要有意识地营造出一种亲切可人的感觉，让听众在温暖、舒适的愉悦中接受广告信息。为了达到亲切可人的效果，广播广告在创意与文案写作的过程中要注意以下两个方面。

(一)语言要亲切感人

写作温暖质朴的语言，是使文案变得亲切可人的最为直接的方法，当然在很多作品中，语言的亲切感人也是要通过播音员的表演来共同完成的。

【案例 7-22】

请勿占用盲道公益广播广告文案

(场景：马路上车水马龙的嘈杂声音……)

孩子："妈妈，为什么人行道上有这么多一条条凸起来的路啊？"

妈妈："孩子，这一条条凸起的叫盲道，是专门供盲人行走的。"

孩子："哦，这是盲人专门走的路啊？那这条盲道上怎么有这么多小汽车停着呢？这些小汽车是不是也看不见啊？"

妈妈：(愕然无语……)

旁白：生活无情地剥夺了他们本来明亮的眼睛，让我们还给他们一条没有障碍的路！

案例解析

这则公益广告从一个孩子天真的一连串问题引发出关于盲道的思考。孩子童真甜美的声音，妈妈诚恳真挚的语言，营造一种平缓自然的氛围，而愕然的无语，把听众也带入了沉思。

广播广告文案的写作除了特别的创意需要外，一般要采用亲切、诚挚的话语，以使听众获得一种心理上的舒适感，从而对广告诉求产生情感上的认同。

(二)明确"传者"与"受者"的身份

在很多广播广告中，为了给人以真实亲切的感觉，往往采用"明确身份"的方式。具体来说就是在广告中要明确发布广告信息、售卖产品服务的是谁，产品及服务要售卖给谁。只有"传受"关系理顺了，受众的情感逻辑才能建立起来，目标群体才能认真地收听信息、接受诉求。

【案例 7-23】

北京交通广播的一则公益广告

男声：我是北京市公安局副局长。每年燃放烟花爆竹死伤很多，究其原因，基本上是燃放了伪劣、超标的烟花爆竹。提醒市民啊，不买、不放伪劣超标的烟花爆竹，确保自己的人身和财产安全。

女声旁白：文明燃放，平安过年。北京交通广播。

案例解析

这是一则对"传者"与"受者"身份都做了规定的广告。广告一开始，就明确了说话人的身份是"北京市公安局的副局长"，既增强了广告信息的权威性，也使听众明确了信息接收者的范围——所有市民。当然还有一些广告只对传者的身份进行了规定，另外一些广告只对受者的身份做了规定，这需要根据广告具体情况而定。

【案例 7-24】

纯粮大曲的广播广告文案

(电影《红高粱》插曲《酒神曲》起)

(唱)"九月九酿新酒，好酒出在咱的手，好酒——"

男：好酒，纯粮大曲！

女：纯粮大曲，好酒！

男：纯粮大曲1985年在江西白酒评比中名列第一。

女：纯粮大曲荣获1988年全国首届食品展览会金奖。

(唱)"喝了咱的酒，上下通气不咳嗽；喝了咱的酒，滋阴壮阳嘴不臭。"

男：纯粮大曲由江西修水恒丰酒厂生产。

女：纯粮大曲为千家万户喜庆节日助兴。

(唱)"喝了咱的酒，见了皇帝不磕头……"

男：酒，酒，酒，请喝纯粮大曲酒。

(唱)"好酒，好酒……"

案例解析

这则广告确定了"传者"的身份，套用大家都很熟悉的《红高粱》电影插曲，也是典型的歌曲式的广播广告文案，并采用双人播送的方式进行表现，唱白和谐，很有感染力。

二、悦耳动听

广播广告的悦耳动听包含两个层面。一是指广告中出现的所有声音都和谐悦耳，带给人听觉上的享受；二是指广告文案生动多彩，富于感染力，给人的思想与心灵带来快感。事实上，无论是哪个层面的"悦耳动听"都要通过广告整体的精彩创意以及成功的执行来实现。

当然，我们在这部分主要谈的是如何创造出文辞上的悦耳动听，这要求在文案的写作过程中，把握以下几种方式。

(一)掌握多种听觉艺术形式的制作方法

上文曾谈到广播广告文案的基本类型文艺形式，即运用各种各样的文学艺术形式来传达广告信息，尤其是其中曲艺形式的广播广告文案更是受到听众的欢迎。因此，为了增强广播广告的趣味性和吸引力，使其悦耳动听，文案撰写人员应该尽力掌握各种听觉艺术文本创作的基本方法，以便需要的时候可以应用在广播广告文案的写作上。

【案例 7-25】

建设银行自助用龙卡的广播广告

男声(语速快)：什么叫有钱人？那就得是打开钱包一分钱没有，只有银行卡。拿出一张，上面写着四个大字——建设银行。在人面前一晃，倍儿有面子。但凡拿着龙卡就要想着法去找建行ATM，不为别的，就为得奖。您说这奖品得值多少钱？怎么着也得20吧？20？那是参与奖，只要一月内成功交易五笔，那就得人手一份，这还不包括每月的抽奖，200、1000、5000。您还甭嫌多，所以我们的口号就是——开心交易，大家中奖。

(音乐混)

旁白：自助用龙卡，好礼等您拿，建设银行95533。

案例解析

这则广告大家一听就知道是套用了电影《大腕》中的经典台词，听起来觉得熟悉又能博得听众的会心一笑。

【拓展知识】

关于广播广告的语速

播音员的语速应该是多少？每分钟多少个字才会让人听着舒服？这没有固定的标准，以前是180字，后来是200字，现在有很多播音员每分钟能达到220字甚至300字。语速变快的原因是现在生活的节奏明显变快了。所以广播广告文案的播音速度要根据具体的作品要求来决定。

(二)语言要形象生动

广告文案语言的形象生动可以使广告更为悦耳动听。要做到形象生动，就要尽力避免语言的抽象化、概念化，而要具体化、形象化，引发听众的想象，让听众获得一种视觉化的感受，让产品的形象在诉求对象的头脑中丰满起来。

语言的形象化和音响、音效的形象化，就是化抽象概念为具体的事物，让听众能将抽象的事物形象化、具体化地理解。

【案例 7-26】

蓝月亮洗衣液广播广告文案

Hello 早上好！我是杨澜，新的一天就要开始了。无论在工作上，还是在生活中，你选择了做更专业的女性了吗？

专业，我选择全新蓝月亮洗衣液。(滴水声)

高浓度液态，凝聚非凡能量，瞬间溶解。(爆裂声)

超强洁净力让衣物亮丽如新，让你拥有全新专业的一天。专业让洁净更出众，专业让女性更出众，蓝月亮洗衣液，你的专业选择。

案例解析

用大众眼里专业的职业女性作代言人诠释专业，专业的形象、专业的选择让听众深信不疑。另外在产品性能的展现上，很好地配合了滴水声和爆裂声等音效，形象而生动地展现产品性状和功能品质。

(三)引入生动的人物角色

为了增强广告的形象感，文案撰写者可以将广告中的人物具体化为某一角色，使之真实、丰满、可信，为广告增添日常生活的味道，从而有效避免叫卖式推销的生硬、虚假与造作。

【案例 7-27】

蓝吉利刀片的广播广告

男：太太，我刮胡子的刀片呢？

女：丢掉了！

男：为什么？

女：昨天，隔壁何太太告诉我，姚先生每天都用蓝吉利刀片来刮胡子，剃得又光滑又舒服，而且蓝吉利刀片经济耐用，所以呀，我也买了一包蓝吉利刀片给你，试试看！

男：蓝吉利刀片真好！
女：唔，看起来好神气呦！
男：以后，我也要天天用蓝吉利刀片！蓝吉利刀片！

案例解析

这则广播广告运用的就是最常见的"角色引入"，通过夫妻对话表现了日常生活的一个场景，亲切自然。

在此要注意的是，要清晰地区别广告的"角色引入"和上文谈到的"身份确定"。"角色引入"指的是在广告所设定的剧情中引入具体的人物角色，通过具体的人物形象来描绘出丰富多彩的现实生活，从而增添广告的生动性；而"身份确定"则是指在广告中确定"传者"或者"受者"大致的群体或者社会身份，以便建立一种对话关系，从而增强广告的真实性与亲切感。

"角色引入"通常引入的是具体的人物，但往往只涉及广告剧情中的人物，不会顾及听众的角色，而"身份确定"通常确定的是广义的或者职业化的身份，而且有时会特别强调听者的身份。在实际的广告写作中，不用刻意牢记二者的区别，只要遵循广播广告写作的根本原则，从具体的项目要求出发就可以很好地把握这两种写作方式。

在很多广播广告文案作品中，除了将广告中的人物具体化为某一角色外，还会将某种事物化为人物角色，即拟人，也是一种"引入人物角色"的方法。

【案例 7-28】

突破插座的广播广告

甲：袭击那幢楼！
(巨大的雷声)
乙：(恐惧地)有避雷针！
甲：顺着电源线走！
乙：成功了！——那是什么？啊！快跑，有突破保镖！啊！
旁白：雷雨季节，谨防雷害。突破保镖，防雷二代插座，全新登场！咨询电话：62171731。

案例解析

这则广告典型地运用了拟人化引入角色的方式，将"雷害"变成人物角色，在袭击楼体的过程中遇到了阻击，形象生动地说明了突破牌插座有效防雷的产品功能。

三、简洁明了

简洁明了是广告写作的基本要求，广播广告要想在瞬间通过听觉给受众留下印象，更是要遵守这一写作原则。

(一)内容要集中精练

在广播广告文案的写作中，要尽量做到简单集中，让听众在短时间内理解广告信息并形成记忆。

【案例 7-29】

汉弥顿手表的广播广告

汉弥顿手表是美丽的象征,汉弥顿手表带给你高雅的气质。
您要买世上最薄的自动手表吗?
您要买防水最好的游泳表吗?
请选购汉弥顿!

案例解析
广告文案言简意赅,主要表现手表美丽、高雅、超薄、防水的品质,四个方面的诉求非常清晰,结构简单,传递的信息直接且利于理解。

(二)突出产品或品牌名称

对于听众而言,广告信息的清晰明了一方面可以通过文案的简单集中来实现,另一方面也可以通过信息的多次重复来加深印象与准确性。因此,在广播广告文案的写作中要尽可能多地重复产品或者品牌的名称,以增加核心信息的传播频率。

【案例 7-30】

TOTO 感应水龙头广播广告文案

孩子:(高兴)搬新家喽——
妈妈:看你那小脏手,快去洗洗。
(跑步声)
孩子:(慢念)T——O——T——O
妈妈:念TOTO。
(水声起)
孩子:妈妈,这个水龙头真好玩。手一伸水就出来了。
(水声停)
孩子:呀,怎么没了?
妈妈:这是TOTO感应水龙头,能节约用水。
孩子:TOTO,名字好听。
男白:TOTO感应水龙头,您的节水专家。
唱:TOTO

案例解析
这则TOTO感应水龙头的广播广告,通过妈妈带孩子洗手的情境,妈妈和孩子多次重复强调了品牌名称,强化了品牌信息的传播,加深了听众对品牌的记忆度。故事情节设计得很好,体现了孩子的好奇心和童真,所以也不会感觉生硬,不会引起反感。

第三节　广播广告脚本撰写

广播广告脚本是广播广告创意的文本，是广播广告录制的依据。

一、广播广告脚本的格式

(一)广播广告脚本包含的内容

广播广告脚本一般包含以下内容。
(1)　客户名称。
(2)　产品名称。
(3)　投放媒体。
(4)　描述，包括广告的长度和广告的类型。
(5)　广告播出时间。
(6)　广告题目。
(7)　脚本陈述。

其中，前6项内容只是起到识别作用，脚本陈述才是广告脚本最为核心的内容。

(二)写作广播广告脚本要注意的问题

音效与音乐部分要在广告脚本中做出明确的描述，但不能和人的语言写在同一行，要另起一行，并在文字下面画上横线，以提醒制作人员注意。

广告中出现的每一个人声都必须注明角色，包括旁白播音员，以方便录制的时候角色的分配与扮演。同时，要在演员的台词前注明角色的情绪状态及声音状态，是生气的、喜悦的、滑稽的还是惊恐的，是高声的还是低声的，等等。

二、广播广告脚本的实例

广播广告作品，最后是通过声音来播放出去，而不是像报刊广告那样能够预先制作成样稿。这样，为了给广播广告的制作提供指南，文案写作人员就要写出脚本。以下是一个标准的广播广告脚本。

【案例 7-31】

一帆茶叶广播广告脚本

客户：一帆茶叶
广告类型：形象广告

媒介：泉州电台
描述：35秒，合成
播出时间：周一至周五，班车时间
题目：泉州古香
（音效：古筝）
古城一座，古香七成，古色十分。
这是泉州
（音效：茶具声）
茶具一套，茶香四里，茶韵十足。
这是泉州生活
（背景音乐：古筝）
（诗朗诵）
人生几何，如茶清幽！品一帆茶叶，感受浓浓泉州味儿！
"横眉冷对千荣辱，俯首只为一帆茶！"
一帆茶叶，一番感受。
古城东街，老427号，一帆茶叶。

案例解析

这是一则广播广告脚本的实例。可以从脚本中看出，这则广告主要通过音效和旁白来烘托氛围。把茶文化与古城泉州的文化意境相融合，最后点题，让听众记住一帆茶叶的地址和品牌名称。

1. 广播是通过无线电波或金属导线，用电信号向受众传播信息、提供娱乐和服务的大众传播媒介。广播广告则是以广播为传播媒介，以语言、音乐及音响作为基本构成要素，诉诸受众听觉系统的广告传播形式。广播广告文案是广播广告制作的依据。狭义的广播广告文案指广播广告中的语言文字部分，广义的广播广告文案指广播广告的"脚本"。

2. 广播广告文案的类型分为直陈式和文艺式两大类。

3. 直陈式又分为单人播送式、双人播送式、多人播送式三类。

4. 文艺式又分为剧情式、歌曲式、诗歌散文式、广播节目式、曲艺式5类。剧情式广告还可以分为生活片段式与故事叙述式两类；曲艺式广播广告文案可以采用相声、快板等多种曲艺形式进行创作。

5. 广播广告文案具有通俗易懂的特点，多用口语词、双音节词，少用术语、代词，不用同音不同义的词，多用简单句，不用倒装句等方式可以实现这一特点；广播广告文案还具有新颖生动的特点，营造情景和创造一个吸引人的"开头"可以实现这一特点。

6. 广播广告文案的撰写要遵守亲切可人、悦耳动听、简洁明了的原则。文案语言要亲切感人，在文案中明确"传者"与"受者"的身份可以使文案亲切可人；文案撰写人员如能掌握多种听觉艺术形式的制作方法，增强文案语言的形象感与生动性，并在文案中引入生动的人物角色则可达到悦耳动听的目的；文案内容集中精练，并在文案中突出产品或品牌名称可以使文案简洁明了。

7. 在广播广告制作之前，文案写作人员要写出广播广告脚本。脚本一般包括客户名称、产品名称、投放媒体、描述、广告播出时间、广告题目、脚本陈述等内容。

肯德基鸡柳汉堡广播广告

背景音乐：周杰伦《甜甜的》

时间：29 秒

(背景音乐：《甜甜的》渐起)

男声(有一点痛苦)：喂，老师，我今天肚子疼，想请一天假。

女声(流露出一些关切的语气)：行，明天记得带作业哦。(老师刚说完，从电话另一边响起一阵奇怪的类似亲吻的声音)

女声(疑问但又有一点责备的语气)：干什么呢？

男声(尴尬而又慌张的声音)：噢噢，没什么，没什么，老师再见。

(挂电话声)

男声(欢快而幸福的声音)：肯德基最新推出鸡柳汉堡，挡不住的诱惑，好吃听得见，嗨嘛~(类似亲吻的声音)

(背景音乐渐渐消失)

案例点评

有联想的广告容易让人产生好感。广告创意就从声音的联想出发，想到生活中有许多声音比较相似，容易引起误会，从而产生幽默的效果，吸引听众的注意。这则广告就利用了这一点：一个学生给老师打电话请假，同时在吃东西，美味的诱惑让人随时都想咬上一口，发出的拌嘴声就像亲吻一般，增加搞笑效果的同时也充分说明了汉堡的可口诱人。

讨论题

1. 该则广告的诉求目的是什么？
2. 该则广告设计了什么主题来实现这一诉求目的？
3. 该则广告采用广播媒体进行投放的恰当性在哪里？
4. 结合该则广告谈谈广播广告文案写作应遵循哪些原则。

1. 简答
(1) 广播广告文案的类型有哪些?
(2) 广播广告文案的特点有哪些?
(3) 通过哪些写作技巧可以体现出广播广告文案的特点?
(4) 广播广告文案的写作要遵守哪些原则?可以通过哪些具体的方法实现?
(5) 试述广播广告脚本的格式。

2. 广播广告文案的写作

仔细阅读以下资料,根据策略单的内容撰写一则广播广告。

雅诗兰黛广告创意策略单

广告主:雅诗兰黛。

创始时间:1946年。

传播/营销目的:把美丽带给每一位女性。

广告目的:

让消费者从另一个角度来认识雅诗兰黛。

市场概况:

雅诗兰黛夫人于1946年成立了以她名字命名的公司,同时推出了她的第一款产品:由她当化学家的叔叔研发的一瓶护肤霜。

而在这面霜被最终贴上雅诗兰黛商标之前,它已经赢得了一群忠实拥护者。当1953年,具有革命性意义的Youth-Dew香水被推出之时,雅诗兰黛公司已经赢得了不断创新、精于研发、品质优良的美誉。如今,雅诗兰黛旗下的护肤、彩妆以及香氛产品都成为科学与艺术完美结合的最佳范例。鉴于公司对产品质量的严格控制和顾客承诺的忠实履行,标有雅诗兰黛(Estée Lauder)字样的产品受到全球100多个国家用户的爱戴。

品牌个性/形象:

让每个女人都可以展示出属于自己而又不失个性的味道。

目标消费者:

18~45岁,对美白有需求,收入中高等的女性(核心消费者为20~35岁的年轻女性);她们有主见,积极向上,对生活有要求,对事业有追求,并且崇尚天然、自然的生活方式。

传播调性:美丽、健康、魅力。

第八章

电视广告文案

学习要点与目标

- 了解电视广告文案的特点和类型。
- 掌握电视广告文案的撰写原则。
- 掌握电视广告文学脚本的写作手法。
- 掌握电视广告文案分镜头脚本的写作手法。

电视广告文案、视听语言、蒙太奇、文学脚本、分镜头脚本

引导案例

农夫山泉电视广告

农夫山泉电视广告如图 8-1 所示。

图 8-1 农夫山泉电视广告

极其简单的背景,一杯水,水的倒入与更换。
"人体中的水,每18天更换一次"
"水的质量决定生命的质量"
从真实的千岛湖风景印入农夫山泉瓶贴的画面中。
"我们不生产水,我们只是大自然的搬运工"

案例解析

此广告与之前农夫山泉一直在传播的"水源地建厂,水源地灌装"的广告主题完美结合,并进行了新的阐释——农夫山泉是健康的天然水,不是生产加工出来的,不是后续添加人工矿物质生产出来的。

农夫山泉以与众不同的广告定位,把握了现代工业社会里的人们对自然界的向往,以"天然、健康"为核心诉求,向消费大众宣传"真正"的"优质"水源,给人留下了自然、绿色的印象。广告诉求类型单一,视觉表现自然清新,尤其是"我们是大自然的搬运工"的广告语,以感性的文笔突出农夫山泉天然的产品属性,出乎于消费者的常规思维,但能简洁而有力地俘获消费者的心。让消费者感知到农夫山泉是大自然的搬运工,农夫山泉是把自然精华带到你身边的值得信赖的品牌。

第一节 电视广告文案的特点和类型

电视发明于1924年,正式播出始于1936年。在今天的世界各地,电视已经成为覆盖面最广、最大众化、影响力最大的大众媒介,也是最有效力的广告媒介。电视广告是一种经由电视传播的广告形式,它将视觉形象和听觉综合在一起,充分运用各种艺术手法,能最直观最形象地传递产品或企业信息。

一、电视广告的创作特点

(一)视听兼备的媒介

电视广告文案主要以有声语言和字幕两种形式表现,以有声语言为主,因此使用适合"听"的语言是对文案的基本要求。

另外一个关键问题是,电视能够表现生动丰富的画面,电视媒介最吸引观众的地方也在画面,电视广告文案必须与画面紧密配合,互为补充。所以在创作时要注重综合的视听效果。

(二)瞬时性媒介

与广播不同,电视也是一种非持久性媒介,追求的是一种即时性的效果。电视广告文案要与画面配合,集中于重要信息,突出品牌和主要利益点,将信息一次传达到位,不能期待观众反复回味广告内容。

(三)告知性媒介

电视信息持久性差的特点决定了电视媒介传达复杂的解释性信息、做深度诉求的能力弱于报纸和杂志，是一种告知性媒介。因为有画面的帮助，电视的解释能力又强于广播。因此电视广告在告知产品特性、承诺明确利益的同时，可以对广告信息进行简单解释，例如示范产品的使用效果、比较两种产品的差异等。

(四)娱乐休闲性媒介

电视广告应该配合观众休息和娱乐的需求，做比较轻松宜人的表现，避免沉重、严肃、丑陋、低俗，引起观众的反感。观众一般在电视广告出现时，容易产生较强的抗拒心理，常以转换频道和做其他的事来转移注意力。

所以电视广告要想在第一时间抓住受众的注意力，就必须运用画面、语言、音效等一切可能手段，在第一时间抓住观众的注意力，或者至少不让观众反感到马上离开。这就需要电视充分发挥其娱乐休闲的特性。

二、电视广告文案的特点

电视广告文案是广告文案在电视广告中的特殊形式，是以画面语言和声音为表现手段的广告传播形式。电视广告主要由视觉部分(包括屏幕画面和字幕)和听觉部分(包括有声语言、音乐和音响)构成。

电视广告的各种构成要素主要包括素材、主题、艺术形式、表现手段以及解说词等，它们都是广告创意的重要组成部分。这一切都必须首先通过电视广告脚本的写作体现出来，从而使电视广告文案显示出有别于其他广告文案的特殊性。

(一)从文案的构成角度分析

1．非独立性

电视广告文案与报刊平面广告文案的性质有明显的区别：它并不完全与受众见面，因为它不是广告作品的最后形式，只是形成电视广告作品的一个基础和前提。

电视广告文案的主要形式来源是文学写作，没有相当好的文学修养和艺术素养，是很难进行电视广告文案创作的。电视广告文案从构思到创作不同于一般印刷广告文案写作和广播广告文案写作，电视广告文案本身是无法独立存在的，必须与其他表现手段相结合，相互配合使用，才能发挥电视广告传播的最大优势。

如果过于强调电视广告文案的独立性，则会造成文案与画面脱离，从而会破坏广告效果。所以，电视广告文案的创作者应该充分认识到广告文案非独立性的特点，写作时一定要围绕画面等因素的融合来进行构思。

2．非完整性

电视广告文案的非独立性决定了广告内容的非完整性。电视广告的传播性与广播广告文案大致相同，即通过声音传播，以口耳相传的方式进行交流，其文案各部分之间的区别无法在听的过程中清楚地辨别，往往融为一体，而且电视广告的时间很短。

目前，电视广告片的各种常规时段有5、10、15、30、60秒等。我们在选择电视广告文案的表现形式时，不仅要依据广告策略、广告信息内容、广告目标受众等情况，而且还要与时段的选择产生对应。

一般来说，电视广告文案每秒不能超过2个字。如果在这么短的时间里还要严格区分正文、随文，势必将文案分割得支离破碎、杂乱无章。现在很多电视广告没有标题，有些正文也很简单，有的干脆将标题、随文都舍弃了(在电视广告文案中，较少出现随文，即使需要出现随文，也往往以字幕的形式出现，而不做过多的解说)。

单纯从文案上看，电视广告文案的表述是不完整的，但是，这也正是电视广告文案不同于其他广告文案的地方。它的主要特点在于，文案始终服务于看和听，人们在观看电视广告的时候，不可能完全专注于屏幕上的文案，也不会像广播广告的听众那样将注意力集中在听觉上，观众往往是边看边听。所以，电视广告文案的作者一定要注意观众"边看边听"的特点，使文案创作适应电视画面的需要。

请看下面这则电视广告。

画面：(全景)一辆汽车在画面中急速奔驰，(背景音乐)有节奏的"滴答滴答"电子钟声。

广告词：我们的汽车在奔驰时，除了电子钟的声音，别的声音都听不到。

这是福特汽车的广告。单纯从画面中看，这种汽车的质量究竟怎么样，无法做出判断，而只有配合文案"别的声音都听不到"，只能听到电子钟有节奏的"滴答滴答"声，来让我们充分领会到这种汽车的平衡舒适和安全快速，仿佛我们自己正置身于这种汽车的行驶之中。这正是该广告的高明之处。

从上述例子可以清楚地知道，电视广告文案与一般的广告文案不同，不能单独靠文案完成广告诉求的任务，只有与画面、音乐以及其他手段有机结合才能顺利完成广告诉求。

(二)从文案的语言特殊性角度分析

电视广告文案采用的是影视语言，电视广告的影视语言不仅是电视广告信息的传达手段，也是电视广告形象得以形成所必不可少的先决条件，因为它是电视广告的基础和生命。

1．跳跃性

停顿和跳跃是电视广告语言独有的特点。一则电视广告，播放的时间一般不超过60秒，而声音部分占用的时间更短。因此电视广告文稿语言不能按部就班地表达，而应如影随形，随着画面的跳跃而跳跃，力求最大限度的简练。

电视广告文案是画面和声音交替、重叠出现的，跳跃性比较强，广告文案无法脱离其他因素而存在，其语言无法追求自身的完整性。因此在电视广告中，广告语言经常是非线性的。如果单独把广告语言剥离出来，有时不仅没有趣味性，也难以理解广告的内容。

2．和谐性

由于电视广告语言是由画面语言、文学语言、音乐语言三种语言构成的，所以在创作电视广告时，要注意文学语言与其他两种语言的和谐统一，不能有分裂感、不妥帖感。

图像部分即是画面语言，它和解说词相得益彰，再跟歌曲、音响效果配合默契，"起承转合"十分自然，有力地突出了广告形象和色彩逼真这一主题。

(三)从文案的语言特色角度分析

1. 形象性

形象性，就是要惟妙惟肖地再现事物的形象，使消费者如见其人，如闻其声，如触其物，如身临其境。怎样才能写出形象性的电视广告文稿语言，这就要求语言的意义要准确，具体地传达出事物的个性特征。

语言都是对事物的区别和概括，概括的范围越广，消费者的印象就越笼统，就越难以形成具体的感性印象。所以电视广告文稿语言不能限于传达事物的一般意义，而要表现特定事物的特殊性，即表现事物的特征。语言的形象性与特征性是紧密联系着的，只有表现出事物的具体特征，表现出某一具体事物同其他事物的不同之处，才能给消费者留下具体鲜明的印象。

2. 新颖性

新颖性，指语言的新奇或反常特性。语言的新颖性与语言的"自动化"是相对立的。自动化语言是那种久用成"习惯"或习惯成自然的、缺乏原则性和新鲜感的语言，在日常语言中司空见惯；而要给消费者留下深刻的印象，带来新奇的感受，电视广告语言就要力求运用新鲜的或奇异的语言，去破除这种自动化语言的壁垒。

3. 独特性

语言的独特性，实际上是指语言的个性化。这里所说的个性化，包含两个意思：一是指作者语言的独具特色，即语言能充分体现广告创作者的个性风格；二是指电视广告文稿语言与其他媒介语言相比，有自己的独到之处。

三、电视广告文案的类型

电视广告文案有许多表现形式，如以调查研究或科学论据的方式，证明某产品优于其他品牌；或将商品人格化；或为商品载歌载舞；或用文化名人推荐商品；或为商品创造出一种动人的意境和故事等。最主要的有以下几种表现形式。

(一)直接式

直接式就是请一个演员直视镜头(即特写镜头)，真诚热情地介绍产品或服务事宜。例如，"蓝天六必治"牙膏电视广告：清晨，一位朴实的中年男子手持漱口杯具迎面向镜头走来，一面走一面向观众诉说着"我的牙，全托蓝天六必治的福了，一点毛病没有。牙好，嘿，胃口就好，身体倍儿棒，吃嘛嘛香。您瞅准了，蓝天六必治!"

(二)名人推荐式

名人推荐式即用名人爱用某种商品的镜头，或由名人直接出面推荐商品的镜头进行广告宣传，利用"名人效应"，以造成观众对产品的好感和信赖感。

(三)证言/代言人式

证言/代言人式即一般由广告中虚构的人物或者知名的代言人、虚构的代言人证实产品的特性、利益点等,并向诉求对象推荐产品。

(四)生活片段式

生活片段式即把广告场景置于人们的现实生活中,以人物的生活经验、境遇来影响其他消费者,或改变人们对某些产品的态度。

【案例 8-1】

索尼的电视广告

画面:长沙发上一个男青年在看电视。(电视在画外,人物为正面表情,下同)
男青年旁多了一个女青年。
中间又出现一个活泼可爱的男孩。
这对男女逐渐老了。沙发上又多了他们的儿媳和两个孙子。
这时出现画外音:"这是索尼。"

案例解析
这则索尼的电视广告全部采用视觉语言,通过动态变化的画面进行叙事,使企业对消费者的承诺化为可见的视觉形象——索尼电视机可以伴随三代人。岁月流逝,质量不变,款式、效果永不过时,为三代人所喜欢。广告语只四个字,强化了"索尼"品牌。未加任何说明,传达出如此丰富的内涵,可谓影视语言蒙太奇思维的典范。

(五)解决问题式

解决问题式即先提出生活中遇到的问题,然后解决问题,在此过程中展示某商品的特性。此类广告往往以科学实验的形式,显示商品功能的科学性和可靠性,富有很强的说服力。

【案例 8-2】

印度旁氏化妆品影视广告《污染篇》

印度旁氏化妆品影视广告如图 8-2 所示,就运用了解决问题式的方式,通过强化问题,突出矛盾,进而体现产品解决问题的能力,激发消费者的购买需求。
旁白:印度德里是世界上污染最严重的城市,每天有 2 亿个毒素落在女性脸上而没有被意识到。为了推广 Pond 的洁面乳,他们以最切实的方式向女性展示了她们的皮肤如何受到影响,创造了由德里空气污染物制成的第一批化妆品。

图 8-2　印度旁氏化妆品影视广告《污染篇》

活动：工作人员先是让姑娘们尝试，再告知这是污染物制成的化妆品，在姑娘惊吓之余，工作人员再解释缘由："在污染严重的德里，女性脸上每天要面对各种污染物。"

路人甲：你们怎么能卖这个，真让人恶心！

路人乙：真让人难以置信，化妆品居然卖这个！

店员：是的，黑色和灰色是由污染物制成的，含有二氧化硫！事实上，这些每天都在你的脸上。

旁白：而旁氏则提供洁面乳为用户解决这个问题。

案例解析

这则电视广告突出了城市污染对皮肤的恶劣影响，强化对有效洁面的需求，进而促进产品的销售。

(六)故事式

故事式的广告创意虽然放弃了从消费者利益点的角度进行陈述，但是这一类的广告创意表现的深度和广度远比理性诉求来得大，商品广告、企业形象和公益广告等各种类别的广告诉求都能够找到特定的情节去诠释主题。

从以情感人的动机出发，故事式的广告多以人间互助、关怀、家庭生活为题材。为了强化故事情节的感性和表现力，故事式广告往往结合音乐型广告的表现形式来营造气氛，而且故事式的广告创意是可以由名人担纲主角的，可以充分利用名人效应。

以说故事的形式传递商品信息或劳务信息，有人物，有人物的对话，有简单的情节，有动作和细节描写。

第八章 电视广告文案

【案例 8-3】

美国贝尔电话公司广告文案

一天傍晚,一对老夫妇正在吃饭,电话铃响,老妇人去另一房间接电话。回来后老先生问:"谁的电话?"

老妇人回答:"是女儿打来的。"

老先生又问:"有什么事?"

老妇人回答:"没有。"

老先生惊奇地问:"没事?几千里打来电话?"

老妇人呜咽道:"她说她爱我们。"

两人顿时相对无言,激动不已。

这时出现画外音:"用电话传递你的爱吧!"

案例解析

这则电视广告文案,广告词除了最后一句画外音,采用人物对话的形式来构成故事情节,完全是生活化的口吻,传递了感人至深的人间真情,给所要宣传的企业罩上了浓郁的感情色彩,使观众在情感的共鸣中对企业产生好感,企业形象因此刻入观众的记忆之中。

(七)幽默式

幽默式广告创意可以表现出创意主体的敏锐和巧思,将严肃的推销目的通过轻松诙谐的情节表现出来,使消费者在完全放松警惕的大笑中蓦然发觉商品的可爱,进而把它占为己有。这对于广告业和商家来说都有着革命性的贡献。

【案例 8-4】

Avista 语言学校电视广告

广告以拟人化的手法讲述了一只面临被猫吃掉的金鱼,当猫逐渐靠近,危险一步步来临时急中生智发出狗叫声,将猫吓走的故事。广告最后推出广告语:学习一门外语,Avista 语言学校。

案例解析

优秀的幽默电视广告具备一种内在的力量,有一种持久的张力,能让人心动,给人一种鼓舞或激励。这则广告带给观众愉悦的同时,引发了观众的思考,一个拟人化的幽默小故事体现了学习一门外语的重要性,感染并激励观众去努力学习外语,给自己多一点机会,多一点选择。

【案例 8-5】

威士忌酒电视广告《电梯篇》

广告讲述一个从外形、装束上看似高大威猛的男子在电梯里与一个小个子男士相遇，当电梯关上门时，一只蟑螂也爬了进去，只听到电梯里拍打的声音，当电梯门打开时，看见小个子男士将打死的蟑螂给看似高大威猛的男子看，而高大威猛的男子蜷缩在电梯的一角，一脸恐惧地抬起头，小个子男士大步走出电梯，只留下高大威猛的男子呆坐在电梯里。此时，出现广告语和标版镜头：真正男人的威士忌。

案例解析

幽默的电视广告一般具有较强的叙事性，在视听语言的表现上要特别注重戏剧化的渲染和表达，从画面、听觉的设计上吸引观众的注意。这则广告一开始就用特写画面叙事吸引观众，电梯按钮的特写、威猛男士上臂刺青的特写、快步走动的金属鞋尖的特写、甩动着戴满金属环手臂的特写，配以紧张的背景音乐，观众从开始画面上看不到威猛男士的整体形象，只得到局部印象，好奇心一下子就被吸引，从而饶有兴趣地观看故事的发展，而剧情的大反转更将故事推向高潮，幽默的故事情节让观众出乎意料。

（八）卡通动画式

卡通动画式即借用动画片的原理来制作广告。动画式广告包括迪士尼式的卡通形象、插图、各种图解。它的最大优势就是把幻想和现实紧紧地交织在一起，利用浪漫手法，表现商品特性，传达劳务信息。

例如，让动物享用商品，然后发出赞美声；让汽车、自行车在空中飞翔，让牙刷、牙膏、手表跳舞等。作为一种宣传手段，动画这种形式尤其在表现抽象的、内在的、摄影机难以拍摄清楚的那些产品和商标中，有独特的效果。

【案例 8-6】

可口可乐的一则电视广告

这则可口可乐的电视广告打破了可口可乐惯用的电视广告风格，采用北极熊逼真的卡通形象作为广告表现的主要形象，用拟人的方式表现北极熊一家饮用可口可乐时其乐融融的家庭氛围，卡通形象憨态可掬，让人印象深刻，如图 8-3 所示。

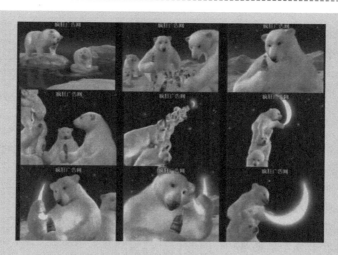

图 8-3　可口可乐的一则电视广告

【案例 8-7】

微软企业形象电视广告

微软企业形象电视广告采用了时下非常流行的用真实场景加上插图表现广告主题的方式，如图 8-4 所示。

图 8-4　微软企业形象电视广告

我们看到了一名医生

我们看到了一个母亲和一个 CEO

我们看到了一位海洋生物学家

在微软，我们所看到的不是一个表象的世界

我们所看到的不是一个表象的世界，而是一个将来的世界

我们看到潜力

我们看到人们彰显创意、施展才华、获得更多成就、享受前所未有的生活

我们看到工作人员自由、公开地分享信息

我们看到小企业在成长、大企业的运营变得更灵活

公司间建立起良好的合作关系

我们看到软件开发人员，开创出一个伟大的发现

在微软，我们乐于分享您的潜力

正是它，启发我们创造软件

助您不断发挥潜力

正是它，启发了我们所有的成就

因为最终，我们的成功

并非强大的软件，而是强大的您

您的潜力 微软的动力

案例解析

微软企业形象电视广告文案着力于从用人的角度塑造企业形象，文案的诉求点在于微软为有潜能的人提供了一个良好的发展平台，是一个真正有理想、有抱负的人实现自己人生愿景的舞台。而文案中所提到的医生、CEO、海洋生物学家、将来的世界等都是非常抽象、难以用真实画面表现且直接识别的，而且要体现常人看不到而微软能看到的潜能和发展方向，所以创意的巧妙之处就是借用真实而普通的生活场景和人物形象，加入相关主题的插图元素，例如医生的听诊器、海洋生物的元素等，用插图的方式进行主题的表现，既直观又生动活泼，让人印象深刻。

(九)意境式

在电视广告中，不是去陈述产品的性能或编撰故事情节，而是致力于通过电视画面或文案托物言志，咏景抒怀，为消费者营造一个优美动人的艺术境界，试图使他们在美感愉悦中牢牢记住广告产品。

【案例 8-8】

天猫双十一主题宣传片——你所有的热爱，全在这里

作为双十一狂欢节的惯例，天猫每年都推出一支主题广告大片，以此拉开双十一的序幕。令人吃惊的是，2016 年天猫打造的广告大片竟然融入了众多品牌，广告中我们看到了 Under

Armour、SK-II、New Balance、Gopro、Canon、Levi's、吉利、欧莱雅等诸多知名品牌。广告画面采用一种极有质感的电影表现手法，旁白的内容由我们耳熟能详的各品牌的广告语组成，这些看起来毫无关联的 slogan 被组合在一起，却变成了一首具有独特韵味的品牌诗，如图 8-5 所示。随着音乐的铺陈，凝练而有力的广告语娓娓道来，身处画面中的每一个人，都真实地沉浸在他们所热爱的生活里。如此有意境的广告像是一种召唤，爆发出巨大的感染力。不得不说，这个创意足够简单，又足够大胆，足够有心灵的震撼力。

I will
change your destiny
you can be anything
always in beta
根本停不下来
capture different
delighting you always
live in
the best a man can get
你值得拥有
怕什么
life is good
不设线
未来无所不能
we break the rule
keep walking
ready for more
forward thinking
never stop exploring
just do it
你所有的热爱
全在这里，尽情尽兴
天猫全球狂欢节

图 8-5　天猫双十一宣传片

图8-5 天猫双十一宣传片(续)

(十)产品演示式

产品演示式即在广告中充分展示产品的外形、构造、局部，或者示范产品的使用效果。文案集中于产品特性或使用利益。产品演示式广告中，产品是广告的主角，一般不出现人物，文案主要以画外音和字幕文字表现。要使产品对诉求对象产生足够的吸引力，广告需要拍摄得非常精美，产品演示也可以和其他方式结合使用。

(十一)歌曲式

歌曲式也是电视广告经常运用的一种手法，无论是化妆品广告、奶制品广告，还是其他产品，都可以通过朗朗上口的歌曲形式表达产品的利益点。歌曲式广告的电视画面可以是产品演示、人物、故事或者生活片段；可以从头到尾全部使用广告歌，也可以在广告中插入画外音或者人物语言。

第二节 电视广告文案的撰写

一、电视广告文案的撰写原则

撰写电视广告文案应遵循以下原则。

(一)声音和画面的完美结合

电视广告由画面、声音两个要素组成。画面要素包括人物及其活动、场景及场景变化、静态产品图形、效果演示图形、卡通形象、字幕等；声音要素包括人声、音乐、音响。

在广告文案撰写中要注意声音和画面的完美结合。如果两者各行其道、相互游离，观众就不知道是应该看画面还是听声音，就会在烦乱中失去兴趣。另外，如果声音和画面自始至终相互说明，使观众重复地得到同样的信息，电视广告就会显得单调乏味。

在开始写作文案前，创意小组应该形成作品的完整构思，确定电视广告总体的表现形式、画面表现、画面顺序，确定画外音、人物语言、屏幕文字或者广告歌出现的位置，并画出简单的故事版草图。这样，写作文案时就能够在头脑中反映出活动的、连续的画面，对文案与画面配合有直观感觉。

第八章　电视广告文案

电视广告文案是为了弥补画面的不足，交代画面难以表达或表达不充分的东西。它不是画面的简单说明与解释，而是画面的延伸、扩展和深化。电视广告一定要留出空间让充满张力的画面延伸，而且没有旁白在耳边唠叨。"若是给戏剧性画面撰写广告词，应当更加小心翼翼才是；画面越是跌宕起伏，广告词越是要有所收敛……其实，电视广告的规律是：画面越有戏剧性，广告词越显得画蛇添足。"

这也就要求其在图像和音乐的运用上要有所推敲。图像善于表现具体、形象的信息，如外形、色彩、包装及运动状态，不善于介绍产品的抽象性方面，如成分、评价等；而音乐则在情绪上感染观众，渲染气氛，引起情感上的共鸣。

电视广告文案创作讲究声画互补，声画互补的具体内涵体现在声画两种因素相互补充、相互强化，以获取更优异的广告效果。声音可以强化、点明画面的意义，画面则对声音直观性较弱的一面予以补充或铺垫，二者应该处于一种相互作用、相得益彰的和谐关系之中。

声画互补不限于画外音与视觉画面，而且还大量表现在音响、音乐等与画面的相互作用、相互强化，其对于电视广告效果的提高，也有着不可忽视的重要意义。因此，既要充分发挥每一个表现手段的表现力，又要使各表现手段之间默契合作与有机搭配。

声音体现在电视广告文本中就是其中的人物对白、解说、画外音等文案部分，所以声画互补的关系体现在文字中就是文案与画面的关系。这就要求遵循以下几条原则。

1. 文案与画面互补

电视画面的表现力远远强于平面印刷的图形。电视广告中的动态画面长于写实地表现形象、场景、过程，写意地营造风格和氛围；文案则长于传达画面无法直接表现出的信息，描述无法具象化的情感和观念，必要时还可以对画面进行解释或补充说明，以使画面的内涵更为明确。

写作文案时，应注意文案与画面在功能上的互补，画面传达不明确之处，就由文案来传达，以免观众不知所云；画面已经明确表达出来的东西，文案就不要再做更多解释，以免画蛇添足。

2. 以文案传达最重要的信息

画面可以做直观表现，但准确传达具体信息的能力不如语言文字。电视广告中最重要的信息，还应该由文案来明确表达。文案要以很少的文字，将重要信息符合逻辑地组织起来。

3. 文案与画面进程一致

文案中信息的展开应该与画面进程保持同步，画外音、人物语言、字幕的含义要与画面所表达的含义相一致。画面说此而文案言彼，画面已经进展到下一步，文案却没有将画面内容说出来，都会影响画面与文案的协调。

4. 文案尽量少而精

观众是边听边看，不可能非常专注地阅读长长的字幕，也不可能像听广播那样将注意力集中于较长久的人物对话，而且电视广告在短短的 15 秒或 30 秒内要转换多个画面，也不允许过长的字幕或者一个画面内过长的对话。所以电视广告文案中的字幕和人物语言应该少而精。

使用画外音传达的文案可以长于使用字幕和人物语言的文案，但也应该与画面节奏保持一致，不能显得匆匆忙忙。至于多长的文案才算适当，需要文案人员在头脑中模拟文案与画面配合，看能否在 15 秒或 30 秒内以实际表现要求的节奏完成。

一般来说，电视广告的文案每秒不能超过 2 个字。

(二)运用蒙太奇思维

1. 蒙太奇的概念

蒙太奇是法文 montage 的音译，原系建筑学术语，本义为构成、装配。苏联电影界首先将其借用到电影方面，意为电影(包括后来的电视)镜头的剪辑和组接。蒙太奇离不开剪辑，但蒙太奇又不是剪辑。

剪辑只是把镜头素材中的冗长、拖沓的部分剪掉，使影片更加集中，有强烈的戏剧效果；蒙太奇是一种美学原则，它贯穿在从编导的艺术构思到摄影、录音、剪辑等整个制片过程中，并且通过剪辑使上下镜头之间产生新的关系和意义。

2. 蒙太奇的使用意义

影视广告文案利用蒙太奇电视结构手段，在镜头与镜头之间建立起新的意义和象征关系，表达单个镜头所没有或不够鲜明的情绪或观念。尽管前后分镜头的跳跃比较大，但观众能凭借自己的经验和思维自行连接镜头，并体会广告画面所表达的含义。

影视广告文案撰稿人应善于利用镜头与镜头的衔接，画面与声音的相应组合，来揭示商品的个性特征或企业的形象特点，创造广告艺术美的境界。

(三)影视语言的运用

电视广告文案写作除了撰写文案，更要注意各种要素的整体协调。德国著名广告人玄特纳认为，"电视广告创作员不是图像画家和文案作者，而是以影片为其工作重点的广告传播专家。他们的任务不是撰写影像过程，而是给某一主题寻找有能力应付广告交流的影片创意。"

文案写作人员的工作并不是有了创意就万事大吉了，那只是一个漫长过程的开始，整个电视广告的制作过程应该一直参与。例如，选择演员、布景、调光、剪辑、配乐等环节，虽然琐碎，却直接关系到创意的实现程度。一个出色的创意，常常会毁于制作过程中的一个小小环节。

从这个角度来说，为电视广告撰写广告词的人必须了解电视媒体。他必须知道这一媒体具有多大的表现空间，能够做什么，怎样去做。具体来说，他必须懂得视听语言，必须了解镜头的运动方式、场景的转换、景别的运用等。这也就意味着影视广告文案应着重解决抽象语向具象语的转化、其他形象向视觉形象的转化，运用蒙太奇手法，处理好画面的运动感和节奏感。

【拓展知识】

影视语言表现技巧

在影视广告文案的撰写中常常要使不动的物体动起来，通常有两种途径。

一是画面内部物体和人本身的运动，即使是不动的静物，也可以利用光影、水波等细微的变化使静物不"静"。

二是镜头的运动，即利用推、拉、摇、移、跟等拍摄方式增加物体的动感。除了运动感之外，还须具有节奏感。

几乎每一个电视广告会有自己的节奏基调，或热情奔放，或抒情委婉，或以跌宕起伏、张弛有度的镜头推进来带动受众的情绪变化产生共鸣，或以画面语言的呼应与反复来强化受众对品牌的认识和记忆。

(四) 特殊创作原则

电视广告所独具的蒙太奇思维和影视语言，决定了电视广告文案(脚本)的写作既要遵循广告文案写作的一般规律，又必须掌握电视广告脚本创作的特殊规律。具体要求如下。

1. 确定广告主题

电视广告文案的写作，必须首先分析研究相关资料，明确广告定位，确定广告主题。在主题的统率下，构思广告形象，确定表现形式和技巧。

2. 考虑时间的限制

按镜头段落为序，运用语言文案描绘出一个个广告画面，必须时时考虑时间的限制。因为电视广告是以秒为计算单位的，每个画面的叙述都要有时间概念。镜头不能太多，必须在有限的时间内，传播出所要传达的内容。

3. 声音与画面的和谐

电视广告是以视觉形象为主，通过视听结合来传播信息内容的。因此，电视广告文案的写作必须做到声音与画面的和谐，即广告解说词与电视画面的"声画对位"。

4. 运用感性诉求方式

电视广告文案的写作，应充分运用感性诉求方式，调动受众的参与意识，引导受众产生正面的"连带效应"。为达到此目的，脚本必须写得生动、形象，以情感人，具有艺术感染力。这是电视广告成功的基础和关键。

5. 关注语言表达技法

电视广告开始时的第一句话或第一条字幕具有标题的性质，往往是由此提出问题或突出最重要的信息。广告中的人物对话要符合角色自身的特点。同样，结尾的口号是总结全片内容的点睛之笔，要有回味的余地，千万不能虎头蛇尾。因此，电视广告文案虽然字数不多，但要反复推敲。

6．关注观众的兴趣

在进行电视广告文案的创作时，要把自己想象为目标受众，要充分考虑到受众的兴趣所在，考虑广告是否可以在脑海里留下深刻的印象，是否将广告用通俗易懂的语言表述出来，是否使用了过于专业的术语和冗长的语句。

要达到满意的效果，可以在广告中采用设置悬念、营造意境、利用对比等手法来达到宣传效果。只有运用创造性的思维去创造新的表现手法，才能推陈出新，夺人眼球。当然，无论哪种新的表现手法，都必须符合广告产品的特点，符合媒体的传播特点。

针对电视广告不同的观众层面，要选用不同的画面语言。如果这条广告是做给农村消费者看的，广告要直接向他们诉求，不能转弯抹角，不能让他们费尽心思地去理解广告的文化内涵。

7．主题必须十分鲜明突出

电视广告要在几十秒钟内表现一种诉求或传达思想、主题，不能出现旁枝末节。每一个画面的展现、人物的每句台词、画面中物体的运动，都是主题这株"树"上活生生的"枝叶"，绝不能出现多余的东西，更不能出现与主题背道而驰的东西。

二、常规时段对应的文案表现原则

(一)5秒时段

通常情况下，5秒时段的电视广告片，其通常是为了加深受众对广告信息的印象，强化受众对广告主体特定形象的记忆。因此，一般采用瞬间印象体的表现形式，且一闪而过，却具有某种冲击力的画面；与简洁凝练的广告语相结合，来表现企业形象或品牌个性。

(二)10秒和15秒时段

10秒和15秒时段的电视广告片，其广告目的是要在短时间内，对广告信息做单一的、富有特色的传播，突出企业形象或品牌个性或独具的"卖点"。因此，适合采用名人推荐体、动画体、新闻体以及悬念体、简单的生活情景体等表现形式。

(三)30秒时段

30秒时段的电视广告片，可以从多角度表现消费品的功能、利益点。适于采用名人推荐体、消费者证言体、示范比较体、生活情景体以及简短的广告歌曲形式等。

(四)60秒时段

60秒时段的电视广告片，可以表现更丰富的广告内容；可以采用广告歌曲体、生活情景体、消费者证言体、示范比较体等较为完整的表现形式。

三、电视广告解说语的写作原则

电视广告解说语的构思与设计,将决定电视广告的成败。广告解说语的种类包括画外音、解说词、人物独白、人物之间的对话、歌曲和字幕等。

画外音指在画面场景中看不到声源的声音,常用来表现广告中人物的内心独白和不出自广告中人物之口的客观陈述。

人物语言包括电视广告中人物的对话和人物面向观众的发言。

字幕指电视画面上叠印的文字。字幕可以用来突出画外音、人物语言、广告歌中需要观众特别关注的信息,也可以说明画面场景发生的时间、地点、画面上人物的身份,或者对画面做补充说明。如果需要以"无声"来制造特殊效果,文案可以只以字幕来表现。字幕应该力求简洁醒目,不能出现过多,以免将视听广告变成阅读广告。

广告歌是一种特殊形式,可以用画外音,也可以出自片中人物之口。

画外音、人物语言、字幕、广告歌各有其不同的适用性。对产品的客观评述,如果直接通过画面中的人物之口说出,会显得生硬、刻板;人物内心独白性的语言直接作为人物语言出现,也会令观众感觉极不自然;字幕往往需要人声的配合,以更加生动;广告歌则常常需要字幕的配合,以免观众听不清楚。

电视广告可以视需要选择以上任何一种方式作为表现文案的主要方式,也可以综合运用多种方式。写作文案时应该熟悉广告的总体构思,明确创意和表现的具体要求。具体写作原则如下。

(一)写好人物独白和对话

人物独白和对话的重要特征是偏重于"说",要求生活化、朴素、自然、流畅,体现口头语言的特征。例如哈药六厂高钙片的广告独白:

这人要上了年纪,就容易缺钙。过去,我一直补钙,可是一天三遍地吃,麻烦。现在呀,有了新钙中钙高钙片,它含钙高,一片顶过去五片儿,方便。你看我,一口气儿上五楼,不费劲儿。高钙片,水果味,一天一片,效果不错还实惠。

(二)选择恰当的旁白或画外音解说

旁白和画外音解说可以是娓娓道来的述说,或者抒情味较浓重的朗诵形式,也可以是逻辑严密、夹叙夹议的论述。

【案例 8-9】

中华汽车电视广告文案

(一)

如果你问我,这世界上最重要的一部车是什么?那绝不是你在路上能看到的。

30年前,我5岁,那一夜,我发高烧,村里没有医院。爸爸背着我,走过山,越过水,从村里到医院。爸爸的汗水，湿遍了整个肩膀。我觉得，这世界上最重要的一部车是——爸爸的肩膀。

今天，我买了一部车，我第一个想说的是："阿爸，我载你来走走，好吗？"

广告语：中华汽车，永远向爸爸的肩膀靠齐。

（二）

印象中，爸爸的车子很多，大概七八十部吧。我爸爸没什么钱，他常说："买不起车，只好买假的。我这辈子只能玩这种车啰！"

经过多年努力，我告诉爸爸，从今天起，我们玩真的。爸爸看到车后，还是一样东摸摸、西摸摸，他居然对我说："我这辈子只能玩假的，你却买真的！"

爸，你养我这么多年不是假的，我一直想给你最真的。

广告语：中华汽车，真情上路。

(三)以字幕形式出现的广告词要有美感

电视广告中的字幕要体现书面语言和文学语言的特征，并符合电视画面构图的美学原则，具备简洁、均衡、对仗、工整的特征。在电视广告中，字幕起着十分重要的作用：呈现产品的品牌并逐步强化，这是电视广告中常用的手法；标明生产厂家和联系方式、地址；在广告片中需要重点强调的地方，及时地打出字幕；参与画面的构图，而这恰恰是一直以来电视广告所忽略的。

【案例 8-10】

电影《路边野餐》电视广告

电影《路边野餐》电视广告如图8-6所示。

图8-6　电影《路边野餐》电视广告

图 8-6　电影《路边野餐》电视广告(续)

旁白文案以字幕的方式呈现：

为了寻找你 \ 我搬进鸟的眼睛 \ 经常盯着路过的风

许多夜晚重叠 \ 悄然形成黑暗 \ 玫瑰吸收光芒 \ 大地按捺清香

命运布光的手 \ 为我支起了四十二架风车 \ 源源不断的自然 \ 宇宙来自于平衡

通往我写诗的石缝 \ 一定有人离开了会回来 \ 腾空的竹篮盛满爱 \ 一定有某种破碎像泥土 \ 某个谷底像手一样摊开

案例解析

这部电影用了许多长镜头拍摄贵州大山里那群无法改变命运的人的故事，台词很少，旁白居多，并以诗的形式贯穿于整个剧情。宣传广告延续这一风格，旁白文案的字幕总在剧情反映着现实悲凉的时候出现，也许普通文字无法描述这样画面，只能用抽象的诗独自呢喃出那种无可奈何挣扎的心境。

在当今互联网发达的时代，网络热词纵横，而诗作为比较复古的文字形式鲜少出现，用诗来描绘不发达的落后地区的故事，唯美的字幕与画面配合得相得益彰，渲染了人生的几种况味，让人回味无穷。

(四)着重写好广告语

广告语要尽量简短，具备容易记忆和流传、口语化及语言对仗、合辙押韵等特点。

【案例 8-11】

拉芳：爱生活爱拉芳

　　拉芳这句广告语家喻户晓，男女老幼耳熟能详，也是被篡改和引用得最多的，也是人们最喜欢的广告语。读音简单，且富有韵律感，易读易记，易于传播，念一遍就不会忘记。拉芳与生活息息相关，因为发自内心的感受可以脱口而出，这就是其经典之所在。以至拉芳以重金在全球征集新广告语时，发现没有一句比这句话更经典，所以就永久地保留了它。

【案例 8-12】

柯达：就是这一刻

　　胶卷市场的第一品牌从来不用强调自己色彩的饱和、颗粒的细腻这些指标，而是用生活中精彩、难忘的瞬间打动消费者，留驻美好瞬间，给你永恒记忆是柯达胶卷永恒的主题，无论是"唤醒生活每一刻"还是"就是这一刻"都是主题的集中反映。

【案例 8-13】

肯德基：Finger Lickin' Good 好吃到舔手指

　　肯德基这句广告语，简单形象，激发人食欲，让你忍不住想象肯德基的炸鸡到底有多好吃。它既反映了肯德基产品的独特口味，又暗示对食用的迫不及待性。肯德基独特的联想，以至我们仅仅听到这句广告语就产生了画面感，KFC 的目的就达到了。

【案例 8-14】

捷豹汽车：Don't dream it. Drive it. 告别梦想，尽情驰骋

　　捷豹的这句广告语巧用押头韵，dream 和 drive 读起来富有韵律感，单词的选择和组合传递出了一种完整的含义，令人过目不忘。召唤人们对自己梦想的座驾发起行动。

【案例 8-15】

欧莱雅：Because you're worth it 你值得拥有

美妆品牌多如满天繁星，萦绕耳际的却总是"巴黎欧莱雅，你值得拥有"。这句广告语让女人们感觉值得让自己拥有美丽，享受美好，而此生没有欧莱雅将是一大憾事，这就是欧莱雅的目的。

【案例 8-16】

麦当劳：I'm Lovin' It 我就喜欢

简洁、直接。"我就喜欢"的推广是麦当劳公司第一次在全球一百多个国家同时用同一组广告、同一种信息来进行品牌宣传。从实际效果来看，它很好地符合了年轻消费群体特立独行的心态，这个时尚口号从此异军突起，引领潮流。

【案例 8-17】

山叶钢琴：学琴的孩子不会变坏

这是中国台湾地区最有名的广告语，它抓住父母的心态，采用攻心策略，不讲钢琴的优点，而是从学钢琴有利于孩子身心成长的角度，吸引孩子的父母。这一点的确很有效，父母十分认同山叶的观点，于是购买山叶钢琴就是下一步的事情了。

【案例 8-18】

麦氏咖啡：好东西要与好朋友分享

这是麦氏咖啡进入中国台湾市场推出的广告语，由于雀巢已经牢牢占据中国台湾市场，那句广告语又已经深入人心，麦氏只好从情感入手，把咖啡与友情结合起来，深得中国台湾消费者的认同，于是麦氏顺利进入中国台湾咖啡市场。当人们一看见麦氏咖啡，就想起与朋友分享的感觉，这种感觉的确很好。

【案例 8-19】

李宁：把精彩留给自己

　　体育用品是年轻人的天下，你必须塑造独特的品牌个性，才能吸引他们，耐克的成功就是明证。李宁的品牌之路并不一帆风顺，既没有耐克的超级明星，又没有锐步的国际背景。"把精彩留给自己"却也同样符合青少年的心态，聚拢了一批年轻的忠实消费者。

【案例 8-20】

张裕：传奇品质，百年张裕

　　当进口红酒蜂拥中国市场时，以张裕为代表的国产红酒并没有被击退，而是通过塑造百年张裕的品牌形象，丰富了酒文化内涵，使一个拥有传奇品质的民族老字号企业毅然挺立。

【案例 8-21】

宝马汽车：驾驶乐趣，创新无限

　　宝马和奔驰都是汽车中的精品，所不同的是奔驰体现的是尊贵和身份感，主人往往聘请专人驾驶；而宝马则不同，虽然同样代表身份，但显然属于更为年轻的富人阶层，而且他们往往亲自驾车，体验宝马的驾驶乐趣，这正是宝马的魅力所在。

第三节　电视广告脚本撰写

　　广告活动是通过广告作品的形式，把广告主的要求、意愿和产品信息，用艺术、情感和直观的方式呈现出来。广告作品的内容是策略性和信息性合二为一的，它包含着广告策略的运用和经济信息的传递。

【拓展知识】

电视广告脚本创作的5个要素

主题——主题是广告的灵魂和核心。一则广告必须有鲜明突出的广告主题，使观众看过之后，很容易理解这则广告要告诉他们什么，要求他们做些什么。

创意——创意是表现广告主题的构思，通过创新的意境，达到表现主题的目的。创意能否表现主题，关系到广告效果的成败。

语文——语文是广告传递经济信息必需的手段和工具。它包括语言和文字。语文运用的原则是，必须体现广告主题，用精练、准确、通俗易懂的词句结构表现广告的号召力。

形象——形象是展现广告主题的有效画面。形象生动别致，可以使广告更加引人注目，唤起消费者的信任感和好奇心。

宣衬——宣衬也是表现广告主题、营造气氛的一种方法。它可以根据剧情的设定，强化广告的感召力，提高广告的注意度和记忆度。

电视广告脚本是创意的书面表现形式，是对广告创意、创作意图的文字描述。在文案写作中，必须遵循广告所要表现的主题内容。

电视广告脚本主要有两个方面的功能：一是面对客户阐述创意剧本文案并取得客户认同，二是剧本文案可作为美术指导、导演、制片、摄影等制作人员实施拍摄的计划。另外，它也是制作人员将广告从文字剧本概念转化为视觉形象的一个依据。

电视广告脚本分为创意说明、文学脚本、分镜头脚本、故事版4类。

一、创意说明

创意说明是创意思维的感觉架构，是对商品的概念认知，它是电视广告文案必有的文字附件。广告创作人员要向客户说明自己的创意思想，单凭一纸文案和一份故事画板是不够的；撰写创意说明是对创意进行的自我论证，是一种自觉的工作规范。

创意说明具体有3个要点值得注意：广告定位说明，阐述所提出的广告口号理念的理由和怎样体现广告的主题；广告形式说明，指出广告形式的特点和运用的理由；广告形态效果说明，依据预测，有层次地分析广告发布将对消费者产生什么样的影响。

二、文学脚本

文学脚本是指以文字描述广告的场景、画面动作、对白、音效等，起到与客户沟通和表现剧情的作用。

文学脚本包括画面和解说词。写作时应首先明确广告定位与广告主题，然后构思广告形象，确定表现形式和技巧，最后按镜头顺序，运用语言文字描绘广告画面，写出解说词。

文学脚本要求在开头的几句就要吸引观众的注意力，然后逐步展开，正文内容对商品进行描述和对消费者进行诱导，从而产生预期的广告宣传效果。文学脚本应包含必须体现的信息、设想、冲击力才能引发观众兴趣，使其产生购买冲动。在写作时，要善于运用蒙太奇思维，用画面镜头进行叙事，每个画面要有时间概念。例如，一则 30 秒的影视广告，画面一般不超过十几个。

文学脚本的前面或后面可加上"创意说明"或"创意概要"加以提示。文学脚本写完后，必须征得广告主同意，才能投入摄制。为了争取客户，文字必须写得生动、形象，具有艺术感染力，才能打动客户，争取摄制权。

【案例 8-22】

雅克维生素糖果影视广告《跑步篇》30 秒影视广告脚本

雅克维生素糖果影视广告如图 8-7 所示。

图 8-7　雅克维生素糖果影视广告《跑步篇》

旁白：周迅边跑边说："爱吃的人越来越多，越来越多，知道为什么吗？"
画面：雅克 V9 的特写。9 字的动画色块闪动。印章：中国营养学会验证。
旁白：周迅手一挥，说着："想吃维生素糖果的，就快跟上吧！"
画面：周迅和众人一齐跑着，叠压"雅克 V9"的标版。
雅克的标版，字幕：中国奥委会赞助商。
旁白：雅克 V9，雅克。

案例解析

这是雅克维生素糖果 30 秒的影视广告脚本。一则广告常常会有不同时长的版本，广告创意明确后，脚本也会根据不同的广告时长进行不同版本的调整。

三、分镜头脚本

电视广告构成的基本元素是画面、声音和文字。在具体摄像之前，总得有一个文字的稿本将画面需要表现的语言、声音表现的语言、文字表现的语言统一在一起，包括这几种语言的统一体如何在同一时刻出现，为电视广告的主题所要表现的诉求语言服务。要将画面、声音、文字这三种不同的艺术语言融合在一起，只有分镜头脚本才能承担此重任。分镜头脚本是将文字描述进行视觉化，以便向客户提案和向制作人员提供参考。

电视广告分镜头脚本的表现形式，总体来说与一般的电视片大体一致；其不同点在于要用文字把所要表现的画面详尽地表达清楚，使摄像、制作人员能准确地用镜头把画面语言尽可能完美地创作出来。

1．尽量在前三秒抓住观众

电视广告要在短短的几十秒钟内，把诸多信息表达出来，确实颇费心血。写作分镜头剧本，画面、声音、文字三条线平行发展，让摄像及后期制作人员在体会表现画面和音响的文字及语言配音文字中，发挥他们的创造性劳动，制作出能表现广告诉求主题的优美的电视广告片来。

2．突出产品而不是人物

相比那些无生命的产品来说，人们更愿意看人；尤其是使用名人或其他有魅力的人时，一定要使他们的表演有所节制，以免抢了产品的风头。要经常使用特写镜头，尽可能多地展示产品，尤其在广告结尾更应这样。

3．尽力表现关键动作

每一个电视广告都应该有一个核心画面，这个画面类似于报刊广告中的图案，涵盖有关产品或服务的核心信息。每一种产品或服务的展示，也会有关键动作。例如，表现一种糖果怎样好吃的电视广告，其关键动作可能就是把糖果从女孩口中抢出来。

4．确保广告要有生动的视觉变化

如果连续画面在构图上没有变化，观众就会觉得单调。具体来说，可以在全景、中景、近景、特写之间，长镜头和短镜头之间进行切换，也可以使拍摄的视角和场景有适当的变化，或者也可以使用动画和电脑绘图。但是要注意，这些只不过是一种技术而不能算是创意。

5．注意制作环节加分的地方

影视广告分镜头脚本是在文学脚本的基础上利用蒙太奇思维和蒙太奇技巧进行脚本再创作，是导演对文学脚本所描述的广告内容，按拍摄要求进行镜头分切的文字说明。它是摄影师进行拍摄、剪辑师进行后期制作的依据和蓝图，也是演员和所有创作人员领会导演意图、理解广告内容、进行再创作的依据。

对于文字脚本来说，只是将影视广告的文体形式和表现类型编写出来，它好比设计图纸，不是具体拍摄的依据。而分镜头脚本如同施工图一样，它主要是为摄制组使用的；并且还可以将整个广告创意用文字固定下来，作为编辑的依据，在广告主签字后，可作为检查广告设置效果的依据和法律凭证。

分镜头脚本构成格式包括镜头序号、镜头运动、景别、镜头时间、画面内容、演员调度、场景设计、台词、解说词、广告口号、音乐、音效等。常见格式如下。

机号——两台以上摄像机拍摄时，给摄像机的编号。

技巧——摄像机拍摄时，镜头的运动技巧。

景别——有远景、全景、中景、近景、特写等。

镜长——镜头画面时间,以秒为标记。
画面——用文字描述的具体画面内容。
解说词——与画面密切配合的对应的一组镜头的解说。
音乐——著名音乐的内容以及起止的位置。
音效——在相应的镜头标明使用的效果声。
备注——方便导演记事以及记录拍摄时的特殊要求。

编写分镜头脚本时,镜头的长度要尽可能考虑时间因素,要在规定的短时间内充分表达广告信息内容。考虑镜头组接技巧要合乎逻辑,紧凑而有节奏感。解说与画面的配合要贴切和谐、恰如其分。音乐的配置要能充分渲染广告的艺术氛围。

【案例 8-23】

《给妈妈洗脚》公益广告

《给妈妈洗脚》这个公益广告可谓是我国公益广告中的经典,家喻户晓,获奖无数,如图 8-8 所示,其分镜头脚本如表 8-1 所示。

图 8-8 《给妈妈洗脚》公益广告

表 8-1 《给妈妈洗脚》公益广告分镜头脚本

时间:45 秒
主题:爱心传递、孝敬父母
音效:贯穿全集

镜号	景别	场景	时间	画面内容
1	中景	内景	1'	孩子的脚在水盆中,一双大手在给孩子洗脚
2	近景	内景	2'~3'	孩子的母亲给孩子一边擦脚一边讲故事 母亲说:"小鸭子游啊游,游上了岸。"
3	近景	内景	4'	孩子快乐地在床上打滚,笑声十分欢乐
4	中景	内景	5'	母亲转身开门欲出去,并对孩子说:"你自己看,妈妈待会儿再给你讲。"

续表

镜号	景别	场景	时间	画面内容
5	中景	内景	6'	孩子躺在床上看书
6	中景	内景	7'～8'	母亲拎着一桶水进了另一个房间
7	中景	内景	9'～11'	孩子很好奇,就紧跟着也出了门
8	中景	内景	12'～13'	孩子的母亲正蹲着在给孩子的奶奶洗脚(镜头由远及近),奶奶说:"忙了一天了。"
9	特写	内景	14'～16'	奶奶捋了捋孩子母亲的头发,(镜头是那个母亲的脸部特写),奶奶继续说道:"歇一会儿吧。"孩子的母亲笑了一笑说:"不累。"
10	近景	内景	16'～17'	切换至孩子的近景,孩子倚在门边看着这一切
11	特写	内景	18'～21'	孩子的母亲舀着水给奶奶洗脚,(镜头由下而上),(镜头给了奶奶特写),奶奶轻轻叹了口气,同时孩子的母亲说:"妈,烫烫脚对您的腿有好处。"
12	特写	内景	22'～23'	(孩子脸部特写)孩子看到这番情景以后,转身跑了出去
13	中景	内景	24'～27'	孩子的母亲回到孩子房间打开门一看,孩子不在房间里,房间里的风铃也叮铃作响。母亲好像听到孩子的声音了,便回头看去
14	近景	内景	28'～30'	这时,孩子端着一盆水由远及近走来。(镜头速度放慢)
15	特写	内景	31'～34'	(镜头给了孩子近景特写)孩子笑逐颜开地说:"妈妈,洗脚。"
16	特写	内景	35'～38'	孩子的母亲露出了欣慰的笑容。(母亲脸部特写)38'时画外音起
17		内景	39'	镜头转换
18	中景	内景	40'～44'	坐在板凳上的孩子给坐在床边的母亲洗脚,对母亲说:"妈妈,我也给你讲小鸭子的故事。" 同时画外音:"其实,父母是孩子最好的老师。"
19		字幕	45'	画面字幕:将爱心传递下去。(同时镜头画面逐渐模糊)

四、故事版

故事版也称为故事画纲或画面脚本,是为了能充分反映创意,使文学形象转化为生动的视觉形象。制作广告片时,需要美工人员以画面的形式来将脚本视觉化、形象化,直观表白剧本内容,也就是广告创意效果图。它是影视广告由策划创意阶段向实际拍摄制作阶段过渡的关键性环节。

故事版设计绘制的要点:设计并画好镜头最初5秒钟的画面是非常关键的。在一则故事画板中,必须有两幅突出广告主题的中心画面,让人一看便知广告片的核心。

广告片的时间是以秒来计算的,镜头间的时间长度"秒"的分布是很重要的。解说词和音乐配音,要体现节奏切入,突出画面的视觉连续性。对镜头的挑选和组合,从开始——中间——结尾,直达预期的信息目标。电视广告剧本故事版一般应包含以下内容:客户名称、产品名称、广告时间(长度)、画面和声音的说明、镜头之间的组接方式、拍摄方法、创意提示、色调运用等。

(一)故事版的格式

在 16 开纸上纵向排列 3 个画格，画格为 4∶3(电视机屏)，左右留出空间作为画面与声音的注解。

在 4 开纸上分布 15 格 6cm×8cm 的画面。画面下方留出文字标注及画面的简要说明。广告公司常以这种图文并茂的形式向客户提案。

在一张纸上排列一些方格，每个方格内简要勾勒出画面构图，包括演员动作和镜头走向，标出镜头长度、人物对白等。这是导演的案头工作，为现场实拍提供依据。

(二)故事版的表现形式

1．绘画式

绘画式又分为素描式和色彩式两种。素描式表现主要的形象特征和明暗层次，用于一般场景的表现；色彩式可按广告创意的要求，绘制成水彩连环画或在线描稿上涂淡彩，能更加清晰地表现出场景、人物、环境的色彩效果。可用于重点场景的表现，以烘托气氛。

2．照片式

照片式即按创意所要求的镜头画面事先拍摄成连续的照片，并在每幅照片下注明描述文字。这种表现方法可真实模拟拍摄效果，表现广告画面效果和创意，并可为导演和摄像师再创作提供参考方案。目前多用数码相机拍摄，效果快，制作方便。

3．电脑美术绘制式

电脑美术绘制式即通过电脑专用脚本绘制软件进行制作，快捷方便，可直接在人物库中选择合适的人物模型，并可旋转人物以适合拍摄视角和方位，人物运动可拉近推远。场景的制作不但可在图库中选择，还可将自己拍摄的图片运用到背景中，使之更加符合广告要求。

另外，通过软件可模拟拍摄的技巧和特技。目前先进的软件有 Powerproduction 公司出品的影视故事版软件 Storyboard Quick 和 Storyboard Artist、BadCompany 公司出品的 ShotMaster 绘制故事版软件等。

绘制影视广告故事版时，要注意与电视机高和宽的比例保持一致，画幅数量按分镜头脚本提供的镜头多少和长度而定。通常一个镜头画一幅画面，运动性长镜头画起幅和落幅画面。脚本的绘制突出产品，明确定位和广告主题。开头和核心画面要抓住观众注意力，引起观众的兴趣。

本章小结

1．在影视广告文案创作方面，分为开发创意、完成分镜头脚本和实施广告制作等过程。用简单的速写来说明广告内容的分镜头演出脚本，是创意被视觉化的广告制作原稿。这样完成的图像分镜头脚本，由广告创意制作的小组成员和广告主讨论几个回合，最终完善定稿付诸制作。

2．文稿撰写人向广告主提出并说明的广告文稿计划可以是文字分镜头脚本，也可以是图像分镜头脚本。但是，一般以图像分镜头脚本的形式提出。撰写电视广告文案时，应同时画出分镜头脚本草图，并配置相应的音响效果。影视广告脚本运用画面表现的比重一般会大于声音效果。如果画面已经明了，不必过多使用解说或音效，以免混淆视听；广告词要用简单的日常用语。

广告里主题文字最好出现两次，或只出现在最后一个画面的定格。注意充分利用特写镜头，尽量避免远景，删除周边不必要的景物。另外，测试广告播出时间的长短，不可只靠读台词，而要实地去做，有时动作比语言需要更多时间。

3. 不论撰写何种广告文案，都应注意简练、紧凑，避免广告信息的冗长累赘。广告信息的内容必须真实，诉求特色尤其应经得起检验。为了展开想象，可充分利用积累的有关经验，学习别人的经验，学会与生产商交谈，争取了解并发现产品广告的核心诉求点；回顾该产品以前所做的广告；研究竞争者的同类广告；研究顾客的消费心理；细心揣摩并解决可预见的各种问题，使文案构思多样化。

4. 电视广告脚本是体现广告创意和主题、塑造广告形象、传播广告信息内容的形式，也是摄制影视广告的基础和蓝图，是导演和摄制组及演员沟通的渠道，它不是广告作品的最后形式，而是影视广告作品形成的基础和前提。因此，它对未来广告作品的质量和传播效果具有举足轻重的作用。

索尼摄像机的一则电视广告

画面：两个儿童一起拨弄拨浪鼓
画外音(字幕)：三秒钟，见证爱情萌芽
画面：两位老人相濡以沫紧握双手
画外音(字幕)：三十年，刻画岁月容颜
画面：拍摄古典建筑
画外音(字幕)：三世纪，珍藏永恒传统
画面：新人喜结连理，众人欢聚共祝
画外音(字幕)：三分钟，分享刹那喜悦
三原色，构成大千世界
300万像素，完美捕捉一切

索尼摄像机电视广告如图8-9所示。

图8-9 索尼摄像机电视广告

某品牌豆浆电视广告

画面：老房子，幽暗的光线。女孩考卷上是67分，妈妈骂，弟弟哭。

画外音：妈妈，你还记得那些过去的事情吗？那时，每当我做了错事，比如功课没有做好，或者没有照看好弟弟，你就会骂我……

画面：母亲在厨房里偷偷哭泣。

画外音：可是，骂完了，你就偷偷地哭，充满内疚……

画面：母亲做豆浆，盛在碗中，送到女儿床前的小桌子上。弟弟已咬着奶瓶熟睡。

画外音：妈妈，那时你总是端上一碗亲手做的香甜豆浆，放在我的床头，默默地看我喝下……

画面：妈妈和女儿一起推开窗，往远处眺望。雪白的鸽子在四周盘旋，妈妈慈爱地轻拍女儿的脸庞。

画外音：妈妈，你还记得吗？那时候天多么蓝，我们的家多么温馨……就像你温柔的手，就像某某豆浆……

广告语(字幕)：某某豆浆，往日重现！

讨论题

对比实训案例1与实训案例2两则广告，它们都是应用画外音的形式，但在文案写作手法上却有显著的差异，结合品牌指出各自的创作特色。这种特色对你的文案创作有什么样的帮助？

1. 蒙太奇原则在电视广告中有哪些应用?
2. 电视广告在创作时如何注意声画之间的结合?
3. 影视语言在电视广告中有哪些应用?
4. 电视广告文案有哪些特点?
5. 电视广告文案是如何进行分类的?
6. 电视广告文学脚本与分镜头脚本写作方式的差异是什么?
7. 在日常生活中,观看电视广告,并记录其旁白和文字部分,同时写出对该则电视广告的评析。
8. 撰写一则电视广告文案(自选一种产品),分别从创意说明、文学脚本和分镜头脚本3个方向撰写。

第九章

其他媒体广告文案

学习要点与目标

- 了解网络等几种媒体的特性。
- 掌握各种媒体文案写作的基本要领。

网络广告、户外广告、直邮广告、新媒体

江小白酒的广告宣言

酒类品牌在广告文案上玩出了新花样。近几年江小白的文案成为广告界的新宠,备受关注。

大多数年轻人觉得自己是特立独行的族群,而江小白将其定位为"年轻人的情绪饮料"区别于其他酒类品牌,不仅肯定"酒能解忧"的积极功能,还亲自代言社会上奋斗沉浮的年轻一代,将社会竞争里年轻人个性宣言鸡汤作为广告文案去加强与受众的覆盖面和沟通的契合度,把解忧功能表现得淋漓尽致。

第一阶段用低成本的方式让文案在产品包装上快速亮相——"低质量的社交,不如高质量的独处""我是江小白,生活很简单""青春不朽,喝杯小酒",诸如此类的语录替用户勇敢发声"江小白式主张",在促进江小白的销售量迅猛增长的同时品牌文化也刻入消费者内心,如图 9-1 所示。

图 9-1 江小白酒产品包装上的广告文案

第二阶段广告模式开始向娱乐化靠拢。通过打造艺术瓶身和广告植入青春影视剧,将文艺热烈的"江小白式生活"再次灌输到消费者的脑海里。

第三阶段广告方式着力于用户互动上,推出用户原创互动的"表达瓶",制作文艺青春主题MV,如图9-2所示,打造相对小众的hiphop演唱会,费尽心思构建"江小白式个性青年文化",鼓励受众肯定自己,实现价值。

图9-2 江小白酒的文艺青春主题MV

江小白的广告文案遍及各类媒体,无论其产品包装还是在互联网、户外、手机都能看到它的身影,尤其是在各种节日,江小白的文案都会出现在消费者的眼前,并在心里留下烙印。因为其文案的走心设计,被消费者自发地广为传播。

1. 我在感恩节,打卡——江小白,如图9-3所示。

配图文案:词不达意的祝福,多说也无益,不如酒桌上对饮,分享乐趣!感恩所有。

感恩有你,无酒不欢。

感恩有你,酒桌才有了乐趣。将酒桌设计成江小白瓶身的形状,将感恩节和喝酒关联在一起,恰到好处。印证了所谓的挚友酒越喝越多,情越聚越深,感恩你们一直都在。

2. 我在重阳节登高,打卡——江小白,如图9-4所示。

图9-3 江小白酒的感恩节广告　　图9-4 江小白酒的重阳节广告

配图文案：重阳节，只愿你陪我长大，我陪你变老，一直过着简单生活。

儿时你把我举高，现在我陪你登高。让酒杯满一点，让时间慢一点。

借着重阳节老人登高的习俗，由太阳、云朵、重山堆积成了江小白瓶身，而你牵着拄拐父母的手漫步在其中，想要陪你多一点，想要时间慢一点，这正是每个子女的心愿。

3. 我在父亲节，边陪父亲喝酒边打卡——江小白，如图9-5所示。

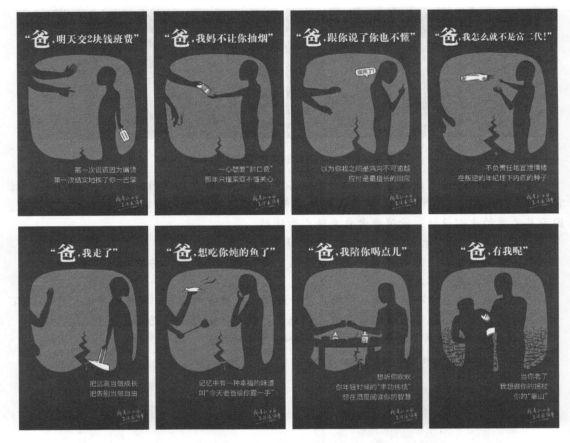

图9-5 江小白酒的父亲节系列广告

配图文案：简单生活。学会喝酒后，才真正开始懂老爸。父亲节快乐！

简单生活。我们是父亲眼中长不大的孩子，父亲是我们眼中不会变老的超人。父亲节，你老爸做过最让你崇拜的事是什么？

"爸，明天交2块钱班费"，第一次说谎因为嘴馋，第一次结实地挨了你一巴掌。

"爸，我妈不让你抽烟"，一心想要"封口费"，那年只懂索取不懂关心。

"爸，跟你说了你也不懂"，以为你我之间是鸿沟不可逾越，应付是最擅长的回应。

"爸，我怎么就不是富二代"，不负责任地宣泄情绪，在叛逆的年纪埋下内疚的种子。

"爸，我走了"，把远离当做成长，把告别当做自由。

"爸，我想吃你炖的鱼了"，记忆中有一种幸福的味道，叫"今天老爸给你露一手"。

"爸，我陪你喝点儿"，想听你吹吹你年轻时候的"丰功伟绩"，想在酒里阅读你的智慧。

"爸,有我呢",当你老了,我想做你的拐杖,你的"靠山"。

你从无知到懂得父亲,父亲也慢慢地老了,在父亲节里,带上江小白,与父亲畅快地谈谈你,也谈谈他。

4. 我在愚人节,打卡——江小白,如图9-6所示。

图9-6 江小白酒的愚人节系列广告

配图文案:简单生活。生活中,原来我们都是"骗子"。

老李是个骗子:

"我在路上呢,有点堵!你们先喝着,5分钟就到。"

半小时后,老李还在路上……

老婆是个骗子:

"老夫老妻了,情人节别买东西。"

"你看人家老公,又买包又发红包,你看你!"
老妈是个骗子:
"还不起来吃早饭,都11点了,菜都凉了!"
起床一看,九点不到,菜还没炒……
老爸是个骗子:
"喂,爸,刚开会没接到电话,有事吗?"
"没事儿……"
二哥是个骗子:
"想你们了,有空约个酒。"
"这阵太忙了,下回保证到场!"
每个人都是骗子:
所以生活,多了些趣味。
"我没醉!再来一瓶。"
人人都是"骗子",为了别人好过,为了自己好过而已。
一个异军突起的小酒产品,在品牌定位上坚定不移,文案和广告段位上层层拉升,由"对你说"变为"要你说",从一瓶酒成功进化成当代青年文化 IP。

第一节 网络媒体的广告文案

网络媒体是互联网应用于媒介或信息传播的产物。作为媒介或媒体机构,网络媒体具有新闻传播、宣传教化、商务广告、休闲娱乐等多种功能。网络广告,英文为 Net AD,就是指以互联网为媒体发布、传播的商业广告。

网络广告的载体基本上是多媒体、超文本格式文件,受众可以对感兴趣的产品了解更为详细的信息,使消费者能亲身体验产品、服务与品牌。这种以图、文、声、像的形式,传送多感官的信息,让顾客如身临其境般感受商品或服务,并能在网上预订、交易与结算,将更加增强网络广告的实效性。本节将介绍网络广告媒体的优越性、网络广告的主要形式及网络广告文案的写作要点。

网络广告应是基于计算机、通信等多种网络技术和多媒体技术的广告形式,其具体操作方式包括注册独立域名,建立公司主页;在热门站点上做横幅广告及链接,并登录各大搜索引擎等。

一、网络媒体的优越性

网络媒体具有以下优越性。

(一)互动性强

网络媒体的互动性极大地提高了消费者的参与度,可以与消费者进行双向沟通,更易于搜集市场资料和消费者调查。强互动性是网络区别于传统媒体的最大优势,同时也为广告主开展一对一的网络营销提供了更广阔的空间。

(二)传播范围广

借助于互联网的世界性特点,网络媒体的传播范围是传统媒体无法比拟的。一个网站的设立或一则信息的网络传播,从理论上看可以覆盖全球150多个国家和地区。这是传统媒体不可匹敌的。

(三)信息容量大

无论是报纸、广播媒体还是电视媒体,在单位节目时间内和单位版面内信息的传播数量都是一定的和有限的,而网络媒体所存储和发布的信息容量是巨大的,被形象地比喻为"海量"。例如,美国前总统克林顿绯闻报告长达445页,除了互联网,任何传统媒体都无法在瞬间将它全文播出。此外,网络媒体强大的信息存储和检索功能,也令传统媒体望尘莫及。

(四)传播速度快

网络媒体被称为最快的传播媒体,网络媒体的出现带来了信息传播速度的革命。目前,互联网可以用极高的速度传输文字、图像,且不受印刷、运输、发行等因素的限制,可以在瞬间将信息发送给用户,就信息传播技术的时效而言,可达到即时的水平。

中国互联网大事记

1987年,北京计算机应用技术研究所向德国成功发出一封电子邮件。邮件内容:"Across the Great Wall we can reach every corner in the world."(越过长城,走向世界)

1990年,中国的顶级域名.CN完成注册,从此在国际互联网上中国有了自己的身份标识。

1994年,中国实现与Internet的全功能链接,从此中国被国际正式承认为真正拥有全功能Internet的国家。

1995年,邮电部开始向社会提供Internet接入服务。

1996年,我国开通了到美国的2MB国际线路。同月,建立了中国内地到欧洲的第一个Internet连接。

2005年,我国网民突破1亿,达到1.03亿人,宽带用户数首次超过网民用户的一半。

2008年,中国网民数量以2.98亿的规模跃居世界第一。

二、网络广告的主要形式

随着科学技术的日益进步,网络广告的形式不断发展。到目前为止,网络广告的主要形式有以下几种。

(一)旗帜广告

旗帜广告又称横幅广告。1997年美国管理局规定了旗帜广告的尺寸:468像素×60像素。

随着网络广告的日渐成熟，旗帜广告也不甘受像素的限制，产生了各种各样的变形旗帜广告。图 9-7 是新浪网页页面，其中就有两种常见的旗帜广告形式，如图 9-8 和图 9-9 所示。

图 9-7　新浪网页页面

图 9-8　旗帜广告形式(1)

图 9-9　旗帜广告形式(2)

目前，在众多网络广告形式中，长横幅大尺寸广告以其尺寸大、曝光效果好的优势成为历年广告主最常采用的广告形式。但近几年，随着新兴网络广告形式的不断推出，长横幅大尺寸广告形式也将面临使用率上的挑战。

广告商一度认为，旗帜广告是百发百中的魔力子弹。这些水平放置的旗帜广告一般出现在网页的顶端，当时曾让广告商大做美梦。最初，有30%的上网用户单击这些旗帜广告，而传统邮件广告的回应率只有1%～3%。然而，随着人们新奇感的消退，旗帜广告的单击率急剧下降，现在只有 0.3%～0.5%，比传统邮件广告低得多。即便如此，旗帜广告仍是网上广告最主要的形式。

旗帜广告可以是动态的 GIF 图片，也可以是静止画面，还可以利用 Flash 技术制作互动广告。

【案例 9-1】

耳机产品网络广告

该广告采用动态 GIF 动图的形式传播，如图 9-10 所示。

图 9-10　耳机产品网络广告

案例解析

这则广告的主要信息在于突出这款耳机与众不同的产品外观色彩。运用动画的方式突出产品利益来吸引消费者，三款色彩的动态变化，强化产品特色。广告文案"外在出彩，内在出色"，很好地诠释了产品外观与性能的完美结合，激发消费者的购买欲望。

(二)按钮广告

按钮广告的规定尺寸比旗帜广告小，通常是一个连接企业主页或站点的Logo(企业标志)，并经常有click me字样，在网页上好像按钮的广告。按钮广告属于纯提示性广告，一般由一个标志性图案构成，常常是商标或品牌名称，形式比较单一。

(三)文本链接广告

文本链接广告是一种对浏览者干扰最少，但比较有效果的网络广告形式。整个网络广告界都在寻找新的宽带广告形式，而有时候，最小带宽、最简单的广告形式效果却最好。

(四)电子邮件广告

电子邮件广告具有针对性强、费用低廉的特点，且广告内容不受限制。它可以针对具体某一个人发送特定的广告。

(五)赞助

赞助式广告的形式多种多样，在传统的网幅广告之外，可以给予广告主更多的选择。有调查结果显示，在体育用品、女士服饰等广告领域，以赞助商形式出现的网络广告最能获得网民的认可。

(六)搜索引擎广告

与搜索引擎相关的广告主要有两种形式：一种是竞价排名，通过付费使企业网站和广告信息在搜索引擎中排名靠前，获得更多的单击率；另一种是搜索引擎所主导的广告联盟，广告信息由加盟网站放置在网页中，可根据浏览网页的信息显示相关的广告。

广告主可以购买某个关键词，一旦用户选择这个关键词进行搜索，广告主的广告信息就会在比较靠前的搜索结果中出现。百度、谷歌等网站的搜索引擎都"出售"关键词，如图9-11所示。

图9-11　百度的搜索引擎广告

(七)植入式广告

植入式广告在网络中有更广阔的应用前景,包括网络游戏和 SNS 网站在内的创意媒体投放形式都很丰富。例如,苏格兰政府为了向年轻人宣传不要酒后驾车的道理,支付一万英镑作为试验,购买多款 XBox360 游戏中的虚拟广告牌,包括《极品飞车:卡本峡谷》和 PGR4 两款赛车游戏以及 NBALive。

另外,国内风靡一时的 SNS 网站校内网也开始发布植入式广告,在校内开心农场的游戏中,出现了乐事土豆的种子,游戏玩家购买了种子可以种出 100%乐事土豆,然后可以用虚拟货币购买土豆加工机把土豆加工成乐事薯片。在这种互动中,受众对乐事 100%天然的诉求印象深刻,品牌美誉度在年轻群体中提升。

世界和中国最早的网络广告

最早的网络广告出现于 1994 年 10 月 14 日,发布在美国著名的 Wired(连线)杂志网络版的主页上,首批投放的有 AT&T 等 14 个客户的广告横幅。

中国第一个网络广告出现于 1997 年 3 月,IBM、Intel 开始在 ChinaByte 上发布网上广告,IBM 为 AS400 的宣传付了 3000 美元。这一广告开启了中国互联网广告业的历史。

三、网络广告文案的写作要求

写作网络广告文案应注意以下要求。

(一)标题醒目

由于网络上信息繁杂,消费者只会选择真正感兴趣的网络广告进行浏览,这时,醒目而吸引人的标题是至关重要且必不可少的。通常,标题的撰写可以采取以下几种形式。

1. 悬念式

网络广告的标题可以用设问等形式制造悬念,激起受众的兴趣和好奇心,从而去点击广告,希望从相关链接中寻找答案。例如,清华同方的真爱 X 电脑广告,其标题"瘦,这是我要的瘦身?"配以一仪态万方的窈窕淑女图片,让受众顿起兴趣,欲一探究竟,到底是什么吸引力竟比该美女还大,最后谜底揭开,原来是瘦身电脑!

2. 号召式

在标题中运用号召的语气可以使广告产生鼓动效果,从而提高广告的点击率。例如,迪士尼冰上世界首次来华演出的冰舞表演《美女与野兽》推出的免费情侣套票,广告标题为"数量有限,快来抢啊!昙花一现,免费看演出,机不可失!"相信看到的人一定会该出手时就出手的。

3. 诱导式

诱导式的标题通常会明确指出产品为消费者提供的明显利益点，目标消费者在被这些利益点吸引后会主动点击广告。这种方式增强了广告信息传递的个人化，让每个接收广告信息的受众都感觉到这个产品是为其度身定做的，从而实现了传受双方之间的互动。例如，必胜客在搜狐上做的二月促销广告标题"想拿60000元好礼吗？就来必胜客！"看了让人禁不住怦然心动。

(二)主旨明确，语言精练

与其他传统媒体广告的受众相比，网络广告的受众更加缺乏耐心，而且同时还要考虑上网的费用。如果诉求的重点不突出，语言拖沓，即使广告传达的信息是有价值的，也很难继续抓住受众的注意力。因此网络广告文案的撰写要注意主旨明确，"立片言以居要"，用精练简洁的语言传递完整全面的广告信息。至于更详细的产品信息可以通过吸引受众单击后链接到企业的主页上来实现。

例如，白加黑的网络广告，文案只有短短的3句话：
"白加黑表现就是这么好！白天服白片不瞌睡，晚上服黑片睡得香！"
精练而准确到位地把白加黑的疗效特点以及与其他感冒药的最大不同展现在受众面前。

(三)注意画面与语言的巧妙配合

和电视广告类似，网络广告也讲究图文的相互配合，而且由于动画形式比静态图形更吸引人，在网络广告中大量与商品有关的信息可以通过动态影像来诉诸受众，在这种情况下，文案无须再画蛇添足地重复信息，而应该服务于动态影像，有重点地进行阐释和补充，实现图文结合的完美效果。

(四)语言形式灵活多样

网络媒体有国际性和地方性之分，网络广告文案的语言也要根据其投放的站点不同灵活地进行选择。如果选择国际性的网站投放广告，可以采用英语这一国际通用语言，或者根据目标消费者选择针对性强的语言，有时可并用两种语言。如果目标受众是国内人士，则通常只需用中文即可。

四、网络广告文案的写作

网络广告一般由两大部分组成：在网络媒体上投放的广告和企业自己建设的广告网站。由于受到网络媒体设计特点和投放资源等因素的限制，广告信息的传达不仅要用到媒体上投放的网络广告，还要利用自己的广告网站进一步传播信息。因此，网络广告通常分为两级传播。第一级是交互性、吸引力较强的动态或静态的广告，再单击就会弹出一个包含详细内容的广告页面，方便感兴趣的受众进一步了解有关产品和品牌的信息。

(一)网幅广告条文案的写作

网络广告最常见的是网幅广告和文本链接条。大多数的网幅广告条是用动画效果制作出来的，而文本链接式的广告条一般是静态的一句(或一段)话。

现在绝大多数的广告条是用 Flash 设计的,要掌握广告条的文案写作要领,必须了解 Flash 的设计原理。一般广告条由 2~8 画帧组成,每个画帧时长 1~2 秒(长短可根据需要来设定),在没有人单击的情况下,循环播放。广告条利用有限的信息最大限度地吸引受众的注意力,诱发网民单击,以链接到相关的广告网页。

1. 文字简洁,内容凝练

一般广告条的文案与帧数相对应,有几帧就有几句(段)广告词。

【案例 9-2】

黑猫投诉网的网络广告文案

该广告是黑猫投诉网的一则网络广告,如图 9-12 所示。

第一帧:投诉维权

第二帧:上黑猫

第三帧:tousu.sina.cn

图 9-12 黑猫投诉网络广告

案例解析

广告采用了语言凝练、言简意赅的广告词,表述直接,突出了广告主题,让人印象深刻,也便于记忆。

2. 结构简单,直入正题

在广告条的文案中,一般有标题、正文和随文三部分。三部分的界限不是很明显,它们一起表达一个完整的意思。

3. 吸引受众的注意力

如何吸引受众的眼球是文案人员要解决的重要问题,最好是文案的第一句话就深深吸引受众的眼球,吸引受众单击,或继续浏览此广告信息。

【案例 9-3】

新浪扬帆公益基金的网幅广告文案

标题：弹指间，爱无限

正文：首款西部教育公益 APP

【案例 9-4】

新百伦运动鞋网络广告文案

正文：
生活就是寻找自己的过程
在不知道要去哪里，不知道还有多远时
只管跑就是了
未来是什么样，交给未来的自己回答
我们都不用为了天亮去跑
跑下去，天自然会亮

(二)文本链接广告文案的写作

文本链接广告的文案是一种纯文字形式的网络广告，通过新闻标题式的文字链接，吸引网民单击，进而链接到公司的网站或详细广告信息页面。文本链接广告是网络广告的最简单形式，与网络广告文案比，它更直截了当，通常就一句话。但是往往越是简单的广告文案，其创作越困难。

主要形式包括：新闻式，如"女人祛斑新发现!"引导有相关问题和困惑的消费者单击；陈述式，如"找对象上世纪佳缘！"；设问式，如"想找到好工作吗？——智联招聘"。

(三)定向传播广告文案的写作

定向传播是指对某些特定的目标受众进行有针对性的传播。

在互联网上，有些企业通过一些特定机构购买潜在消费者名单，利用电子邮件、电子新闻组等方式，向潜在消费者发布广告信息。这种做法与直邮广告比较相近。好处在于针对性强，广告投入较少浪费，但如果运用不当，极易引起受众的反感，招致大量抗议邮件，甚至导致企业声誉受损。因而，准确选择目标受众，把广告发给希望得到有关信息的人是这种广告策略成功的关键。

把生动的网络广告放在能吸引某些特定细分市场的站点上，对提高企业或品牌知名度非常有效。尽管网络广阔，但还是可以细分成很多部分，这些细分的受众有特殊的兴趣与需要，为定向传播提供了更精确的传播途径。比如，关于跑鞋的广告放在与跑步相关的网站上，化妆品的广告放在女性网站上，会有较精确的到达率。

(四)交互式广告文案的写作

互联网突破了传统媒体单向传播的局限，为受众与媒体间的双向交流提供了可能。受众不再是被动的接收者，他们也可以发布信息，可以主动寻找信息，对信息做出回应等。

在各娱乐性、综合性网站上发布的图标广告、旗帜广告以及其他广告形式，可采用设置悬念或诱导性、号召性语言与形式，引发访问者的单击与参与。很多广告主运用网络广告并不满足于仅仅提升品牌的知名度，传播品牌形象，还希望能吸引受众进行更深层次的接触，因而将广告与企业主页相链接，这就要求提高单击率。以此为目的的广告，在文案写作中就应注意设置悬念，不把信息说尽；或者设置参与性内容，引起访问者兴趣，拉近他们与品牌的关系。

有时，主动搜寻相关信息的受众会利用搜索引擎或门户网站的链接，到达企业的主页。对于这些访问者来说，由于有明确的目的性，深入而详细的信息会有较大的影响力。

五、网络广告文案的写作注意事项

写作网络广告文案应注意以下事项。

1．语言要简洁生动

由于各网站对广告尺寸有一定限制，而且网络媒体也不适合长时间阅读，因而简洁、生动的网络广告文案才会有较高的注意率。至于深入的信息传播，可以通过吸引受众单击，链接到企业主页实现。

2．注意语言与画面的配合

动画技术的运用为网络广告增强了不少吸引力，因而在一般的网络广告中，语言更应服务于画面，起到画龙点睛的作用。

3．注意语言风格的适应性

由于网络可以根据不同兴趣爱好，把受众高度细分化，因而在针对目标受众诉求时，注意运用他们所熟悉的语气、词汇，会增强认同感。

4．语言形式与投放的网站相符

虽然网络无国界，但受众还是会受到语言的限制，因而要根据企业的传播目标选择站点，决定运用何种语言。

第二节　户外媒体的广告文案

进入 21 世纪，当人们的工作生活变得更为紧张的时候，他们停留在家里的时间会更少。因此，"建立起可选择性的、与消费者的接触点，以代替传统的媒介(广播电视报纸等)，成为广告主今后争取消费者至关重要的战略"。户外广告市场正满足了这种需求。户外广告在实际运用中，具有重要地位。而且户外广告文案的写作也具有独特之处。

一、户外广告的定义及基本特点

(一)户外广告的定义

所谓"户外广告"就是存在于日常居住环境之外的广告形式，主要包括路牌、车身、灯箱、霓虹灯、墙体广告等形式，是以来往的步行者、司机等为对象的广告。

(二)户外广告的基本特点

户外广告具有以下基本特点。

1．视觉冲击力强

很多户外广告具有超大的面积，而且配上精心设计的文案和图片，往往形成极强的视觉冲击力。

2．应用形式灵活

户外广告可以灵活组合，根据发布环境及设施的特点，可以调整形式，如候车室广告、路牌广告、灯箱广告、张贴海报、建筑物外立面、车身等。可依据不同的媒体，在实际运用中广泛使用。可以以运动的形式呈现，也可以以静止的形式呈现。

3．广告信息通俗简洁

户外广告考虑到受众接收信息的特点，基本上需要在3秒钟内吸引受众的注意力，故要求户外广告信息必须简洁明了、通俗易懂。

二、户外广告的主要优势

户外广告主要具有以下优势。

(一)视觉冲击力强

一块设立在黄金地段的巨型广告牌，或处处碰面的候车亭，是任何想建立持久品牌形象的公司的必争之物。很多知名的户外广告牌，因为它的持久和突出，成为某个地区远近闻名的地标。

(二)24小时全天候传播

很多户外媒体是持久地、全天候发布，每天24小时、每周7天伫立，传播时间最充分。网上媒体也有类似的优势，不过是在虚拟世界，受众需要一系列先决条件才能接近，而户外媒体，因为物理空间的唯一性，这种优势发挥得更为彻底。

(三)信息冲击力强

户外媒体可以调动多种现场表达手段,营造出综合的、丰富的感官刺激。形象、语句、三维物件、动感音效、环境等,都可以巧妙地融合进来。

(四)创造理想传播频次

通过策略性的媒介安排和分布,户外媒体能创造出理想的到达率和频次。正确地选择时间、地点,加上使用正确的户外媒体,可实现在理想的范围、接触到几乎每个层面的人群,甚至可与受众的生活节奏配合得天衣无缝。

(五)无孔不入

不管是如单立柱、霓虹灯、墙体等类型的单一媒体,还是如候车亭、车身、地铁、机场和火车站等类型的网络化媒体,户外广告的不可替代之处,就在于往往能接触到其他媒体无法到达的受众。

三、户外广告文案的写作特点

户外广告文案应具有以下特点。

(一)简洁性

虽然户外广告具备比较大的信息传达空间,但是由于户外受众接收广告信息的短促性,决定了户外广告文案写作方面应注重文字的精练,强调信息的瞬间传达。

(二)吸引性

户外广告在吸引受众注意力方面要求广告信息在文案、图形、色彩、编排等方面能够瞬间抓住受众的眼球。要求文案的创作者,熟知产品特点以及户外媒体的特性,使文案能契合受众的心理,有效地吸引阅读,如图9-13～图9-15所示。

图9-13 户外楼体广告

图 9-14　户外路牌广告

图 9-15　户外墙体广告

(三)灵活性

户外广告文案写作的灵活性主要体现在文案的结构上,可以只有广告标题,没有广告正文,或者两者全无,只有企业标志信息。

(四)信息的整合性

在大多数情况下,户外广告是由多种广告信息元素组成的。通常,户外广告文案需要和广告画面进行配合,针对所要传达的信息要点进行整合。

第三节　直邮媒体的广告文案

直邮广告,是直接营销的一种手段。直接营销是指企业与目标消费者之间进行直接沟通来促进销售的一种营销方式。直接营销的手段主要包括直接销售、直接邮寄、电子营销、电视直销等。

一、直邮广告的含义

DM 是英语 Direct Mail 的缩写,就是通过邮政系统,以信函的方式直接邮寄给目标消费者的广告。其内容多用来介绍商品性能,劝说受众购买,或解答疑问等。它总是利用较少的文字,传递大量的信息。

直邮广告是直接完成销售的一种比较有效的方法。据统计,以广告费用支出计算,直邮是当今世界排名第三的广告媒介,全球广告主花在直邮上的广告费甚至高于杂志广告费和广播广告费。直邮广告媒介主要以邮寄印刷品的方式直接向目标受众传达广告信息。凡是应用于发布直邮广告信息的物质或中介,都可以视作直邮广告媒介。

直邮广告媒介类型

直邮广告媒介主要包含两种:一种是直接为了销售商品的媒介,包括奖购券、折扣券、打折信息、产品说明等;另一种是间接为了销售商品的媒介,包括商品目录、产品样本、广告信、纪念品等。

二、直邮广告的优点

直邮广告具有较为明显的优点:一是有的放矢,针对固定对象进行信息传递;二是便捷快速地拓展新的消费群体;三是可以详细地对产品或服务的各方面进行介绍;四是信息的传送和接收具有较大的灵活性;五是制作简便,费用低廉。

与传统印刷媒介广告相比,直邮广告更方便,它直接针对潜在消费者进行诉求,便于控制广告的发行量,能避免竞争对手广告的干扰,直接获得消费者回应并且能通过回应情况判断广告效果。直邮也有其不利之处:直邮的千人成本远远高于大众媒介;由于目前直邮广告的泛滥,许多消费者甚至将直邮广告视为"垃圾邮件"。

三、直邮广告文案的写作要点

报刊广告的写作形式,同样适合于直邮广告。同时,还要特别注意以下几点。

(一)语气亲切

由于直邮广告是针对具体的个人或单位的,具有"私人"的性质,可以令人产生亲切感,因此,给收件人的直邮广告可以采用感性诉求,对于收件人要持尊重的态度,不能用生硬或者命令的口气催促其购买,否则只能让人敬而远之。比如,在文案的开头使用尊称,如"尊敬的先生""亲爱的小姐"等。

(二)提供详尽的信息

邮件如果能被打开,说明收信人多少有些兴趣;收信人一旦开始阅读,就说明他有较大兴趣。所以直邮广告应该尽可能多地提供有用的信息,比如产品的尺寸、规格、售价等。要诚实地介绍产品,说明购买利益。

例如,汽车产品的目录,在提供产品图片和产品简介以及客观的评述文章后,会让收件人在对所销售的产品有一定了解的情况下,激发其购买欲望。

(三)注意趣味性

直邮广告应该尽可能采用风趣幽默、吸引人的方式来传达产品信息。没有人喜欢阅读生硬的推销说辞和枯燥的产品介绍。

(四)文案应该通俗易懂

使用读者熟悉的语言,不要过多地使用专业术语,不要让读者对阅读广告文案心生畏惧。

(五)不要怕长文案

一般来说,直邮广告可长可短,短的可以只有一句话、几个字,长的可以达到十几页。如果确实有丰富信息要提供给读者,并且找到了可以吸引读者的方式,就不要怕文案太长。提供的信息越具体、越细致,就越有可能达成销售或引发行动。比如一些贵重物品的直邮广告,读者就需要获得较多的信息来进行比较和判断。

(六)反复申明你所提供的服务或者利益

所提供的服务或者利益是最能吸引读者、引发行动的内容,所以应该明确提出来,并且在适当时机不断地重复强调。服务或者利益可以是对购买者的奖励、购买产品可以获得赠品、退换货便利、安全保证、权威机构的认定、其他消费者的赞许等。

(七)提供多种反馈途径

直邮广告能够有效地获得读者的反馈,可以比较直接地获取用户的相关信息,能够比较快速地调整今后的销售计划。反馈途径有许多种,比如电话订购、传真订购、800免费咨询电话、鼓励读者使用含有订单的免邮资回邮信封等。这些反馈途径应该被编排在信函或者产品目录的醒目位置,并且加上一些鼓励行动的言辞。

(八)激发读者的行动意愿

直邮广告是促销色彩浓厚的广告形式,也是对广告文案写作人员挑战最大的广告形式。出色的直邮广告能够强烈地激发收件人做信函希望他去做的事情,让他觉得不这么做是一个损失。

关于直邮广告的发展情况

来自2008 DMA统计报告书、USPS(美国邮政管理局)家庭日记以及USPS/com Score调查报告的最新数据表明：2007年，营销企业在非目录型直邮和目录型直邮上的支出分别为345亿美元和208亿美元，总支出为553亿美元(数据来自相关报告)。

截止到2012年，美国企业在非目录型和目录型直邮上的支出将达到617亿美元，相比之下，这些企业对电邮和互联网等营销手段的投资仅12亿美元和397亿美元。

在2012年，27%的营销预算都将被分配到目录和非目录型直邮身上。在2007年期间，非目录型直邮和目录型直邮共为企业带来6867亿美元的销售额。目前，有81%的家庭会认真阅读或浏览自己收到的直邮信件。

第四节 新媒体的广告文案

新媒体是相对旧媒体的特征而言的，一般来说就是指互动式数字化复合媒体。与传统媒体相比较，新媒体具有以下特征。

(1) 它是一种以个性为指向的分众媒体而非大众媒体。

(2) 它是一种信息的发送者与接收者之间具有充分互动性的媒体。

(3) 它是一种复合媒体，新媒体的内容呈现方式可以根据需要，在文本、视频和音频之间任意转换或兼而有之。

(4) 它是一种跨越国界的全球化媒体，全球网络消除了国与国之间的界限，信息以最低的成本让无数人共享。

新媒体既超越了电视媒体的广度，又超越了印刷媒体的深度，而且由于其高度的互动性、个人性和感知方式的多样性，它具备了从前任何媒体都曾具备的传播力度。到目前为止，常见的新媒体主要包括网络媒体、移动媒体等。由于在前面已经详尽地介绍过网络媒体的文案写作，这里主要介绍移动媒体广告文案写作。

一、手机广告及其优势

(一)手机广告的含义

所谓手机广告是通过移动媒体传播的信息，旨在通过这些商业信息影响受众的态度、意图和行为，实际上就是一种互动式的网络广告。

(二)手机广告的优势

手机广告具有更好的互动性和可跟踪性，可以针对分众目标，提供特定地理区域或用户属性的个性化广告信息的定向发布,可通过手机短信、彩信、WAP、声讯等多种手机增值服务平台来实现,发布效果可以通过互动的量化跟踪和统计得到评估。手机广告可以利用手机用户数据库,对目标对象进行分众,定向地发送广告,同时利用手机的互动性,判断量化广告的有效到达率。具体来讲手机广告优势如下。

1．分众性

手机广告的分众性特征是指通过对手机用户资料的分析,可将用户按不同的标准划分为不同的用户群。这是手机广告的核心竞争力之一。

2．定向性

定向性是指通过手机可向不同的分众用户发送不同的广告内容。手机广告的这个特性是基于手机广告的分众性特征基础之上的。手机广告的定向性与分众性之间存在着正比关系,即手机广告的分众性做得越好,手机广告的定向性也会体现得越好。

3．随时性

随时性是指手机信号的广泛性以及手机的贴身性,使用户在有手机信号的地方,都有可能在第一时间接收到手机广告。这是传统媒体所无法达到的。

4．形式多样性

手机广告的表现形式包括文字、图像、视频、音频、动画等,它们可以根据广告创意需要任意进行组合创作,从而有助于最大限度地调动各种艺术表现手段,制作出形式多样、生动活泼,能够激发消费者购买欲望的广告。

5．交互性

交互性是指手机广告可以充分利用手机媒体的信息互动传播的优势,使用户不仅可以获取对其有用的信息,而且广告主也可以随时得到用户的反馈信息。

6．可测性

手机广告的受众数量可准确统计,广告主借助于精确统计出来的数据评价广告,手机广告的受众数量可准确统计,广告主借助于精确统计出来的数据评价广告来变更广告的形式和内容。

二、手机广告文案的写作要点

手机广告文案的写作要点如下。

1．信息的简短性

手机信息的容量比较有限,例如一般每条短信只能容纳140个字符,约70个汉字。在这么简短的空间里更需要提炼语言,将最重要的名称、时间或者联系方式表达出来,犹如发电报一样,尽量将重要的信息有的放矢地表达出来。

例如,拇指传情,礼貌互敬;健康活泼,语言洁净;杜绝骚扰,流言勿行;规范服务,诚信经营;和谐自律,传递文明。

2．信息的有效性

手机广告不可能像一般印刷广告那样有完整的标题、广告语、正文、随文等结构，所以在创作手机短信广告的时候只要把重要的广告信息发送出去即可，不必过多注重形式。

3．语言的高度浓缩性

短短几十个字既要尽量完整地传送广告的诉求点，又要让接收者相信并采取行动，这种要求可以说是所有类型广告文案中要求最高的，这不仅仅体现在字数的浓缩方面，更体现在感染力的浓缩上，在极为有限的空间内，要能够劝服目标消费者。

【案例 9-5】

一则手机短信广告文案

如果失去了声音，我就会用手势告诉你；如果失去了眼睛，我就会用心灵来感应你；如果失去了生命，我就会在天堂守候你。因为，我爱你！别驻足，梦想要不停追逐；别认输，熬过黑夜才有日出；要记住，成功就在下一步；路很苦，汗水是最美的书；尽情欢呼，相约巅峰与您共舞！

【案例 9-6】

蚂蚁财富《年纪越大，越没有人会原谅你的穷》系列微信广告文案

蚂蚁财富系列微信广告如图 9-16 所示。
01.你每天都很困，只因为你被生活所困。　　　　　　　　　　　——南方基金
02.每天都在用六位数的密码，保护着两位数的存款。　　　　　　——万家基金
03.全世界都在催你早点，却没人在意你，还没吃"早点"。　　　　——国泰基金
04.世界那么大，你真的能随便去看看吗？　　　　　　　　　　　——招商基金
05.对所有大牌下的每个系列化妆品都如数家珍，但你绝不会透露自己用的只是赠品小样。　　　　　　　　　　　　　　　　　　　　　　　　　　　——华夏基金
06.在家心疼电费，在公司心疼房租。　　　　　　　　　　　　　——富国基金
07.小时候总骗爸妈自己没钱了，现在总骗爸妈："没事~我还有钱。"——建信基金
08.懂得父母催你存钱的好意，但更懂得自己光是活下来，就已用尽全力。——上投摩根
09.经济独立了，才敢做真实的自己，否则只好一直做别人喜欢的自己。——兴全基金
10.只有在请假扣工资的时候，才会觉得自己工资高。　　　　　　——博时基金
11.你所谓的工作"稳定"，只不过是一直在工作，并没有让你自由。——中欧基金

12. 一年有 26 个节日，你都不会去过，但你不会错过节日里的每一分钱红包。

——天弘基金

13. 总能半夜狠心删空购物车，你知道这种"理性"一文不值。——嘉实基金

14. 在适婚的年纪，竟然庆幸自己朋友少，因为根本不用担心，会收到"红色炸弹"。

——广发基金

15. 没有逃离北上广，并不是凑够了首付，而是每天的外卖，可以一起凑满减。

——光大保德信基金

让理财给生活多一次机会

图 9-16　蚂蚁财富系列微信广告

第九章 其他媒体广告文案

图 9-16 蚂蚁财富系列微信广告(续)

案例解析

这则蚂蚁财富的系列微信广告文案句句戳心，抓住了当今年轻上班族群的痛点，每一句广告语都能引发受众深深的共鸣，在反思现状的同时强化了自己的理财意识。广告发布当天就刷爆了大家的朋友圈，被大众评为2017年十大经典文案。

1. 网络广告，英文称为Net AD，就是指以互联网为媒体发布、传播的商业广告。
2. 网络媒体互动性强、传播范围广、信息容量大、传播速度快。
3. 网络广告的形式多种多样，主要包括旗帜广告、按钮广告、文本链接广告、电子邮件广告、赞助、搜索引擎广告和植入式广告。
4. 网络广告文案的写作要求：标题醒目；主旨明确，语言精练；注意画面与语言的巧妙配合；运用灵活多样的语言形式。
5. 网幅广告条、文本链接广告、定向传播广告、交互式广告都各有自己的写作要求，在实际应用的时候要根据广告形式及传播对象的特点适当选择写作方式。
6. 网络广告文案的写作要注意几点事项：语言要简洁生动；注意语言与画面的配合；注意语言风格的适应性；语言形式应与投放的网站相符。
7. 户外广告就是存在于日常居住环境之外的广告形式，主要包括路牌、车身、灯箱、霓虹灯、墙体广告等形式。户外广告具有视觉冲击力强、应用形式灵活、广告信息通俗简洁的基本特点。户外广告具有视觉冲击力强、24小时全天候传播、信息冲击力强、创造理想传播频次、无孔不入等主要优势。户外广告文案的写作应遵循简洁性、吸引性、灵活性、信息的整合性等特点。
8. 直邮广告，就是通过邮政系统，以信函的方式直接邮寄给目标消费者的广告。与传统媒体相比，直邮广告具有较为明显的优点。直邮广告文案写作可以借鉴报刊广告的写作形式，同时，还要特别注意语气亲切，提供详尽的信息，注意趣味性，文案应该通俗易懂，适当运用长文案，反复申明你所提供的服务或者利益，提供给消费者多种反馈途径，激发读者的行动意愿。
9. 新媒体是相对旧媒体的特征而言的，一般来说就是指互动式数字化复合媒体。常见的新媒体主要包括网络媒体、移动媒体等。
10. 手机广告具有速度快、成本低廉、目标准确、发布形式灵活的优势，在写作时要注意信息的简短性、有效性和语言的高度浓缩性。

诺基亚 N96 手机的广告

相信大家都不陌生,网络上曾经广为流传一个名为"李小龙双节棍打乒乓球"的视频,视频中一个酷似李小龙的人用双节棍与一个运动员对打乒乓球,视频采用黑白画面,镜头晃动,很像业余爱好者自行拍摄,亦真亦假,颇为精妙。

这段视频在网络上出现后迅速蹿红,在各大视频网站与社交网站上单击率与转载率都很高,在年轻人中间引发传阅。视频最后出现几秒钟字幕"向李小龙致敬"以及诺基亚 N96 手机的产品形象,观众才知道这是诺基亚为宣传 N96 手机李小龙纪念版所制作的广告视频。

在投放视频的同时,网络上也出现了 N96 的主题官方网站,网友在网站中可以和虚拟的李小龙形象互动,欣赏功夫的同时体会 N96 的出色功能。同时,各地的诺基亚专卖店开辟了类似电影场景的线下体验区,促使手机用户与李小龙爱好者参与互动,最终在全球引发了一轮抢购 N96 手机的热潮,使这一次传播突破了地域和网络的界限,受到国内外媒体的关注。

这一系列的互动广告是由 JWT 北京公司制作的,该广告摘取了 2009 One Show 互动金奖。这是整个亚太区在 One Show 互动奖项中唯一的金奖,同一系列的《手机篇》也获得了一支铜铅笔。

案例点评

这支广告视频的传播手段就是近几年出现的网络病毒式营销。所谓病毒式营销(Viral Marketing,又称病毒性营销、基因营销或核爆式营销),是利用公众的积极性和人际网络,让营销信息像病毒一样传播和扩散,营销信息被快速复制传向数以万计、数以百万计的受众,它能够像病毒一样深入人脑,快速复制,迅速传播,将信息短时间内传向更多的受众。病毒式营销是一种常见的网络营销方法,常用于网站推广、品牌推广、产品推广等。

病毒式营销通过提供有价值的产品或服务,"让大家告诉大家",通过别人为你宣传,实现"营销杠杆"的作用。病毒式营销已经成为网络营销最为独特的手段,被越来越多的商家和网站成功利用。病毒式营销作为口碑营销的一种,是利用群体之间的传播,从而让人们建立起对服务和产品的了解,达到宣传的目的,目前在手机媒体中也有广泛运用。由于这种传播方式是用户之间自发进行的,因此是几乎不需要费用的网络营销手段。

N96 投放的病毒视频被传阅的对象大多为年轻人,喜爱李小龙等武打明星,好奇心强,而这些人恰恰与 N96 所定位的广告人群高度吻合。这段视频看似无心,其实有意,把广告信息及所要传送的核心观念包含在一段有意思的视频中,借助网民的口碑和传阅,同时配合互动网站、线下体验等环节,不断扩大影响力,同时也节约了广告成本。

讨论题

1. 这个案例体现了网络媒体的哪些优越性?
2. 在新媒体日趋发达的今天,广告文案写作应该如何适应网络、手机等互动媒体的要求?
3. 谈谈你印象最深刻的一个运用病毒式营销的广告案例。

1. 分析网易云音乐的这次广告营销活动,谈谈你的感受,分析一下它的成功之处。

2017年轰动朋友圈和微博的一条重大广告营销事件,相信很多人还印象深刻。3月20日,网易云音乐和杭港地铁联合推出的"乐评专列"正式发车。网易云音乐精选了点赞数最高的5000条优质乐评,印满了杭州市地铁1号线和整个江陵路地铁站,如图9-17所示。

网易摘录5000条非常走心的评论,作为自己户外广告的文案,并且选择以专列包厢广告为载体,不得不说非常用心,一方面网易云音乐的主流用户正是这些靠地铁忙碌出行的年轻群体,另一方面这些年轻人依靠网易的平台也在塑造自己的群体文化。

图9-17 网易云音乐地铁广告

图 9-17　网易云音乐地铁广告(续)

附选作文案的网易云音乐部分乐评：

理想就是离乡。
——50 号公路评论赵雷《理想》

我想做一个能在你的葬礼上描述你一生的人。
——@酷溜 6 评论梶浦由记《Palpitation!》

哭着吃过饭的人，是能够走下去的。
——评论 Doughtnuts Hole《おとなの掟》

多少人以朋友的名义默默地爱着。
——@月海浪花 评论陈奕迅《十年》

十年前你说生如夏花般绚烂，
十年后你说平凡才是唯一的答案。
——@张小诅咒 评论朴树《生如夏花》

小时候刮奖刮出"谢"字还不扔，
非要把"谢谢惠顾"都刮得干干净净才舍得放手，
和后来太多的事一模一样。
——@你好我是吉祥物 评论陈珊妮《情歌》

每个人的裂痕，最后都会变成故事的花纹。
——@BORNSICK 评论梁静茹《会过去的》

你说少年明媚如昨，怎知年少时光如梦。
——@踟踟暮雨 评论许巍《时光》

不在一起就不在一起吧，反正一辈子也没多长。
　　——@你像南瓜那么美 评论李志《关于郑州的记忆》

最怕你一生碌碌无为，还说平凡难能可贵。
　　——@昂翌 评论白亮《孙大剩》

祝你们幸福是假的，祝你幸福是真的。
　　——@似是而非或是世事可畏 评论好妹妹乐队《我到外地去看你》

校服是我和她唯一穿过的情侣装，
毕业照是我和她唯一的合影。
　　——@卷烟童子 陈奕迅《好久不见》

手机上存满了分手的歌，好像我谈过恋爱似的。
　　——@回忆已物是人非 评论李志《忽然》

你那么擅长安慰他人，
一定度过了很多自己安慰自己的日子吧。
　　——@黄昏鹿场_ 评论程璧《给少年的歌》

年少时的爱情，
就是欢天喜地认为会与眼前人过一辈子。
所以预想以后的种种，一口咬定它会实现。
直到很多年后，
当我们经历了成长的阵痛、爱情的变故，
走过千山万水后才会幡然醒悟，
那么多年的时光只是上天赐予你的一场美梦，
为了支撑你此后坚强地走完这冗长的一生。
　　——@渝堤 评论万岁爷《爱情》

问她为什么包里总带着把伞，
她说因为下雨的时候没有谁来送伞，也没有谁陪淋雨。
不带伞的话，站也不是走也不是，像个可怜的笑话。
　　——@NO_MORE_EXCUSE 林宥嘉《没用的伞》

2. 谈谈哪则被选作文案的乐评最打动你，为什么？
3. 搜集一则直邮广告文案，并加以分析。
4. 谈谈让你印象最深刻的户外广告文案创作。
5. 模拟一款需要通过手机推销的产品或服务，变化不同的文体、修辞等文案写作技巧，创作出5则手机短信广告文案，每则字数不超过70字。

第十章

长文案和系列文案

广告文案(第2版)

学习要点与目标

- 熟悉长文案的表现手法，掌握长文案的写作要求。
- 熟悉系列广告文案的特征和表现形式，掌握系列文案的写作要求。

核心概念

长文案、系列文案

引导案例

克利夫兰食物募捐广告 Think meal 的文案

图 10-1 所示为克利夫兰食物募捐广告 Think meal。

图 10-1　克利夫兰食物募捐广告 Think meal

标题：想想食物

正文：一点食物捐赠的意义甚至比不上一本小说。一打水果罐头拯救不了世界。隔壁桌的男孩也不再问他能帮忙做些什么了。没人在意那些食物最终去了哪。连那些捐赠的人都不认为他们所做的能改变什么。更别提影响民生经济、点亮谁的一天、改变谁的一生。你只是习惯了捐赠这件事，却没有真的把它当回事。

现在有了克利夫兰食物银行。去年我们接收的食物捐赠达 35424125 磅，折合 29520121 顿饭。积少成多的意义如此。考虑一下，加入我们吧。

案例解析

一张大留白的画面配上一段长文案，克利夫兰食物银行这则公益广告虽借用的是大众的版式和亨氏的产品，却紧扣主题，化为己用。这样就是一次成功的借力使力。食物银行的主要诉求点在广告中得到了充分的表达。文案虽然字数较多，但是读起来却较为轻松，没有压力。

在广告宣传中，有些广告产品的信息特别适宜用长文案或系列广告文案的形式来表现，因为长文案和系列广告文案有着各自重要的作用。长文案以数百字的篇幅对广告产品做有说服力的深度诉求；系列广告文案则围绕着广告主题，通过 3 个以上单篇形成一种强大的宣传声势，使产品信息更能深入人心。

第一节　长文案的写作

一、长文案和短文案

广告文案的长短都是相对而言的，通常人们把数百字以上的文案视为长文案，把数十字以内的文案称为短文案。写广告究竟是采用长文案好还是短文案好呢？这个不能一概而论。短文案便于受众接收，阅读起来不易疲劳，但信息量较少；长文案读起来有一定压力，但可以达成与消费者的深度交流。

目前，报纸、杂志广告越登越多，但文案大多不超过 100 字，甚至更短。有人认为，现在是电波一统天下的时代，生活节奏加快了，人们不会像奥格威时代那样，有耐心阅读长文案了，人类社会已经进入了"读图时代"，是"眼球经济"主导的时代，影像比文字传播更有优势。

其实不然，现代社会固然生活节奏加快了，媒介也更加多元化了，这会对广告传播方式（包括文案的长短）带来一定影响，但不能由此判定短文案一定有效、适合，广告宣传应根据新情况做出相应的调整，以适应环境的变化，而不是轻易地否定或放弃长文案。

事实上，长文案和短文案各有特点，各有最合适使用的场合，两者各有特色，无法互相取代。总结起来，决定文案长短的有以下两个因素。

（一）媒体

各种媒体的特色各不相同，都有最适合的、相对应的文案形式。例如，一般对于电视广告来说，短文案比长文案更有效。因为在电视广告中，广告时间受到限定，可能只有 30 秒、15 秒甚至 5 秒钟的传播时间，篇幅的限制导致广告中传达信息的容量也受到限制。

另外，在电视广告中文字只是众多传播渠道的一种，产品的信息是由文字、画面和音响共同完成的,所以在这种情况下用短文案比较合适;而在印刷媒介中则较多地采用长文案,如报纸、杂志等媒体上的广告,因为印刷媒介主要是通过文字来表达主题的,对篇幅的限制也不那么严格,可以在有限的版面内刊登较多的文字内容,并且报刊媒介具有相对的稳定性,信息丰富的长文案可以保留下来并多次阅读,形成长时间的多次传播。

(二)产品

不同广告产品的性能及其在市场中所处的不同阶段决定着文案的长短。

1. 产品价格

一般来说,价格较为便宜的日常生活消费品,比如油盐酱醋、香皂、洗发水、毛巾等产品的广告,只需突出产品名称、主要特点等关键信息,阐明核心诉求即可,所以这些广告文案多采用短文案;而生产资料(如机器、工具等)、耐用消费品(如汽车、住房等)和较大的服务项目(如保险、旅游服务等)的广告一般需要用长文案,因为这些产品或服务都具有较高的价格,受众在花较多的钱购买这些产品前,总希望了解更丰富的产品信息。

此时,在广告正文中必须详细介绍广告产品与同类产品相比有哪些独特的品质、性能、价格、用途如何以及使用注意事项等,显然,对这些产品仅向受众提供一些结论是不够的,而必须提供充足的理由,才能使人信服并采取购买行动。只有长文案才能承担得起如此详细的介绍和深度的说服功能,给消费者提供一个购买产品的充足理由。

2. 产品的生命周期

产品所处的不同生命周期,也会影响文案长短的使用。在产品刚问世,处于导入期的时候,广告文案就需要以较多的文字,较细致地向受众介绍新产品的基本信息,如性能、功效、型号、外观、价格、厂家地址、联系方式等;而当产品进入成熟期以后,就只需以较少的文字来做广告宣传,不断提醒消费者产品的信息,巩固受众对产品的良好印象,相比导入期,这一阶段所需的广告投入和每一则广告的信息量都有所减少,用短文案即可。

3. 产品的定位

当首次对产品定位时,只需用短文案,简明扼要地介绍该产品在市场上的定位。当面临给产品重新定位时,就需要先扭转消费者对于产品长时间形成的固有印象,然后再重新树立新的品牌形象,是一个先破后立的过程,这时就需要用长文案。

所以,应该尽量在首次定位的时候就准确找到产品的位置,一旦发现产品的文案定位不恰当、不准确时,就需要重新给产品定位,就要花费更大的力气。

重新定位时,如果文案只有三言两语,难以清除受众对以往广告定位的影响,无法纠正人们对广告产品先入为主的印象,这时就需要广告以较长的文案内容来详细陈述产品的新定位,使消费者读过之后能在更深层面达到新的认知。

二、长文案的表现手法

长文案的表现手法有以下几种。

(一)故事型

不少长文案采用故事型的表现手法,以使文案更吸引人、更有趣,从而使其广告产品、企业或服务等信息能自然而然地被受众所接受,避免直接推销所带来的负面影响。故事型的长文案需要文案写作者有良好的构思能力和驾驭文字节奏的能力,要把一个虚构的故事描写得引人入胜、充满趣味。

【案例 10-1】

奥美长文案:我害怕阅读的人 I fear those who read

标题:我害怕阅读的人

正文:不知何时开始,我害怕阅读的人。就像我们不知道冬天从哪天开始,只会感觉夜的黑越来越漫长。

我害怕阅读的人。一跟他们谈话,我就像一个透明的人,苍白的脑袋无法隐藏。我所拥有的内涵是什么?不就是人人能脱口而出,游荡在空气中最通俗的认知吗?像心脏在身体的左边。春天之后是夏天。美国总统是世界上最有权力的人。但阅读的人在知识里遨游,能从食谱论及管理学,八卦周刊讲到社会趋势,甚至空中跃下的猫,都能让他们对建筑防震理论侃侃而谈。相比之下,我只是一台在 MP3 世代的录音机;过气、无法调整。我最引以为傲的论述,恐怕只是他多年前书架上某本书里的某段文字,而且,还是不被荧光笔画线注记的那一段。

我害怕阅读的人。当他们阅读时,脸就藏匿在书后面。书一放下,就以贵族王者的形象在我面前闪耀。举手投足都是自在风采。让我明了,阅读不只是知识,更是魔力。他们是懂美学的牛顿,懂人类学的梵谷,懂孙子兵法的甘地。血液里充满答案,越来越少的问题能让他们恐惧。仿佛站在巨人的肩膀上,习惯俯视一切。那自信从容,是这世上最好看的一张脸。

我害怕阅读的人。因为他们很幸运;当众人拥抱孤独或被寂寞拥抱时,他们的生命却毫不封闭,不缺乏朋友的忠实、不缺少安慰者的温柔,甚至连互相较劲的对手,都不至匮乏。他们一翻开书,有时会因心有灵犀,而大声赞叹,有时又会因立场不同而陷入激辩,有时会获得劝导或慰藉。这一切毫无保留,又不带条件,是带亲情的爱情,是热恋中的友谊。一本一本的书,就像一节节的脊椎,稳稳地支持着阅读的人。你看,书一打开,就成为一个拥抱的姿势。这一切,不正是我们毕生苦苦找寻的吗?

我害怕阅读的人。他们总是不知足。有人说,女人学会阅读,世界上才冒出妇女问题,也因为她们开始有了问题,女人更加读书。就连爱因斯坦,这个世界上智者中的最聪明者,临终前都曾说:"我看我自己,就像一个在海边玩耍的孩子,找到一块光滑的小石头,就觉得开心。后来我才知道自己面对的,还有一片真理的大海,那没有尽头。"读书人总是低头看书,忙着浇灌自己的饥渴,他们让自己是敞开的桶子,随时准备装入更多、更多、更多。而我呢?手中抓住小石头,只为了无聊地打水漂而已。有个笑话这样说:人每天早上起床,只要强迫自己吞一只蟾蜍,不管发生什么,都不再害怕。我想,我就要知道蟾蜍的味道了。

我害怕阅读的人。我祈祷他们永远不知道我的不安，免得他们会更轻易地击垮我，甚至连打败我的意愿都没有。我如此害怕阅读的人，因为他们的榜样是伟人，就算做不到，退一步也还是一个我远不及的成功者。我害怕阅读的人，他们知道"无知"在小孩身上才可爱，而我已经是一个成年的人。我害怕阅读的人，因为大家都喜欢有智慧的人。我害怕阅读的人，他们能避免我要经历的失败。我害怕阅读的人，他们懂得生命太短，人总是聪明得太迟。我害怕阅读的人，他们的一小时，就是我的一生。我害怕阅读的人，尤其是，还在阅读的人。

案例解析

奥美早年为天下文化所做的一篇长文案稿。天下文化是中国台湾的一家综合性出版社，以"读一流书、做一流人"作为自我期许。长文案貌谈"害怕"，但读下来，这个实为敬佩、鼓励，用讲故事的形式影响更多人成为阅读的人。

(二)陈述型

陈述型长文案是向受众详细叙述产品的特点、性能、用途以及它带给受众的利益，陈述型文案包罗丰富的产品信息，使受众全面、完整地了解产品的全貌。

【案例 10-2】

服装品牌"步履不停"的广告文案

图 10-2 所示为服装品牌"步履不停"的广告文案。

图 10-2　服装品牌"步履不停"的广告文案

正文：你写 PPT 的时候，阿拉斯加的鳕鱼正跃出水面；
你研究报表的时候，白马雪山的金丝猴刚好爬上树尖；
你挤进地铁的时候，西藏的山鹰一直盘旋云端；
你在回忆中吵架的时候，尼泊尔的背包客一起端起酒杯在火堆旁。
有一些穿高跟鞋走不到的路，
有一些喷着香水闻不到的空气，
有一些在写字楼里永远遇不见的人。
出去走走才会发现，
外面有不一样的世界，不一样的你。

案例解析

服装品牌"步履不停"主打文艺风，追求简洁、舒适的着装体验，最抓人眼球的是类似篇首这样个性十足的文案。大多数情况下，女粉丝都始于被步履不停的文字感动，继而穿上这家店的衣服。步履不停的基调是"明朗的文艺青年""有行动力的文艺青年""埋怨是没用的，世界不会因为你的埋怨而改变。"……希望通过这个品牌，这些文案，传递一些有价值的东西，比如告诉人们：人是自由的，起码心灵应该是自由的。

(三)新闻型

如果广告信息与社会发展、公众生活有较大的联系，可采用新闻的表达方式，即将文案写成新闻型的长文案。由于新闻涉及的是当下大众关心的内容，这就容易引起人们浓厚的兴趣和广泛的关注。并且，由于新闻所固有的客观、公正的特点，因而与之共同宣传的产品信息的真实性就会令人信服。这种新闻型的广告也被称作软广告。

【案例 10-3】

长城葡萄酒的广告文案

标题：
三毫米的旅程，一颗好葡萄要走十年
正文：三毫米，
瓶壁外面到里面的距离，
一颗葡萄到一瓶好酒之间的距离，
不是每颗葡萄都有资格踏上这三毫米的旅程。
它必是葡园中的贵族，
占据区区几平方公里的沙砾土地，
坡地的方位像为它精心计量过，
刚好能迎上远道而来的季风。
它小时候，

没遇到一场霜冻和冷雨；
旺盛的青春期，
碰上十几年最好的太阳，
临近成熟，
没有雨水冲淡它酝酿已久的糖分，
甚至山雀也从未打它的主意。
摘了三十五年葡萄的老工人，
耐心地等到糖分和酸度完全平衡的一刻才把它摘下，
酒庄里最德高望重的酿酒师，
每个环节都要亲手控制，小心翼翼。
而现在一切光环都被隔绝在外，
黑暗、潮湿的地窖里，
葡萄要完成最后三毫米的推进。
天堂并非遥不可及，再走十年而已。

案例解析

长城葡萄酒这则文案有三个特点：其一用空间的距离来说明时间的跨度，在给予阅读新鲜感的同时，突出了产品在选材、酿造等全过程中的谨慎与细致；其二用拟人化的文句描绘出全过程中的情感脉络，使用众多的数据使得这一脉络更加清晰而准确；其三是全景视野中使用的全知式语言，使这个过程的阐述更加具备了权威感，也增强了阅读中的说服力。

三、长文案的写作要求

阅读长文案需要长时间地集中注意力，这对文案的写作提出了较高的要求。能否使读者对长文案保持阅读兴趣，这是对文案写作者的考验。为此，写作时要精心安排文案结构，运用多种句式使广告丰富的信息通过生动、活泼的文案较好地传递给受众。

在长文案的写作过程中，可以应用以下几个方面的技巧。

(一)多分段

长文案一般在百字以上，如果数百字的内容统统放在一段中，那么读者就会无所适从，产生阅读压力，密密麻麻的信息只会让人晕头转向，严重影响阅读热情，甚至中途放弃。

因此，长文案要多分段，使受众阅读时有停顿、有喘息的机会。长文案的段落可由一句、几句组成，也可以由几十句组成，但较为可取的是多用短段落。历史上著名的长文案大都具备这样的特征。

(二)多用小标题

为了让读者阅读不枯燥，快速浏览也能了解文案大致意思，可以在长文案中设置一些小标题，以激起读者持久的阅读兴趣，引导受众进一步阅读感兴趣的正文。通常小标题要对长文案各个段落的内容做大致的概括，从而帮助受众更迅速地了解正文的内容，并根据需要选择段落阅读。

第十章 长文案和系列文案

【案例 10-4】

宜家家居的产品文案

标题：抽屉常常监守自盗
正文：
假设抽屉喜欢抽烟，可能抽屉里的烟早已经不见；
幻想抽屉有了恋爱，可能抽屉里的香水都已蔓延；
也许抽屉只想看书，可能抽屉里的书都读了很多遍。
如此看来，抽屉里放书还算比较安全。

标题：高脚杯不喜欢喝红酒
正文：
高脚杯不在乎你喝什么牌子的红酒，
在乎的是你喝红酒的时候看谁写的书，
如果你看书的品位刚好和高脚杯相同，
也许高脚杯会让你喝的红酒变得柔美醇厚
回味无穷。

标题：镜子希望被挂在床的对面
正文：
镜子可以颠倒文字，
不会颠倒黑白，
你捧着书游走于房间的各个角落，
却并不妨碍，
镜子通过反射，
观赏你阅读的姿态。
你可以尝试驻足几分钟，
好让镜子里看书的那个人休息一会儿。

标题：书架是不会让书安分守己的
正文：
不要把不同种类的书堆放在一起，
说不定哪天清早起来，
就会发现书架上面一片狼藉，
有的书揉得皱皱巴巴，

没准哪一本书被撕成了碎片，
你不阅读的时候，
书架才不会让书那么安分守己。

案例解析

宜家的产品文案注重传递品牌文化。该产品文案一方面传递了产品的卖点和唤起了消费者的需求，另一方面，也在产品文案的字里行间渗透着宜家对于生活、对于人生的思考。作者设置了若干小标题，分别安插于文案的段落之间。这些小标题各有特色，每一小标题都对下一段文案的内容做了提纲挈领的概述，它既让读者看到小标题后就对整个文案内容有个粗略的了解，又能激发读者兴趣，促使他们进一步阅读广告正文。这几个小标题又给整个文案注入了活力，让文章的脉络更加清晰。

(三)多种句式错落

连续使用长句会使长文案显得缓慢、冗长，令读者感到乏味甚至疲倦，连续使用短句，又会使长文案的节奏过快，令人感到紧张。要使长文案的节奏有张有弛，可以交替使用长句和短句，以保持文案明快而从容的节奏。同时，为了使长文案有起伏、更生动，写作时可以运用多种句式，形成错落有致、上下起伏的语言风格。

【案例 10-5】

苏州归去来别墅广告文案

标题：在家，窗前的桃花都是三月开，离家之后，冬月的夜里也绽放。

正文：生活在苏州的人，有时也会非常想念苏州。二十年时光流转，带来了富足近奢的享受，余下的，更多的是对旧时苏州的想念。那些多年前不可奢望的梦想已成寻常，而从前质朴的自然生活却又如隔世般难以寻回。"归去来，田园将芜胡不归？"园依旧在，桃花已然红，石板路苔青出裾，园中井水一样冰冷甘甜……还好，我们还有归去来。归去来，苏州故园，人文别墅。以新建筑构造苏州新生活，最能还原你记忆中纯粹的苏州味。

案例解析

文案长短句参差，并且多种句式的运用使整个文案变化多端、生动活泼。通过长短句的有效搭配、各种句式的灵活运用，把思忆和怀旧糅合出乡愁的味道，自然质朴的情怀，没有故作尊贵的虚伪，细腻的笔触感人至深。

(四)材料安排有条理

长文案由于包含众多的广告信息，如果文案条理不清楚，内容就可能乱作一团，从而干扰信息的良好传达，甚至使受众放弃阅读。因此，写作长文案前，要细心整理材料，并加以分类。值得一提的是，由于长文案包含较多的材料，不需要勉强地安排逻辑顺序，只要把所有材料分门别类后按照一定的条理列出即可。

【案例 10-6】

中国台湾"掌生谷粒"品牌花蜜产品文案

终于。

睽违 2 年，掌生谷粒的心意总算找到清楚明白的表达，让花蜜成熟上市了。

旅行山川我们得到最甜蜜的礼物。因为台湾是植物的诺亚方舟、是众神的花园，一直都被众神所祝福。这里有世界上密度最高的生物物种共生共好，丰富的虫鱼花鸟经地壳几次变动、冰河几次来去……最后都不约而同地选择了"台湾"作为生命的落脚处，在这里繁衍后代，因为这座岛让一切生生不息……这是台湾自远古就存在的美好。

掌生谷粒若不作蜜这一系列的产品，那就等于放弃大声鼓掌、叫好，为蜜蜂和花蜜喝彩的机会，而我们满腔的纯情热血……怎能浪费?!

这一罐春末开花、初夏凝聚的深山花蜜，是山茶与木荷的美丽滋味。2011 寒春的等待，南投鱼池乡繁华的花开花落不过是一场回忆而已。蜜蜂大军统帅王大哥主张在纯净的环境中开发蜜源，采集山神的礼赞。"精神一到何事不成"的气魄，驱使他坚持最古老原始的采蜜法——用时间等待，让小蜜蜂忙碌地以翅膀和体温扇去蜜中的含水量，直到蜜中的水分只剩 18%左右——蜜蜂的天赋知道蜂蜜熟成了，才吐蜂蜡封存。这样的蜜没有经过人工加温蒸发水分，所以很野、很活、很精纯。而王大哥养蜂场的集蜜装瓶作业的标准则早已通过 ISO22000:2005 的认证。

也就因这份坚持与气魄，掌生谷粒只收到 3750 罐，只好含泪限量收藏——这历史曾经的风味。我们老早明白没有源源不绝的供应，一切都是当下的偶遇，所以才学会知足和等待。

这知足，因为来自山神的庆典，让素华的花香掺着微酸的果香，在一口蜜浓厚的温润的慈爱中，令人得到喜悦安慰。

这等待，于是分辨出浓情龙眼蜜以外的成熟蜜香。初初乍尝一定令你惊讶，惊讶于她的熟悉感仿佛早就认识——"原来是她"的答案。

花期是淡淡的人间四月天，花季过了，我们缓慢收蜜。健康天然的蜜的甜度相当高，古老的智慧即拿她来蜜渍食物，除了增加食物的美味还有保存防腐的功效。毕竟曾是王公贵族奢华的饮食，总令人有益寿延年的联想。我们从不劝人囤货居奇，只是……若经冬历春仍没吃完，蜂蜜可能自然结晶。作宽口罐即在体贴您结晶时可以用干净(不能带水分)的汤匙直接挖取食用。结晶的蜜仍然美味，饮用时先以少量的水将它溶解搅匀后再加水调浓淡，是小技巧。大声劝阻用热水冲泡，会破坏蜜中含的天然酶及营养成分。

都说了，是限量收藏，怎能随随便便送她出门？花开，定情，可是天地山川最甜美的信仰啊！花季开时你没跟到，我们用剪纸艺术设计了木荷、山茶的雕花剪影，让你能一页一页地轻轻开启花期未了的回忆，留白的页面应该有你自己的心情。最后那一页花瓣"说我们今生的山盟，听他们远古的海誓"，一切都够了！顺手翻转把玩一下吧，一朵深山花在你眼前为你盛开。

嘘——因为限量，所以悄悄安静上市！遗憾很美，没尝到就请独享遗憾。

案例解析

该文案信息量很大，并没有刻意追求段与段、小标题与小标题间的因果联系。质朴入心的文案，透过镜头下一张张真实的记录，饱含对自然和生活的认知，感慨自然的恩惠与万物的生机。广告文案不是论说文，只要把信息准确、生动地传递给受众即可。而人为地硬在广告材料中寻找逻辑顺序，有时不免牵强，甚至妨碍受众接受广告信息。

第二节 系列广告文案的写作

一、系列广告的含义

系列广告是指在内容上相互关联、风格上保持一致的一组广告，是在广告策划和创意的统筹之下，在广告战略与策略目标指引下创作的连续刊播的多篇广告文案。系列广告最突出的特征是整合统一的广告主题和统一的风格，各篇作品在画面、文案上有所变化，但它们之间却总有着一种或几种相统一的元素，各则广告既相对独立，又相互联系，有着分工明确、有效综合的特点。系列广告数量一般在三则或三则以上。

系列广告不是同一广告的简单重复，而是一组设计形式相同但内容有所变化、各有侧重的广告的有机组合。在各种媒体传播的广告作品中，都有为数不少的系列广告。在报刊广告、电视广告和广播广告中，系列广告尤为常见。

在广告大战愈演愈烈的今天，系列广告这一形式以其强大的宣传声势、良好的整体效果而受到越来越多广告人士的青睐。确实，相对于单个广告较为平弱的宣传效果，系列广告因其计划性强、持续时间长，故更容易强化消费者对产品的记忆；系列广告既能抓住相当多的"眼球"，又不会给人老调重弹的感觉。

除此之外，系列广告还是传递不同诉求的最佳载体。例如，要介绍某种产品的多种颜色和款式，就可以把它设计成系列广告，每篇确定一个诉求，即一种款式，就能把有关这一产品的多种信息全部、清晰地传达出来，这是单一广告很难实现的。

二、系列广告文案的特征

系列广告文案具有以下特征。

(一)内容的相关性

系列广告文案的内容大都是关于同一产品或服务的，有统一的定位。虽然也有一些系列广告文案是关于同一类产品的不同型号、不同款式的，但其内容总是有许多相同、相近或相关之处。系列广告内容上的相关性又是与其内容上的前后勾连、相互补充、环环相扣的有序性联系在一起的。

系列广告所有作品传达的广告信息都有一定的关联，或是以一个主题为中心，在不同的侧面展开，或是对相同的广告信息以不同的表现方法不断深化；也就是说，系列广告的设计、制作和发布，应按一定的逻辑顺序进行，或先总后分，或由浅入深，或从粗到细，或始隐终显。总之，应体现一种内在的必然联系，使消费者能够理解并适于接受。

(二)风格的一致性

系列广告还表现在风格的一致性上，其所有作品都保持一种统一的风格，呈现出一种鲜明的个性特点。不管是同一产品的系列广告，还是同一类产品的不同型号产品的系列广告，都要求在表现风格上做到和谐一致，体现出较强的整体感，使人一看就知道是一组系列广告。

系列广告最忌单兵作战、各自为政、缺乏整体性和凝聚力。广告文案的风格包括语体风格和除此以外的其他表现风格。语体风格包括书面语体风格和口语语体风格。广告文案的风格是多姿多彩的，或华丽或平实，或含蓄或明快，或庄重或幽默，或豪放或婉约。对于一组系列广告文案来说，保持风格上的一致性，才能容易为受众所识别。

(三)结构的相似性

系列广告文案的结构是相近、相似，甚至相同的。在一组系列广告文案中，如果其中的第一则是采用标题+正文+广告语+随文的格式成文的，那么，紧随其后的文案的文本结构，就应当与此大致相同。系列广告在结构上表现出一定的相似性，这是人们区分系列广告还是单篇广告的重要标志。

这种结构上的相似性具体表现在以下几个方面：一是文案标题句式的一致性，通常采用句式相同或相近的标题；二是文案正文结构的一致性，通常在篇幅、结构、行文方式上相同或相近；三是画面表现的一致性，往往选用在构图、色调等方面有某些共同特点的画面来表现。

(四)系列广告文案表现的变异性

系列广告的主题、风格虽然相同，但它们并不是同一则广告作品。除了广告信息方面的变化，系列广告作品之间最大的差异是广告表现的变化，包括画面的变化、标题的变化、文案正文的变化等。这种表现的变异性是与受众对广告的接受心理密切相关的。

受众一般只接受与他们以前得到的消息或经验有所比较的信息，任何新异事物都易成为其注意的目标，而刻板的、千篇一律的习惯性刺激却很难引起人们的注意。要使受众不至于对系列广告产生不适应感和厌烦感，想让系列广告吸引受众连续看下去，就必须避免雷同化，突出差异点，保持新鲜感，增强可读性。当然，系列广告的"异"是同中有异，这种"异"最集中地体现在文字技巧和艺术表现手段的变化上。

三、系列广告文案的主要类型

对系列广告的分类，人们有不同认识。有人按照系列广告的直观表现，将其分为相同正文重复出现的系列广告、相同标题重复出现的系列广告、连环画式的系列广告及同一模特重复出现的系列广告。

这种分类注重系列广告表现方法方面的某些特征，但是并没有涉及各种类型的系列广告之间更本质的区别。因此，我们以系列广告传达的广告信息为分类标准，将它分为以下三类。

(一)信息一致型

信息一致型系列广告是指系列广告的所有作品都传达完全相同的信息，但采用不同的表现方法来表现，从而使受众对广告信息产生深刻印象。

【案例 10-7】

凡客诚品："我是凡客"系列文案

标题：我是凡客
正文：
爱网络，爱自由，爱晚起，
爱夜间大排档，爱赛车，
也爱 29 块 T-SHIRT，我不是什么旗手，
不是谁的代言，我是韩寒，
我只代表我自己，我和你一样，
我是凡客。

标题：我是凡客
正文：
爱表演，不爱扮演；爱奋斗，也爱享受；
爱漂亮衣服，更爱打折标签，
不是米莱，不是钱小样，不是大明星，
我是王珞丹。我没什么特别，我很特别。
我和别人不一样，我和你一样，
我是凡客。

案例解析
凡客诚品"我是凡客"系列广告的文案都采用同样的句式，内容有别，宣传的却都是凡客要传达的品牌精神。文案展示出了明星光鲜的一面，也展示出他们和普通人一样的一面，瞬间击中了人们心中的柔软。将明星拉下"神坛"，还原成平凡之人，以此来打动无数有着平凡梦想的小人物。

(二)信息并列型

部分系列广告将同一主信息分割成表现主信息不同侧面的分信息，通过系列的形式加以表现，从而使受众对广告信息的各个部分有全面的了解。这种类型的系列广告，常常由一则传达完整的广告信息的广告作品统领几则传达各侧面信息的广告作品。

【案例 10-8】

眼镜 88 系列广告文案

一、姐姐篇
我好恨我姐姐
从小到大
我们都好陌生
我做什么
她都看不上眼
不是发火，就是打
我试过避开她

我以为我这一生都会恨她
直到那一天
我第一次看到她流下泪
我才发觉
原来这个世界真的有人关心我
如果眼没看真
我会一直这样认为

看出一点真，
看出美好人生
眼镜 88

二、孤独篇
我好喜欢自己一个人
其实，我都不是这么喜欢
是否我太喜欢读书因为是我不喜欢说话
还是因为我这个人太平凡
从小到大，我都不算有太多朋友
有时，我也怀疑
为何这个世界
还要有其他人

直到那一天
就在那一天
从那一眼开始

她改变了我的看法
这个世界最难解释的就是缘分
假如我的眼没有看真
我还会不会这么幸运呢?

看出一点真,
看出美好人生
眼镜88

三、恋人篇
我的人生好平凡的
猜不到相处的日子更加平凡
我们会逛逛街,看看戏,吃吃饭
生日,他都会送花给我的
浪漫,其实是不是小小自由?
好多缺点,他都看不到
难道是我要求过高?
我们一起很多时间
但是每次,想到分手
都认识了这么久了
直到那次分开了
看到他的背影的时候
我才发觉,世界真的有人是关心我的
我真的好感动
(纸条)"对不起,你还生气吗……"
假如我的眼没有看真
可能这一生
我都不会哭

看出一点真,
看出美好人生
眼镜88
案例解析
这组系列广告生活中朴素真情的感悟,自然地带出"看出一点真,看出美好人生"的眼镜88品牌,广告文案形式别出心裁,颇有新意。

(三)信息递进型

部分系列广告传达彼此关联又层层递进的信息,即对广告主题的纵向分解,可以是悬念型的,也可以是企业产品的发展历史,使受众对广告信息的理解不断深入。

【案例 10-9】

蚂蚁金服：认真生活系列广告文案

蚂蚁金服：认真生活系列广告如图 10-3～图 10-6 所示。

01　蚂蚁金服篇

张瑶："去过许多国家，每次看到退税单上的那一行'ALIPAY(ZhiFuBao)'，就像在国外遇到老乡。好亲切，也很自豪。"(蚂蚁金服)

图 10-3　蚂蚁金服：认真生活系列广告 蚂蚁金服篇

02　友宝篇

肖克："到了终点就给自己买瓶水喝，已经是我每晚 5 公里的动力了。"(友宝)

图 10-4　蚂蚁金服：认真生活系列广告 友宝篇

03　阿里旅行篇

郑玉冰："有人说，出去玩浪费钱。我问他，那你浪费了多少假期？趁年轻，想花就花，大不了分期还嘛。"（阿里旅行）

图 10-5　蚂蚁金服：认真生活系列广告 阿里旅行篇

04　EMS 篇

徐诚："我是处女座，找不开零、让人等都是不完美的事。快递嘛，关键就是要快。现在好了，扫一下，完美！"（EMS）

图 10-6　蚂蚁金服：认真生活系列广告 EMS 篇

案例解析

通过 22 个真实的普通人的故事，从不同方面展现了蚂蚁金服为我们的生活带来的细微而美好的改变。每一个认真生活的人，都值得用一个动人的广告去记录和赞美。这个系列广告依旧没有请任何明星，而是联合用户和合作伙伴，用 22 张海报向观众讲述了 22 个普通人的故事，文案娓娓道来，却极具震撼力。

四、系列广告文案的表现形式

系列广告文案的表现形式有以下几种。

(一)标题或广告语不变、正文变化型

标题或广告语不变、正文变化型是指在系列广告文案中用相同的标题配合变化的正文。例如苹果电脑公司报纸系列广告的文案,所有的标题都是"因为它得心应手,您当然随心所欲",而正文则分别介绍苹果软件在商业应用、配合不同操作软件等方面的过人之处。

【案例 10-10】

> **日本 UCC 咖啡:负能量系列广告文案**
>
> 系列一:
> 标题:每天来点负能量
> 正文:古人说,不要为了五斗米折腰
> 真是说得太对了
> 只要一斗就该跪下感恩了
>
> 系列二:
> 标题:每天来点负能量
> 正文:没有人能让你放弃梦想
> 你自己想想就会放弃了
>
> 系列三:
> 标题:每天来点负能量
> 正文:很多人会说,想成为怎么样的人
> 就要先做怎样的事
> 我一直想成为有钱人
> 学有钱人的方式生活了几年
> 结果就变得更穷了
>
> **案例解析**
> 真正的好文案,不是一味给人们勾画美好的未来,而是敢于直面人生的惨淡。10月份,Facebook "每天来点负能量"的版主林育圣,为日本 UCC 无糖黑咖啡所做的一组幽默的负能量海报刷爆了朋友圈。这组文案虽然传递的是负能量,却直击痛点,很容易引起消费者的共鸣,帮助人们释放内心的压力。这则系列广告采用不变的广告标题和统一的版式为表现方法,内文分别针对三种诉求,通过统一的版式安排把不同的广告内容用系列文案予以平行并列。

(二)标题变化正文不变型

标题变化正文不变型是指在系列广告文案中用不同的标题配合相同的正文。例如,来自瑞士的瑞泰人寿保险公司在中国台湾地区报纸刊登的系列招聘广告,四则广告正文完全相同,但是分别冠以"寻人""征人""找人""要人"的标题,虽然正文相同,但是多变的标题仍然有助于加深受众的印象。

(三)标题变化正文变化型

标题变化正文变化型是指在系列广告文案中,每一则广告文案的标题和正文都有所变化。在这种情况下,一般会以相同的图案或相同的音乐来保持系列广告的统一性、完整性。

(四)标题不变正文不变型

在有些系列广告中,标题和正文都没有变化,但是版面的编排发生了变化,与文案配合的画面也发生了变化。这种表现方法一般出现在以画面为中心的系列广告中。

五、系列广告文案的写作要求

系列广告文案具有与单篇广告文案不同的特点,故而在写作上也有不同的要求。具体表现在以下几方面。

(一)注意语言的相互呼应和风格的一致性

前面讲到系列广告的语言风格必须保持一致性,这是为了加强系列广告的有机联系,发挥系列广告文案的整体效应,在行文中要注意遣词造句乃至篇章结构的呼应。

【案例10-11】

支付宝:每一笔都是在乎系列广告文案

系列一:
天南地北BB的人很多
只有你,会为我转来救急的钱
和一瓶 装心事的酒
为友情支付,每一笔都是在乎

系列二:
千里之外,每月为父母
按下水电费的"支付"键
仿佛我从未走远
为牵挂付出,每一笔都是在乎

我曾与很多姑娘，说过情话
但让我习惯为她买早餐的人
只有你
为真爱付出，每一笔都是在乎

案例解析

购物时选择用支付宝付款既方便又快捷，已经成为很多年轻人的选择，只要换新手机，支付宝 APP 一定是装机必备软件。文案引起用户共鸣，也将"付款"这件"功利"的事情变得温情而文艺，非常走心。不难看出"为友情付出""为真爱付出"是相呼应、相映衬的，虽然侧重点不同，但有着同样的力度和涵盖力。

(二)注意广告信息的完整性

写作系列广告文案之前，应根据广告信息的内在联系对它们进行分类，并且分类应尽量穷尽，不要遗漏任何一个重要的、可能和其他信息构成明显的并列或递进关系的信息。在写作系列广告文案时，应尽量一个单篇传递一类信息。

如果有 3 个并列或递进的广告信息需要传递，那么系列广告就应包括 3 个相对独立的单篇作品，必要时还可以以一个具有概括性的单篇总括和提示其他单篇的内容。

同时，对系列中的各单篇广告应"一视同仁"。写作系列广告时应给每一个单篇以同等的重视，并且在每一个单篇上花费大致相同的精力和笔墨，以保证系列广告整体的平衡。

【案例 10-12】

《北京晚报》系列广告文案

系列一：
生活，不晚报。
我知道，生活偏爱我。
它没有给我宽敞漂亮的大房子，
没有给我令任何人羡慕的高级轿车，
没有给我超群的才华，
难得的机遇和一大群神通广大的亲戚朋友，
却给了我一个她和一个小小的家。
生活是平凡的乐趣，生活是续写的热情，
生活是季节的更迭，生活是顺逆的交替，
生活是重复与被重复，生活是改变与被改变，
生活是面对与被面对，生活是爱与被爱，
生活是新鲜的空气，生活是呼吸的权力，

生活是骚动的欲望，生活是不能晚报的每一天！
生活是彼此的默契，生活是相互的惦念。
晚报，不晚报

系列二：
真实，不晚报。
第一次，我无言以对。
万余字的报道抵不上儿子的一句发问。
我开始怀疑，成人之间的游戏是否泯灭了真实。
呈现出事物美丽的一面，总是让人愉悦，
好故事有时比真实更受人欢迎。
幸好，潘多拉的盒子里，有魔星也有希望。
真实是无言的纯粹，真实是赤裸的自我，
真实是打破的壁垒，真实是最后的文章，
真实是隐瞒与被隐瞒，真实是相信与被相信，
真实是证实与被证实，真实是揭露与被揭露，
真实是新鲜的空气，真实是呼吸的权力，
真实是满足的笑容，
真实是不能晚报的每一天！
真实是包装的起点，真实是无须解释的解释。
晚报，不晚报

系列三：
新闻，不晚报。
一件事情发生了，
身上的每一根神经都开始兴奋。
从在电脑上编排完最后一个字，
到把片子送到印厂，
就注定我们总是比事件晚一步。
新闻是瞬间的历史，
新闻是火热的文字，
新闻是焦点的主人，
新闻是生命的诞生，
新闻是诉说与被诉说，
新闻是阅读与被阅读，
新闻是打动与被打动，
新闻是公开与被公开，

新闻是新鲜的空气,
新闻是呼吸的权力,
新闻是今天的过去,
新闻是不能晚报的每一天!
新闻是高明的诉说,
新闻是公开的秘密。
晚报,不晚报

案例解析

上述系列广告,有很强的整体意识。它们没有局限在报纸性能的宣传上,而是提升到品牌形象的高度进行宣传。报纸的个性只是作为品牌形象的支撑点。不过,每一篇文案又各有侧重,主题不变,但重点有异。

第一篇侧重生活,不晚报;第二篇侧重真实,不晚报;第三篇侧重新闻,不晚报。三篇文案结构严密,环环相扣,将《北京晚报》的整体形象准确、有效地传递给消费者。

(三)选择适合产品或企业自身特点的表现方式

系列广告文案的展开要充分考虑产品或企业的特点,对新上市的产品可采用悬念吸引的方式展开;对功能多或优点多的产品可采用整体分解或化解难题等方法展开,将产品的功能、优点及解决难题的方案娓娓道来;对于适用对象较广的产品,可采用角色更换的展开方式。另外,还必须注意系列广告展开方式的多元性与开放性。

【案例 10-13】

阿迪达斯武极"武,由我定义"系列广告文案

阿迪达斯武极"武,由我定义"系列广告如图10-7~图10-10所示。

系列一
标题:武由我立
正文:立,如山。以我之气,集群山之势。与阿迪达斯联合创立武极,将武术推向全球。

系列二
标题:武由我破
正文:破,成风。一拳打破规则,一脚粉碎套路。突破自我,一切皆能成武。

系列三
标题:武由我合
正文:合,众长。提手,聚力,太极能量流动。冲膝,发力,泰拳威猛呈现。合,让武不分你我。

系列四

标题：武由我定

正文：定，瞬光。光是我的箭，按下快门，定格呼吸，武是和光影的交锋。

图 10-7　阿迪达斯武极"武，由我定义"系列广告　武由我立篇

图 10-8　阿迪达斯武极"武，由我定义"系列广告　武由我破篇

图 10-9　阿迪达斯武极"武，由我定义"系列广告　武由我合篇

图 10-10　阿迪达斯武极"武，由我定义"系列广告　武由我定篇

案例解析

武极是阿迪达斯和李连杰共同创立的男子训练系列产品,这个灵感主要来自李连杰对人与自然的独到见解。"新武力创造者"的海报文案,分别从立、破、合、定四个方面诠释新武力的主题。

立、破、合、定这四个方面,分别选了一个具有代表性的人物来切合"新武力创造者"的主题。包括与阿迪达斯共同创立武极的李连杰,尝试突破自己的向佐,将太极和泰拳融合,创造出属于自己的全新招式的托里贾,还有为他们定格瞬间的摄影师,在光与影之间展示属于自己的武力。

广告文案措辞的天马行空激发了人们丰富的想象力和好奇心。文案条理清晰,交相辉映,气势恢宏。

除了上述介绍的方式以外,在系列广告文案写作的过程中,还必须善于创造新的方式。因为唯有创新,才能更有活力,才能更吸引受众的注意。

1. 广告文案分为长文案和系列文案两种文案写作方式。通常人们把数百字以上的文案视为长文案,把数十字以内的文案称为短文案。

2. 长文案的表现手法包括故事型、陈述型和新闻型三种类型。在长文案写作过程中,为了保持读者的阅读兴趣,可以采用多分段、设置小标题、长短句搭配和有条理地安排材料等手段。

3. 系列广告是指在内容上相互关联、风格上保持一致的一组广告。系列广告文案的特征包括内容的相关性、风格的一致性、结构的相似性和系列广告文案表现的变异性。根据系列广告之间信息的关系,可以把系列广告分成信息一致型、信息并列型和信息递进型三种类型。在系列广告中,可通过标题、广告语和正文的丰富变化来构成不同的系列表达方式。

4. 在系列广告写作过程中,应注意语言的相互呼应和风格的一致性,注意广告信息的完整性,并选择适合产品或企业自身特点的表现方式。

中国台湾"草山生活"系列地产文案

系列一:

标题:"多久没听过有人唤我'林桑'了,直到有天下午,在草山……"

正文:董事长下了班,最痛苦的身份就是董事长。即使在仁爱路口散步,在国父纪念馆打拳,休闲服里总得备上一叠厚厚的名片,应付斜地里闪出来的客户、长官与陌生朋友,应付一个嘈杂的社会仅要名片,让人既注意你,但又忽视你;享受真正宁静的生活,却仅要一个微笑的领首,最简约的礼数,譬如草山的邻人。宁静的山,沉默的树,不会喧哗着身份、地位、成就；山雾、叶落、溪涧、飞鸟、自然的作息、熏陶了草山先生们字根表的人生视野，即使是朴实的店家，在浅浅的一声"林桑"间，你也会觉得她是一位生活的智者。

选择宁静的住所与环境，应该在草山。

系列二：

标题："独角兽！金刚！坦克！孙子们要玩具；我说：来，阿公给你们弹珠——那是秋天在苗圃里捡的柏树种子……"

正文："文明，使存折里的财富愈来愈多，却使人与人的游戏场所愈来愈少！"这是梭罗《湖滨散记》里的感叹，而台北许多人抱怨则是选择一座湖滨，连感叹的权力都没有了。种子、草蔓、树枝、竹签、黏土、卵石，曾是多少台湾孩童的玩具，它们取之不竭，无所竞夺，而且拉近了孩童的心灵。这些孩童，陆续长成为台湾的企业家、决策者，成为父亲、也成为祖父，拥有着大理石般厚实的智慧，他们唯一无法回应的答案，是孙子们伸出的双手——"独角兽""金刚""坦克"。让孩子们与阿公一齐喜乐的游戏场，台北少了一座湖滨，却还有座阳明山。一万四千公顷公园的田野教室，无数的种子弹珠，九十三种鸟类与一百五十三种蝴蝶、台湾的树蛙与水韭，让阿公的智慧、自然的启蒙，共鸣进入台湾下一代的心中。

系列三：

标题："住上草山的那一天，儿子问我想做什么？我说：去呷碗地瓜汤吧……"

正文：一碗热腾腾的平等里地瓜汤，一种朴实的60年代台北生活糅和着红地瓜的甜味和土味，在90年代的台北，已经消失了三十年。

耿直的农夫，实在的小店，安静的邻居，从不大声说话的草山先生们，老老实实地活出生活的脾气，脚踏丰饶的火山岩，定时收割水稻，地瓜与海芋；买卖口说为凭，相信诚实信用与道义，即使住所的短墙，总是任常春藤活泼攀爬。

案例点评

好的文案总是有种打动人心的本事，透过简单的文字就能将你带入另一层境界，于"润物细无声"中推广产品，也推广一种更深层的内涵，那些看似信手拈来的字句，读起来令人舒心、愉悦。台湾"草山生活"系列地产文案出自台湾创意人詹伟雄之手，以恬静而细腻的笔触，娓娓道来一份洗尽铅华的心情片段，朴实、平淡、淋漓尽致。

讨论题

1. 系列广告文案在创作中如何形成容易识别的统一风格？
2. 长文案和系列文案分别适合表现哪些产品和诉求？

实训课堂

1. 长文案的表现手法都有什么？
2. 长文案有哪些写作要求？

3. 系列文案的表现形式有哪些？
4. 系列文案的写作要求有哪些？
5. 有人说"长文案有效"，有人说"短文案有效"，谈谈你的认识。
6. 举例说明系列广告表现形式中广告标题、正文的变化。
7. 系列广告是否比单个广告更能吸引消费者的注意力？为什么？

第十一章

不同信息主体的广告文案

学习要点与目标

- 掌握不同信息主体广告的特点，掌握不同信息主体广告文案的写作要求。
- 熟练运用所学知识写作不同信息主体广告文案。

产品广告、服务广告、企业广告、公益广告

引导案例

利郎商务男装的广告文案

1. 忙碌不盲目，放松不放纵，张弛有度。
2. 多则惑，少则明，简约而不简单。
3. 进，固然需要勇气；退，更需要智慧用心。取舍之间，彰显智慧。精致生活，简约人生。简约不简单，利郎商务男装。
4. 取舍，彰显智慧；执着，成就梦想；我们的时代，简约不简单，利郎商务男装。

图 11-1 和图 11-2 所示为利郎商务男装广告。

图 11-1　利郎商务男装广告(1)

第十一章 不同信息主体的广告文案

图11-2 利郎商务男装广告(2)

案例解析

由于服装市场的同质化竞争日益惨烈，2001年，利郎走出一条差异化的道路，确立了利郎商务男装的市场定位——商务休闲男装，既不失风度又能看起来轻松，适合商务谈判时穿着的男装。确定这一定位的背景是随着社会经济的发展，国内从商的人越来越多。利郎总裁王良星到国外旅游考察时发现，中国人在商务谈判时的着装过于严肃，与国外相比，商务洽谈的氛围也更紧张。这样2001年，"利郎"对男装重新进行了风格上的定位，率先在国内服装界提出"商务休闲男装"概念，并为消费者传递新的生活标准和趋势。

代言人方面利郎选择陈道明。陈道明的内涵刚好可以传递利郎的品牌内涵：简单、大气、有品位。陈道明，这位被称作国内身价最高的演员，纵使生活在名利场中心，却一直以"边缘人士"姿态将自己与浮躁世事隔离。他向往大隐隐于市,褪下剧里的霸气和威望,化简而回归清净。他的从容淡定和深厚涵养也在第一时间就打动了利郎。2002年1月1日,利郎正式与陈道明签约,陈道明的绅士儒雅和利郎的简约之道被业界誉为完美的结合。利郎男装广告中,陈道明与众不同的内敛气质与利郎的简约风格交相辉映、相得益彰,浑然融为一体,使利郎品牌的独特魅力得以淋漓尽致地体现。现在人们提到陈道明,很容易就会想到利郎,提到利郎也会想到陈道明。

利郎商务男装广告的诉求主题:商务与休闲兼具,简约与时尚并存,大气与优雅皆有。20世纪90年代末以来,我国社会转型较剧烈,人们渴望接触新事物。当时男装风格主要有两个,一是西装领带+登云鞋,二是运动装泛滥。"商务休闲男装"集两者之长,为消费者提供了选择余地,也符合受众产生对新产品期待的心理定式。

广告的诉求对象:相对稳定的族群,28~45岁相对比较成熟稳重的商界男性,中等以上收入,在职场之外也注重打造自己的休闲空间。受过高中以上文化教育;有较稳固社会基础和事业,有一定的社会阅历;不随波逐流,也不标新立异;不锋芒毕露,但有自信和优越感;有较高的审美能力,衣品好,视场合定服装,简洁,但不随便。服装对于他们来说,是自我表达和个性展示的利器。

广告的诉求方式:感性诉求。以一种简约方式追求或达到不简单生活方式的结果。

广告文案结构:"的"字很少,名词化,分行;有故事性;省字;对比强烈,简洁明了,有说服力;不堆砌,不卖弄,贴合诉求对象喜好;重意境。

广告风格与调性:简约,气度不凡,不简单,拥有开阔人生格局。简约而不简单——简约不是单纯地删繁就简,而是提倡一种高层次的生活方式和生活态度,崇尚自由、崇尚个性。简约亦是一种追求,追求经典,追求繁华背后的返璞归真,看似淡然无求,实则是对生活有着更为真实和深刻的理解。演绎这一广告调性选择陈道明代言恰到好处。陈道明知名度高,气质淡定从容,是一个"自信内敛、注重精神内涵、有智慧、有实力、成熟有魅力的男人形象",与利郎的品牌调性一致。搭配上简洁大气的广告画面,这种"于简约平淡处彰显非凡气质"的人格特性与人生格调追求可以直接移植到利郎的品牌内涵和产品特性中,男人们对陈道明的认同与赞赏,女性对陈道明的崇拜与倾慕与利郎紧密地绑定在一起。

第一节 产品广告文案

一、产品及产品广告的概念

(一)产品的概念

菲利普·科特勒在《市场营销管理——分析、规划、执行和控制》一书中称:"凡是能够提供给市场,以引起人们的注意、获取、使用或消费,从而满足某种欲望或需要的东西,都可以称为产品。"产品包括实体产品和无形产品。实体产品通常直接称为产品,无形产品称为服务。

本节所称的产品即为实体产品,关于无形产品的广告文案将在第二节做专门的论述与介绍。

营销大师菲利普·科特勒

菲利普·科特勒(Philip Kotler)博士生于1931年，是现代营销集大成者，被誉为"现代营销学之父"，他一直致力于营销战略与规划、营销组织、国际市场营销及社会营销的研究。他的最新研究领域包括高科技市场营销、城市、地区及国家的竞争优势研究等。

他创造的一些概念，如"反向营销"和"社会营销"等，被人们广泛应用和实践。科特勒博士著作众多，许多都被翻译为20多种语言，被58个国家的营销人士视为营销宝典。其中，《营销管理》一书更是被奉为营销学的圣经。

(二)产品广告的概念

所谓产品广告是指在各种广告媒体上投放的各类实体产品的广告，包括消费品广告和工业产品广告，按照产品耐用程度的不同也可以分为耐用品广告及非耐用品广告。其中非耐用的日常消费品广告所占数量较大，是最为常见的产品广告，主要有食品、饮料、酒类、服装、化妆品、药品等产品。

二、产品广告的诉求点

产品广告的诉求点通常围绕消费者的需求进行设计，往往在产品特性、产品优势、消费利益、消费理由、消费保证、品牌形象与附加价值等要素中做出选择。典型的诉求点包括以下几个方面。

(一)产品的用途

诉求点设为产品用途的广告，主要强调产品具有某种特殊用途或者用途更为广泛。

【案例 11-1】

红牛饮料广告文案

广告语：轻松能量，来自红牛。

标题：还在用这种方法提神？

副题：迅速抗疲劳，激活脑细胞。

正文：都新世纪了，还在用这一杯苦咖啡来提神？你知道吗？还有更好的方式来帮助你唤起精神。全新上市的强化型红牛功能饮料富含氨基酸、维生素等多种营养成分，更添加了8倍牛磺酸，能有效激活脑细胞，缓解视觉疲劳。不仅可以提神醒脑，更能加倍呵护你的身体,令你随时拥有敏锐的判断力,提高工作效率。

附文：www.redbull.com.cn

案例解析

该文案强调了红牛饮料所具有的特殊用途,即解除疲劳、提神醒脑,是典型的以产品用途为诉求点的产品广告。

(二)产品的功能

诉求点设置为产品功能的广告往往强调产品相较于同类产品功能更多,或者功能更强,具有其他产品都不具备的新功能。这种诉求点的设计在新产品发布广告与竞争型产品广告中更为多见。

【案例 11-2】

兰丽绵羊油的广告文案

很久以前,一双手展开一个美丽的传奇故事。

很久很久以前,在一个很远很远的地方,有一位很讲究美食的国王。在皇家的御厨房中,有一位烹饪技术高超的厨师,他所做的大餐小点极受国王的喜爱。

有一天,国王忽然发现餐点错了,叫来厨师一问,原来厨师的那双巧手忽然变得又红又肿,当然做不出好的餐点来。国王立即让御医替厨师医治,可惜无效。可怜的厨师不得不离去。

厨师四处流浪,在一个小村落里,他帮一位老人牧羊,每天他都要用手去摸羊身上的毛。渐渐地,手不疼了,红肿也消失了。

厨师离开老人重返京城,遇上皇家出告示征召厨师。于是他蓄须前往应征。他做的各式餐点,都获得国王欣赏,他被录用了。当他知道自己的双手已完全恢复了过去的灵巧后,便剃了胡须,大家这才发现他就是过去的大厨师。国王召见了他,问他的手是如何治好的,他想了想说,大概是用手不断整理羊毛的结果。

于是,国王请来科学家们详加研究。结果发现,羊毛中含有一种自然的油脂,它具有治疗皮肤病的功能。油脂提炼出来后,由国王命名为兰丽。

案例解析

兰丽绵羊油是美国加州兰丽化妆品公司生产的一种护肤品。它进入中国台湾市场时,靠的是一个杜撰的故事。1976年10月,中国台湾的各主要报纸刊登了一则广告,画面是用细线画成的一只手和几只羊。这个故事是为兰丽绵羊油专门杜撰的,故事委婉曲折,诉求方式也是典型的讲故事方法,故事不仅抓住了受众的注意力,也打动了很多受众的情感。然而该文案可不是仅仅讲一个感人的故事就完了,整个故事的情节安排与设计都紧紧围绕着广告的重点与中心——商品展开,都是为了引出兰丽绵羊油的功效。

(三)产品的成分

强调产品成分的产品广告与强调产品材质的广告完全相同,主要涉及特别成分、新成分、

第十一章　不同信息主体的广告文案

天然成分的增加以及某些有害成分被取代等。

【案例 11-3】

鲑鱼罐头的广告文案
我们添加的唯一东西就是盐

我们公司的鲑鱼没有必要添加油料以增其汁味。因为它们都是特别肥大的鲑鱼。这些健康的鲑鱼，每年溯游到菩提山之北的长长河川。如果我们在蓝碧河选不出理想的鲑鱼怎么办呢？我们会耐心地等到明年。为什么？因为如果不是完美的，就不会被 S&W 装入罐头。

案例解析

这是一则鲑鱼罐头的广告，文案强调其纯天然，成分中不添加任何不利于身体健康的物质，相信这种肥大的鲑鱼，更美味。

(四)产品的品质

以产品的品质为诉求点的广告往往强调对高品质的追求，通过品质检验、权威认可、消费者认可等方式向受众保证产品的品质。

【案例 11-4】

大众甲壳虫汽车的广告文案
柠檬

图 11-3 所示为大众甲壳虫汽车广告。

图 11-3　大众甲壳虫汽车广告

这辆甲壳虫未赶上装船贷运。

仪器板上放置杂物处的镀铬受到损伤,这是一定要更换的。你或者不可能注意到:但检查员"克郎诺"注意到了。

在我们设在"沃尔夫斯堡"的工厂中有3389位工作人员,其唯一的任务就是:在生产过程中的每一个阶段都去检查甲壳虫(每天生产3000辆甲壳虫,而检查员比生产的车还多)。

每辆车的避雷器都要检查(绝不做抽查),每辆车的挡风玻璃也经过详细的检查。大众车经常会因肉眼看不出来的表面刮痕而无法通过。

最后的检查实在了不起!"甲壳虫"的检查员把每辆车像流水般送上车辆检查台,通过总计189处的查验点,再飞快地直开自动刹车台,50辆甲壳虫中总会有一辆被人说"通不过"。

对一切细节如此全神贯注的结果,大体上讲甲壳虫比其他的车子耐用而不大需要维护(其结果也使甲壳虫的折旧较其他车子少)。

我们剔除了柠檬(不合格的车),而你们得到了李子(十全十美的车)。

(案例来源:阮卫.广告文案案例评析[M].武汉:武汉大学出版社,2015.)

案例解析

这则广告陈述了这辆被当作废品的甲壳虫汽车,就是因为它的"仪器板上旋转杂物镀铬受到损伤",这道损伤虽小,一般消费者很难注意到,但却难逃严格的质检员的法眼。由此告诉消费者,大众甲壳虫汽车质量是一流的,是让消费者放心的。的确,连这样的"柠檬"都被剔除了,你还有什么不放心的呢!

宣传产品质量的广告文案可以运用这种正话反说的方法,更能引起消费者的好奇和好感,往往更能提高广告产品的可信性。

(五)产品的生产技术

以产品的技术为诉求点的广告主要强调产品采用了哪些新的生产技术或者采用了哪些独特的技术,也有一些产品在广告中强调自己的生产工艺完全采用传统工艺,更具传统特色。

【案例 11-5】

福斯汽车的一则广告文案

比如说,福斯汽车的涂装多过一般的要求标准。车身的三重涂装,是用喷漆方式处理。首先,将车体浸入漆液之中,使得喷漆所涂装不到的内侧部分也可以处理到。然后再仔细地以喷漆处理,以便防锈。(只有少数两三种高级车用同样的处理方式)

案例解析

该广告为1959年由DDB广告公司为福斯汽车所制作的经典长文案的第五部分,广告重点描述了福斯汽车严格的涂装工艺。

(六)生产产品的人才

以生产产品的人才为诉求点的广告通常强调产品的生产、设计、评估、销售与服务都由专业权威的人士与认真负责的工作人员来执行完成。

【案例 11-6】

"舒味思"柠檬水的广告文案

"舒味思"的人来了

英国伦敦"舒味思"厂派惠特海先生来。"舒味思"厂自 1974 年即为伦敦的一家大企业。惠特海先生来到美国各州,为的是检查此地生产的每一滴"舒味思"奎宁柠檬水是否都具有本地厂所独具的口味。这种口味是长久以来由"舒味思"厂制作的全世界唯一的杜松子酒及滋补品的混合物形成的。

惠特海带来了"舒味思"独创的柠檬醇剂,而"舒味思"的碳化秘方就锁在他的小公文提包里。他说:"'舒味思'有一整套毫厘不差、地地道道的制法。"

"舒味思"历经百余年,才产生了奎宁柠檬水这样半苦半甜的完美口味,你把这种奎宁柠檬水和杜松子酒以及冰块混合在高脚杯中,只需 30 秒钟,然后,高雅的读者,你将会由于读了上述文字而赞美这一天。

案例解析

这是广告大师奥格威为总部设在伦敦的"舒味思"柠檬水厂的美国分部做的平面广告。广告的诉求目标是"舒味思"独特而严格的品质。文案一开始借英国总部总裁惠特海先生到美国分部检查产品品质一事,创设出一个高贵、严谨而又自信的氛围,使受众感受到"舒味思"的品质特征一定不凡。这个广告使"舒味思"成为享誉世界的名牌饮品。

(七)产品的产地

在一些广告中,为了强调产品正宗或者具有某种独有的特质,往往会借助产品的产地来证明,比如宣扬产品为原装进口、名厂生产或者来自著名的产地。

【案例 11-7】

农夫果园《番茄汁香味篇》电视广告文案

女:哈……喝完还能闻到香味的番茄汁,一定是新疆的番茄汁,每天日照 16 小时,才会有这种特别的香味。农夫果园的番茄汁。

(八)产品的历史

以产品的历史为诉求点的广告通常强调产品的生产历史悠久、生产经验丰富、生产工艺成熟等,以证明产品的优良品质。

(九)产品的可信性

可信性,也可以成为产品广告重点强调的内容。例如,有些广告会列举出权威机构的认证,说明自己的产品是绝对环保的产品或者质量上乘。

【案例 11-8】

波旁酒的广告文案

第一瓶波旁酒问世时别的波旁酒只有一半高。第一瓶波旁酒问世时美国的历史才开始上演。第一瓶波旁酒问世时美国的历史还只被当作时事事件。第一瓶波旁酒问世时肯塔基还被称为西部。比那些年轻而又傲慢的波旁酒更顺口。

1796 年,我们的波旁酒是最好的"中央热力设备"。我们的配方从 1796 年沿用至今,千万不要把它和冰镇薄荷酒等同视之。写信来,我们将免费告诉你如何使用冰镇酒桶。从 1796 年开始一直如此(包括 19 世纪 20 年代那段短暂的不愉快)。如果你一时想不起它的名字,请问问查斯特·亚瑟当总统时问世的第一瓶酒吧。都 110 岁了,还天天被关着。

如果我们能够更"落伍"更"陈旧",我们会想办法的。我们"落伍"了吗?遥远的过去吹来一阵疾风。给父亲一些比他那条裤子还早的东西。第一瓶波旁酒面世时,户外看板尚未面世。这瓶特酿的波旁酒是由牛拉着开始铺货的。上市 50 年才有冰块!

案例解析

酒有一个非常特别之处,其存世越久,价值就越高。因此,很多酒产品的广告都以产品所拥有的悠久历史作为诉求,这则文案就是典型的作品。文案一直在将波旁酒同美国历史相比较,强调它问世的时候世界上很多东西还没有发明,意在说明其高贵的价值。

(十)产品的消费利益

有很多产品广告会在广告中详细介绍产品可以解决哪些问题,可以帮助消费者避免哪些伤害、改善哪些生活状况进而提高生活品质。

三、产品广告的基本思路

产品广告文案的写作思路事实上与其他信息主体广告文案的写作思路基本一致,只不过在具体内容方面需要做一些独特的考虑。

(一)产品广告的诉求对象是谁

产品广告包括工业产品广告与消费品广告。由于工业产品的使用者通常为专业的组织与个体，因而较少在全国性、综合性的大众媒体上刊播广告，所以我们平常看到的产品广告多为日常消费品的广告。日常消费品的消费者主要是个人与家庭，但在实际的消费生活中往往充满复杂、多变的消费方式与消费行为。

例如，儿童食品广告通常以打动儿童为主要目的，但在实际生活中，对儿童食品具有购买决定权的却是儿童家长。

(二)产品广告的诉求策略是什么

由于产品的不同、诉求对象的不同，广告的诉求策略也会有所不同，最为基本的区别即诉诸理性与诉诸感性之分。诉诸理性的产品广告更强调产品品质的优良，在创意中常出现家居生活的场景，很多作品还会特意营造出一种平易近人的风格；而诉诸感性的产品广告则更强调产品可以给消费者带来的某种主观感受：尊贵、自信、成功、幸福等。

总之，要用什么样的创意完全取决于产品广告的诉求策略是什么，具体问题具体分析。

(三)产品广告的使用周期有多久

现今的时代是一个快速变化的时代，消费流行每时每刻都在发生着改变，这些改变深深地影响着人们的消费抉择与审美情趣，所以产品广告也要紧跟流行生活经常更新。

例如，可口可乐、百事可乐等较为成熟的品牌每隔一段时间就会重新制作自己的产品广告以保持一种新鲜感，产品广告的使用周期越来越短。那么当我们要写作一则产品广告文案的时候，就需要了解这则作品的使用周期是多久，能涵盖这个时间跨度的创意可以运用多少时新的元素，这些元素在广告使用期内会不会很快就显得不合时宜；还有非常重要的一点，只要产品的营销策略没有发生重大的根本性的改变，就应使新的作品和该品牌之前的作品保持一种连贯性，主要是品牌风格与创意风格的连贯性，这样既可以保证消费者对该产品有一种统一的认知，又不会很快对产品产生厌弃，拥有一种常新的感觉。

四、常见产品类别广告文案写作

(一)饮食

在制作饮食广告方面，广告大师奥格威曾经提出过非常重要的建议："要以食欲为诉求中心来创作广告；如果可能，就在广告中提供一些菜谱或者食用方法，家庭主妇总是在寻找新的烹调方法来调剂家人的饮食；不要把烹调方法写进广告的正文里，要把它独立出来，要突出，要引人注目；要严肃，不要用幽默和幻想，不要耍小聪明，对绝大部分家庭主妇来说，操持家人膳食是一件很严肃的事情；示范如何使用你的新产品；只要不牵强就用自问自答的方法；只要可能，就拿出新闻来。"

这些建议非常具体，也非常有效，今天我们在写作饮食类广告文案的时候，依然要遵循奥格威所创立的原则。

当然，不同的饮食由于食用者的不同、消费价值的不同，消费方式也有所不同，因而相对的产品广告的诉求主题与诉求策略也不尽相同。大致包含以下几种类型。

1. 营养健康

营养健康一直都是我们对饮食的重要要求，在现代社会尤其如此，人们甚至把健康饮食看作时尚生活的一个必备内容，"绿色""纯天然""无污染""素食"成了环保主义者最时尚的标签。当然，对于普通的老百姓而言，吃得安全、符合科学养生原则也越来越受到重视，所以"售卖健康"成了现代饮食产品最为常见的诉求主题。

【案例11-9】

不加任何"粉饰"的苹果——东鲁丑果儿

　　东鲁农业公园种植的苹果不施化肥，坚持和世界万物和谐相处；不打农药，坚持不打造苹果的华美外观，只做苹果本来的自己。哪怕是丑丑的，但却是苹果真实的自己。让东鲁丑果儿用自己的生命唤醒人类返璞归真的生活状态。

　　东鲁农业有机苹果的种植基地位于休耕达12年的600亩荒山，背靠大青山省级森林公园，毗邻北墅水库，草木丰茂，生态平衡，距离青岛市区100公里之外。秋季开沟深挖60厘米，下放玉米秸秆和远运来的内蒙古羊粪作为果苗未来所需基肥。不施化肥、不打药、不锄草，回归最原始的种植方式，只为种出苹果最本来的味道。

案例解析

　　随着人们健康意识的增强，消费者对用化肥催熟的，并含有各种添加剂的水果越来越反感，甚至抵制。可是消费者在市场上挑选水果的时候，又总喜欢挑长得漂亮的，却不知道，水果长得越漂亮，其所含有的添加剂可能就越多。东鲁农业公园种植的苹果干脆起名为"东鲁丑果儿"，那么这种丑果儿健康吗？广告文案从种植地、所施的有机肥开始向我们客观地介绍了丑果儿最原始的种植方法，这种方法保证了苹果的本来味道，也保证了苹果本身的营养，更保证了人们的健康。

2. 味道鲜美

中国饮食对美味有着特别的注重，"味道鲜美"对于中国消费者来说绝不是简单的口腹之欲，而是已经上升到文化审美层面的民族心理。因此在中国人看来，饮食的"鲜美"比其他任何要素都能打动人心。

电视广告在表现食物的"色、器、形"方面有着独特的优势，可以通过视觉充分刺激人们的食欲，但优秀的文字也可以把饮食描写得绘声绘色。

3. 食用方便

快餐食品是现代社会的一大产物，它符合人们对快节奏生活的要求。因而一些饮食产品的广告常常表现食用快餐食品给消费者减少了多少麻烦、节省了多少时间。

4. 价格便宜

对于家庭主妇来说，除了饮食的健康之外，她们最关心的就是价格了。因此量多、质优而价廉也是很多饮食广告的重要售卖点。

5．获得体验

在当今社会，"吃"已经不再仅仅是为了填饱肚子、获取营养，而是成为一种更为复杂与多义的消费行为，它可以让我们获得更多的体验：通过吃，表达情感、彰显品位、感受历史、学习文化、追赶时尚等。也就是说，人们通过付费所购买的并不是食品，而是由食品所带来的一种体验，这种体验就是广告赋予产品的一种意义。

例如，"哈根达斯"冰激凌，就是通过浪漫的"爱她就请她吃哈根达斯"广告策划塑造出了一种"美丽而昂贵的形象"而在中国卖出了高价，但在美国完全同样的冰激凌其价格还不到中国的1/3，只是一个很普通的品牌。

所以今天要售卖一种食品并且希望食用它能成为一种潮流，那么最行之有效的策略就是通过广告宣称该食品具有一种独特的象征，能为消费者带来一种迷人的体验。

(二)饮品

随着经济的发展，饮品的消费量在逐渐增大，饮品广告的投放量也在相应增大。饮品一般分为酒精类饮料与非酒精类饮料，这两类饮料的广告营销有着非常明显的区别。

1．酒精类饮料

有学者认为，"历史与文化、品位与个性、寄托情感"是酒类广告恒久不衰的主题。从实际情况看，的确如此，因此我们也从这几方面来归纳酒类产品广告文案写作的要点。

1) 历史与文化

上文谈过，酒是一种很特殊的产品，其存世越久，产品价值越高，因此品牌的悠久历史与丰富的文化底蕴都能给产品增加魅力。例如，沱牌曲酒的电视广告中没有出现大量的文案，只有广为传诵的广告歌吟唱着经典的广告语：

悠悠岁月久，一滴沱牌曲。

2) 品位与个性

喝什么样的酒，代表着消费者的品位与个性，是消费者身份认同、自我实现等价值观念的外化体现。所以越来越多的酒类广告侧重于表现中产阶级的生活方式，将产品与社会地位、社会成功等要素联系在一起，这其中又以洋酒居多。

【案例 11-10】

关于威士忌的广告文案
令人凉爽的主意

记得这个画面吗？

6年前我们用它提醒你，一杯加冰的苏打"四玫瑰"威士忌，在盛夏一个炎热的下午会何等美妙地令你凉爽清新。

假如你曾喝过一杯的话，我们可以肯定你没有忘记。因为一杯这种饮品那无与伦比的芳香和润滑的口感给你带来的绝妙享受会使你久久难忘。

如今，一如既往，没有其他任何威士忌有"四玫瑰"这样与众不同的芳香。如果你小试一下这个凉爽感受，你就会明白我们的话是何等真切。你不想试试吗？

案例解析

这是美国广告大师雷蒙·罗必凯创作的闻名世界的平面广告作品。画面中花苞初放、楚楚可爱的四朵玫瑰被凝结在晶莹剔透的冰块里，一种沁人心脾的凉爽感令人赞叹不已。再阅读这段煽情的文字，暑热的烦闷感也就荡然无存了。

3) 寄托情感

在中国文化中，酒象征着一种深厚的感情，无论是亲情还是友情，都可以通过"把酒共饮"加深升华，所以，情感也是酒类广告中最常出现的创意主题。

2．非酒精类饮料

非酒精类饮料也就是软饮料，产品分为很多类别，其常见的广告诉求有较大的差别。

1) 饮用水

饮用水主要分为纯净水与矿泉水两种。纯净水广告多强调水质的纯净与天然，矿泉水广告多强调所含矿物质种类丰富，也有的强调水源为天下名水。

【案例 11-11】

农夫山泉矿泉水的广告文案

这两杯水一样吗？放入 pH 试纸，1 分钟后，我们就能看到两杯水的差别。黄色是酸性，绿色是碱性。为了健康，你应该测一测你喝的水。健康的生命需要弱碱性的水。农夫山泉矿泉水！

案例解析

该广告是通过实验的方法来证明农夫山泉矿泉水更有益于人体健康。

2) 牛奶

过去，中国人认为只有处于成长期的儿童才应该喝牛奶，成年人则不需要。但随着近些年健康科学饮食的推广与倡导，牛奶逐渐成为一种全民饮品，产量与销售量激增，产品竞争与广告竞争也日趋激烈，甚至出现了市场细分。

【案例 11-12】

伊利牛奶的广告

刘翔：你看见了吗？强与弱都是相对的！

潘刚(伊利集团董事长总裁)：我们希望每一个中国人都像你一样强！

伊利，北京 2008 年奥运会唯一指定乳制品。

案例解析

该广告以强调奶质新鲜无污染、营养健康、强壮身体为主。

3) 果汁饮料

果汁饮料都是通过榨取水果汁制成的，深受年轻女性的喜爱。不同的果汁产品经常被消费者拿来比较的要素就是口味及源自哪种水果，所以我们看到的大多数果汁广告都在告诉我们这种果汁产品里面含有哪些水果，它的口味有多么美妙。

例如，"农夫果园"在 2007 年推出的产品广告中就表现了一个女孩品尝了"农夫果园"新口味后的甜美感受。其广告文案说道："眼睛会骗你，耳朵也会骗你，嘴巴呢？用味觉感知天然。农夫果园，新口味！"

4) 碳酸类饮料

碳酸类饮料是中国人俗称的"汽水"，随着可口可乐、百事可乐逐渐成为当代中国人的日常饮品，"汽水"的消费量也在增加，并且渐渐成为主流饮品。由于这种饮品的口感略微刺激，因此消费者多为年轻人，尤其是那些生性活泼、好动的少年更是碳酸类饮料的忠实消费者。因而大多碳酸类饮料的广告也把目光瞄准了这一群体，揣度他们的心理，将青少年追求的个性、特立独行作为产品品牌的象征意义以打动他们。

除此之外，在夏季，碳酸类饮料还喜欢强调自己有强力解渴的功能，能带来无与伦比的清凉。

5) 茶饮料

茶是中国的特产，但目前在市场上大量销售的瓶装茶饮料有别于中国人喜欢饮用的传统热茶，是某种茶泡制好后加糖及其他添加剂配置的复合型饮品，尽管有着茶的味道，但和传统茶饮料已相去甚远，完全是现代工业制品。瓶装茶饮料的消费者也以年轻人居多，他们喜欢它的独特气味与消暑解渴的特点。因此当我们要制作茶饮料的广告时，也可以多从此方面入手。当然，也有一些广告从年轻人的个性入手，表现茶饮料消费群体青春、创意无限的性格特色。例如，统一冰红茶的广告聘请了流行歌手孙燕姿做代言人，演唱了这样一首广告歌：

阳光闪耀天空，照亮我们的梦。你说，生活好像偶尔也要来点不同，一个微笑心灵相通。从不曾放弃过，超越了是什么，期待新的发现，年轻就是无极限。炫出你，年轻的色彩，自信满满，创意无边界，梦想的翅膀会带我飞。

6) 咖啡

瓶装咖啡将咖啡这种代表悠闲生活的饮品变为了快捷饮料，但相对于其他饮料，还是显示出了高贵、成熟的特质，因此咖啡的消费群体年龄偏大而且范围较小，通常是有着独特品位但生活又较为忙碌的上班族。所以除了强调口味外，咖啡饮料也较喜欢在广告中强调一种生活态度。

中国台湾曼仕德咖啡的广告表现了一群人在广场上挥汗如雨地绘制地画，结果一幅"蒙娜丽莎"刚刚完成，倾盆大雨就下了起来，把地上的画作冲洗成一团彩色的泥浆。但这群绘画者却不恼怒抱怨，而是悠闲地坐在台阶上喝着曼仕德咖啡观起雨来。随即广告语出现：生命就该浪费在美好的事物上！

7) 功能类饮料

功能类饮料是一种特殊的、能够补充人体所需元素的饮料，以前只有专业运动员才喝这种饮品，所以也叫运动型饮料。因为具有明确的功能与作用，所以这类饮品的广告更多强调产品的有效性。同时，功能类饮料的口味大多比较怪异，只有容易接受新事物的年轻人愿意饮用它，而且只有年轻人运动量较大，需要尽快补充体能，所以，功能性饮料广告把目标群体主要锁定在年轻男性身上，在广告中多强调个性与活力。

尽管如此，仍然只有少数人能接受并喜爱这种饮品。近几年，随着这类饮料大众消费者的大量减少，此类产品的生产与销售都处于下降趋势，广告也越来越少见。

【案例 11-13】

佳得乐的广告文案

为什么乔丹说：佳得乐比水更解"体渴"

"当我感到口渴时，身体早已出现'体渴'"

图11-4所示为佳得乐广告。

图 11-4 佳得乐广告

口渴时人人都知道，但对影响身体状态的"体渴"却并非人人都了解。当身体不停地流汗时，体内的水分和矿物质也会随汗水大量流失，造成体内水分及矿物质匮乏，这就是"体渴"。"体渴"若不及时解决将会引起抽筋、疲劳及头痛等热痛，不仅影响健康，更会大大影响我的表现。

第十一章 不同信息主体的广告文案

由于"体渴"很难察觉，同时并不是所有的饮料都能解"体渴"，所以我更需要以科学的态度，选择正确的饮料解除"体渴"，以保持体内的水分和矿物质。

"解'体渴'，佳得乐是我唯一的选择。"

佳得乐就完全不同了，它采用科学配方，能迅速渗透全身，及时补充随汗水流失的水分、能量和矿物质。佳得乐含有 6%适量碳水化合物，不但增强身体对水分的吸收能力，更为活动中的肌肉提供能量。此外，佳得乐不含碳酸气，配合天然果味，能大大提高饮用量，我只选择佳得乐，解"体渴"没有什么能比它做得更好。记得我常对你说的：谁可抵挡佳得乐。

解口渴，更解体渴

(随文略)

案例解析

佳得乐在美国的运动饮料行业中占有 85%的市场份额，佳得乐的口号就是"解口渴更解体渴"。佳得乐致力于运动饮料的时间超过五十年，所以佳得乐在如何补充体能同时解决口渴这方面做得十分出色。

广告文案提出"体渴"的概念，旨在消费者心中建立需求的空白点。因为以往消费者只知道用饮料解口渴，现在出现一个"体渴"的概念，这就告诉消费者运动后，光解口渴还不够，还要选择"解体渴"的饮料，而解"体渴"的饮料就要选择佳得乐。

佳得乐现在是NBA联盟和美国橄榄球大联盟的唯一指定饮料。因为NBA的饮料赞助商是佳得乐，所以，无论NBA球员平时喜欢喝什么饮料，在场上，你都不得不喝佳得乐。

软饮料的概念

所谓软饮料是指酒精含量低于 0.5%(质量比)的天然的或人工配制的饮料，又称清凉饮料、无醇饮料。所含酒精限指溶解香精、香料、色素等用的乙醇溶剂或乳酸饮料生产过程中的副产物。软饮料的主要原料是饮用水或矿泉水，果汁、蔬菜汁或植物的根、茎、叶、花和果实的抽提液。

(三)服装与化妆品

服装与化妆品的共性是都以年轻女性为主要消费者，因此这两类产品的广告有的强调产品的功能性利益；有的则强调产品能增加女性的女性价值，即良好的外观形象、时尚独特的个性气质及由此而带来的幸福生活。随着品牌竞争的加剧，唤起女性良好的自我感觉成了这两类产品最主要的广告策略。

【案例 11-14】

关于拉链的广告文案

标题：昨夜鲍玛莉夫人在百老汇亮相

画面：一对夫妇背向行走在剧院散场的观众之中，女士身披貂皮披肩，但她背后礼服的拉链却崩开了。

正文：如果你用了泰伦西凤型拉链，将它缝入你的衣衫，就可以躲掉这种尴尬事了。泰伦拉链经过精心设计，绝不拉拉扯扯、滑溜断裂或者爆开。在百老汇或离开百老汇，保证完全一样。

案例解析

貂皮披肩和礼服是富人所穿的高档服装，高档服装就应配上质量上乘的拉链，否则就会出洋相，遭遇尴尬。使用"泰伦西凤型"拉链，才能让你在高档的场合拥有更优雅的风采。该文案的手法可谓绝了，追求品质与风采的女性，谁还会拒绝"泰伦西凤型"拉链呢？

(四)药品

药品是直接关乎人民生命健康的特殊产品，因此医药广告要严肃认真、实事求是，遵守国家相关法律法规，绝不能随意夸张甚至造假。因而，药品广告应以理性诉求为主，将产品的相关信息如实地传达给消费者。当然，恰当的感性诉求与恐惧诉求也可以被消费者接受，只要是心怀真情实感，就可以获得良好的效果。

【案例 11-15】

儿童百服宁的广告文案

(一)她在找一个人

那天在火车上，我孩子发高烧，他爸又不在，我一个女人家，真急得不知怎么才好。

多亏了列车长帮我广播了一下，车上没找到医生，还好有一位女同志，给了我一瓶儿童用的百服宁，及时帮助孩子退了烧。我光看着孩子乐，就忘了问那位好心的女同志的名字和地址，药也忘了还她。你瞧这药，中美合资的产品，没药味，跟水果似的，能退热止痛，并且肠胃刺激又小，在我最需要的时候，百服宁保护了我的孩子。

人家帮了这么大忙，我和孩子他爸非常感谢她，真希望能再见到她，给她道个谢！

王霞

(二)找到她了

王霞,听说你在找我,其实给你一瓶药,帮你的孩子退烧,只是一件小事。

那天在火车上,我一听到广播里说你孩子发高烧,又找不到医生,正好包里有一瓶医生给我孩子开的退烧药——儿童服用的百服宁,可以退热止痛,肠胃刺激小,而且有水果味,孩子也乐意吃,所以就拿来给你救急了。那瓶药你就留着用吧,我家里还有。我孩子也常常发高烧,家里总备有几瓶,在最需要的时候,百服宁可以保护我的孩子。

都是做妈妈的,你的心情我很理解。希望你以后带孩子出门,别忘了带施贵宝生产的儿童用的百服宁。

张虹

案例解析

该文案以书信的形式讲述了小孩高烧,家长着急求救,得到热心乘客送来的儿童用百服宁后退烧了,故事到此已经让人们很信服儿童用百服宁的功效了,但故事并没有完,得到帮助的母亲要找恩人答谢。这引起了人们的好奇与关注。恩人终于找到了,文案又通过恩人的回信再次强化了儿童用百服宁的特点与功效。最后还特别强调了施贵宝生产的,最好还要多备几瓶,以防不时之需。广告自始至终都在牵引着受众的视线,又凸显了商品的功效与优势信息。

(五)家用电器

家用电器广告没有特别一定的诉求策略,理性诉求可以以产品的功能、效用、价格、售后服务等要素为广告主题,感性诉求则重点表现产品可以缔造幸福生活,可以带给我们更多的欢乐与闲暇。但由于家用电器多为耐用消费品,男性通常具有消费主导权,因而也有一些广告人认为似乎采用理性诉求对男性消费者更有说服力,广告效果会更好。

(六)房地产

住房对于中国人来说是"百年大计",一套房子可能凝结着一个家庭几代人的心血与梦想,它与土地都是中国人的生存之根本,因此对于中国人来说有着非常重要的意义。

房地产的购买是一个绝对理性的行为,需要消费者投入大量的精力,反复调查、论证、研究、咨询,而广告在其中能起到的关键作用事实上是微乎其微的,它的主要功能是告知信息,因为消费者绝不会仅凭一则广告就购买一处房产,说服他、打动他的肯定是房产本身所具备的特质。

所以当我们要制作房产广告的时候,最应该采用的广告策略是尽可能详细地将该房产的相关信息告知消费者,并重点强调其所具有的优势以吸引消费者。

目前,在中国的很多城市,还出现了将目标群体定位于少数成功人士的高端房产项目,这类房产项目整体售价动辄几百万元人民币,多则上千万元,其硬件情况基本无可挑剔,它最吸引人的是房产所附加的一种地位感、尊贵感与成就感。

(七)汽车

汽车这一昂贵的产品,近几年才成为中国普通家庭与个人的消费品,所以汽车广告的投放量正处于快速增长期，广告策略与广告表现也经常会有比较大的变化。总体来说，性能诉求与个性身份诉求还是最为常见的广告主题。中低档汽车多采用性能诉求，高档汽车多采用个性身份诉求；平面广告多采用性能诉求，影视广告多采用个性身份诉求。

广告界一直有这样的认识，汽车广告的创意是最具创作难度的，因此如何写好汽车广告的文案还需紧密结合汽车生产销售的实际进行更多、更深入的研究。

第二节　服务广告文案

一、服务广告的概念

(一)服务的概念

菲利普·科特勒在其《营销管理》一书中称："一项服务是一方能够向另一方提供的任何一项活动或利益，它本质上是无形的，并且不产生对任何东西的所有权问题。它的生产可以与实际产品有关，也可以无关。"广义的服务包括营利性服务与公共事务性服务。本节所提到的服务均为营利性服务。

(二)服务的特性

服务与产品相比有着鲜明的区别，这些特性对其广告文案的写作都有着深刻的影响。

1．服务的无形性

服务不是物体，它是无形的。在消费者接受服务之前，消费者是感受不到服务的好坏的。因此在服务的营销中，消费者的口碑是非常重要的，它的影响力要远远超过广告。

2．服务的同步性

同步性是指服务的生产与消费是同步的，生产者与消费者往往要发生面对面的接触，这和产品在工厂里生产好然后通过各种销售渠道卖给消费者就有了巨大的区别。在人与人的接触中，有很多因素是难以控制与预测的，会出现各种复杂与多变的情况，这也给服务的销售与提供提出了更高的挑战。

(三)服务广告的概念

所谓服务广告，即指在各种广告媒体上投放的各类营利性服务的广告，大致包括餐饮服务、交通服务、通信服务与金融服务等，我们也将重点介绍这几类服务的广告文案写作方式。

二、服务广告的诉求点

服务广告的诉求点与产品广告相类似，同样可以围绕消费者的需求来进行设计，在服务特性、服务优势、消费利益、消费理由、消费保证、品牌形象与附加价值等要素中做出选择。典型的诉求点包括以下几个方面。

(一)服务项目的多少

有很多服务广告经常强调要比同行提供更多的项目，或者是一些同行所没有的新项目、特色项目、个性化项目，可以满足消费者的特别需要。

【案例 11-16】

UPS的电视广告文案

从前，有一位新的物流主管，上任后发现：怎么大家老在查询货物的动向，所以他找上UPS。现在大家寄件都会收到E-mail通知：瞧，您的货物正在运送。客户也收到E-mail，您的货物已通关，您的货物已于10点28分送达。现在，你接到的不是邮件，而是总经理夸奖的电话。UPS，让您的商务整合同步化！

案例解析

UPS是全球著名的快递公司，它的广告创意一直非常理性而具体，总是认真地告诉消费者他们为什么能做到那么快，而不是像其他快递公司的广告只一味地说自己快。这则作品则告诉消费者UPS会向消费者提供寄件发送情况的即时通知，而这是其他快递公司不具备的服务项目。

(二)服务的效果与质量

服务的效果与质量是消费者最为关注的要素，是否令人满意、是否能超越预期、是否达到国家验证评估的标准都可以在广告中加以表现。尽管消费者很难通过广告切实感受到服务效果与服务质量的好坏，但我们可以通过各种方式，例如做试验，让服务的效果与质量更直观。

【案例 11-17】

国宝生前契约殡葬公司电视广告文案

画面：一个女孩突然接到父亲去世的消息，国宝生前契约殡葬公司接到消息后立即派人赶到，安慰逝者亲人，筹划葬礼相关事宜。葬礼期间，工作人员积极工作，认真联络协调使得逝者的后事令其亲人满意。

文案：老爸，陪我走过人生每一个重要的时刻，包括他最后一份贴心的礼物。人生最温柔、最豁达的承诺，国宝生前契约。

案例解析

国宝生前契约是中国台湾的一种殡葬服务，它与当事人在生前签订去世后提供相应殡葬服务的协定。这则广告通过画面表现了殡葬公司提供的全面、周到、体贴人心的服务，让消费者切实感受到良好的服务效果，既了却了死者的后顾之忧，又是对生者的宽容与安慰。

(三)服务的态度

在人与人的交往中,最容易征服他人的是诚挚与友善。因此,在很多时候我们会发现,即使服务水平低一些、服务效果差一些,只要服务人员有着亲切的态度与甜美的笑容,服务一样会赢得消费者。所以,重视服务态度是提高服务业绩最节省成本的办法。广告也可以着重在此方面进行表现。

(四)服务场所与环境

提供服务的场所如果优雅、舒适,或者有一些特别的布置,也可以吸引消费者,所以餐饮服务的广告有时候也会以此为卖点。

(五)技术设备

良好的服务质量、服务效果通常都来源于先进技术与先进设备的采用,所以能在广告中列举自己的服务都运用了哪些先进技术与设备,会增强消费者对服务效果的信心。

(六)提供服务的人员

提供服务的人员是否为此类服务的专家、是否经过正规培训、是否具有专业素质,都能影响消费者对服务质量与服务效果的判断,因而在广告中强调提供服务的人员具备较高的专业素质能增强消费者对服务的信心,从而促进消费。

(七)提供服务的经验

提供服务的机构是否经验丰富、是否具有成功经验也可以成为广告的诉求主题,同样能吸引消费者,有效地促进消费。

(八)消费利益

服务与产品类似,都可以在广告中承诺服务能解决问题、避免伤害、改善状况、提高生活品质等。

(九)促销

为了促进消费,各种服务经常会举行促销活动,于是相应地就出现了宣传促销活动的广告,具体内容包括赠送礼品、价格优惠、消费奖励等。

(十)服务的品牌地位

服务与产品一样具有品牌,因而服务广告同样可以强调品牌所处的地位及品牌的形象。例如是否为著名品牌,是否为传统品牌,是否为外国品牌,是否为著名机构或活动指定品牌,是否有名人推荐等。

第十一章 不同信息主体的广告文案

【案例 11-18】

《南方周末》的品牌形象系列广告

《南方周末》品牌形象广告，如图 11-5～图 11-7 所示。

广告标题：老百姓心中有杆秤。

图 11-5　《南方周末》品牌形象广告《老百姓心中有杆秤》

广告标题：老百姓心中有面镜。

图 11-6　《南方周末》品牌形象广告《老百姓心中有面镜》

广告标题：老百姓心中有盏灯。

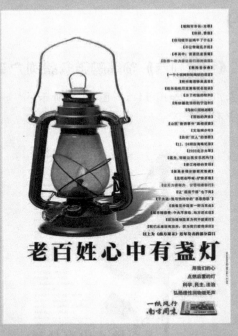

图 11-7 《南方周末》品牌形象广告《老百姓心中有盏灯》

案例解析

《南方周末》尽管是有形的报纸，但事实上售卖的是新闻信息服务，是当代一份追求真实、深度等新闻自由主义思想的报纸，在中、高端读者尤其是知识分子中有着非常好的口碑，这一系列广告文案恰恰表明了其品牌形象的内在含义：以冷静独特的视角审视社会，以弘扬理性、启蒙民智、维护公理、实事求是为己任。

(十一)服务的个性与形象

任何一类服务都可以塑造出独特的品牌形象，而这种品牌形象对于消费者来说可能具有不一般的象征意义，代表着群体认同、他人尊重、自身成就感、满足感、个性、品位、完美等主观感受。

服务广告的基本思路是为"服务"做广告，与做实体产品广告并没有本质的不同。其基本思路都是要明确服务广告的诉求对象是谁，服务广告的诉求策略是什么，服务广告的使用周期有多久，而且从内在规定性上来说，与产品广告也是一致的。

三、常见服务类别广告文案写作

(一)餐饮服务

餐饮服务的广告是近些年地方性媒体上投放量最大的服务类广告，其常见的诉求主题主要是两个方面：口味与格调。

1. 口味

口味一直都是人们外出就餐时所考虑的第一要素,正因为在家里自己无法烹制出这种"好吃的",所以才到饭店来吃。因而"好吃"或者有着独特的味道是餐饮业经营的根本,在此方面有着绝对优势的餐饮企业当然愿意在广告中重点表现这一内容。

2. 格调

环境、氛围、格调越来越受到食客的重视,有些时候我们会发现一些消费者宁可忍受差一些的口味,也愿意去有着独特装修风格的饭店就餐,原因就在于此。当前许多大城市都开有所谓主题式餐厅,例如武侠餐厅、监狱餐厅等,其实都是将销售重点放在了格调上。也就是说,吃什么并不重要,关键是怎么吃,去饭店消费的不单是食物,还包括一种感受、一种体验。因此,很多餐饮广告的诉求主题都是对饭店氛围与环境的强调。

(二)交通服务

交通服务包括公共汽车、出租汽车、地铁、城市轻轨、铁路客运、航空客运等。一般而言,地面交通服务的广告主题比较具体,主要说明服务的安全、舒适、快捷等特性,也有的以服务态度的"人情味"作为诉求重点。空中交通服务由于比较昂贵,因此性能与品位都是常见的诉求主题。

【案例 11-19】

航空公司的一则广告文案

厨师:为什么每一位旅游者都喜欢从德尔塔飞往佛罗里达度假?因为一日三餐都可以尝到我做的多汁牛排……

侍者:哈,他们从德尔塔飞往佛罗里达度假,是为了我的香槟美酒。

厨师:是这样吗?

侍者:当然是这样。因为这种美酒在所有直达飞机上,日夜都有供应。

厨师:好,那你先尝尝我的多汁牛排……任你挑选,这是薄片烤牛排。

案例解析

这则广告虽然是在售卖航空服务中的其他额外服务,但多汁牛排与香槟酒却是西方上流社会最喜欢的饮食,代表着特定的品位与格调,而飞往佛罗里达度假更是上流社会生活的代表性内容,所以,这则广告的重点还是在售卖一种品位与格调。

(三)通信服务

通信服务是指向人们提供信息交流的服务项目,在当代社会主要包括邮政、电报、电话、网络、卫星等。通信服务的广告主题主要包括两类:功能性主题与情感性主题。功能性主题主要宣传服务的功能、质量、价格、效果等;情感性主题则主要讲述通信服务如何传递与沟通人与人之间的感情。

【案例 11-20】

中国移动"动感地带"广告

画面：教师的办公室里，两个男生站在哪里沮丧地说："老师，没有呀！""您没看错吧，老师？"这时周杰伦扮演的另外一名学生走进办公室来到老师身边。老师问道："你看见他们传纸条了吗？"周杰伦一脸酷酷地说："没有呀！"然后将眼睛望向天花板说："他们发短信。"

标版：动感地带

最后一个画面：作弊的两名男生一边在走廊里走，一边理直气壮地打电话说："没错，我就是 M-ZONE 人！"（M-ZONE，动感地带的英文简称）

"动感地带"移动电话业务的目标市场为 15～25 岁的年轻人，因此，尽管每一则动感地带的广告都介绍了其推出的一项业务，但将重点放在了表现年轻人我行我素的个性上。

(四)金融服务

金融服务是由各种金融机构向个人或者组织提供的服务，它与货币、金钱有着直接的关联，关系到人们生活的富裕与稳定。因此消费者在选择金融服务的时候都会抱着理性、谨慎的态度进行甄别与研究。在金融服务类广告中，最能说服消费者的就是"利益"，也就是说，只有让消费者切实感受到有利可图，消费者才会选择消费。

当然"利益"并不仅指金钱，也包括获取服务的便利性、额外配套服务等切实好处。

(五)旅游服务

由于旅游产品和普通商品在存在形式、消费形式等方面都存在明显差异，所以在广告的诉求策略上也应该是不同的。普通商品广告诉求策略有理性诉求策略、感性诉求策略和情理结合等策略。旅游广告应该根据旅游产品的特点，探究旅游活动发生的独特的心理动因，以感性诉求为主，通过有形的视觉效果或劝服性的宣传途径，以迎合旅游者的消费行为与消费心理为目的，有效地把旅游产品推介出去。在形象地表现旅游产品的同时，如何突出旅游产品中隐含的无形服务的价值，如何展现旅游产品中的文化渊源和形象内涵，如何诱发受众的旅游需求并促使其最终采取行动，应成为旅游广告人重点考虑的内容。

【案例 11-21】

请到潭柘寺来

您想到北京参观游览吗？您了解北京历史吗？您是否知道在北京城流传着这样一句谚语："先有潭柘寺，后有幽州城"？

这座先于京城的古寺，始建于晋代，原名嘉福寺。坐落在京城西郊群山怀抱的潭柘寺，殿堂依山势而建，呈阶梯形层层高升，东西配殿相辅，古朴雄奇，环境幽雅，是一处高山清泉、松柏交翠的自然风景区。

您想领略三王殿、大雄宝殿黄瓦鎏金的轩昂气势吗？

您想体验方丈院延清阁朱栏的幽雅和别致吗？您想知道"有眼不识金镶玉"这句话的来历吗？

请您到潭柘寺来，古寺的风采会为您欢乐的生活增加一页难忘的篇章。

图 11-8 所示为潭柘寺广告。

图 11-8　潭柘寺景区

案例解析

旅游服务的广告主要诉求对象是消费者个人，广告的风格应该轻松、愉悦。这则旅游服务的广告文案颇为生动有趣。运用一个接一个的问句将读者带入一个历史悠久、环境清幽、气势雄浑的佛家圣地，激发了人们的向往之情。

目前旅游景区广告宣传出现了新的特征。

1. 景区宣传的故事化

说到曲阜就想到孔子，说到湘潭就想到毛泽东，说青岛我们会想到海尔、想到青岛啤酒、想到海信等。以前提到杭州，人们会想起有关西湖的种种传说，现在人们会想到阿里巴巴，想到马云。旅游服务的广告宣传通过品牌人格化更容易传播和记住，所以旅游广告文案应该把历史人物典故或者游客亲身体验景区的游记故事放进去，游客更喜欢阅读这样的内容！这样的文案更引人入胜，更能达到说服消费者的作用。

2. 借助互联网意见领袖的传播

意见领袖写的游记以及点评比直接广告更有公信力。随着各大 OTA 在线旅游服务商和职业旅游达人的深度合作，旅游达人拍摄的旅游照片，撰写的旅游攻略成为"80 后"和"90 后"年轻主力大军出游选择旅游目的地的重要参考。聪明的景区广告宣传已经开始在各大 OTA 网站进行布局，在未来的 3～5 年，这种投资会有明显的效果。

3. 口碑传播

景区通过互联网在线服务游客(景点讲解/景区地图导览/外语翻译/信息查询)，提升旅行体验，游客在微信朋友圈分享的景区旅行体验比电视台广告更显现出巨大的影响力。

【案例 11-22】

东鲁农业公园，给您一种闲适的幸福感

什么是幸福，这是一个常常被提及的问题，然而不同的人给予的答案却不尽相同。老子说，幸福是"无为而治"；哲学家罗素说，因为珍惜而幸福。也有人说，幸福是一种牵挂；还有人说，幸福是一种陪伴；幸福是一种满足；幸福是一种放下……

其实幸福也是一种闲适。没有一种快乐比得上内心的祥和，没有一种享受比得上内心的安宁。

诗人陶渊明写道："结庐在人境，而无车马喧。问君何能尔？心远地自偏。采菊东篱下，悠然见南山。山气日夕佳，飞鸟相与还。此中有真意，欲辨已忘言。"

在喧嚣的世界，去哪儿能得到这种闲适的幸福？——东鲁农业公园。

图 11-9 和图 11-10 所示为东鲁农业公园广告。

东鲁农业公园坐落于山东省莱西市南墅镇北墅村东，占地 1200 亩，位处青岛市最大饮用水源地莱西湖和莱西市第二大水库青山湖之间，北依大青山森林公园，自然环境优美，水土资源丰富，优质、无污染，高达 5 米的墙体形成的隔离带有利于园区成为一个独立、和谐、优美的生态圈。

东鲁农业公园依循"自然农法、酵素种植"生产模式，建设的集种植、养殖、度假、休闲、生态农业观光为一体的、环保有机的"体验式农庄及养生环保果蔬"农业园，设有儿童乐园、乡村动物园、垂钓、有机果蔬采摘等乡村旅游项目，既是农事体验、旅游观光、生态休闲结合的新尝试，也是第一产业向第三产业延伸发展的新典型。

东鲁农业公园根据现代人回归自然的渴望，把农场置身于一个恬静的氛围之中，纯朴的围栏，天然的野花，烘托出原生态的自然之美，仿佛进入"世外桃源"般，大有"采菊东篱下，悠然见南山"的意境……

园区依托 CSA 社区互助农业的经营模式，种植、养殖、观光、娱乐、度假等各种功能有机结合。主要业务有微地主劳动份额、蔬菜配送、农产品供销社、教育培训等。目前已建成生物有机肥生产区、环保酵素生产区、百蔬园、百果园、立体养殖区、土法深加工产品生

产区、生态农产品供销社、微地主区、生态餐厅、乡村动物园、高尔夫训练场、采摘观光区、垂钓区等。

图 11-9　东鲁农业公园(1)

图 11-10　东鲁农业公园(2)

在东鲁农业公园，您可以吃到不打农药的有机蔬菜(全年达到六十余种)，以及不打农药、不进行任何粉饰的健康水果(十余种)，尤其可贵的是，在这里您可以品尝到在其他地方难以尝到的用褐麦做的馒头、面条，以及叶酸玉米、富含花青素的紫土豆，还有甜而不腻的东鲁蜜薯……

东鲁农业公园精心为您打造了一处休闲度假旅游的园林景观，把生态农耕体验、有机种植的意识贯穿于每一个特色项目。在这里您可以品茗赏花、钓鱼、采摘，还可以打高尔夫球，您不会打，没关系，这里还有热情的帅哥手把手教您，让您拥有美好而又难忘的休闲体验。

"东鲁遗风今犹在，十万人家读书声"，几千年来这股文化风气融入胶东一带的山水大地、风土人情，无形而悠长。在污染严重、人心浮躁的当代，东鲁遗风这种神秘的文化传递体现在自然与人和谐共处的生态文明上。为了子孙后代的健康，为了保护我们的环境，为了让大家吃上健康农产品，东鲁农业公园应运而生。东鲁农业将社会责任、可持续发展理念融为一体，以创造优美和谐的生态环境为宗旨，以优质生态的农业产品为纽带，为消费者提供农产品产销、休闲娱乐和相互交流的平台。

尊重自然，顺应自然，创造一个自然与人和谐相处的家园，这就是东鲁农业的理念与信仰。

案例解析

农业旅游是农事活动与旅游相结合的农业发展形式，主要是为那些不了解农业、不熟悉农村，或者渴望在节假日到郊外观光、旅游、度假的城市居民服务的，其目标市场主要在城市。利用农村的自然风光作为旅游资源，提供必要的生活设施，让游客从事农耕、收获、采摘、垂钓、饲养等活动，享受回归自然的乐趣。农业旅游的发展，不仅可以丰富城乡人们的精神生活，优化投资环境等，而且达到了农业生态、经济和社会效益的有机统一。

随着收入的增加，人们不再仅仅满足于衣食住行，而转向追求精神享受、观光、休闲、娱乐活动增加，外出旅游者和出行次数越来越多。一些传统的风景名胜、人文景观在旅游旺季，往往人满为患，人声嘈杂。旅游农业的出现，迎合了久居大城市的人们对宁静、清新环境和回归大自然的渴求。

文案运用理性诉求手法，客观、翔实地介绍了东鲁农业公园的经营理念、产品特点，以及场景风格，让人感到可信、亲切，相信适应市场需求的农业生态旅游定能给人们带来恬静、舒适、愉悦的幸福感。

第三节　企业广告文案

一、企业广告的概念

所谓企业广告，就是不推销任何特定的产品或服务，而是致力于塑造与改善企业形象，对某一社会事件或公益事业表明立场，甚至直接参与的广告形式。

具体来说，企业广告可以涉及企业理念、经营方针、业务范围、企业历史、企业规模、技术研究能力、对社会的贡献等基本信息；也可以塑造一种高尚的企业形象，传达一种生活认知或者生活态度；还可以对一些公益性主题表达自己的看法。根据具体内容的不同，企业广告可以分为不同的类别。

二、不同类别企业广告文案写作

(一)企业认知广告

企业认知广告以建立诉求对象对企业的准确认知为目标，主要向潜在个人消费者、潜在机构客户或者其他相关个人和机构传达关于企业的基本信息，包括企业的历史、现状、规模、人才、技术、产品、品牌、理念等。

(二)企业危机公关广告

企业危机公关广告是为了对不利于自己的政策、事件、舆论或新闻报道做出及时反应,阐明企业的观点和立场,让社会各界理解它的苦衷,以化解危机。这类广告在近几年逐渐增多,这和很多企业都遭遇了危机事件或者公众信任危机有关,例如 SKII 事件等,因此关于危机公关的研究也逐渐热门起来。

【案例 11-23】

家乐福危机公关的广告文案

家乐福集团总裁杜哲睿(又译迪朗)在巴黎接受记者采访时指出:

"奥运会之所以交给中国举办,就是让中国能有机会展现其 30 年来的开放成果。我本人就可以证明这些年中国的变化,也正是这些变化,给家乐福带来了在中国 13 年以来与其合作伙伴的共同发展。"

"家乐福集团及其分支机构没有向任何政治团体或宗教团体直接或间接地提供过任何帮助,无论是在中国还是在其他地方,家乐福集团从来没有这么做过,将来也不会这么做。"

"我希望人们现在能够平静下来,让奥运会最后的准备工作能在祥和的气氛中进行。因为北京奥运会的成功举办是有利于所有人的。"

家乐福伴随中国一起成长:

2001 年　家乐福发起并与相关部门组织了"海峡两岸迎奥运长跑活动",数万名海峡两岸的同胞声援支持北京申办 2008 年奥运会。

2002 年　家乐福倡议成立了"法国企业家声援上海申博俱乐部",支持中国上海申办 2010 年世博会。

2003 年　家乐福向北京市政府紧急捐赠 10 万个 N95 型医用口罩,抗击"非典"。

2004 年　家乐福成立"家乐福(中国)食品安全基金会"。

2005 年　家乐福(中国)食品安全基金会邀请 40 多家中国优秀企业赴欧洲学习考察"食品安全与质量控制"。

2006 年　家乐福参加商务部在长沙举办的首届"中博会",并与中部六省签署了投资发展合作意向书。

2007 年　家乐福国际基金会捐资在成都大邑、合肥肥西、蚌埠五河等地建立首批"希望小学"。

2008 年　家乐福为响应中国政府节能降耗的号召,于 1 月在武汉推出首家节能门店,并承诺新开所有门店将达到节能 20%的目标。

案例解析

这是家乐福公司面对中国消费者的不满情绪,通过大量数据与事实说明其对中国的真诚、友好与支持,让人感到诚恳、有道理。

(三)企业公益广告

企业公益广告是企业投资制作的纯粹的公益广告，主要探讨和表现与企业没有直接利益关系的公益性主题，从而树立一种热心公益、热心慈善、以天下为己任的良好形象。这类广告往往只有非常有实力的企业才能制作，因为要花费巨额广告费却没有宣传企业的任何产品、服务或者企业的基本信息，营销效果非常不明显。但事实上，这类广告对塑造企业形象有非常长远的帮助，特别有利于提高企业的知名度与美誉度。

例如，哈尔滨制药六厂制作的一则电视公益广告，表现了一位母亲照顾完孩子后又不辞辛劳地给自己的母亲洗脚，孩子看到后模仿妈妈也端来了一盆水给自己的妈妈洗脚，广告语是"其实，父母是孩子最好的老师！"这则广告虽然和哈尔滨制药六厂没有任何直接的关系，但让人产生了长久的回味与感动，从而改善了之前哈药六厂过于商业与功利的企业形象。

第四节　公益广告文案

一、公益广告的概念

公益广告是社会公共机构、公益性社会团体向公众传达有教育意义和行为指导意义的非商业性广告，旨在保障社会公共利益，促进社会精神文明建设。

公益广告宣传，可以倡导正确的社会意识和生活观念，提出事关公共利益的问题引起广泛关注，对那些有损公众利益的思想和行为提出警示和诫勉，以净化社会环境，创造美好生活。

一些企业为了表现认同并乐于承担社会责任，也会投资制作公益广告，这类作品在上一节已经介绍过了。这一节主要介绍由公共机构投资制作的公益广告。

二、公益广告的特性

与商业广告相比，公益广告具有以下特性。

(一)公益性

公益广告的根本特性是公益性，也就是说它不带有任何的商业目的。由企业赞助的公益广告不能出现企业名称，出现企业名称的广告都不是真正的公益广告，只能叫作企业公益广告。也就是说，广告主在制作投放公益广告的时候，是不图任何商业性回报的。

(二)社会性

公益广告的诉求对象是广泛的社会大众，因此公益广告的主题应具有普遍的社会性与代表性，只有公共性的话题才能成为公益广告的主题，过于个人化的、私密性的话题都不适合作为公益广告的主题。

(三)观念性

如果一定要说公益广告是在售卖什么的话，公益广告售卖的就是理念与观念。我们要说服人们接受一个观念，就可能要改变人们之前已经固有的一些观念，所以具有说服力是公益广告创作的难点。

(四)自由性

虽然创作有说服力的公益广告非常难，但相比商业广告的创作，公益广告的创作还是相当自由的。不必像商业广告那样遵循大量、详细、严格的策略规定，不必采用固定的诉求方式，只要表达规定的主题，公益广告就可以尽情地展现创作者的艺术才华与奇思妙想。因此，公益广告要比商业广告更具观赏性与可读性，广告人也更愿意创作公益广告。

三、公益广告的诉求点

(一)卫生健康

健康长寿是人类的根本福祉，所以有大量的公益广告是以推广健康生活方式、养成良好卫生习惯为目标的。目前比较常见的主题是树立正确的性观念、防治传染病等。

(二)环境保护

由于世界环境的急剧恶化，环境保护成为当前整个国际社会的重要议题，大量的公益广告都是以此为主题的，具体包括节约资源、保护森林、保护动物、保护水资源、保护城市环境等。

(三)生活常识

还有一些公益广告是传播生活常识的，例如火警、急救、匪警的电话与报警方法，应急自救的方式等。

(四)社会公德

传统的公益广告多以宣扬社会公德为主题，例如尊老爱幼、尊师重教、见义勇为、文明礼貌等。

【案例 11-24】

拒吸二手烟的公益广告文案

男声旁白：话说唐三藏师徒西天取经，这一天，中了圣婴大王红孩儿的调虎离山之计，唐三藏被生擒洞中，孙悟空一气之下，单枪匹马来到枯松涧火云洞前。

(风声)

孙：红孩儿，快把师傅还给我。

红：大胆泼猴，竟敢在我家门前叫阵。

孙：红孩儿，乖乖把我师傅交出来。免得自讨苦吃。
红：哈哈哈……想要救师傅，先尝尝我"三昧真火"的厉害。
（喷火声）
孙：哈哈哈！三昧真火算什么，有本事尽管使出来啊！
红：好！既然你不怕火，那我们就来点新鲜的玩意。
（打火机声，吐烟声）
孙：啊！"二手烟"，哎哟！我的妈，快跑啊！
（孙咳嗽声，龙腾虎跃音乐起）
孙越：各位听众，我是孙越，您听听，连神通广大的齐天大圣，都怕"二手烟"，何况是平凡的你、我呢？为了自己的健康，我们拒吸"二手烟"。

案例解析

该公益广告文案借用并改造了《西游记》中孙悟空大战红孩儿的故事，演绎了二手烟的危害，最后通过旁白说出了广告的主题：为了你我的健康，拒吸二手烟。文案运用我们熟悉的故事和人物，更容易让受众记住广告的诉求信息。

(五)弱势人群保护

保护弱势群体是人类现代化的重要标志，所以保护未成年人、保护妇女、保护特殊群体是衡量一个社会文明与否的重要指标。很多公益广告常以此为主题呼吁人们对弱势群体给予帮助。

【案例 11-25】

公益广告《身残志坚(听太阳篇)》

（海浪声，舒缓的音乐起）
女生旁白：凌晨，一个快要失明的少女来到海边，想要最后看一眼海上日出。一位伫立在礁石上的老人出现在她模糊的视线里。
少女：老爷爷，您也是来看日出吗？
老人(温和地)：我是来听日出的。
少女：听日出？
老人：我的眼睛三十年前就看不见了。
少女：可日出怎么能听得见呢？
老人(充满激情地)：你听，（音乐转为激昂）太阳出来时大海对她欢呼着。我虽然看不见，但我的心却感觉到了。
（乐声渐强，随着男声结束达到高潮）
少女(兴奋地)：老爷爷，我听见了，我听见了，太阳走过来了！
男声旁白：只要我们心中拥有太阳，生活就永远充满希望！

(六)慈善救助

慈善救助也是公益广告的常见主题,具体来说包括义务献血、救助失学儿童、帮助残疾人、救助灾民等。

(七)交通安全

酒后驾车是一种屡禁不止的现象,而且随着私家车拥有量的增多,有愈演愈烈的趋势,所以大多数以交通安全为主题的公益广告是号召人们不要酒后驾车。除此之外,还有一些广告号召大家遵守交通规则、文明驾车、系好安全带等。

【案例 11-26】

香港政府新闻处禁止酒后驾车平面广告

画面:一杯酒放在一堆废铁的背景上。
标题:奇效无穷!饮用少量,足令最安全的汽车变成废铁。
广告语:酒精害人,开车前勿饮!

四、公益广告的诉求方式

(一)正面倡导

正面倡导型的公益广告是以正面引导的方式直接灌输公益观念,不批评、不讽刺、不恐吓,而是直接提倡某种理念或某种行为。这种诉求方式是最为基本的诉求方式,它主要靠文辞的深刻、真挚打动受众,不轻佻、不哗众取宠、不追求形式,但也容易因此而损失感染力与说服力。

【案例 11-27】

义务献血的公益广告

题目:无偿献血
正文:据世界卫生组织统计,献血人次数占全国人口总数的4%,就可以满足这个国家临床用血的需要。中国目前还不能达到这个标准,而同是发展中国家的阿尔及利亚、尼泊尔、缅甸、新加坡却早已实现临床用血全部来自无偿捐献。是爱、是勇气、是关怀。无偿献血,从我做起。

撰写正面倡导型的广告文案,一定要找到可以说服人的关键点,就像写作一篇议论文一样,一定要找到能够证明论点的论据,观点才能成立。当然这种"论据"在广告中可以是理性的事实、数据、专业论断等,也可以是一种情感的需求与表达。

(二)反面恐吓

所谓反面恐吓指的就是恐惧诉求,也就是以敲警钟的方式告诫受众如果不接受某一观点、不采取相应行为会有什么严重后果,其本质就是"恐吓"。当然,由于恐惧诉求程度的不同,"恐吓"可以是委婉的告诫,也可以是严厉的警告。从多数实验效果来看,过于严厉的警告会招致受众的反感,所以以这种诉求形式来创作公益广告,需要注意的就是不要虚张声势、小题大做,提出适当的警示就足以引起受众的注意了。

在以环保为主题的公益广告中,多采用这种方式来传达信息,其目的是向公众展示环境继续恶化的后果,因而也较具有说服力。例如,《海的女儿》环保公益广告展现的就是"海的女儿"的雕像伫立在茫茫沙漠边。众所周知,丹麦的"海的女儿"位于丹麦的海边,将海换为沙漠意味着水的流失。

(三)讽刺批评

讽刺批评型的公益广告是以各种讽刺批评方式对不良现象进行揭露和鞭笞,使这些不良现象得以改善。采用这种诉求方式,文案要写得一针见血、鞭辟入里,要让受众确实感受到广告所抨击的"假、恶、丑"如眼中钉、肉中刺,不除不快。

【案例 11-28】

请保持清醒头脑!从政必须清廉,清廉方能从政。

图 11-11 所示为反腐倡廉公益广告。

图 11-11 反腐倡廉公益广告

案例解析

公益广告诉求的是观念，以某一观念的传播，促使公众自省并关注某一社会性问题，以符合公德的社会行为为准则，规范行为并身体力行以形成社会良好风尚。该广告在"官"字的上方用一个大家都熟悉的"清凉油"作为"官"字的一"点"，提醒受众：为官要清醒，做官要清廉！画面与语言结合得当，诉求简单明了。

五、公益广告文案写作要点

相对于商业广告而言，公益广告的创作较为自由，不会设定太多的策略要求，但是公益广告的创意与写作依然有一些需要注意的问题，要避免一些创作误区。

(一)尽力增强作品的艺术感染力

公益广告要运用各种艺术手法表现主题，增强感染力，从人们心灵深处打动受众，要让人们真的有所动容，而不是简单地图解主题，表现得空洞无力，那样无法唤起人们情感的共鸣，作品只能成为无聊的叫喊，让受众觉得创作者自身都没有真正认同广告所提倡的观念。

【案例 11-29】

一个帮助盲人的广告文案

一个风和日丽的日子，有位老人在街边乞讨。他是一个盲人。在他身边放着一个空铁罐和一个纸板，纸板上写着："我是一个盲人，请帮助我。"可是路人穿梭而过，却很少有人施舍。一个年轻女孩见状，拿过纸板，在背面写道："多美的一天啊，我却看不到。"放回老人身边。不一会儿，路人开始纷纷往罐里放钱。当女孩再次经过时，老人从脚步声认出了她，就感激地问："你写了什么？"女孩回答："不同的话。"接着，片尾出现广告口号："改变你的说辞，改变你的世界。"

案例解析

这则广告生动地说明了公益广告文案的写作也需要一定的技法，不能生硬呼吁，强行命令，或者过于直白、简单。通过独到的创意，富有感染力的语言，才能帮助公益广告达到教化人们，树立良好公德的目的。

(二)真挚恳切、平易近人

广告创作者在创作公益广告的时候，要抱有一种真挚的情感，以关切的态度去打动消费者，而绝不能把自己当作救世主、训导师，以高高在上的姿态进行无聊的说教，那样只能招致受众的反感。

【案例 11-30】

节约用纸的公益广告文案

少用一张纸它们就多一丝生机。

你用一圈，它却要长一年，请节约用纸。

滥伐森林，最终害的是谁？支持环保，请节约用纸。

今天，你又砍了多少棵树？请节约用纸。

  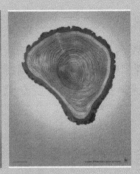

少一点浪费，多一点绿色，保护环境，人人有责。

案例解析

公益广告是为维护公共利益而做的广告，它通过画面和情节教给人们某种价值观念和行为准则，引导人们接受健康的新的生活方式，树立良好的社会风尚。该广告语言简练、直白、诚恳，易于让人们接受。画面清晰简单，容易理解。

(三) 说服适度，避免引起逆反心理

公益广告的劝服既要"说透"，又不能"说过"，要把握好二者之间的度，就需要撰写人下点苦功夫。首先要求自己真正树立正确的观念，才有可能打动、说服别人，也才有可能把握好善意的劝诫与沽名钓誉之间的差别。

例如，一则下岗再就业的电视广告，画面是用线拉着一个木偶向前走，线一松，木偶就爬不起来了。广告词是"疾风知劲草"。其实,中国的下岗问题非常复杂,有相当一部分职工是因为国家产业结构的调整而下岗,而不是因为自身的不努力。因此,简单地把他们描述成不能自食其力的人,是难以让他们接受的。

(四)情理结合,含蓄深刻

面向中国大众创作公益广告的时候,要把握中国大众的普遍心理,中国人的情感丰富、但又不会过于外露,中国人的处世哲学是一种中庸主义,中国人的审美是一种含蓄蕴藉的审美原则,排斥那些过于外露直白的表达。所以,中国广告比较恰当的策略是晓之以理、动之以情,含蓄幽默,蕴藉深远。

本章小结

1. 不同信息主体的广告文案主要分为4类:产品广告文案、服务广告文案、企业广告文案、公益广告文案。

2. 产品广告是指在各种广告媒体上投放的各类实体产品的广告,包括消费品广告和工业产品广告。按照产品耐用程度的不同,也可以分为耐用品广告及非耐用品广告。产品广告的基本思路是弄清产品广告的诉求对象是谁、产品广告的诉求策略是什么、产品广告的使用周期有多久。产品广告文案的写作要掌握常见产品类别广告文案写作的方式,具体包括饮食、饮品、服装与化妆品、药品、家用电器、房地产、汽车等产品。

3. 服务广告,即指在各种广告媒体上投放的各类营利性服务的广告,大致包括餐饮服务、交通服务、通信服务与金融服务等。我们重点介绍了这几类服务的广告文案写作方式。服务广告文案写作的基本思路都是要明确服务广告的诉求对象是谁,服务广告的诉求策略是什么,服务广告的使用周期有多久。服务广告文案的写作要掌握常见服务类别广告文案写作的方式,具体包括餐饮、交通服务、通信服务、金融服务等。

4. 企业广告,就是不推销任何特定的产品或服务,而是致力于塑造与改善企业形象,对某一社会事件或公益事业表明立场,甚至直接参与的广告形式。不同类别企业广告文案写作需要掌握企业认知广告、企业危机公关广告、企业公益广告的文案写作。

5. 公益广告是社会公共机构、公益性社会团体向公众传达有教育意义和行为指导意义的非商业性广告,旨在保障社会公共利益、促进社会精神文明建设。公益广告的特性包括公益性、社会性、观念性、自由性。公益广告的诉求点包括卫生健康、环境保护、生活常识、社会公德、弱势人群保护、慈善救助、交通安全等。公益广告的诉求方式包括正面倡导、反面恐吓、讽刺批评。公益广告写作要点包括尽力增强作品的艺术感染力;真挚恳切,平易近人;说服适度,避免引起逆反心理;情理结合,含蓄深刻等。

海底捞"爱对味"广告文案

话外音(女):

　　仿佛从出生开始,我们的生活就被钉在一张时间表上。什么时候该好好学习,什么时候该谈谈恋爱,什么时候该结婚生子,一旦有一步与这个时间表脱节,各种无形压力与事无巨细的"关怀"就会纷至沓来。

　　我,月薪两万元,30岁出头,换过4份工作,条件也不算差,但在我妈眼里,她觉得她的闺女是被剩下了。剩女在我妈眼里,价值不如剩菜。为了堵住我妈和七大姑八大姨的嘴,30分钟前,我就到了这家火锅店。换衣服改造型就是在这里的卫生间解决的。

　　我不排斥相亲这件事,形形色色的男人,形形色色的口味,不多尝,哪知道哪个适合自己。所以最完美的相亲地点就是火锅店。就算口味不合,你喝你的三鲜汤,他吃他的麻辣烫,谁也甭委屈了自个儿。

字幕:爱对味

　　女:(打电话)哎,妈,我知道了,三姨同事小学同学的外甥。唉,你放心吧,还有人为我把关呢,你放心吧,有电话进来了,不跟你多说了,好了,好了,妈拜拜。

　　女:(接电话)喂,你到了吗?我看见你了(认错人了,囧态)。喂,你在哪呢?

(第一位相亲对象进来,坐下,胖,南方口音)

　　男:(满脸堆笑)你就是张阿姨介绍的那个美女吧?

　　女:你看,你想吃什么锅底?

　　男:对了,问你几个问题吧。你房子是父母的名字还是你自己的呢?

　　女:房子啊……

　　男:你觉得我们如果结婚,你父母是不是应该给我买一辆二十万元以上的车子代步呢?对了,有了孩子,你是辞职自己带孩子,还是继续工作呢?你看我是我们家的骄傲,所以我要把父母接过来,我们结婚,那你是否愿意跟我父母一起生活呢?呵呵。

　　女:是这样啊,房子呢,是我自己的,孩子要不要,我还没有想好。关于汽车,我更喜欢机车。另外,我问你喜欢吃什么锅底啊?大哥!

(第二位相亲者出现)

　　男:说实话,我还是喜欢肉多一点的姑娘,该有的地方得有,对吧?你长得这么漂亮,就是瘦了点,可惜了。

　　女:不好意思,我让您失望了。我的目标是把体脂率降到20以下,肌肉女才是我追求的目标。另外,我问的是您对火锅的口味,知道了吗?

(第三位相亲对象出现)

　　男:那就来个番茄锅吧。我不吃大番茄的,要小番茄,你们北方有小番茄的,就是那种小小的那种。开锅之前一定要把番茄的皮剥掉,开锅之后甩两个鸡蛋进去,她一个我一个,这样

第十一章　不同信息主体的广告文案

才好嘛，行吗？

(女孩无语，趴在桌子上)

(闺蜜过来)

闺蜜：起来吧，大姐，人都走了。你别说啊，你今儿是为这锅底穿这身衣服啊，西红柿蛋汤啊你？来，干了吧！明天起来啊，又是一条好汉。

女：这才刚开始，自打我跟我妈松了口，这后面算是排上队了。不知道还有多少碗西红柿鸡蛋汤在等着我呢。

闺蜜：我说，你这人怎么那么轴啊，你看那桌，这火锅都能分成四格，人家一次约仨，你不能也一次约三个吗？

女：好，长痛不如短痛，那就这么愉快地决定了。

女孩与闺蜜：(拍手)必须的！

(三位相亲的男士都到场，四格锅底摆在桌上，现场有京剧表演)

第一位相亲者：还是点一个清汤锅底吧，加上大红枣、枸杞、银耳，我这些天都没有睡好觉，皮肤也都松弛了。我跟你讲啊，做女人一定要懂得保养自己。(女孩无语)

第二位相亲者：清汤锅，千万不要放任何调料，无油无盐，再切三片姜，七颗枸杞，我得增肌。(女孩吃惊地看着他)

第三位相亲者：(打电话)喂，妈，啊，放心吧，估计九点我也就回去了。哎呀，我上车就把车牌号给您发过去。对了妈，我今天吃火锅，您觉着，我点什么锅底好？妈妈，(撒娇地)我就吃一回麻辣的，不会上火啊！(女孩要喝的水差点吐出来)

(闺蜜从沙发后面探出头)

闺蜜：哎哟喂，怎么着，你今儿连西红柿鸡蛋汤都喝不上了，改喝白开水了？那你打算怎么着，你是屡败屡战呢，还是鸣金收兵呢？呵呵！

女：明天，最后一次，一个是我三姨介绍的，一个是我二姑介绍的。一个是富二代，一个是丧偶大老板。要是再不成，姐对天发誓，相亲这件事，我就把它给戒了。

(一个年轻英俊，且有礼貌的小伙子进来)

年轻男：对不起，我来晚了。

女：(高兴地)没关系，你请坐。

年轻男：不好意思啊，我刚接手我父亲的企业，所以正是最忙的时候。

女：哦，对了，我还约了一个朋友一起吃饭，你应该不会介意吧，他还没有到呢。

年轻男：其实呢，我的情况你是了解的，俗话说呢，创业难，但是守业更难。我是顶着巨大的工作压力在工作的。所以我希望你能理解。我想找的是一个贤内助。因为我的压力不单单来自工作，同时也来自我的家庭。你看像我这个年纪吧，就已经在考虑下一代的事儿了。

(另一位年龄偏大的胖男士出现，一边笑着，一边走过来)

大龄男：真不好意思，稍微来得晚了一点点。

年轻男：(惊讶地)爸！

(女孩和闺蜜都很失望和气愤)

闺蜜：你别说啊，咱们这情节还啪啪啪地打脸呢，不光是打了你的脸，还打了我的呢。

女：不过，还别说啊，你现在这身妆面清爽多了。

闺蜜：去去去。我说咱们这一星期快住海底捞里了。我比你妈还操心，下一步怎么打算？

女：你知道，为什么每次我都坐在这里相亲吗？

闺蜜：为什么啊？

(女孩努努嘴，示意让闺蜜看右前方桌子边的男孩)

女孩话外音：

这是我第四次在这儿遇见他。每次他对面都坐着不同的女人，而且他最后都是独自离开，这说明他也是来相亲的。而且目前来看，并没有成功。他从来都是提前二十分钟到达，也从来只点自己吃得完的食物。更重要的是，不会把油甩得到处都是。最重要的是，无论别人吃什么，他总是很专一。

男孩话外音：菌汤加浓，再帮我多加两片黄瓜，谢谢！

闺蜜：(神秘地)哎，女孩走了！看来，他今天也没成。该你出场了吧？

女：好吧，(整理头发和衣服)怎么样？

闺蜜：不错！

女：(走到男孩面前)你好！你是在等人吗？

男：(笑着)请坐！

(两个人都微笑着低下头，暂时无语)

男：你好像爱吃辣？

女：嗯，加辣，加麻。

字幕：爱情就像火锅，对味才倾心，够味更动情。

　　　海底捞，千人千味，你的口味，我的坚持。

　　　(海底捞LOGO)

案例点评

　　海底捞这则微视频广告通过白领女孩的奇葩相亲经历，不但演绎了这种海量相亲的苦恼与失望，也让风格、气质、社会层次不同的人物依次出场，这些人物表达着他们奇特的、挑剔的，甚至是古怪的口味要求，这些口味要求虽然让这位相亲女孩无奈、尴尬和窘迫，而海底捞灵活多样的调味料和丰富的食材及菜品却可以充分满足这些各色的食客。广告以一个相亲故事为主线，但时刻都没有停止对海底捞产品的介绍与渲染：一个个红艳艳、黄灿灿的诱人汤锅；红白相间的新鲜羊肉、牛肉；绿色、白色、红色的新鲜蔬菜，还有那多种口味的、可以任意挑选组合的酱料，热闹而又干净的就餐环境，再加上耍着花式抻面的帅哥……有谁不被这场面所吸引，有谁不想去体验一下这种富有人情味的美味呢。

　　产品广告的诉求点，可以是产品的用途、产品的功能、产品的成分、产品的品质、产品的生产技术、产品的消费利益，但广告的表现手法可以是理性的，也可以是感性的，关键在于要有趣，要能吸引消费者，说服消费者。海底捞火锅如图11-12所示。

图11-12　海底捞火锅

讨论题

1. 海底捞这则广告的主题是什么？确定产品广告的主题首先应该思考的问题有哪些？
2. 这则广告采用的诉求手法是什么？感性诉求与理性诉求结合起来使用，需要注意的问题是什么？

1. 阅读下面案例，分析该广告文案采用了哪些写作手法。

日航123航次波音747班机，在东京羽田机场跑道升空，飞往大阪。时间是1985年8月18日下午6时15分。机上载着524位机员、乘客以及他们家人的未来。45分钟后，这架飞机在群马县的偏远山区坠落，仅有4人生还。其余520人，成为空难记录里的统计数字⋯⋯

在空难现场一个沾有血迹的袋子里，智子女士发现了一张令人心酸的纸条，在别人惊慌失措、呼天抢地的机舱里，为人父、为人夫的谷口先生写下给妻子的最后叮咛："智子，请好好照顾我们的孩子！"就像他要远行一样。

你是为谷口先生难过呢？还是为你人生的无常而感叹？免除后顾之忧，坦然地面对人生、享受人生，这就是保德信117年前成立的原因。走在人生道路上，没有恐惧，永远安心——如果你有保德信与你同行。

2. 药品广告文案写作应注意哪些事项？
3. 目前旅游业广告文案存在哪些问题，如何改进？
4. 举例说明化妆品广告文案可以有哪些表现策略。
5. 请以"保护网络安全，打击电脑黑客"为公益广告主题，创作一篇平面广告文案(用于报纸或招贴)和电视广告文案(长度为30秒)。

第十二章

广告文案测试

学习要点与目标

- 了解文案测试的必要性和测试的类型。
- 知道影响广告文案测试准确度和可信度的因素。
- 掌握事前、事中广告文案测试的主要方法及各自的操作流程。
- 学会广告经济效果测试及广告社会效果测试的方法。

文案测试、事前测试、事中测试、事后测试、经济效果测试、社会效果测试

引导案例

这不是肯德基——肯德基广告文案的测试

肯德基电视广告如图 12-1 所示。

图 12-1　肯德基电视广告"这不是肯德基"

图 12-1　肯德基电视广告"这不是肯德基"(续)

2004年5月底到2005年5月，肯德基在中国台湾地区投放的系列广告引起了巨大的社会反响。广告片中夸张搞怪的情节让人印象深刻，广告语"这不是肯德基"一时间成为社会流行语，通过人际传播渗透到更大范围的人群，取得了意想不到的效果。

在其中一篇广告中，如图12-1所示，一个初入军营的大头兵，好不容易盼到探亲假，父母带来一盒他最爱的炸鸡，没想到就在入口的一瞬间，感觉不一样，大头兵像孩子一样在地上扭曲打滚，大声叫喊"这不是肯德基！这不是肯德基！"就是要吃肯德基炸鸡。

制作这则广告的正是全球四大广告传播集团之一的法国阳狮集团(Publicis Groupe)，包括这则广告在内的一系列"这不是肯德基"广告，让肯德基又重回中国台湾消费者快餐选择前茅，好感度与销售率都大幅上升。

在策划这个系列广告之前，肯德基(KFC)先针对竞争对手各快餐业者做了详细的市场调研。调查显示，对全台约有110家连锁店的肯德基来说，重点不是商品没有竞争力，而是凸显产品的特色。据此肯德基选择脆皮炸鸡的炸鸡桶(LPC)为主力商品，以18~29岁的年轻族群为目标受众，确定广告走轻松幽默路线，采用的广告演员也都不是明星级的俊男美女，以求拉近和消费者的距离，广告目标是强化"吃炸鸡就要肯德基"的概念。

"好创意的出现不是灵机一动、天马行空的乱枪打鸟"，阳狮广告创意副总监陈建豪表示，"而是包装在严谨的科学下，由一群人画出的精密地图，用多种凭证来证明我们是对的"。创意最困难的部分就是定位"消费者认知"，也就是顾客最有共鸣的方向。"现在光靠产品功能来打动消费者已经不可能，除非你有别人没有的东西，否则没有寡占的优势。"

肯德基在半年内拍了10个片子，平均每个月都有两则广告在进行。阳狮集团原先并非要做系列广告。第一个广告《电影院篇》中，表现一个小朋友在电影院中因为吃的不是KFC而大哭，在片尾后半段还有炸鸡的制作流程。这一个广告引起的回响虽不是很大，但是小朋友哭着说"这不是肯德基"的情节，却成为广告测试中消费者印象最深刻的一句话。

在消费者调查中发现，肯德基的炸鸡好不好吃和制作过程已经众所周知，反而可以强调"在什么时候一定要吃""就是要吃肯德基"这两个主轴。因此就将其概念更予精简，省略了炸鸡的流程示范，衍生了接下来的《监狱篇》《会客篇》《三太子篇》，到最后的《剃度篇》。

《监狱篇》以一个死刑犯的最后一餐的幽默创意，相当引人注意。"这是你要的，最后

"一餐"的对白,强化了在某个时刻非要吃肯德基炸鸡的主轴。"这不是肯德基"这句标语也很快变成流行语。自此,以这句话为主轴的系列广告就正式成形。

每个广告制作中,KFC都会请市调公司进行广告事前测试,以问卷形式询问消费者最喜欢哪些快餐品牌、对该广告的接受度和喜好度、印象最深刻的关键语,并且模拟消费者实际看到的电视广告情境,随意地安排广告影片给对照组观看,来测知消费者最喜欢哪一个广告。广告播出后会进行广告后测试,就其播出的频率、消费者印象、对肯德基的喜好度等问题做分析,而这些都会影响到媒体策略。

(资料来源:《经理人月刊》9月号)

案例解析

广告文案是广告策略和广告创意的文字表达。好的广告必须有好的广告文案。为此,我们必须了解在广告文案制作中,如何使文案更好地为沟通服务;在广告的投放中,如何检测广告文案效果以便做必要的修正,在广告投放结束后应如何对广告文案效果进行跟踪测试,为今后的广告活动总结经验。以上问题,实际上就是如何在不同时期对广告文案进行有效测试的问题。广告文案测试与广告测试的原理和方法相同。"广告文案测试"和"广告测试"在本章中将交互使用。

第一节 广告文案测试概述

一、广告文案测试的必要性

广告主往往愿意花上千万元购买媒体,而在广告测试上则非常轻视,觉得没必要。广告公司也往往嫌麻烦,认为测试广告效果就像将果冻钉入墙内那样困难,而不愿意进行广告测试,没有广告测试也就没有广告文案测试这一活动。这一现象目前在我国还有一定的普遍性。殊不知,如今的时代是策略至上的时代,如果你因为怕困难而放弃测试与评估,那么你投入的巨额金钱多半会被蒸发得无影无踪。

在策略对路的情况下,还需稳健经营。对广告文案测试,实际上就是确保广告文案、广告活动能为企业的营销策略服务,使之不偏离广告企业的营销策略。所以开展广告文案测试非常有必要。具体说来,有以下几个主要理由。

1. 能化解广告投放的风险

广告制作好后,目标受众能否接受,其实广告公司、广告主往往没有多大把握。速溶咖啡起初在美国、德国的遭遇,就是其诉求"速溶"给人较大的负面联想——买速溶咖啡的人是偷懒的,不会安排生活的。后来通过投影技法了解到这一情况并对其宣传做了调整,结果速溶咖啡大受欢迎。如果速溶咖啡广告在投放前进行相关的测试,也许就可以少走这些弯路。

凡事预则立,不预则废。要使广告投放有效,事先预防是最重要的,损失往往也是最小的。投放后发现问题要调整难度就会大得多,所以这一章用了较大的篇幅介绍广告文案事前测试的方法。

2．科学的广告测试能化解广告主对代理广告公司的信任危机

由于目前我国广告公司良莠不齐，在社会上造成不少负面影响。受众不信广告，广告主的产品销不出去，广告主无法聘用优秀的广告公司，优秀的广告公司无广告主支撑而难以生存，优秀的广告公司越来越少，优秀的广告越来越少，产品越来越难以销售出去，经济最终也上不去。

解决这一恶性循环的根本是要重新树立公众对广告的信任、广告主对广告公司的信任。打铁需要自身硬，广告公司必须坚持诚信，能对其广告作品的投放效果进行科学的测试，某一时期广告活动结束之后，能客观地测定广告效果，检查广告目标与企业目标、目标市场、营销目标的吻合程度，以便广告主正确把握下一阶段的广告活动。

这样，广告公司的运作水平就能让广告主信服，广告主就会全心全意地支持广告策略的实施，最终就有可能重新赢得受众、广告主的信任。

3．广告效果测定是整个广告活动经验的总结

广告效果测定是检验广告计划、广告活动合理与否的有效途径。在测定过程中，要求计划方案设计的广告目标与实际效果进行对比，衡量其实现的程度，从中总结经验，吸取教训，为下一阶段的广告活动打下良好基础。

4．促进企业改进广告的设计与制作

通过广告效果的测定，可以了解消费者对广告作品的接受程度，鉴定广告主题是否突出，广告形象是否富有艺术感染力，广告语言是否简洁、鲜明、生动，是否符合消费者的心理需求，是否收到良好的心理效果等。这些都为企业未来的广告活动提供了参考依据，并有助于企业改进广告的设计和制作，使广告宣传的内容和表现形式的结合日臻完美，从而使广告的诉求更加有力。

5．促进整体营销目标与计划的实现

广告效果测定能够比较客观地肯定广告活动所取得的效益，也可以找到除广告宣传因素外影响企业产品销售的原因，如产品的款式、包装、质量、价格等问题。企业可据此调整生产经营结构，开发新产品，生产适销对路的产品，实现经营目标，取得良好的经济效益。

6．广告测试的书面结果能为广告公司竞标、中标助力

大的广告业务一般是通过公开招标选拔广告公司。广告公司的竞争力之一就是以往的业绩。以往成功的广告活动的科学完整的测试结果在竞标中能很好地体现广告公司的实力，增加中标的筹码。

二、广告文案测试的分类

广告文案测试分类的关键是选择合适的观察点，使分类有可操作性和意义。广告文案测试的分类方法通常有以下几种。

(一)按消费者的行为规律分类

消费者从看到广告到购买商品,其心理动态依次经历以下 9 种情形。

(1) 看到某一广告,看到的方式是读或者是听(广告认知)。
(2) 了解一广告,明白其意义(理解)。
(3) 记忆该广告,记忆该广告的全体或部分。
(4) 对该广告商品产生某种品牌印象(品牌印象)。
(5) 对该广告产生各种反应和评价(广告评价)。
(6) 相信该广告所主张的内容(确信)。
(7) 接受其主张(说服)。
(8) 打算购买所广告的商品品牌(购买意图)。
(9) 按广告中的建议,采取某种行动,譬如索取目录、样品等(行动)。

【拓展知识】

由以上消费者行为的规律可以相应地测试受众对广告的认知、理解、记忆、品牌印象、广告评价、确信、说服、购买意图、行动等指标内容。其中比较常规的测试指标是广告受众对广告的知晓度、了解度和偏好度。

广告知晓是指广告受众了解某则广告的比率和程度。广告了解度是指此则广告受众对于广告宣传的内容有较深入的了解的比率和程度。广告偏好度则是指对广告内容有较深入了解的受众中对广告有好感的比率和程度。其计算公式分别如下:

知晓度=被访者中知道某则广告的人数/被访者总人数×100%

了解度=被访者中对广告宣传的内容有较深入了解的人数/知晓此则广告的人数×100%

偏好度=被访者中对广告的内容有喜好的人数/了解此则广告的人数×100%

(二)按测试的效果分类

1. 广告文案沟通效果测试

广告文案沟通效果测试是指广告心理效果测试,目的是了解广告在知晓、认知和偏好等方面的效果。

2. 广告文案经济效果测试

广告文案经济效果测试就是测试在广告刊播之后,所引起产品销售额与利润的变化状况。这是广告主最关注的。

3. 广告文案社会效果测试

广告文案社会效果测试是指测试广告刊播后对社会某些方面的影响。这种影响既包括正面的影响,也包括负面的影响。

(三)按测试时间分类

1．事前测试

在广告文案投放前进行测试，也称预测试，用来评估广告文案的优缺点，以便修正缺点，完善方案。

2．事中测试

在广告文案投放中进行测试，用来评估广告的突出性及信息被了解记忆的程度。

3．事后测试

在广告停播后的测试，目的在于评价广告效果、发现问题、总结经验教训。

三、广告文案测试的准确度和可信度

广告文案测试，它真的能检测广告的有效性吗？测试值能真实地度量一个广告吗？测试可信吗？要保证广告文案测试的准确度和可信度，必须综合考虑各种影响因素和坚持科学测试的原则。

(一)影响广告文案测试准确度和可信度的因素

1．文案测试必有一个运行目标

文案测试必有一个运行目标，需要一个代表该目标的可度量的、有用的度数，从广告中搜索出明确的广告运行目标，并在方案测试中检验出来。文案测试的准确度取决于广告期望激起何种反应，在有些评价中，说服力和改变态度是关键，而吸引受众的注意力则不重要；有时候传递信息是关键，说服力的强弱进行主观判断就足够了；有的时候是强调运作可能存在的消极因素。每种测试方法有各自的优缺点及适用对象。通常选择测试方法的依据如下。

(1) 期望产生识别效果的广告不能采用强调即时行为反应的测试方法。

(2) 试图创造一种形象或酿造一种温馨氛围的广告可能需要反复播放的评价方法和比较细致的评价方法。

(3) 必须结合广告决策的风险性，一个全新的广告活动涉及高风险的战略决策，需要对上述所有方面进行评价。

(4) 检验广告是否会使观众产生某种对抗性反应也很重要。

(5) 广告评价的经费。

2．目标市场

如果大致知道目标市场的大小，那么受测试者们就应代表这个目标市场。最好是进行随机抽样，并且抽样人数要具有统计意义。

以下因素会影响测试的准确度和可信度：人们在回答问题、参与实验和参加心理测试时，倾向很不相同；那些不愿参加测试的人与那些欢迎测试的人的回答也会截然不同；在购物中心采访只能遇见购物者，电话采访会漏掉那些没有电话的人；在一个城市甚至三四个城市抽样能否代表整个目标市场也值得考虑。

3．反应

受测试者对测试环境和检测手段的反应差别较大。受测试者愿意或者能够如实回答吗？研究表明，那些希望接受广告回忆或认知效果测试的消费者比没有这种愿望的消费者表现更好，这种不同的反应会歪曲测试结果。

测试方式在不同的测试环境中的表现不一样，而任何广告测试的主要目的就是测量受测试者是否做出他们应有的反应，因此应尽量避免对测试专业户进行测试。

如何减少这种偏见效果呢？一种是不让受测试者知道实验的真实目的，只告诉他们：他正在评价一个电视节目而不是其中的广告。然而，这种方法，也不能完全消除所有的偏见反应，而且，在涉及伦理和道德问题时，未经受测试者同意，能够这样欺骗他们吗？另一种方法是采用非反应的测量，受测试者可以不受情绪干扰而做出回答。直接邮寄测试就可以避免偏见反应的干扰。

4．广告初稿与成稿

关于一个初步的广告能否成功地预测一个最终完成的广告的效果，有的专家认为，广告初型与最终广告的测试结果高度相关。

要认识这一问题，首先要了解广告初稿模型和最终广告有何不同，以及这些差异对受众反应的影响。例如，在初型广告形式下，很难测试幽默感、情绪反应及对整体广告的喜好程度。从另一方面看，动画类的初型广告适合测试对文案要点的理解程度，因而可用于战略测试中。

5．广告展示次数

广告展示次数即反应的频率。文案测试如何预测在广告展示了几十次甚至上百次后受众的反应？一次性展示能提供有意义的结果吗？是不是至少应让受测试者看两三次呢？另一个值得探讨的问题是，测试广告应置于什么样的背景环境中。最好的办法是在一个节目或一本杂志中安插许多广告，但这无疑使测试变得复杂，还有可能干扰实验结果。

6．自然观看和强迫观看

诸如剧院测试这样的方法被称作强迫观看的测试方法，包括实验室测试、模拟自然环境测试。这是因为环境是人为地制造出来的，并且要求受测试者观看广告。人为的测试环境可能会影响测试结果的准确性。

7．最佳测试方法的选择

针对各个目标采取哪种文案测试的方法最好呢？可以参考美国广告研究基金会的研究结果。

（1）测试说服力的最佳方法是采用从最差到最好品牌的排列，这通常在广告展示后获得。

（2）测试文案特色的最佳方法是无辅助认知情况下首先提到被测品牌的次数。

（3）测试广告沟通(信息传递)能力的最佳方法是考虑这样一个问题："除了劝你买这种产品外，广告还告诉你什么了？"

（4）销量的最佳预测是根据对"这则广告是最近我见过的广告中最好的一个"这句话同意

和不同意的数量比。

(5) 如果广告给人的印象是"告诉我很多关于产品如何工作的知识"或是"这个广告很有趣、很聪明",那么产品销量就会增加;如果广告给人的印象是"我觉得这是个很有艺术性的广告",或是"这个广告没有提供任何信息,只是创造了一个形象",那么这个广告对销售不起任何作用。

(二)广告文案测试应遵循的原则

为确保广告效果测定得科学、准确,在测定过程中必须遵循以下原则。

1. 针对性原则

针对性原则是指测定广告效果时必须有明确而具体的目标。只有确定了具体的测定目标,才能选择相应的手段与方法,测定的结果也才准确、可信。

2. 可靠性原则

在测定广告效果的过程中,要求抽取的调查样本有代表意义;调查表的设计要合理,汇总分析的方法要科学、先进;考虑的影响因素要全面;测试要多次进行,反复验证。只有这样,才有可能取得可靠的测试结果。

3. 综合性原则

影响广告效果的因素多种多样,既有可控因素,也有不可控因素。对于不可控因素,可通过有控制组的前后测试,剔除这些额外变量带来的影响。在测定广告效果时,除了要对影响因素进行综合性分析外,还要考虑到媒体使用的并列以及广告播放时间的交叉性。

4. 经常性原则

由于广告效果有时间上的滞后性、积累性以及间接性等特征,因此就不能抱有临时性或一次性测定的态度。本期的广告效果也许并不是本期广告宣传的结果,而是上期或者过去一段时间内企业广告促销活动的共同结果。因此,在测定广告效果时就必须坚持经常性原则,要定期或不定期地测定。

5. 经济性原则

进行广告效果测定,所选取的样本数量、测定模式、地点、方法以及相关指标等,既要有利于测定工作的展开,同时又要从广告主的经济实力出发,考虑测定费的额度,充分利用有限的资源为广告主多办事、办好事,否则会成为广告主的一种负担或者是一种资源浪费。

四、广告文案测试的程序

广告文案测试的原理和方法与市场调查类似,大体上要经历以下程序。

1. 明确定义测试问题

明确定义测试问题,主要是根据广告目标,确定相应的指标,并拆分成不同的测试内容。

2．搜集有关信息

在搜集有关信息阶段，应明确如何选择有代表性的被测试对象，这可依适用抽样的有关原理进行科学的抽样测试；然后将要了解的信息设计成能使测试者愿意回答和能够回答的调查问卷；最后挑选合适的测试人员采用合适的方法收集所需的信息。

3．整理分析资料

收集上来的资料往往比较散乱，因此应按一定的要求进行归类、整理，然后对这些整理的信息进行解读，即用信息说明广告文案、广告的效果。

4．撰写分析报告

将测试结果书面化，并传递给有关决策人员。

第二节　广告文案测试方法

一、广告文案事前测试的方法

广告是联系广告主与受众的桥梁。为使"天堑"变通途，广告主会尽量委托优秀的广告公司，广告公司也会尽力撰写优秀的广告文案。但往往当局者迷。所以广告人除应具备专业素质外，最好能在广告文案使用前进行测试。

在广告作品尚未正式刊播之前，邀请有关广告专家和消费者团体进行现场观摩，审查广告作品存在的问题，或进行各种试验(在实验室运用各种仪器来测定人们的各种心理活动效应)，以对广告作品可能获得的成效进行评价。

根据测定的结果，及时调整广告促销策略，修正广告作品，突出广告的诉求点，提高广告的成功率。事前测定常用的具体方法主要有以下几种。

(一)专家意见综合法

专家意见综合法是在广告文案设计完成之后，邀请有关广告专家、心理学家和营销专家进行评价。多方面、多层次地对广告文案及媒体组合方式将会产生的效果做出预测，然后综合所有专家的意见，作为预测效果的基础。

运用此法事前要向专家提供一些必要的资料，包括设计的广告方案、广告产品的特点、广告主生产经营活动的现状及背景资料等。

选择专家应注意两个问题：请到的专家必须具有全面性和权威性，费用能够承受得起(专家收费一般较高)；邀请到专家后，可采用德尔菲法或小组座谈法，这两种方法是互补的。

德尔菲法可突破时空的限制，尤其在目前可利用电子邮件，专家参与起来就方便多了，不足之处是难以形成思想火花的碰撞。小组座谈法可以互相启发、发现新问题、提出新的解决方法，不足之处是组织专家同时参加座谈的难度较大。

(二)意见测试法

公司对同一种商品，大多做出很多幅广告文案，这些广告文案，在标题、插图、人物照片或布局方面，或多或少皆不相同。到底哪一种好，不容易判断。此种情形往往由广告公司的高级经营人员、AE 或广告主的广告负责人决定。

但广告文案是由广告专家们创造出来的，而广告所诉求的对象，是消费者而非广告专家，专家认为妥当的广告，消费者不一定认为是妥当的。因此，最好按诉求对象，征求消费者意见，以判断该广告文案是否得当。这种征求消费者意见的测验称为"意见测试"。

意见测试的实施过程如下。

把几幅广告表现不同但广告的商品相同的广告稿交给被测验者和目标消费者看，做以下询问：

"你对哪一幅广告感到最有趣味？"

"你最喜欢哪一幅广告？"

"你认为这幅广告是诉求什么的？"

这种询问方式，可以测验出哪一幅广告最富趣味性，哪一张插图最令人喜爱，广告的意图是否正确，从而判断消费者赞成什么、反对什么。据此修正广告文案，以适应目标受众的胃口，达到沟通的目的。

(三)直接测试法

直接测试法是把供选择的广告展露给一组消费者，并请他们对这些广告进行评比打分。这种评比用于评估消费者对广告的注意力、认知、情绪和行动等方面的强度，以测试广告心理效果为主。虽然这种测定广告实际效果的方法还不够完善，但一则广告如果得分较高，也可说明该广告可能是有效的。

本方法简单易行，便于企业内部操作，测试人员请被测试者对广告的一些重要部分进行打分，各方面的得分总和就是该广告的实际效果。

(四)组群测试法

组群测试法是让一组消费者观看或收听一组广告，对时间不加限制，然后要求他们回忆所看到(或听到)的全部广告以及内容，广告策划者可给予帮助或不给予帮助。他们的回忆水平表明广告的突出性以及信息被了解或记忆的程度。

在组群测试中，必须用完整的广告以便能做出系统的评估。组群测试一次可以测试5～10则广告。在调查中，通常询问的问题主要有以下几个：

"您对哪几则广告感兴趣？"

"您喜欢哪一则广告？"

"这则广告宣传的是什么？您明白了吗？"

"您觉得广告中的文字和图案是否有需要改进的地方？"

"您看过广告后，最深刻的印象是什么？"

"看了广告后，您有没有产生进一步了解广告产品的兴趣，或者近期购买产品的打算？"

组群测试法与意见测试法有相似之处，在测试时，可取长补短，形成一定的创新。

(五)仪器测试法

在广告领域，作为一种辅助手段，借助仪器测试广告作品效果的做法越来越常见。目前采用的方法主要有以下几种。

1．视向测验法

人们的视线一般停留在关心与有兴趣的地方，越关心、越感兴趣，视线驻留时间就越长。视向测验器，是记录媒体受众观看广告文案各部分时的视线顺序以及驻留时间长短的一种仪器。根据测知的视线移动图和各部位注目时间长短的比例，可以预知：

(1) 广告文案文字字体的易读性如何，从而适当安排文字的排列。

(2) 视线顺序是否符合广告策划者的意图，有无被人忽视或不留意的部分。

(3) 广告画面中最突出或最吸引人的部分，是否符合设计者的意图。

仪器测试也有不少缺点：①视线运动是根据眼球移动确定的，但不能确保视线运动与眼球移动完全一致。②注目时间的长短，并不能完全说明消费者兴趣的大小。一目了然的事物，注视的时间自然短；费解的图文，往往要花费较多的时间去琢磨。③测验费用高。

2．皮肤测试法

皮肤测试法主要是利用皮肤反射测验器来测量媒体受众的心理感受。运用此法的理论根据是：在受到诸如兴奋、感动、紧张等情绪起伏的冲击后，人体的出汗情况会随之发生变化，可测定其感性的波动。

皮肤测试法主要用于对电视广告效果的测定，其次是对广播广告的测定。根据测试的结果，大体上可以确知最能激起媒体受众情感起伏的地方，以此检查此处"高潮"是否符合广告策划者的意图。

皮肤测试法的缺点是：每个人的内分泌情况各不相同，情绪反应也有快有慢，因此必须事先加以测定，再根据实际反应情况进行修正，工作程序非常烦琐；情绪的波动，内心的冲动，每个人的情况各不相同，较难把握；情绪的波动，有的可能是积极的，有的则是消极的。因此，必须辅助其他的方法，进行全面的分析，才能得出正确的结果。

3．瞬间显露测验法

瞬间显露测验法是利用电源的不断刺激，在短时间内(1/2 秒或 1/10 秒内)呈现并测定广告各要素的注目程度。瞬间显露仪的种类有文度式、振子式、道奇式和哈佛式等，常用的是哈佛式。

哈佛式的作用与用途是：测试印刷品广告中各要素的显眼程度；测试各种构图的位置效果，以决定标题、图样、文案、广告主名称的适当位置。利用实验与统计的方法，可将艺术计量化，并可在某些情况下，区分出艺术效果与广告效果，以便在二者中有所调整和取舍。例如，标题的功能，一般应是既抢眼又悦耳，但悦耳应从属于抢眼。在两者不可兼得的情况下，艺术效果应服从广告效果的需要。本法可测试文案的易读程度、品牌的识别程度，以便使广告整体设计具有最佳效果，使人一目了然。

4．记忆鼓测试法

记忆鼓是现代心理试验常用的一种仪器。在广告测试中，专用来研究在一定时间内，人们对广告作品的记忆程度。该方法是：被调查者在一定时间内，经由显示窗看完一则广告后，支持测试者立即用再确认法，测验被调查者对广告文案的记忆，从而评估出品牌名称、广告主名称、广告文案的主要内容等易于记忆的程度。

这种测试法所测结果与被测验者的精神状态和记忆力的强弱有着直接的关系，而这两者又很难分辨。

5．瞳孔计测试法

瞳孔受到明亮光线的刺激会缩小，在黑暗中会张大。对感兴趣的事物长时间地凝视，瞳孔亦会张大。瞳孔计测验法，就是根据这个原理，用有关设备将瞳孔伸缩情况记录下来，以测定瞳孔伸缩与媒体受众兴趣反应之间的关系。

这种方法多用于电视广告效果的测定。但对所取得的测试结果也不能过分相信，因为瞳孔放大这种生理反应到底掺杂着多少感性和心理方面的因素是难以确定的。而每个人不同的情感、心理作用的差异都是无法忽视的。

仪器法的共同缺点是相关的仪器设备比较昂贵，且需专人操作。因此，一般的广告公司也许不具备这些条件而无法使用仪器测试法。

什么是 OAT？

OAT，是英文 off air test(广告脚本测试)单词的缩写。这是国际企业和市场研究公司长期研究积累形成的电视广告效果测定方法。OAT 技术，专门用于事前测试哪一个广告脚本更符合消费者的喜好，哪一个广告更能产生强大的市场影响力和市场销售量，因此，也是广告主事前决定投放哪一个广告脚本的实验方法。

二、广告文案事中测试方法

广告文案的事中测试是在广告已开始刊播后进行的。事中测试可以直接了解媒体受众在日常生活中对广告的反应,得出的结论也更加准确可靠。通过这种测试结果可对进行中的广告的具体方式、方法进行局部的调整和修补。

(一)市场试验法

市场试验法即先选定一两个试验地区刊播已设计好的广告,同时观察试验地区与尚未推出广告的地区(这两类地区一定要有可比性),根据媒体受众的反应情况,比较试验区与一般地区之间的差异,就可以对广告促销活动的心理效果做出测定。本测试的具体步骤如图12-2所示。

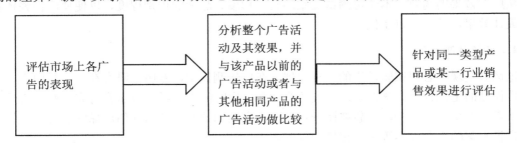

图 12-2　市场试验法的步骤

测试人员不事先告诉媒体受众测试的内容,同时要求被调查者不要在访问的当天阅读有关杂志。电话访问时,首先询问被调查者在某杂志的所有广告中,记得哪几则广告,以便确定这些广告的阅读率。媒体受众指出所记得的广告后,就可以问他们以下问题。

- 那则广告是什么模样?内容是什么?
- 当您读到该广告时,有何心理反应?
- 您从该广告中获得了哪些信息?
- 该广告的销售重点是什么?
- 您看完该广告后,购买该产品的欲望是增加了还是减少了?
- 该广告中,什么因素影响您购买该品牌产品的欲望?
- 您最近购买此种产品的品牌是什么?

广告测试者通过将上述问题的答案汇总、整理、分析、综合以后,就可以衡量出该则广告的以下效果。

(1) 读者记住(或想起)某则广告的能力(proved name registration,PNR)。

(2) 受众对该广告的心理反应,或对广告销售重点的了解程度(idea communication)。

(3) 广告说服媒体受众购买产品的能力(persuasion),即媒体受众看了该广告后,购买该产品的欲望受影响的程度。

市场试验法通常采用以下方法。

1) 家中测试

家中测试是指将一个小型屏幕放映机安置在具有代表性的目标消费者家中,让这些消费者观看电视广告节目。这种方法可使被调查者的注意力集中,但人为地制造了一种勉强观看电视广告的环境。

2) 汽车拖车测试

为了更接近消费者做出决策的实际情况，可在商业区安置汽车拖车，将车厢布置得与购物环境一样，以作为临时的工作试验室进行试验。在此模拟的购买环境中，向消费者展示测试的产品并给他们选择一系列品牌的机会，然后请消费者观看一系列电视广告片，发给他们一些购买商品的赠券。测试者根据收回赠券数量的多少，判断广告片对被测试者购买行为的影响力。

3) 剧场测试

被调查者被邀请到剧场观看尚未公开播放的电影片，同时插播一些广告片。在放映之前，请被调查者在不同类型的商品中选择他们喜欢的品牌；在放映后再请被调查者在不同类型的商品中选择他们喜欢的品牌。被调查者偏好如有改变，则可表明电视广告片有效果。

4) 播放测试

播放测试是在普通的甚高频(VHF)电视或有线电视节目频道中进行的。广告策划者将被调查者召集在一起观看播放的节目，其中包括观看被测试的广告片。在广告播放后，测试者与被调查者接触，并向其提出问题，询问他们能够回忆起多少广告片中的内容。

市场试验法是实验法的一种。为了使市场法的测试结果准确、可靠，必须保证市场试验的内部有效性和外部有效性。所谓内部有效性是指在同等实验条件下测试结果应相同；外部有效性是指实验室结果能有效推广到实际环境中去。为了保证市场试验的内部有效性和外部有效性，必须坚持以下准则。

(1) 随机选择城市、地区或商店，以区别开广告及其他因素对销售等的影响。
(2) 使用"历史"数据及"未来"数据，这实际上是瞻前顾后，即纵向比较法。
(3) 广告费用的差别大一些较好。广告投入变动性可在50%到100%之间。
(4) 既要测试增加广告的效果，又要测试减少广告的效果。
(5) 控制监测可能影响实验结果的变量。
(6) 保证试验在足够长的时间里进行。

(二)函询法

函询法一般采用调查问卷的形式进行。函询法一般要给回函者一定报酬，以鼓励他们积极回函反馈信息。为确保回收率，可采用固定样本连续调查的形式进行。调查问卷通常以不记名的方式，要求被调查者将自己的年龄、职业、文化层次、家庭住址、家庭年人均收入等基本情况填在问卷上。

调查表中要尽可能详细地列出调查问题，以便对广告的心理效果进行测试。

常见的调查问题如下。

(1) 您看过或听过有关某品牌产品的广告吗？
(2) 您通过什么媒体接触到某品牌产品的广告？
(3) 该广告的主要内容是什么？
(4) 您认为该广告有特色吗？
(5) 您认为该广告的构图如何？

(6) 您认为该广告的缺点是什么？
(7) 您经常购买什么品牌的产品？

三、广告文案事后测试方法

广告文案的事后测试主要是从效果上进行测试。广告文案的事后测试虽然不能直接对已经完成的广告宣传进行修改或补充，却可以全面、准确地对已做的广告活动的效果进行评估。因此，事后测定的结论，一方面可以用来衡量本次广告活动的业绩；另一方面可以用来评价企业广告策划的得失，积累经验，总结教训，以指导以后的广告活动。

广告沟通效果的事后测定有两层含义：第一，一则广告刊播过程一结束，就立刻对其效果进行测定；第二，一则广告宣传活动结束后过一段时间，再对其效果进行测试。

广告文案的事后测试除可以采用前面介绍的直接测试法、函询法外，常见的还有经济效果和社会效果测试、心理效果测试等方法。心理效果的测试可参见直接测试法。

(一) 广告经济效果测试方法

广告经济效果测试，就是测试在投入一定广告费及广告刊播之后，所引起的产品销售额与利润的变化状况。

需要明确的是，"产品销售额与利润的变化状况"包含两层含义：一是指一定时期的广告促销所导致的广告产品销售额以及利润额的绝对增加量，这是一种最直观的衡量标准；二是指一定时期的广告促销活动所引起相对量的变化，它是广告投入与产出结果的比较，是一种更深入、更全面了解广告效果的指标，这种投入产出指标对提高企业经济效益有着重大的意义。

广告的销售效果一般比沟通效果难以测定，销售除了受广告促销的影响外，还受其他许多因素的影响，诸如产品特色、价格、售后服务、购买难易程度以及竞争者的行动等。这些因素越少以及可控制的程度越高，广告对产品销售量的影响就越容易测定。

常用的测试广告经济效果的方法有以下几种。

1. 广告费用率法

为了测定每百元销售额所支付的广告费用，可以采用广告费用率这一相对指标，它表明广告费支出与销售额之间的对比关系。其计算公式如下：

$$广告费用率 = 本期广告费用总额 / 本期广告后销售总额 \times 100\%$$

广告费用应与广告效果成反比。广告费用率的倒数可以称为单位广告费用销售率，它表明每支出一单位的广告费用所能实现的销售额，与广告效果成正比。其计算公式为

$$单位广告费用销售率 = 本期广告后销售总额 / 本期广告费用总额 \times 100\%$$

2. 单位广告费用销售增加率法

单位广告费用销售增加率的计算公式为

$$单位广告费用销售增加率 = (本期广告后的销售额 - 本期广告前的销售额) / 本期广告费用总额 \times 100\%$$

本法适合于对比投入广告与未投入广告的销售额。

3．广告效果比率法

广告效果比率的计算公式如下：

广告销售利润效果比率=本期销售利润增长率/本期广告费用增长率×100%

它反映同期销售利润增长率与广告费用增长率的关系。如果广告销售利润效果比率大于或等于1，说明销售利润增速大于或等于广告费用增速，广告效果明显；反之，则销售利润增速小于广告费用增速，说明广告效果在弱化，甚至无效。

4．费用利润率、单位费用利润率和单位费用利润增加率法

费用利润率、单位费用利润率和单位费用利润增加率法是一种综合方法。具体的计算公式为

广告费用利润率=本期广告费用总额/本期广告后利润总额×100%

单位广告费用利润率=本期广告后利润总额/本期广告费用总额×100%

单位广告费用利润增加率=(本期广告后利润总额−本期广告前利润总额)/本期广告费用总额×100%

5．广告效果测定指数法

广告效果测定指数法是假定其他因素对广告产品的销售没有影响，只有广告促销与产品销售有着密切的关系。具体做法是在广告刊播以后，测试者对部分媒体受众进行调查。

调查的问题是："是否看过某则广告？""是否购买了广告宣传中的产品？"假定调查结果如表12-1所示。

表12-1 假定调查结果统计表

项目	看过某则广告	未看过某则广告	合计人数
购买广告产品人数	a	b	$a+b$
未购买广告产品人数	c	d	$c+d$
合计	$a+c$	$b+d$	N

注：a 表示看过广告且购买广告产品的人数；b 表示未看过广告但购买广告产品的人数；c 表示看过广告但未购买广告产品的人数；d 表示未看过广告且又未购买广告产品的人数；N 表示被调查的总人数。

从表12-1中可以看出，即使在未看过广告的被调查者中，也有 $b/(b+d)$ 的比例购买了广告产品。因此要从看过广告而购买产品的人中减去因受广告以外因素影响而购买广告产品的 $(a+c)×b/(b+d)$ 人，才能得出真正因为广告而唤起的购买效果。用这个人数除以被调查者总人数，所得的值就是广告效果指数(advertising effectiveness index，AEI)。

AEI 计算公式为

AEI=$1/N × [a−(a+c) × b/(b+d)] × 100\%$

(二)广告文案的社会效果测试思路

广告人本质上是欲望和梦想的制造家。随着现代资讯的发展,广告已渗透到我们生活的方方面面。广告的社会影响十分深远,美国历史学家大卫·波特曾指出:"现在广告的社会影响力可以与具有悠久传统的教会及学校相匹敌。广告主宰着宣传工具,它在公众标准形成中起着巨大的作用。"广告宣传的社会效果的影响不同于广告的心理效果或经济效果。广告的社会效果具体体现在以下几方面。

1. 是否有利于树立正确的价值观念

广告涉及社会伦理道德、风俗习惯、宗教信仰等意识形态领域。例如,在衡量广告的社会效果时,广告是否会扶持物质论?所谓物质论(materialism)是指过于重视物质的兴趣,而对非物质的兴趣,如爱、自由、知识追求等不够重视。由于电视广告的传播速度快、范围广,在支持物质论上更明显。电视广告的诉求在本质上是物质化的。

广告信息的主旨是这样一个假设前提,只要我们得到某种东西,就能满足我们的内在要求和渴望,一个人面临的种种难题会因一种外在力量而立刻消失,只要你使用某种产品!生活中的疑难杂症全都依赖外部力量来医治。我们无须任何努力,无须任何技巧和负担,光靠物质方法就能解决所有问题。由于受广告宣传所导致的物质论的影响,许多人不愿意努力,不愿意吃苦甚至不愿意认真地思考。这些无疑会弱化人的潜力。

2. 是否有利于树立正确的消费观念

正确的消费观念是宏观经济健康发展的思想基础,也是确保正常经济秩序的基础。广告的反复宣传,使部分受众产生从众心理,盲目地购买自己不需要的东西。如地处热带的新加坡,由于受广告宣传的影响,不少妇女纷纷购买貂皮大衣,以示高贵,所以有人指出广告会在一定程度上左右人们的行为。

3. 是否有利于培育良好的社会风气

任何广告的刊播都会给社会带来或大或小的影响。如由周润发、吴倩莲联袂出演的铁达时手表广告中"不在乎天长地久,只在乎曾经拥有"的广告语,使得一部分人对美好的感情产生了消极颓废的心理。而众多保健品的送礼定位,在一定程度上助长了社会的不正之风。"今年不收礼,收礼还是脑白金"遭到不少受众的反感,以致这类广告一出现就立刻换频道。同样,众多补肾、补脑产品广告的登场,让我们觉得国民是不是太放纵自己了,身体素质到了弱不禁风的地步。

广告主都希望自己的广告能给社会带来积极的效果,这样有利于树立公司的品牌形象。但也有的广告文案创意过激,不符合人们的价值观和伦理道德而招非议。这无疑会影响广告主的社会形象。

4. 是否有欺骗消费者的嫌疑

下面几种情况会有欺骗消费者的嫌疑。
(1) 夸大差异。本来微乎其微的差别说成是差别较大。
(2) 虚假的产品示范。在广告文案中,利用虚假的产品示范、图片、实验或测试,证明其产品的一种特性或证明其产品优于其他产品。例如，一些美容减肥产品的广告中，采用绝对化的语言，宣传产品的神奇功效，"彻底祛除色斑""20 天减掉 30 斤"等不科学的语言出现在广告中；有的采用名人虚假示范的方式，佐证产品的功效。这些过度夸张的广告，不恰当的产品示范也容易对消费者产生误导。

(3) 使用模棱两可的、易造成误会的广告语。如"政府支持"这种说法可理解为"政府批准"，因而被人们质疑。"国际名牌""世界名牌"也是一个没有被严格定义的概念，容易误导消费者。

(4) 暗示一种并不存在或只是部分存在的利益。如通用电气公司被指责谎报了其耗电量少的灯泡所能发出的光亮度，以致最后通用电气公司不得不告诉消费者，这种灯泡的光亮度小于与之对比的其他灯泡。

(5) 遗漏了必要条件。如保健品、药品都有适用范围，并不是对谁都有效。

(6) 提供没有证明的诉求。在涉及安全性、有效性质量、性能的广告诉求中，必须有足够的证据。

(7) 不正确地暗示某人使用并支持该品牌。不少产品都说得到某某协会推荐，经查为子虚乌有。

(8) 夸张。例如"今年二十，明年十八"，大家认为这样的夸张还是能被接受。但如果将产品描绘成能包治百病，则纯属欺骗。

当然，各国的法律和文化背景不同，以上表现，在有些国家会被指责为违法，而在另外一些国家则是合法的。

【拓展知识】

为使广告宣传起到良好的社会效果，在广告投放前最好向律师咨询，确认是否触犯法律，即使在法律上是合法的，也要对消费者的反应有一定预见，不要触犯"众怒"，以避免带来恶劣的负面影响，影响品牌形象。

1. 广告文案测试很有必要。有效的广告文案测试能化解广告投放的风险和对代理广告公司的信任危机，也是整个广告活动经验的总结；能促进企业改进广告的设计与制作，促进整体营销目标与计划的实现；同时，广告测试的书面结果能为广告公司竞标、中标助一臂之力。

2. 广告文案测试可按内容、效果和广告投放时间等划分，也可以按其他方式划分。

3. 要保证广告文案测试效果，测试必须准确、可信，并坚持针对性、可靠性、综合性、经常性和经济性原则。

4. 测试是一个流程，广告文案测试的程序为：明确定义测试问题—收集有关信息—整理分析资料—撰写分析报告。

5. 广告文案事前测试可起把关作用。广告文案事前测试的主要方法有：专家意见综合法、意见测试法、直接测试法、组群测试法和仪器测试法等。

6. 广告文案事中测试可以起承上启下的作用。可据测试结果进行局部的调整和修改。广告文案事中测试常见的方法有市场试验法和函询法等。

7. 广告文案事后测试包括对心理效果、经济效果和社会效果进行测试。

8. 每种测试方法都有各自的特定要求及优缺点，在选择具体的测试方法时，必须结合自身条件和测试目的进行取舍。

科龙空调广告语测试定量分析报告

一、研究背景

广东科龙集团为制订科龙空调 2001 年度传播计划，需要了解目标消费群对科龙空调广告语的评价，以便为广告创意提供依据。

二、研究目的与内容

(一)研究目的

1. 了解目标消费者对科龙空调广告语的看法与喜好程度。
2. 为科龙空调的广告宣传提供参考。

(二)研究内容

1. 目标消费者对科龙空调广告语的评价与喜好程度。
2. 目标消费者对广告语喜好与不喜好的具体原因。
3. 目标消费者的基本情况。

三、研究基本情况

1. 研究方法：街头拦截访问
2. 调查城市：北京
3. 样本量：$N=100$
4. 执行日期：2000 年 10 月 11 日
5. 样本条件

(1) 北京市居民。
(2) 近一年内预购空调者。
(3) 年龄为 25~45 岁。
(4) 性别比例如表 12-2 所示。

表 12-2　性别比例

总样本量	男	女
100	80	20

四、重要结论

科龙空调广告语中，消费者最喜欢"让科技与生活更贴近"这条广告语；最不喜欢"科技阐释生活新主张"(不喜欢人数最多)及"创造科技生活新概念"(得分最低)。

五、主要发现

(一)最喜欢的广告语

1. 消费者喜欢的科龙空调广告语的比例如图 12-3 所示。

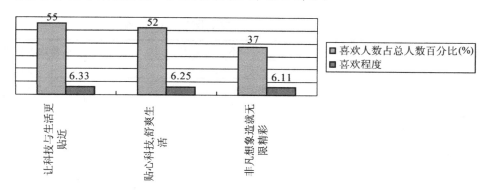

图 12-3　消费者喜欢的科龙空调广告语比例

注：喜欢程度中 7 分表示最喜欢，1 分表示最不喜欢。

由图中可以看出，消费者对于"让科技与生活更贴近"喜爱程度最高。

2. 消费者喜欢科龙空调广告语的原因如表 12-3 所示。

表 12-3　消费者对科龙空调广告语喜欢的原因

广告语	得票数	喜欢原因	喜欢人数比例(%)
让科技与生活更贴近	55	生活化，大众化，亲切朴实	45.5
		符合实际	16.4
贴心科技，舒爽生活	52	听着舒服，放心	25.0
		顺口，读起来朗朗上口	13.5
		生活化，大众化，亲切朴实	11.5
非凡想象造就无限精彩	37	顺口，读起来朗朗上口	13.5
		生活化，大众化，亲切朴实	10.8
		简洁明了	10.8

(二)最不喜欢的广告语

1. 消费者不喜欢的科龙空调广告语的比例如图 12-4 所示。

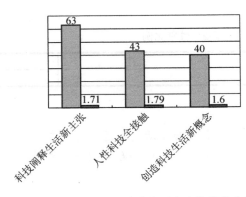

图 12-4 消费者不喜欢的科龙空调广告语比例

2. 消费者不喜欢科龙空调广告语的原因如表 12-4 所示。

表 12-4 消费者不喜欢科龙空调广告语的原因

广告语	得票数	不喜欢原因	不喜欢人数比例(%)
科技阐释生活新主张	63	言语不顺，用词不当，不顺口	29.7
		听不懂，不好理解，语意太深	17.2
		有些专业化、标准化、广告化、书面化	15.6
人性科技全接触	43	听不懂，不好理解，语意太深	18.2
		听着不舒服，不顺耳，感觉不好，别扭	15.9
		言语不顺，用词不当，不顺口	13.6
创造科技生活新概念	40	俗气	22.5
		言语不顺，用词不当，不顺口	17.5
		听不懂，不好理解，语意太深	10.0

由表 12-4 可以看出，消费者不喜欢听不懂、念着不顺口的广告语。

六、背景资料

1. 被访者年龄细分如表 12-5 所示。

表 12-5 被访者年龄比例

年龄(岁)	25～30	31～35	36～40
比例(%)	58	12	19

2. 被访者职业细分如表 12-6 所示。

表 12-6 被访者职业比例   单位：%

专业技术人员/教师/医生	11.7
机关/事业单位管理人员	7.4
机关/事业单位一般人员	10.6
企业管理人员	14.9
企业一般人员	31.9

续表

个体户/商人	12.8%
退休/离休	1.1%
家庭主妇	3.2%

3. 被访者受教育程度细分如表 12-7 所示。

表 12-7　被访者受教育程度比例　　　　　　　　　　单位：%

初中	3
高中	18
中专/技校	4
大专	33
大学本科及以上	42

4. 被访者个人收入细分如表 12-8 所示。

表 12-8　被访者个人收入比例　　　　　　　　　　单位：%

500 元以下	3
500～1000 元	10
1001～1500 元	24
1501～2000 元	18
2001～2500 元	18
2501～3000 元	6
3001～3500 元	10
3501～4000 元	3
4000 元以上	2

案例点评

这是一个典型的广告语效果测试研究，属于广告文案的事前测试。在案例中，调研人员采用意见测试法，在街头拦截访问调查科龙空调的潜在消费者，了解被测试者对几条不同广告语的态度。

调研结果用量化的方式明确指示出受众最喜欢的和最不喜欢的广告语，并且总结出目标消费者的年龄、职业、受教育程度等人口统计学特征，为企业制定广告策略，选择更有效的广告文案提供了重要依据。

讨论题

1. 广告文案测试中进行街头拦截访问时应该注意哪些问题？
2. 在调查中各环节应该如何控制才能使调查结果更接近真实情况？

 实训课堂

1. 为什么要开展广告文案测试？
2. 事前广告文案测试的目的是什么？有哪些测试方法？
3. 简述市场试验法的操作方法。
4. 如何衡量广告的经济效果？
5. 广告的社会效果主要体现在哪些方面？
6. 挑选一则电视广告，播放给其他人观看，然后用下面的调查问卷做广告文案事中调查，并对问卷调查的结果进行统计分析。

调查问卷样本

1. 请问您刚才看到的广告片是什么品牌的广告？
2. 当您正在看这个广告片时，您心中想到的是什么？或者有什么感觉？(请自由表达)
3. 您记得刚才所观看广告片的哪些内容？(请将记得的部分告诉我)
4. 您觉得这个广告片最主要是想告诉您什么？
5. 您对这个广告的整体感觉如何？(请选择一项)
①很不喜欢 ②不喜欢 ③一般 ④喜欢 ⑤很喜欢
6. 这个广告片中有什么地方是您喜欢的？(任何情节、话语)
7. 这个广告片中有什么地方是您不喜欢的？(任何情节、话语)

附录

广告文案大师简介

一、大卫·奥格威

大卫·奥格威(David Ogilvy,1911—1999)被称为"广告教皇",在全球广告界负有盛名。他创办的奥美广告公司已成为全球著名的跨国广告公司,他于1963年出版的《一个广告人的自白》一书对世界广告界颇有影响,他还发表了《奥格威谈广告》。他被列为20世纪60年代美国广告"创意革命"的三大旗手之一,是"最伟大的广告撰稿人"。

1945年,广告业并不是一个十分受人尊敬的职业,对于雄心壮志的奥格威来说,这种选择本身就是一种胆略,一种对生活的挑战。一旦决定,奥格威立刻行动。他向几家广告公司写了自荐信,声称自己"完全不懂行销,也不曾写过任何广告文案",但是,有志于广告,希望在这一行闯出一番事业,并且也准备接受一年5000美元的薪水。这样一封"自荐信",也许没有哪家广告公司会感兴趣。但是,伦敦一家广告公司却录用了他。这家公司做梦也没想到,这一录用造就了现代广告的教皇。

1948年,踏入广告界仅用三年的奥格威成了世界上最有名的广告撰文者。独特的个性和内心的志向,使他感到在别人的公司里很难充分表现自己,他渴望拥有一块完全属于自己的天地。他辞退工作,创办了自己的公司——奥美广告公司。当时,恐怕连他自己也不会想到,这个小小的雏儿会成为世界排名第十的广告公司。

创业之始,困难重重,他没有过多地去考虑种种难题,他所做的就是为他心爱的奥美奠定一个普通而又非常崇高的管理原则——奥美最宝贵的资产,就是赢得客户以及所有商业团体的尊敬。靠什么赢得尊敬,奥格威回答:是坦诚,是人格。在今天,广告公司显然不能单凭专业才能,就能受到外界的尊敬。的确,大型广告公司彼此之间所呈现的专业能力,并没有明显的差异。造成差异的是什么?造成差异的是广告公司的所有人员,在代表公司与客户、同业们相处时,所显露的人格气质。

怎么做到这一点?首先,公司里的主管人员必须令人钦佩、备受推崇,这种尊敬也许来自现有客户,也许来自潜在客户。这样,奥美的业务通常就会蒸蒸日上。这一原则一直是奥美的基本品质,也是它成功的基础。其次,奥美在伦敦、纽约以及所有国家里,都必须拥有一群"有大脑"的正人君子。那种因为短期性的利益而违背了人格原则的做法,对奥美一点好处也没有。

在这里，奥格威提出了他那著名的比喻，奥美是一所医院——一所教学医院。著名的医院会做两件事，一为照顾病人，二为教导浅资历的医生。奥美也在做两件事，一为照顾客户，二为教导年轻的广告人。

在奥格威眼里，一个前途无量的人，应当具有五大特征。

(1) 有野心。

(2) 富于竞争，且乐此不疲。

(3) 头脑灵活，不拘传统，善于创新。

(4) 与人相处融洽愉快。

(5) 尊重创意。

奥格威对人们的警告是：千万不要在重要职位上，雇用和你有同样缺点的人，从而更加加深了你自己的缺点。1982年，印度的《周日》杂志评出当年的新闻人物，第一位是刚上台的苏联总书记安德罗波夫，第二位是统治了苏联几十年之久的勃列日涅夫，第三位就是大卫·奥格威，第四位是教皇保罗二世。

当年的《扩张》杂志(*EXPANSION*)特别对工业革命做了回顾，在列出的11位对工业革命具有影响力的人中，第一位是发明家爱迪生，第二位是科学家爱因斯坦。大卫·奥格威名列第七位，在他之前是列宁和马克思；他名字后的注解是"现代广告教皇"。

二、威廉·伯恩巴克

威廉·伯恩巴克(William Bernbach，1911—1982)毕业于纽约大学英国文学系，曾专为社会名流起草讲演稿，其优美的文笔颇获好评，后进入广告公司，曾在格雷广告公司任创意总监。1949年，他与道尔及戴恩创办DDB(即恒美广告公司)，任总经理。伯恩巴克是国际广告界所公认的一流大师，与大卫·奥格威、李奥·贝纳并称为美国广告"创意革命"时代的三大旗手。1967年，接任董事长，后又任执行主席。

在他去世后，美国著名的《哈泼斯》杂志这样告诉读者：他的去世在美国所引起的震惊，超过了《哈泼斯》在过去133年里所介绍过的所有杰出艺术家和作家，对美国的文化具有极大的冲击力。在美国《广告时代》所评选的20世纪最具有影响力的广告人中，威廉·伯恩巴克排名第一,也是被叙述得最翔实的一位。伯恩巴克在纽约大学主修文学时,就展露出了优秀的文字功底和艺术表现力。毕业后,伯恩巴克凭借着一支笔,敲开了广告界的大门。

伯恩巴克为德国大众的甲壳虫汽车撰写的系列广告,轰动了整个广告界,被当时的广告专家公认为是第二次世界大战以来的最佳作品,对大众汽车打入美国市场居功至伟。而 DDB 可以接受德国大众汽车作为广告客户,本身就是一件令人震惊的事。

DDB 的雇员有 2/3 都是犹太人,包括伯恩巴克自己,而他们却要为一家由德国纳粹一手扶植起来的汽车集团工作,为一部曾经被希特勒鼓吹为"纳粹时代的辉煌象征"的车子做宣传,这不得不让人深感不可思议。

事实上,伯恩巴克并没有因为自己的特殊身份,而影响了在广告创作上的专业判断,以致日后人们在提到甲壳虫的时候,最先想到的是那一系列想象力非凡的广告,而这一段背景,便作为插曲淹没不传,从中也可以看出伯恩巴克作为一个广告大师的胸襟与伟大之处。

伯恩巴克为甲壳虫创造的系列广告,为甲壳虫在美国市场上找到了自己的精准定位。在美国人的心中,甲壳虫就是可靠、实用、优质的小型轿车的代名词。开着甲壳虫,表明了汽车拥有者的一种与众不同的生活方式——讲求实际、不尚奢华,对自己的生活充满自信。毫不夸张地说,可以为商品在消费者心中奠定如此牢固的地位,在历史上并不多见。

三、李奥·贝纳

(一)个人简介

李奥·贝纳(Leo Burnett,1891—1971)生于 1891 年 10 月 21 日,很小就在父亲的干货店里打杂,在一家印刷厂当过小工,教过书,后进入密歇根大学学习新闻。获得学士学位后,在 Peorla 新闻报当了一年记者。

1915 年 24 岁的李奥·贝纳进入凯迪拉克汽车公司任公司内部刊物编辑。他为凯迪拉克设计的"领袖的代价"曾轰动一时。为了深入了解广告,李奥·贝纳每天剪下大大小小的报纸广告及有关广告的讨论议题。这段日子成了李奥·贝纳后来进入广告业的转折点。

李奥·贝纳任职的第一家广告公司是 Homer McKee,他在那家公司连续干了 10 年,任资深创意总监。但是此时他还没有在美国广告界出名。李奥·贝纳被誉为美国 20 世纪 60 年代广告创意革命的旗手和代表人物之一,芝加哥学派的创始人及领袖,著有《写广告的艺术》一书。

(二)个人名言

下面介绍李奥·贝纳的个人名言。

(1) 广告没有永恒的成功。

(2) 有趣却毫无销售力的广告，只是在原地踏步；但是有销售力却无趣的广告，却令人憎恶。

(3) 做生意的唯一目的，就是服务人群；而广告的唯一目的，就是对人们解释这项服务。

(4) 我们希望消费者说"这真是个好产品"，而不是说"这真是个好广告"。

(5) 企划广告时，就该想到如何销售。

(6) 即使不考虑道德因素，不诚实的广告也被证实无利可图。

(7) 如果你无法将自己当成消费者，那么你根本就不该进入广告这一行。

(8) 如果你在芝加哥做不出好广告，换到别的地方也无济于事。

(9) 有能力的创意人员，不会认为他的工作只是做一则或一套广告，他一定会下功夫去了解影响产品销售的其他因素。

(10) 广告是人与人沟通的行业。我们应永远力行这个原则。

(11) 我们制作销售产品的广告，但也请记住，广告负有广泛的社会责任。

(12) 如果你并不拥有十足的创造力、丰富的想象力，对万事万物也没有太多的好奇和疑问，那么，我劝你最好离广告这行远一点。

(13) 占领市场必先占领消费者的心灵。

(14) 消费大众并不真正知道自己要什么。直到那些创意以商品方式呈现在他们的面前。如果他们能事先告诉你自己要什么，今天就不会有轮子、杠杆，甚或汽车、飞机和电视的出现。

(15) 在演出的舞台上，广告不是一出独角戏。它是以行销领衔下各项活动集体演出中的一员。而且广告必须与其他活动和谐一致，方能有好的演出效果。

(16) 说话算数，遵守时限，信守承诺，这些不仅是固有的道德，而且做不做得到，决定我们成为什么样的人。个性也是如此形成的。

(17) 广告无法为一个人们不需要、不渴望拥有的产品塑造奇迹。但是，一位有技巧的广告人可以将产品原被忽略的特点表现出来，而激起人们拥有的欲望。

(18) 事前计划，但要保持弹性。

(19) 你可以在广告业成长，但不一定要变老。

四、罗瑟·瑞夫斯

(一)个人简介

罗瑟·瑞夫斯(Rosser Reeves, 1910—1984)老家在美国的弗吉尼亚州。瑞夫斯刚满19岁就开始独立谋生,来到弗吉尼亚州的首府里士满,在《里士满时代快报》当上了一名记者。为了寻求一份收入更高的职业,他来到当地的一家银行,当上了广告经理,除了联系广告业务之外,还负责撰写广告文案。就这样,瑞夫斯走上了广告创作之路。在里士满的银行干了一段之后,瑞夫斯对广告逐渐产生了兴趣,他觉得自己从事文案写作可能更有前途。但是,在银行干广告毕竟不够专业。

为了寻求更广阔的发展天地,瑞夫斯来到纽约的赛梭广告公司,正式当上了一名广告撰文员。从此之后,瑞夫斯变成了一名专业广告人。他先后在几家广告公司供职,主要担任撰文员。在与各行各业的广告接触中,瑞夫斯积累了大量的经验,初步形成了自己的创作风格——靠事实打动消费者。他的才华在进入特德·贝茨广告公司后,更充分地显露出来。那是1940年的事情。当时特德·贝茨是一家刚刚创建的广告公司,而瑞夫斯尽管刚满30岁,却已经是广告业的老手了。因而,公司对他委以重任,负责广告文案的创作工作,这为瑞夫斯提供了广阔的用武之地。

经过多年的奋斗,瑞夫斯当上了特德·贝茨公司的董事长。尽管公司的业务繁忙,但是瑞夫斯始终没有放下手中的笔。他经常抽空撰写文案,因为这是他最喜爱的工作。他曾经不无自豪地说,当上了广告公司的董事长而仍然从事文案创作的,可能就是他一个人。

从瑞夫斯进入特德·贝茨公司后,公司的业务有了突飞猛进的发展。到了1986年,特德·贝茨公司成为全美第三大广告公司,瑞夫斯多年的努力得到了令人欣慰的回报。在广告领域以外,罗瑟·瑞夫斯也拥有惊人的才华,他曾作为美国国际象棋队的队长在莫斯科参加过比赛,发表过诗歌和小说。不过,在他所有的文字作品中最畅销的还是《广告中的真实》一书。

(二)独特的销售主张

在当今的巧克力的市场上,美国玛氏公司的M&M巧克力豆深受欢迎,其广告词"只溶在口,不溶在手"言简意赅,朗朗上口,一语道出了产品的独特之处,给人们留下了深刻的印象。这一广告用语的发明人就是罗瑟·瑞夫斯。说起来,那已是40多年前的事情了。

自从为M&M巧克力豆以及其他许多产品成功地进行了广告策划工作之后,瑞夫斯根据自己的经验逐步形成了系统的理论,其核心就是"独特的销售主张"(USP),即提出竞争对手没有提出或无法提出的买点。这一广告理论的内容主要包括3个方面。

(1) 广告中应对消费者承诺该产品与众不同的优势。
(2) 此优势必须是同类产品没有或有而没有提出的。
(3) 此优势必须是对消费者有巨大吸引力的。

不过,对许多商品来说,其独特的销售主题并不像巧克力豆那样显而易见。

因此,在很多情况下,USP的界定依赖于对产品的消费者使用情况的详细调查。一旦USP找到之后,广告的创作就会水到渠成。

五、詹姆斯·韦伯·扬

詹姆斯·韦伯·扬(James Webb Young，1886—1973)在12岁时即辍学来到百货商店工作，不久还当过书店店员，十年后晋升为该书店的广告经理，此时他仅仅22岁。1912年，任JWT公司辛辛那提分公司的撰文员工作。1917年，任该公司的副总经理一职。1918年他回到芝加哥主管美国西部各个分公司的业务。随后，他又负责在海外创立了多个分公司，建立了JWT庞大的国际脉络。

他曾一度离开JWT公司，在芝加哥大学任教并进行广告方面的学术研究。其代表著作为《并非广告人独享的文字饕餮》。1974年，即他逝世一年后，他获得了美国广告人的最高荣誉——"美国广告杰出人物"奖。詹姆斯·韦伯·扬生前任智威汤逊广告公司资深顾问及总监，也是美国当代影响力最深远的广告创意大师之一，并于1974年荣登"广告名人堂"。他的广告生涯长达60余年，其本身几乎就是美国广告史的缩影。晚年致力于广告教育工作及著述，被认为是美国广告界的教务长。

在《并非广告人独享的文字饕餮》中，詹姆斯·韦伯·扬给我们罗列了一个个步骤(第一步，准备期；第二步，酝酿期；第三步，孵化期；第四步，豁朗期；第五步，验证期)，只要我们按部就班地做下去，最终总能达到作者所描述的"找到了！我有主意了！"这个至高阶段，体验到获得创意时的那种无可比拟的激动。其理论基础：一条创意其实就是以前要素的一个新的组合。

六、乔治·戈里宾

富有想象力的广告大师、杰出的广告文案撰稿人乔治·戈里宾(George H. Gribbin，1907—1981)出生于美国密歇根州，他先是在威斯康星大学读了两年新闻，后又来到斯坦福大学攻读英语。虽然转了专业，但是他仍然憧憬成为一名新闻记者。

然而，毕业后他在底特律的哈德森百货公司任职。之后又换了几家广告公司，直到1935年进入著名的杨罗比凯公司之后，他才真正步入了事业发展的高峰期。1958年乔治·戈里宾被任命为杨罗比凯广告公司的总经理，随后又成为公司的首席执行官、董事会主席。当时杨罗比凯已经发展成为美国的第三大广告公司,资产超过 2.3 亿美元。退休后,乔治·戈里宾重回校园获得了硕士学位,之后又为杨罗比凯公司在世界各地开展市场研究。1981 年他在葡萄牙逝世,结束了半个世纪的广告人生涯。

在公司老板罗比凯的亲自指导下,乔治·戈里宾创作了许多一流广告。他为箭牌衬衫创作的广告文案"我的朋友乔·霍姆斯,他现在是一匹马了",堪称经典之作。

七、吉田秀雄

(一)个人简介

吉田秀雄(1903—1963)出生于日本的小仓,其生父名为渡边胜五郎。秀雄幼年时,他们一家人的生活虽算不上富裕有余,却也是个不愁衣食的平稳之家。后来,不测的风云改变了秀雄家平静的生活,父亲因公去世,全家人的生活陷入了窘境之中。小仓市有一富商吉田一次,膝下无子,他非常同情秀雄的遭遇,并欣赏秀雄的聪明伶俐、成绩优良,产生了收秀雄为养子的念头。秀雄为了减轻家里的负担并能接受高等教育,15 岁时作为养子进入吉田家。20 岁时吉田秀雄来到东京大学经济学部商业学科学习。

1928 年,秀雄从东京大学毕业时,正赶上日本的经济陷入萧条时期,历经许多挫折之后,秀雄好不容易找到一份工作,进入了电通广告公司。今天在日本乃至全世界赫赫有名的日本电通公司,最初是日本广告股份有限公司与电报通讯社两家独立机构,1907 年二者合二为一,以日本电报通讯社为名,仍然同时兼营通讯与广告两项业务。1936 年,电通公司放弃了通讯部门,转变为广告代理专业公司。

秀雄进入电通后,下定决心,要安下心来好好从事这一行。那时候,广告业还未走入正轨,工作也并不是在有系统的指挥下进行的。为了改变现状,秀雄邀请了几位年轻同仁举办了以"广告是什么"为题的每周研究会和读书报告会,掌握了最先进的广告知识,为促进公司的发展打下了良好的基础。经过十几年的辛勤工作,秀雄精通广告业的里里外外,又在人际关系方面交友甚广,积累了丰富的经验,1947 年,吉田秀雄被推选为电通的社长。

(二)广告鬼才十则

在拓展事业的同时，吉田秀雄在自己经验的基础上总结归纳出作为一个广告人的行为标准。1951 年 7 月，在电通成立 51 周年纪念日的典礼上，秀雄希望公司全体同仁成为广告之"鬼才"。一个月之后，他写下了"广告鬼才十则"，分送给全体同仁。

(1) 工作必须主动去寻找，不应该被指派后才去做。
(2) 工作应该抢先积极去做，不应该消极被动。
(3) 积极从事大的工作。
(4) 目标应该放在困难的工作上，完成困难的工作才能有所进步。
(5) 一旦开始工作，千万别放弃，不达目的决不罢休。
(6) 争取主动，因为主动与被动之间有着很大的差别。
(7) 要有计划，只有立下长期计划才会有忍耐性，才会花工夫去做，才能产生朝正确方向前进的希望与毅力。
(8) 信任自己！如不能信任自己，工作时将不会有魄力，就难以坚持不懈。
(9) 应该时时刻刻动脑，全面地观察和思考。
(10) 挫折是进步之因，是推动力的源泉，否则将会变得懦弱无能。

参 考 文 献

1. 乐剑峰. 广告文案[M]. 北京：中信出版社，2016.
2. 郭有献. 广告文案写作教程. 北京：中国人民大学出版社，2015.
3. 大卫·奥格威. 一个广告人的自白(纪念版)[M]. 北京：中信出版社，2015.
4. 斯科特·阿姆斯特朗. 广告说服力[M]. 北京：商务印书馆，2016.
5. 萧潇. 创意文案与营销策划撰写技巧及实例全书. 天津：天津科学技术出版社，2017.
6. 关健明. 爆款文案[M]. 北京：北京联合出版有限公司，2017.
7. 苏航. 文案创作与活动策划从入门到精通[M]. 北京：人民邮电出版社，2018.
8. 叶小鱼. 新媒体文案创作与传播[M]. 北京：人民邮电出版社，2018.
9. 周渡. 广告文案写作教程[M]. 北京：对外经济贸易大学出版社，2012.
10. 阮元. 广告文案案例评析[M]. 武汉：武汉大学出版社，2015.
11. 何平华. 中外广告案例选讲[M]. 武汉：华中科技大学出版社，2010.
12. 罗伯特·布莱 (Robert W. Bly). 文案创作完全手册[M]. 北京：北京联合出版公司，2013.
13. 郑建鹏，张小平. 广告创意与文案[M]. 北京：中国传媒大学出版社，2011.
14. [美] 约瑟夫·休格曼. 文案训练手册[M]. 北京：中信出版社，2011.
15. 金岩. 实用文案与活动策划撰写技巧及实例全书[M]. 北京：中华工商联合出版社，2014.
16. 苏航. 软文营销实战 108 招：小软文大效果[M]. 北京：人民邮电出版社，2016.
17. 苏高. 软文营销从入门到精通[M]. 北京：人民邮电出版社，2015.

推荐网站：

1. 中国广告网 http://www.cnad.com/
2. 中华广告网 http://www.a.com.cn/
3. 中国广告协会网 http://www.cnadtop.com/
4. 国际广告人网 http://www.iader.com/
5. 中国公益广告网 http://www.pad.gov.cn/
6. 中央电视台广告部 http://ad.cctv.com/02/index.shtml
7. 中华人民共和国文化部 http://www.ccnt.gov.cn/
8. 中华人民共和国国家工商行政管理总局 http://www.saic.gov.cn/
9. 国家广播电影电视总局 http://www.sarft.gov.cn/
10. BTV 广告 http://www.btv.org/btvindex/BTVad/node_14721.htm
11. 未来广告 http://www.future-ad.com/
12. 中国广告人网 http://www.chinaadren.com/
13. 艺术中国网 http://www.artcn.cn/Article/pmsj/sjzp/Index.html
14. 新华社广告中心 http://www.cnuac.com.cn/
15. 人民日报广告网 http://www.rmrbgg.com/